Tras sus huellas

Tras sus huellas

EL Evangelio según Jesucristo

Richard O'Ffill

Pacific Press® Publishing Association
Nampa, Idaho
Oshawa, Ontario, Canada
www.pacificpress.com

TRAS SUS HUELLAS. EL EVANGELIO SEGÚN JESÚS

Traducción: **Ricardo Bentancur, Daniel Bosch**
Edición del texto: **Daniel Bosch**
Diagramación: **DMG**
Diseño de la portada: **Cristhel Medina, Gerald Monks**
Ilustración de la portada: **Shutterstock**

Derechos reservados © 2011 por
Asociación Publicadora Interamericana
2905 NW 87 Ave. Doral, Florida 33172, EE. UU.

Edición para Norteamérica
Derechos reservados © 2011 por
Pacific Press Publishing Association.
P.O. Box 5353, Nampa, Idaho 83653
EE. UU. de N. A.

En esta obra las citas bíblicas han sido tomadas de la versión Reina-Valera, revisión de 1995: **RV95** © Sociedades Bíblicas Unidas. También se ha usado la Reina-Valera, revisión de 1960: **RV60** © Sociedades Bíblicas Unidas, la Nueva Reina-Valera: **NRV** © Sociedad Bíblica Emanuel, la Nueva Versión Internacional: **NVI** © Sociedad Bíblica Internacional, la versión popular Dios Habla Hoy: **DHH** © Sociedades Bíblicas Unidas.

Las citas de los obras de Ellen G. White han sido tomadas de las ediciones actualizadas de GEMA / APIA, que hasta la fecha son: *Patriarcas y profetas, Profetas y reyes, El Deseado de todas las gentes, Los hechos de los apóstoles, El conflicto de los siglos, El camino a Cristo, Así dijo Jesús (El discurso maestro de Jesucristo), Testimonios para la iglesia* (9 tomos), *La educación, Eventos de los últimos días, Hijas de Dios, Mensajes para los jóvenes, Mente, carácter y personalidad* (2 tomos), *La oración, Consejos sobre la obra de la Escuela Sabática, Consejos sobre alimentación (Consejos sobre el régimen alimenticio), El hogar cristiano, Conducción del niño, Fe y obras.* El resto de las obras se citan de las ediciones clásicas de la Biblioteca del Hogar Cristiano.

PUBLICACIONES
ADVENTISTAS DEL 7° DÍA

ISBN 13: 978-0-8163-9279-7
ISBN 10: 0-8163-9279-X

Printed in the United States of America

Introducción

Quizá las palabras más extraordinarias jamás pronunciadas por un profeta fueron: "Le pondrá por nombre Emanuel [que significa *Dios con nosotros*]" (Isa. 7:14, Mat. 1:23). Para morar "con nosotros", Dios tuvo que nacer como un bebé, crecer como un niño y desarrollarse hasta convertirse en un hombre. Habitó entre nosotros, y vimos su gloria.

Toda la Escritura es inspirada por Dios. Un día, mientras reflexionaba a este respecto, de repente vi que los libros del Antiguo Testamento señalan hacia delante, hacia el Mesías; a la vez que los libros de los Hechos al Apocalipsis vuelven la vista atrás, también hacia el Mesías. Los libros de Mateo, Marcos, Lucas, Juan y la primera parte de los Hechos cuentan la historia de los treinta y tres años de Emanuel, Dios con nosotros. De Mateo 1 a Hechos 1:9 se habla de la vida y las enseñanzas del propio Dios.

Durante muchos años he considerado los Evangelios de Mateo, Marcos, Lucas y Juan como narraciones piadosas, parábolas, enseñanzas y vivencias. Aunque es cierto que son todo eso, también son mucho más. Esos libros son el registro documentado, escrito por los que caminaron en su presencia durante más de tres años, de cómo es Dios, qué hizo en su día por el pueblo y qué quiere hacer por nosotros. Las narraciones de la vida de Jesús y sus milagros son una revelación viva de Dios, porque él es Dios. Si nos esforzáramos por entender el evangelio tal como lo vivió y lo enseñó el propio Mesías, quizá mejoraría nuestra comprensión del Génesis hasta Malaquías, y de los Hechos hasta Apocalipsis.

Una de las maravillas relacionadas con los Evangelios es que para entender la buena nueva como Jesús la entendía no se necesita ningún diploma universitario. "Gran multitud del pueblo lo oía de buena gana" (Mar. 12:37). Mateo, Marcos, Lucas y Juan contienen todas las doctrinas necesarias para la salvación. Pero en ellos no encontramos las grandes y a veces confusas palabras como: justificación, santificación, el estado de los muertos, la escatología, el juicio investigador, etcétera; palabras que resultan difíciles de entender para la gente común. En cambio, sí encontramos palabras acerca del perdón, la victoria sobre el pecado, la resurrección, la venida de Jesús y la tierra nueva. Además, entenderemos estos principios porque Jesús los explicó mediante relatos que nos resultan cercanos. Por eso hemos titulado esta obra *Tras sus huellas - El Evangelio según Jesús*.

Las lecturas de este libro comienzan con Mateo y continúan hasta Juan, con la inclusión de algunos de los dichos de Jesús tomados del primer capítulo de los Hechos y de varios capítulos del Apocalipsis. Notará, apreciado lector, que al inicio de cada página se reproduce un texto especial de la Biblia. Releer, o incluso memorizar, esos versículos aumentará las bendiciones de la meditación del día, ya que reforzará las lecciones espirituales que en ella se enseñan.

"El Evangelio según Jesús" no es tanto una lista de verdades como una forma de vida. Así como la Verdad se hizo carne y habitó entre nosotros, nosotros debemos vivir como Aquel en quien vivimos, nos movemos y somos.

Siento que estoy en deuda con mi esposa Betty. Ella ha compartido conmigo la redacción y la preparación de este libro de meditaciones matinales. Pedimos a Dios que su lectura sea una bendición para usted, apreciado lector, como lo ha sido para nosotros al prepararlo. Que Dios bendiga a usted y a su familia, mientras aprenden y viven "El Evangelio según Jesús".

Richard y Betty O'Ffill

Un tiempo para Dios

MI ESPOSA y yo tenemos cuatro hijos y ocho nietos. Cuando Daniel, nuestro hijo menor, vivía todavía en casa, trabajaba en los jardines de una clínica de reposo.

Durante la semana, guardaba la ropa de trabajo en la clínica y el viernes la traía a casa para que su madre la lavara. Una tarde lluviosa de viernes, mi esposa me pidió que saliera y trajera la ropa sucia que Daniel había dejado en el automóvil. Como llovía a cántaros, para salir, además de la canasta, tomé un paraguas. Ya en el auto fui poniendo la ropa sucia en la canasta hasta llenarla. No quería hacer un segundo viaje; así que amontoné el resto de la ropa sobre la canasta llena. Luego me dispuse a regresar a la casa. Pero, mientras caminaba bajo la lluvia, la ropa empezó a caer al suelo.

Permítame una pregunta: ¿Qué ropa cree que cayó al suelo? La respuesta es sencilla: la que yo había amontonado sobre la canasta ya llena. Ese día aprendí que no podemos poner nada nuevo dentro de algo que ya está lleno. Moraleja: Si queremos añadir algo más en nuestra vida, antes tendremos que sacar otra cosa.

> "El que estaba sentado en el trono dijo: 'Yo hago nuevas todas las cosas'" (Apocalipsis 21:5).

Apreciado lector, ha empezado este nuevo año con la lectura de la meditación matinal del 1° de enero. Pero esta buena costumbre no durará a menos que usted haga de ella algo prioritario e impida que cualquier otra cosa ocupe su lugar. Si va a pasar este tiempo con Dios, no piense en cómo "ganar tiempo". No podemos *ganar* tiempo. Solo disponemos de veinticuatro horas al día. Tendrá que *reservar* tiempo para dedicarlo al Señor. Es preciso que en la canasta del tiempo de nuestra vida haya espacio; de lo contrario, nuestra vida espiritual decaerá.

Este año leeremos las palabras más extraordinarias que jamás se hayan dicho, las palabras de nuestro Señor Jesucristo. Jesús es el mayor maestro y el mejor predicador que el mundo ha conocido. En los libros de Mateo, Marcos, Lucas y Juan podemos encontrar todas las doctrinas de la Biblia. El objetivo de estas lecturas diarias es conseguir que el Evangelio según Jesús sea una realidad en su vida. Oramos para que, además de inspirarlo, transformen su corazón.

Ahora lo invito a cerrar los ojos y orar para que este año Jesús entre como nunca antes en su vida y en las vidas de quienes ama. No le dé solo tiempo, entréguele también su corazón.

No solo de pan

Basado en Mateo 4:4

CUANDO ÉRAMOS NIÑOS, en casa hubo siempre un perro, un gato o un pájaro. Después de tantos años, aún recuerdo sus nombres. Nuestro primer perro se llamaba Butch. Nuestro primer gato fue Boots y el nombre de nuestro periquito era Pretty Boy.

Los animales nacen con ciertos instintos. Un gatito sabe cómo ser un gato sin tener que ir a una escuela para gatos. Los monos saben cómo ser monos y las aves saben cómo ser aves. Pero la gente no sabe comportarse como personas civilizadas a menos que alguien se lo enseñe. Un gato no necesita que le enseñen cómo tiene que asearse o lavarse la cara. Por desgracia, la especie con la dignidad más elevada de la creación de Dios carece de ese instinto. Si alguien no enseña a una persona cómo tiene que lavarse la cara, nunca sabrá hacerlo.

Por fortuna, la gente es capaz de aprender a lavarse la cara y mantener un aspecto aseado. Aprendemos a leer y a escribir. En la escuela se nos enseñan las habilidades necesarias para vivir en este mundo. Asimismo, de la Biblia, la Palabra de Dios, aprendemos cosas sobre los aspectos más importantes de nuestra vida —la vida espiritual.

> "No solo de pan vivirá el hombre, sino de toda palabra que sale de la boca de Dios" (Mateo 4:4).

Vamos a la escuela para formarnos con el fin de poder ganarnos la vida y el sustento para nosotros y nuestra familia. Sin embargo, aunque es importante, Jesús dijo: "Escrito está: 'No solo de pan vivirá el hombre, sino de toda palabra que sale de la boca de Dios'" (Mateo 4:4).

Queremos que nuestros hijos se desarrollen correctamente. Por eso ponemos todo nuestro empeño en que, ya desde la más tierna infancia, aprendan a leer y escribir... y a lavarse la cara. Pero hay algo aún más importante: queremos que conozcan la Palabra de Dios. En 2 Timoteo 3:15 leemos: "Desde la niñez has sabido las Sagradas Escrituras, las cuales te pueden hacer sabio para la salvación por la fe que es en Cristo Jesús".

La sabiduría que procede de las Escrituras, además de hacernos sabios en las cuestiones que tienen que ver con nuestra salvación futura, nos ayudará en multitud de problemas en esta vida. Es mi deseo que, a medida que lee este libro de meditaciones, memorice el texto para cada día. La repetición frecuente del versículo a lo largo del día contribuirá a fijarlo en la memoria.

La Palabra de Dios es alimento

Basado en Mateo 4:4

DURANTE EL TIEMPO que vivió en la tierra, todo lo que hizo Jesús estuvo íntimamente relacionado con su uso de las Escrituras. Desde que en el templo, cuando contaba solo con doce años de edad, enseñaba a los ancianos hasta que, en la cruz, exclamó: "¡Dios mío! ¡Dios mío! ¿Por qué me has desamparado?", las Escrituras fueron su guía.

Cuando Satanás lo tentó en el desierto, Jesús venció con las palabras: "Escrito está". Cuando los fariseos trataron de ponerle alguna trampa, él usó la Palabra de Dios para mostrarles su error: "¿Qué dice la Escritura?"; "¿No habéis leído?"; "¿No está escrito?".

Jesús siempre citaba las Escrituras para mostrar a sus discípulos que sufriría, moriría y resucitaría. Dijo: "¿Cómo se cumplirían, si no, las Escrituras?". Colgado en la cruz, citó palabras que ya estaban en las Escrituras: "¿Por qué me has desamparado?"; y finalmente: "En tus manos encomiendo mi espíritu".

Me encanta cuidar un huerto. No siempre hemos podido tener uno. Sin embargo, cuando ha sido posible, indefectiblemente, en casa ha habido huerto. A veces cultivo frijoles. Me gustan los frijoles. Un frijol es una semilla y, al mismo tiempo, también puede ser alimento. De la misma manera, la Biblia es a la vez semilla y alimento. Cuando leemos la Biblia, como si fuera una semilla regada por el Espíritu Santo,

"¡Cuán dulces son a mi paladar tus palabras! ¡Más que la miel a mi boca!"
(Salmo 119:103).

en nuestro corazón empieza a germinar la vida espiritual. Del mismo modo que comemos frijoles para alimentarnos, la lectura diaria de la Palabra de Dios nos sostiene y nos alimenta.

Si usted desea ser un hombre de Dios, fuerte en la fe, lleno de bendición, rico en frutos para la gloria de Dios, tendrá que estar lleno de la Palabra de Dios. Haga como Cristo y permita que la Palabra se convierta en su pan. Haga que viva abundantemente en usted. Haga que su corazón se llene de ella. Aliméntese con ella. Crea en ella. Obedézcala.

Cada lectura diaria está acompañada por un versículo para memorizar. Apréndalo y medite en su significado a medida que transcurre el día. Tenga la seguridad de que, cuando use las Escrituras como Cristo las usaba, ellas harán por usted lo mismo que hicieron por él.

Mucho más que un versículo para memorizar

Basado en Mateo 4:4

CUANDO DE NIÑO asistía a la Escuela Sabática, cada semana aprendía un versículo de memoria. Al final del trimestre, teníamos el sano orgullo de ser capaces de recitar los trece versículos, de memoria y sin cometer un error.

Memorizar la Palabra de Dios es una bendición magnífica porque conocer la Palabra de Dios:
- Nos ayuda a obtener más beneficios del estudio de la Biblia.
- Nos hace crecer espiritualmente.
- Nos ayuda a estar conscientes de la presencia de Dios y adorarlo.
- Nos ayuda a conocer sus preceptos y responder al llamamiento de Dios.
- Nos ayuda a darnos cuenta de que la Palabra de Dios transforma la mente, a fin de que andemos en los caminos de Señor.
- Nos abre a la acción del Espíritu Santo para que nos guíe con más poder.
- Nos inspira a orar más y a tener una relación más íntima con Dios.
- Proporciona un conocimiento útil y efectivo de la Biblia.
- Proporciona sabiduría práctica, guía y orientación para la vida.
- Permite que Dios nos use de manera más poderosa.

> "Me regocijaré en tus estatutos; no me olvidaré de tus palabras" (Salmo 119:16).

- Nos ayuda a compartir nuestra fe.
- Ayuda a vencer el pecado y las tentaciones.
- Proporciona confianza para dar testimonio.
- Capacita para guiar a otros a la salvación.
- Nos ayuda a animar a otros a crecer espiritualmente.
- Ayuda a superar los problemas y los obstáculos de la vida.
- Aumenta nuestro gozo y nuestra paz interior.
- Ayuda a discernir las falsas doctrinas.

Hace años asistí a un seminario cuyo tema era "Cómo vivir una vida cristiana práctica". El orador nos enseñó la importancia de memorizar la Biblia, no solo un versículo de memoria cada día, como lo estamos haciendo en este libro de devoción, sino capítulos enteros.

Sugirió que comenzásemos con el primer capítulo de Santiago. Nunca imaginé que fuera capaz de hacer tal cosa, pero oré para que el Señor me ayudara. ¡Y lo hizo! Dedique media hora al día a memorizar las Escrituras, unos versículos cada día. No se desanime. Al final de la semana estará encantado con el resultado.

Un llamamiento al arrepentimiento

Basado en Mateo 4:19

SI ALGUNA PALABRA ha desaparecido casi por completo de la predicación y de la vida de muchos creyentes, esa es "arrepentimiento". A muchos no les gusta oírla porque implica que somos responsables de lo que hacemos.

Sin embargo, si hubiéramos estado junto al Jordán, escuchando a Juan el Bautista, nos habríamos dado cuenta de que el suyo era un llamamiento al arrepentimiento. Juan no era el único en llamar al arrepentimiento. Jesús mismo comenzó su ministerio llamando al arrepentimiento. "Desde entonces comenzó Jesús a predicar y a decir: '¡Arrepentíos, porque el reino de los cielos se ha acercado!'" (Mat. 4:17). Y ahí no acabó el llamamiento. En Pentecostés, después de que el Espíritu Santo descendiera sobre los discípulos, Pedro predicó: "Arrepentíos y bautícese cada uno de vosotros en el nombre de Jesucristo para perdón de los pecados, y recibiréis el don del Espíritu Santo" (Hech. 2:38). Tenga en cuenta que el arrepentimiento es condición indispensable para recibir el Espíritu Santo.

Más tarde, al fin de la Edad Media, Dios hizo que un fraile se levantara como líder de la Reforma protestante; ese hombre fue Martín Lutero. Con el fin de pagar la construcción de la basílica de San Pedro en Roma, el papa León X encargó a Johann Tetzel, un sacerdote, que vendiera indulgencias plenarias a la gente. Estas indulgencias concedían al pueblo perdón completo de sus pecados. Cuando, más tarde, los que las habían adquirido acudían a confesarse, presentaban la indulgencia y alegaban que ya no necesitaban arrepentirse de sus pecados. Por esa razón, el 31 de octubre de 1517 Lutero clavó sus 95 tesis en la puerta de la iglesia del castillo de Wittenberg, en Alemania. Observe que las tres primeras tesis hablan explícitamente de la cuestión del arrepentimiento:

> "Así que, arrepentíos y convertíos para que sean borrados vuestros pecados" (Hechos 3:19).

1. Nuestro Señor y Maestro, Jesucristo, [...] quiso que toda la vida de los creyentes fuera penitencia.
2. Esta palabra no puede ser entendida en el sentido de la penitencia sacramental; es decir, la confesión y la satisfacción, que es administrada por los sacerdotes.
3. Sin embargo, el vocablo no apunta solamente a una penitencia interior; antes bien, una penitencia interna es nula si no obra exteriormente diversas mortificaciones de la carne.

Durante los próximos días aprenderemos más sobre el arrepentimiento. Además de pensar en su significado y su importancia, lo invito a que lo experimente de manera renovada.

Ahora es el tiempo aceptable

Basado en Mateo 4:19

PUEDE QUE lo sorprenda, pero no todo lo que se llama arrepentimiento es genuino. Hay arrepentimiento genuino y falso arrepentimiento.

Un ejemplo de falso arrepentimiento es lo que llamaremos *arrepentimiento pasajero*. El apóstol Pablo fue llevado ante el gobernador Félix. "Pero al disertar Pablo acerca de la justicia, del dominio propio y del juicio venidero, Félix se espantó y dijo: 'Ahora vete, y cuando tenga oportunidad, te llamaré'" (Hech. 24:25). El gobernador estaba profundamente convencido, pero su arrepentimiento era pasajero. Básicamente estaba diciendo: "Ya hablaremos más tarde y, si te he visto, no me acuerdo".

Otro ejemplo de falso arrepentimiento es el *casi arrepentimiento*. El rey Agripa y su esposa habían oído hablar de Pablo. Agripa era judío y estaba ansioso de escuchar personalmente al hombre de quien tanto había escuchado.

"Pablo relató la historia de su conversión desde su empecinada incredulidad hasta que aceptó la fe en Jesús de Nazaret como el Redentor del mundo. Describió la visión celestial que al principio lo había llenado de indescriptible terror, pero que después resultó ser una fuente de mayor consuelo: una revelación de la gloria divina, en medio de la cual estaba entronizado Aquel a quien él había despreciado y aborrecido, cuyos seguidores estaba tratando de destruir. Desde aquella hora Pablo había sido un nuevo hombre, un sincero y ferviente creyente en Jesús, gracias a la misericordia transformadora" (*Los hechos de los apóstoles*, cap. 41, p. 323). Cuando Pablo terminó su relato, el rey le dijo: "Por poco me persuades a hacerme cristiano" (Hech. 26:28).

> "En tiempo aceptable te he oído, y en día de salvación te he socorrido" (2 Corintios 6:2).

Otro falso arrepentimiento es el *arrepentimiento temporal*. Cuando yo era estudiante en Mount Vernon Academy, en Ohio, cada curso académico tenía una semana de oración en primavera y otra en otoño. La noche del viernes el orador invitaba a los alumnos para que dieran testimonio. Se formaban largas colas de estudiantes que querían testificar por el Señor. Incluso aquellos que con anterioridad habían mostrado poco interés por las cosas espirituales, esperaban para dar su testimonio. Cierto año, cuando la semana hubo terminado, muchos de los alumnos confesaron que se adelantaron solo porque la emoción del momento los empujó a sentir arrepentimiento. Pronto volvieron a las andadas.

Mañana veremos las características de un verdadero arrepentimiento.

¿Pecados mortales o veniales?

Basado en Mateo 4:19

¿ALGUNA VEZ ha orado diciendo: "Señor, si he cometido algún pecado o me he equivocado en algo, te suplico que me perdones"? Es como decir: "Señor, la verdad es que no recuerdo haber cometido ningún pecado. Pero si sabes de alguno que desconozco, te lo suplico, perdóname".

Querido lector, pensemos un momento. ¿Esta clase de oraciones expresa arrepentimiento genuino? Un día Jesús y sus discípulos se acercaban a la ciudad de Jericó. A la entrada de la ciudad había un hombre ciego que se ganaba el sustento diario mendigando. Oyó el tumulto de la gente y preguntó qué pasaba. Alguien le dijo que Jesús se acercaba.

Es probable que hubiera oído que el Maestro podía curar aun a los ciegos y por eso empezó a gritar: "¡Jesús, hijo de David, ten misericordia de mí!". La gente le ordenó que callara, pero él no hizo caso. Al oír los gritos del ciego, Jesús pidió que lo trajeran delante de él. Entonces llevaron al ciego ante Jesús, y él le preguntó: "¿Qué quieres que haga por ti?". El ciego respondió: "Señor, que reciba la vista".

Muchas veces me he preguntado por qué Jesús le preguntó al ciego qué quería que hiciera. Me parece que era obvio. Sin embargo, el Maestro le preguntó: "¿Qué quieres que haga?". Aunque él conoce nuestras necesidades, quiere que las reconozcamos. Por eso, pedir a Jesús que nos perdone los pecados no basta. Si Jesús estuviera aquí en persona, y le pidiéramos que nos perdonara los pecados, él nos preguntaría: "¿Cuáles?".

> "Ten piedad de mí, Dios, conforme a tu misericordia; conforme a la multitud de tus piedades borra mis rebeliones, [...] ¡límpiame de mi pecado!" (Salmo 51:1-2).

A veces, nuestro arrepentimiento no es completo. Quizá nos arrepintamos de algunas cosas y no de otras. En el libro *El progreso del peregrino*, de John Bunyan, Cristiano y un compañero de viaje se encuentran con otro peregrino y empiezan a hablar del pecado. El desconocido les dice que se ha arrepentido de los pecados mortales que ha cometido y se ha quedado solo con los veniales. Cristiano le responde: "Los pecados que tú llamas veniales, en realidad, son los más mortales; porque te aferras a ellos".

Apreciado lector, pídale hoy a Jesús que lo limpie de todos sus pecados.

¿Qué ocurrió con el pecado?

Basado en Mateo 4:19

TENGO EN MI BIBLIOTECA un libro que pregunta: "¿Qué ocurrió con el pecado?". En la actualidad se cometen crímenes atroces cuyos responsables quedan en libertad porque el jurado, aunque reconoce que el acusado es culpable, no lo considera responsable de la acción.

He leído de dos casos distintos en Inglaterra: en uno estaba implicada una camarera que, en una reyerta, había apuñalado a otra mujer hasta matarla; en el otro, una mujer, furiosa, había atropellado a su amante. Ambas mujeres fueron absueltas del delito porque afirmaron que se condujeron así a causa del síndrome premenstrual.

Eso no es todo. Se dice que un miembro del gobierno de la ciudad de San Francisco declaró haber asesinado a un colega suyo y al alcalde de la ciudad porque había ingerido demasiada "comida basura". El jurado dio un veredicto de homicidio voluntario en lugar de asesinato en primer grado. Según se dice, el jurado dictaminó que la comida basura había provocado una alteración de las capacidades intelectuales, lo que era una atenuante de la culpa del asesino.

> "Porque yo reconozco mis rebeliones, y mi pecado está siempre delante de mí" (Salmo 51:3).

La sociedad moderna elimina el pecado culpando a la víctima. Así, las faltas cometidas por los humanos se describen según el agresor consiga convertirse en víctima. Se supone que tenemos que ser lo bastante sensibles y comprensivos como para ver que todos aquellos comportamientos que antaño solían clasificarse como pecaminosos, de hecho, son pruebas para hacer que el agresor se convierta en la víctima.

Quizá diga: "Pastor, ¿cómo puede influir este pensamiento en mi vida?". Se lo explico. A menudo, en casa no queremos aceptar la responsabilidad de nuestros actos. "Fui duro con mis hijos porque me dolía la cabeza". Eso significa: "No me eches la culpa a mí; échasela al dolor de cabeza". O bien: "Grité a mi esposa y a mis hijos porque en el trabajo tuve un día muy complicado". Con esto digo que mi enojo no es culpa mía, sino que es la consecuencia de cómo me trataron en el trabajo.

Para que el Espíritu Santo pueda levantarnos, es preciso que aceptemos nuestra responsabilidad. Es posible que hayamos sufrido un fuerte dolor de cabeza o que en el trabajo nos hayan tratado muy mal, pero eso no es excusa para estar airados ni para dispensar malos tratos a los demás.

La sociedad intenta hacer que el pecado desaparezca diciendo que el pecado ya no es pecado. Un cristiano comprometido confiesa sus pecados. Jesús vino a salvar a los que admiten que son pecadores.

Señor, reconozco que soy pecador. Gracias por haber venido a salvar a los pecadores como yo.

Una experiencia cotidiana

Basado en Mateo 4:19

CIERTA VEZ ME INVITARON para que hablara en una de las prisiones estatales de Florida. Cada semana la administración penitenciaria permite que nuestra iglesia lleve a cabo reuniones con los presos que opten por asistir.

Después de un corto sermón, uno de los presos habló conmigo con relación a su vida espiritual. Sonriente, me dijo: "He sido salvado veintitrés veces".

Me pregunto si una persona que se ha arrepentido de verdad de sus pecados recae una y otra vez en los pecados de los que se ha arrepentido. Si mantiene su espíritu de arrepentimiento día tras día, la respuesta es: "No". No recae. Pero si nos arrepentimos unos días sí y otros no, la respuesta es: "Sí".

Es posible que quien se ha arrepentido de sus pecados, en ocasiones pueda verse sorprendido por la tentación y, vencido por ella, vuelva a caer en los mismos pecados de los que se había arrepentido. Aun así, se levantará y se arrepentirá de lo que ha hecho.

El arrepentimiento verdadero hará que amemos lo que solíamos odiar y odiemos lo que solíamos amar. Hay quienes han dejado de cometer ciertos pecados porque tienen miedo de sus consecuencias. Pero esto no es arrepentimiento genuino. Es como el caso del niño al que su madre le ordena que se siente y el niño, que no quiere obedecer, le dice que sí, que se sentará, pero, de pensamiento, permanece de pie.

"Deje el impío su camino y el hombre inicuo sus pensamientos, y vuélvase a Jehová, el cual tendrá de él misericordia, al Dios nuestro, el cual será amplio en perdonar" (Isaías 55:7).

El arrepentimiento genuino, además de impedirnos hacer las cosas que no debemos, nos empujará a encaminar nuestros pasos hacia el objetivo de una vida cristiana victoriosa. Me gustan las palabras del Señor en Isaías 1:16: "Lavaos y limpiaos, quitad la iniquidad de vuestras obras de delante de mis ojos, dejad de hacer lo malo". El verdadero arrepentimiento va de adentro hacia afuera. Cuando el corazón cambia, la vida también cambia.

Santiago 1:17 dice: "Toda buena dádiva y todo don perfecto desciende de lo alto". Este texto me dice que el don del arrepentimiento perfecto y bueno procede de nuestro Padre celestial. No se demore y pídalo.

Dios no ha olvidado

Basado en Mateo 4:19

A LAS 9:02 de la mañana del 19 de abril de 1995, un furgón de alquiler cargado con aproximadamente 2,300 kilos de fertilizante de nitrato de amonio, nitrometano y gasóleo estalló frente al edificio federal Alfred P. Murrah, en la ciudad de Oklahoma. Además de oficinas, el edificio también albergaba una guardería para los hijos de los empleados. Como resultado de la tremenda explosión, murieron 168 personas, de las cuales 19 eran niños. Más de ochocientas personas resultaron heridas. Años después, en el lugar se erigió un monumento en memoria de las víctimas.

Un año me invitaron a participar como orador en la asamblea de Oklahoma. Durante la semana, en uno de los intervalos de tiempo libre entre reuniones, un pastor me llevó a ver el monumento. La visita me causó una profunda impresión que aún perdura.

> "El Señor no retarda su promesa, según algunos la tienen por tardanza, sino que es paciente para con nosotros, no queriendo que ninguno perezca, sino que todos procedan al arrepentimiento" (2 Pedro 3:9).

Entré en el monumento por una puerta en la que está grabado: "9:01". Allí donde una vez se levantaba el edificio ahora se extiende una explanada cubierta de hierba sobre la que hay 168 sillas de bronce y vidrio que se iluminan tras la puesta del Sol. La calle que estaba enfrente del edificio ahora está cubierta por una lámina de agua que refleja el entorno. Salí del monumento a través de otra puerta en la que se lee: "9:03". La catástrofe tuvo lugar exactamente a las 9:02 de la mañana.

Mientras me alejaba, tenía los ojos bañados de lágrimas. Me di cuenta de que la destrucción de los impíos mostrará al universo que Dios no olvida los terribles actos que cometieron. Se hará justicia.

Los que se pierdan serán los que habrán rechazado salvarse. Habrán persistido en sus malos caminos. Quien, en su corazón, ha aceptado el don del arrepentimiento y desea ser salvo, se salvará por la gracia de Dios; incluso los hombres que fueron responsables de esa terrible explosión.

Nadie dejará de entrar al cielo por un centímetro, sino por varios kilómetros. Nuestro Dios es un Dios de misericordia y de salvación. "El Señor no retarda su promesa, según algunos la tienen por tardanza, sino que es paciente para con nosotros, no queriendo que ninguno perezca, sino que todos procedan al arrepentimiento" (2 Ped. 3:9). "¿Cómo escaparemos nosotros, si descuidamos una salvación tan grande?" (Heb. 2:3).

De quién es el reino de los cielos

Basado en Mateo 5:1-12

DURANTE MUCHOS AÑOS he colaborado con la Agencia Adventista para el Desarrollo y Recursos Asistenciales (ADRA). Durante ese tiempo vi por mí mismo los terribles resultados de la pobreza. En algunas ciudades los pobres nacen, viven y mueren en la calle. Una vez visité un cobertizo cerca de una capital. En él vivían una madre y sus cuatro hijos. Como no tenía qué dar de comer a su prole, el bebé moría de inanición. Cuando sostuve en brazos al bebé, lloré. Me alegra decir que pudimos ayudarla.

La pobreza es causa de enfermedad, sufrimiento y tristeza. También está en el origen de conflictos y guerras. Por lo general, los pobres carecen de formación y eso añade dificultad a la búsqueda de trabajo. Y si tienen un empleo, no ganan lo suficiente para sostener a toda la familia. En muchos países los ricos siguen explotando a los pobres y empeorando su situación (Sant. 5:1-4).

Algunos líderes religiosos enseñan que, al bendecir a los pobres de espíritu, Jesús exhorta a la pobreza voluntaria. Piensan que el versículo promete bendiciones para aquellos que, deliberadamente, han dado la espalda a la riqueza y han optado por la pobreza. Pero Jesús no hablaba de esto. Él no dijo: "Bienaventurados los pobres, harapientos y muertos de hambre", sino que dijo: "Bienaventurados los *pobres de espíritu*". En otras palabras, se refería a nuestra actitud hacia nosotros mismos.

> "Bienaventurados los pobres en espíritu, porque de ellos es el reino de los cielos" (Mateo 5:3).

Ser pobre de espíritu es lo contrario a ser orgulloso y egoísta. Es lo exactamente opuesto a una actitud independiente y desafiante que se niega a someterse a Dios y, al igual que el Faraón, le dice: "¿Quién es Jehová para que yo oiga su voz?" (Éxo. 5:2). Ser "pobre de espíritu" es darse cuenta de que espiritualmente no se tiene nada, que no se es nada, no se puede hacer nada y que se tiene necesidad de todo.

Incluso quienes viven en la pobreza también tienen que ser pobres de espíritu. Aunque nos vistamos con harapos, como el profeta Isaías, tenemos que darnos cuenta de que nuestra justicia es como "trapos de inmundicia" (Isa. 64:6). El mundo enseña que si creemos en nosotros mismos podremos hacer lo que nos propongamos. Jesús dijo: "Separados de mí nada podéis hacer" (Juan 15:5). Los pobres de espíritu son los únicos que entrarán al reino de los cielos porque les pertenece.

Jesús es nuestro consuelo

Basado en Mateo 5:4

NO HACE MUCHO, en uno de mis viajes, en el avión se sentó junto a mí un hombre con el que entablé conversación y me explicó que su esposa había fallecido. Era víctima de un profundo pesar y ya no tenía ganas de vivir. ¡Cuánto dolor nos causa la pérdida de un ser amado!

Cuando Jesús dijo: "Bienaventurados los que lloran, porque ellos serán consolados", no se refería solo a la tristeza por la pérdida de los que amamos. La causa del sufrimiento a la que se refería en la bienaventuranza es el dolor que sentimos cuando nos damos cuenta de que "en mí, esto es, en mi carne, no habita el bien" (Rom. 7:18).

¿Cómo puede alguien estar agradecido por haber sido rescatado sin antes recordar que se ahogaba? ¿O cómo puede dar gracias por los alimentos sin recordar que se estaba muriendo de hambre? Para poder dar gracias por el sacrificio de Jesús antes tendremos que recordar que sin él estábamos perdidos. Jamás debemos pensar que solo necesitamos a Jesús cuando empezamos la vida cristiana. Al contrario, lo necesitamos siempre.

> "Cualquiera que se enaltece, será humillado, y el que se humilla será enaltecido" (Lucas 14:11).

El Espíritu Santo no puede obrar en la vida de quienes no sienten necesidad alguna. El duelo ante Dios se expresa con humildad. "Cualquiera que se enaltece será humillado, y el que se humilla será enaltecido" (Luc. 14:11).

Quizá algunos pregunten: "¿Cómo podemos ser felices en el Señor y lamentarnos continuamente?". La respuesta es que, aunque nos lamentamos porque reconocemos que somos orgullosos, egoístas, amargados, resentidos, lujuriosos y carecemos de dominio propio, nos consuela saber que él nos acepta tal y como somos. Nuestro "llanto" se expresará con una actitud de arrepentimiento. Al que se arrepiente lo consuela saber que el Padre celestial lo ha perdonado.

Aunque quise consolar al hombre por la pérdida de su esposa, para volver a verla tendrá que esperar a la resurrección. El consuelo que Jesús nos ofrece no solo es para el futuro, también es para hoy. ¡Qué extraordinaria promesa! Apreciado lector, si, mientras anda por el camino cristiano, se siente desanimado, o ha perdido a un ser querido, recuerde las palabras de Jesús y consuélese con ellas.

El sentimiento de culpa no es malo

Basado en Mateo 5:4

A MUCHOS no les gusta oír la palabra "pecado". La conducta que antes se solía considerar como pecaminosa hoy se considera correcta. He oído a alguien decir: "Para mí no es malo, pero si para ti lo es, es malo para ti". Incluso hay asesinos que afirman que cometieron el delito porque no podían evitarlo o porque "algo" los obligó a cometerlo.

Mi esposa y yo quedamos atónitos cuando en la radio escuchamos que un hombre de nuestra ciudad volvió a la oficina en donde había trabajado y mató a una persona e hirió a otras cinco. Cuando lo detuvieron se negó a admitir que había obrado mal. Afirmó que los culpables eran quienes lo habían despedido.

La cultura moderna considera que quienes cometen pecados son las víctimas y, por lo tanto, no son responsables de sus actos. A menudo, la opinión pública se compadece más por el asesino que perdió el trabajo que por quienes perdieron la vida o fueron heridos.

Nadie está dispuesto a aceptar que ha cometido un error porque ello significaría que se admite la culpa y la sociedad no quiere reconocer la culpa que causa el pecado. Una expresión que va de boca en boca es: "No tienes que sentirte culpable". Cuando alguien afirma que se siente culpable por haber hecho algo malo siempre hay quien le dice: "No es culpa tuya". Este tipo de pensamiento ha hecho que desaparezcan palabras como "arrepentimiento", "restitución" y "redención".

"La tristeza que es según Dios produce arrepentimiento para salvación, de lo cual no hay que arrepentirse; pero la tristeza del mundo produce muerte" (2 Corintios 7:10).

"Bienaventurados los que lloran" significa: "Bienaventurados los que reconocen que son pecadores y se arrepienten de lo que han hecho". Sin pecado no hay culpa; y sin culpa no hay pesar por el pecado. Si no hay pesar por el pecado no hay arrepentimiento; y sin arrepentimiento no puede haber perdón.

Jesús no vino a este mundo para quitar el *dolor* del pecado, sino la *causa* del pecado. Deseo que cuando haga algo malo me sienta culpable y me lamente porque tenemos una promesa: "Bienaventurados los que lloran [se sienten culpables por sus pecados], porque recibirán consolación" (Mat. 5:4). Y "el que oculta sus pecados no prosperará, pero el que los confiesa [acepta la responsabilidad] y se aparta de ellos [permite que Jesús le dé la victoria] alcanzará misericordia [será consolado]" (Prov. 28:13).

Basta ya de culpar a los demás

Basado en Mateo 5:4

SUPONGA QUE usted y yo pudiéramos hablar con David sobre su adulterio con Betsabé. Según la forma de pensar actual quizá nos dijera: "Sencillamente, no pude evitarlo, era tan bella... ¿Por qué tuvo que bañarse al aire libre? Tenía que haber supuesto que alguien la podía ver. Sé que no debí matar a Urías, su esposo, pero no podía permitir que se enterara de la relación que yo mantenía con ella. Supongo que me dejé dominar por el pánico".

Jesús no dijo: "Bienaventurados los que se excusan por sus pecados", sino: "Bienaventurados los que lloran por sus pecados". David no se excusó por lo que hizo. En el Salmo 51 se lamentó por su pecado: "Ten piedad de mí, Dios [...] borra mis rebeliones. ¡Lávame más y más de mi maldad y límpiame de mi pecado!, porque yo reconozco mis rebeliones, y mi pecado está siempre delante de mí" (vers. 1-3).

¿Se imagina al hijo pródigo largándole todo este discurso a su padre? "Papá, escucha. Ya sé que no tenía que haberme ido de casa, pero no me quedaba otra elección. Mi hermano siempre se burlaba de mí diciendo que yo jamás haría nada tan bien como él. Cuando me acuerdo de todo, pienso que no fuiste justo conmigo. No te diste cuenta de mis necesidades emocionales tan especiales y no las supliste. Es verdad, no colaboraba en las labores del campo, pero es que lo mío es el arte. Me imaginé que en la ciudad podría encontrarme a mí mismo. Allí conocí a una joven muy agradable que me fue infiel. Una noche bebí demasiado y perdí todo el dinero en el casino. Siento el daño causado".

> "El que oculta sus pecados no prosperará, pero el que los confiesa y se aparta de ellos alcanzará misericordia" (Proverbios 28:13).

En lugar de culpar a otros, mientras estaba sentado con los cerdos, el joven decidió que iría a casa y diría a su padre: "Padre, he pecado contra el cielo y contra ti. Ya no soy digno de ser llamado tu hijo; hazme como a uno de tus jornaleros" (Luc. 15:18, 19).

Tendemos a culpar a otros por nuestros errores. Pero la Biblia dice: "El que oculta sus pecados no prosperará, pero el que los confiesa y se aparta de ellos alcanzará misericordia".

Una razón para estar triste

Basado en Mateo 5:1-12

CUESTA CREER que Jesús dijera: "Bienaventurados los que lloran". La mayoría de la gente no quiere llorar. Algunos están tan tristes que intentan ahogar sus penas en alcohol y acaban por convertirse en alcohólicos.

Vivo cerca de los parques temáticos de *Universal Studios, Disney* y *Epcot*. La gente acude de todas partes del mundo para pasar unos días de vacaciones. Es interesante observar las familias que llegan al aeropuerto. Los niños están felices y emocionados. Visitar los parques es muy caro, pero los padres quieren que sus hijos sean felices.

Jesús dijo que los que lloran son quienes son verdaderamente felices. No enseñaba que jamás debamos mostrar alegría riendo o sonriendo. Tampoco hablaba de llorar la muerte de un familiar o cualquier tragedia. Hablaba de estar tristes a causa del pecado. Pero antes tenemos que reconocer que somos pecadores. ¿Cómo podemos ser salvos si no admitimos que estamos perdidos? ¿Cómo podemos estar llenos del fruto del Espíritu si no admitimos que la vida sin él está vacía?

Hace algunos años era muy popular una canción que decía: "*Don't worry, be happy*" [No te preocupes, sé feliz]. Jesús dijo que nos preocupamos por demasiadas cosas. También dijo que hay algunas cosas que tendrían que preocuparnos y por las que tendríamos que sentirnos apesadumbrados: nuestros pecados, es decir, el orgullo, el egoísmo, la amargura y la falta de dominio propio. Cuando, después de contemplar a Dios y su santidad, veamos nuestra indefensión, nuestra desesperanza y nuestra impotencia, nos lamentaremos por nuestros pecados. El apóstol Pablo exclamó: "¡Miserable de mí! ¿Quién me librará de este cuerpo de muerte?" (Rom. 7:24). Además, confiesa: "Yo sé que en mí no habita el bien" (Rom. 7:13).

Cuando yo era niño, a veces me caía y me lastimaba. Luego iba a llorar con mi madre para que me consolara. Después de un rato me sentía mejor y salía de nuevo a jugar. Si los pecados de su vida lo apesadumbran, lo invito a que acuda a Jesús. Él lo consolará y lo perdonará.

> "Porque por un momento será su ira, pero su favor dura toda la vida. Por la noche durará el lloro y a la mañana vendrá la alegría" (Salmo 30:5).

Dolor genuino

Basado en Mateo 5:1-12

¿ALGUNA VEZ ha deseado revivir el pasado para tener la posibilidad de enmendar las palabras que lastimaron a otros; corregir los errores que cometió y las decisiones equivocadas que tomó; y borrar los momentos en que se sintió desalentado y abandonado por el Señor?

Si algo hay que sea cierto es que es imposible volver atrás en el tiempo y revivir lo que ya hemos vivido. Pero, si pudiéramos, ¿haríamos lo mismo? La verdad es que muchos no cambiaríamos: cometeríamos los mismos errores, lastimaríamos a las personas y tomaríamos decisiones equivocadas. ¿Por qué? Porque somos así, es nuestra naturaleza. Pero Jesús vino para ayudarnos a cambiar nuestra vida *de manera sobrenatural.*

> "Afligíos, lamentad y llorad. Vuestra risa se convierta en lloro y vuestro gozo en tristeza" (Santiago 4:9).

Jesús dijo: "Bienaventurados los que lloran", es decir: "Bienaventurados los que se sienten tristes, no por lo que les ha ocurrido, sino por cómo trataron a los demás". Me he dado cuenta de que, para mí, es más natural ser orgulloso y egoísta que humilde y amable. Incluso es posible que diga que lo lamento sin lamentarlo en absoluto. Es lo mismo que pisar el pie de alguien y, de manera mecánica, decir: "Lo siento", al tiempo que se piensa: "No fue culpa mía. Tú te pusiste en mi camino".

Si reacciono así me entristezco. A veces me gustaría gritar: "¡Dios, sé propicio a mí, pecador!" (Luc. 18:13). Creo que esto es lo que Jesús quiso decir con: "Bienaventurados los que lloran". Si no reconozco lo mucho que necesito a Jesús seré siempre lo que fui: un pecador que comete siempre los mismos errores.

El dolor genuino implica que admitimos nuestra necesidad. Cuando el Espíritu Santo nos convence de pecado, nuestro corazón llora. Llorar significa que cada día nos damos cuenta de que necesitamos a Jesús. El único que puede quitar la mancha del pecado es Jesús.

A menos que lloremos por nuestros pecados, los cometeremos una y otra vez. Sin embargo, Jesús nos ha prometido que él nos consolará. No podemos volver a vivir el pasado, pero sí podemos proseguir a la meta, al premio del supremo llamamiento de Dios en Cristo Jesús, Señor nuestro (Fil. 3:14). Quizá suene extraño, pero esta bienaventuranza nos recomienda que nos entristezcamos, el único modo de recibir consuelo.

Manso y humilde

Basado en Mateo 5:5

EL NUEVO TESTAMENTO se escribió en griego. Entre los estudios de preparación para el ministerio estudié griego durante dos años Por desgracia, lo he olvidado casi todo. Las únicas palabras que recuerdo son *adelphos mou*, que significa, "mi hermano". Con todo, no puedo quejarme. Al menos, cuando voy a la iglesia el sábado por la mañana, puedo estrechar la mano de alguien y decirle: "Feliz sábado, *adelphos mou*".

Todos los ejemplares del Nuevo Testamento, tanto si están en inglés, en español, en francés o en cualquier otro idioma, son una traducción del griego que se hablaba en tiempos de Cristo. Es el *koiné* o griego común. La palabra griega *koiné* para "manso" significa amable, humilde, considerado, cortés.

En griego clásico, el que se hablaba incluso antes que el griego *koiné*, el término "manso" se usaba de tres maneras distintas. Lo usaban, en particular, los médicos, los marineros y los granjeros. Los médicos empleaban la palabra "manso" para describir los medicamentos relajantes que aliviaban el dolor. Cuando los marineros se referían a una fresca y suave brisa que refresca al marino acalorado, se referían a ella como una brisa mansa. Finalmente, los agricultores decían que el asno que había sido domesticado y estaba listo para colaborar en las labores de la granja era un asno manso.

> "Llevad mi yugo sobre vosotros y aprended de mí, que soy manso y humilde de corazón, y hallaréis descanso para vuestras almas" (Mateo 11:29).

El abuso de un medicamento puede arruinar una vida. Usado sin control, el medicamento puede matar en lugar de curar. Los que habitan en el trópico, en particular a lo largo de la costa sur de los Estados Unidos y en Centroamérica, saben que un huracán puede causar estragos. En una granja, la bestia de labranza o de tiro que nunca ha sido adiestrada resulta inútil. Cuando nos apercibimos de los peligros que esconden los medicamentos, los vientos o una bestia sin adiestrar entendemos el sentido de la palabra "mansedumbre" en griego clásico: fuerza controlada.

Nuestro Señor Jesús dijo que era manso y humilde de corazón y que en él hallaríamos descanso para el alma (Mat. 11:28). Él nos ayudará a controlar nuestra fuerza. ¿Se imagina cómo serían los hogares si los progenitores se mostraran con mansedumbre? Si queremos enseñar a nuestros hijos a ser como Jesús, tenemos que reflejar su carácter; es decir, nosotros también debemos ser mansos y humildes. Una persona humilde no piensa en sí misma, sino en los demás.

El ejemplo perfecto

Basado en Mateo 5:5

RECUERDO QUE, DE NIÑO, observaba a los hombres mientras se lavaban mutuamente los pies en el rito de humildad, justo antes de la Cena del Señor. Entonces no entendía el significado de lo que hacían. Su verdadero significado se me escapaba incluso después de ser bautizado y empezar a participar con otros jóvenes de mi edad.

Durante un tiempo fuimos misioneros en Pakistán. Allí empecé a entender por qué Pedro le dijo a Jesús: "No me lavarás los pies jamás" (Juan 13:8). En Pakistán es común la expresión "mostrarle a alguien el zapato". Es una muestra de desprecio por la otra persona. Es el insulto más grave porque se considera que el pie es la parte más vergonzosa del cuerpo. Por eso Pedro no podía permitir que Jesús tocara sus pies.

"Porque ejemplo os he dado para que, como yo os he hecho, vosotros también hagáis" (Juan 13:15).

Recuerdo que, hace muchos años, en el periódico vi una fotografía de Nikita Kruschov, durante un pleno de la Asamblea General de las Naciones Unidas al que había acudido en representación de la Unión Soviética, golpeando el escritorio con el zapato. Todos nos preguntamos si estaba en su sano juicio. Pero después de haber vivido en Pakistán, entendí por qué lo hizo. Al golpear el escritorio con su zapato mostraba a la asamblea mundial el desprecio y el desdén que sentía por lo que allí se decía. Literalmente, "mostró su zapato al mundo".

No hace tantos años, derribaron la estatua de Saddam Hussein que se erigía en pleno centro de Bagdad, la capital de Irak. Si vio las imágenes, tuvo que darse cuenta de que había un hombre que corría junto a la estatua y la iba golpeando con su zapato. El mensaje era claro. Expresaba lo que sentía por el dictador caído.

Poco antes del fin de su mandato, George W. Bush, el presidente de los Estados Unidos, visitó Bagdad. Durante una rueda de prensa, uno de los periodistas asistentes arrojó sus zapatos contra él; más con la intención de mostrarle su desprecio que deseando golpearlo.

Comparto esto con usted para que juntos podamos entender el significado de lo que Jesús hizo la noche en que lavó los pies de los discípulos. Entonces dijo algo que hoy puede acompañarlo: "Te di el ejemplo de cómo ser manso y humilde de corazón; ahora, ve tú y haz lo mismo".

Niéguese a sí mismo

Basado en Mateo 5:5

POCOS PRINCIPIOS bíblicos son más desagradables para la naturaleza humana y más opuestos a su forma de pensar que estas palabras de Jesús: "Bienaventurados los mansos, porque ellos heredarán la tierra". ¿Por qué es tan desagradable? Porque la naturaleza humana tiende a poner el "yo" en primer lugar. A los niños se les enseña a ser insistentes y agresivos, a obtener el máximo de todo lo que deseen, lo merezcan o no.

Pero esto no debería sorprendernos. De hecho, es una señal de que vivimos en el tiempo del fin. "También debes saber que en los últimos días vendrán tiempos peligrosos. Habrá hombres amadores de sí mismos" (2 Tim. 3:2).

En la actualidad, la gente ya no ve la mansedumbre como una virtud, sino como un defecto. El que es manso, dicen, es débil. Y así nos enteramos de que:

- No hay que ser amable, sino duro.
- La castidad es un estorbo; es mejor practicar el libertinaje sexual.
- Solo los tontos son fieles.
- Las únicas decisiones que hay que tomar son las que mejor nos convengan en cada momento.

> "Pero él da mayor gracia.
> Por esto dice:
> 'Dios resiste a los soberbios
> y da gracia a los humildes'"
> (Santiago 4:6).

Hace algunos años se empezó a escuchar una nueva palabra. En realidad, no es nada nueva, porque se basa en el egoísmo humano. Se trata de la "autoestima". La idea es que, con el fin de amar a Dios con todo nuestro corazón y a nuestro prójimo como a nosotros mismos, antes tenemos que amarnos a nosotros mismos. Por desgracia, este concepto también ha llegado a las iglesias y las escuelas.

Cierta vez leí en una revista un artículo dedicado a la autoestima que sugería a un esposo que fuera a cenar con su esposa a un restaurante frecuentado por parejas de enamorados. Hasta aquí todo era correcto. El artículo continuaba diciendo que en el momento oportuno, el esposo tenía que mirar tiernamente a los ojos de su esposa mientras susurraba: "Me amo". Me pregunto si el autor del artículo hablaba en serio.

Todo esto suena ridículo; y lo es. Sin embargo, por desgracia, muchos cristianos dan crédito a esta filosofía y la familia sufre las consecuencias. Nuestros hogares deben ser lugares en los que estemos encantados de ponernos en primer lugar unos a otros. Lo desafío a descubrir qué puede hacer usted por los demás en lugar de pensar qué pueden hacer los demás por usted.

El hombre más humilde del pueblo

Basado en Mateo 5:5

HABÍA UNA VEZ un pueblo en el que alguien sugirió que se reconociera de manera especial a la persona más humilde. La población era pequeña y todos se conocían, por lo que decidieron que alguien fuera puerta por puerta y preguntara a los vecinos quién ellos creían que era la persona más humilde del lugar. De modo que uno fue puerta por puerta por toda la población y la respuesta fue unánime: casi todos votaron por la misma persona. Por tanto, decidieron que honrarían al hombre otorgándole una distinción especial; una banda en la que se leía: "Al hombre más humilde del pueblo".

Prepararon la cinta y eligieron una fecha para que el alcalde hiciera entrega de la distinción en el salón de actos de la escuela secundaria. Diríase que todos los lugareños asistieron al acto.

La orquesta de la escuela secundaria tocó una música. Cuando el alcalde hubo pronunciado su discurso en reconocimiento a tan especial ciudadano, pidieron al hombre que subiera al estrado para hacerle entrega de la banda distintiva. El público se puso en pie y estalló en una cerrada ovación.

> "Porque Jehová tiene contentamiento en su pueblo; hermoseará a los humildes con la salvación"
> (Salmo 149:4).

Al día siguiente, el alcalde tuvo que retirarle la banda... ¡porque el hombre todavía la llevaba puesta! Una persona humilde de verdad no lo habría hecho.

Por supuesto esta historia no es más que una parábola; pero la lección es clara: El que es verdaderamente humilde no se jacta de ello porque, al hacerlo, deja de ser humilde.

He aquí algunas maneras de comprobar si una humildad es genuina:

1. Una persona humilde no trata de ser el centro de atención. Recuerde que Jesús reprendió a los fariseos por su ansia de aplauso. "Hacen todas sus obras para ser vistos por los hombres" (Mat. 23:5).
2. Una persona humilde no se apresura a expresar sus opiniones. "El necio da rienda suelta a toda su ira, pero el sabio, al fin, la apacigua" (Prov. 29:11).
3. Una persona humilde no busca venganza. "No os venguéis vosotros mismos, amados míos, sino dejad lugar a la ira de Dios, porque escrito está: 'Mía es la venganza, yo pagaré, dice el Señor'" (Rom. 12:19).

Si una persona es verdaderamente humilde, todos lo sabrán menos ella.

Un hambre distinta

Basado en Mateo 5:6

SOY DEL TIPO de personas a las que nos gusta hacer trabajos de reparación en casa. Me gusta pintar, hacer reparaciones de carpintería y todo lo que tenga que ver con el mantenimiento en general. La fachada de nuestra casa está recubierta de madera. Debido a que después de algunos años en Florida la madera empieza a pudrirse y hay que cambiarla, he tenido que aprender a hacer esa tarea. También me defiendo bastante bien en reparaciones eléctricas y de fontanería. Sin embargo, cuando no sé hacer una tarea específica, contrato a un especialista que, seguro, hará un buen trabajo.

A veces, mi automóvil, que ya tiene quince años, me da problemas. Como no sé casi nada de mecánica, no tengo más remedio que llevarlo a un taller. La cuestión es que, aunque hay cosas que se pueden dejar en manos de otros, algunas solo puede hacerlas uno mismo; por ejemplo, comer y respirar.

Recuerdo que, cuando era niño, le decía a mi mamá: "Tengo hambre. ¿Cuándo comemos?". Por cierto, ahora que lo pienso, también se lo digo a mi esposa... No hay nada malo en tener hambre, porque si no saciáramos el hambre y la sed acabaríamos por morir.

> "Bienaventurados los que tienen hambre y sed de justicia, porque serán saciados" (Mateo 5:6).

Decir: "Bienaventurados los que tienen hambre de la buena comida y sed de agua limpia para mantener la salud del cuerpo" sería correcto. Pero Jesús nos dice que son aún más bienaventurados los que tienen hambre y sed de justicia.

Que tengamos hambre y sed de justicia significa que ansiamos ser liberados del pecado. En primer lugar, porque el pecado nos separa de Dios. "Pero vuestras iniquidades han hecho división entre vosotros y vuestro Dios y vuestros pecados han hecho que oculte de vosotros su rostro para no oíros" (Isa. 59:2). El que tiene hambre y sed de justicia quiere ser libre no solo del pecado, sino incluso del deseo de pecar.

Hoy lo invito a hacer algo. Cuando se siente a comer y pida la bendición de los alimentos, al mismo tiempo pídale a Dios que despierte en usted el hambre y la sed de ser como él.

Vivir con un propósito en el corazón

Basado en Mateo 5:6

SIN DUDA usted recuerda la historia. Nabucodonosor había conquistado Judá y muchos hombres, mujeres y niños fueron llevados cautivos, incluyendo a Daniel y sus tres jóvenes amigos. No sabemos qué edad tenían, pero bien pudo ser que fueran adolescentes. Habían sido criados por padres temerosos de Dios que, con toda seguridad, oraban por ellos.

El rey le pidió al funcionario encargado de los jóvenes que les sirviera de los mismos alimentos que llenaban la mesa del rey. Estaba convencido de que les hacía un favor, pero muchos de los alimentos eran impuros y no aptos para comer. También había vino. "Daniel propuso en su corazón no contaminarse con la porción de la comida del rey ni con el vino que él bebía; pidió, por tanto, al jefe de los eunucos que no se le obligara a contaminarse" (Dan. 1:8).

No podemos pedir a Dios que haga algo por nosotros si nosotros mismos no estamos dispuestos a hacerlo. Por eso Jesús dijo que la justicia solo puede alcanzar a quienes tienen hambre y sed de ella. Nunca se está demasiado hambriento y sediento de justicia. Tampoco podemos decir que alguna vez hayamos sido plenamente saciados.

> "Daniel propuso en su corazón no contaminarse" (Daniel 1:8).

Sin embargo, podemos ser volubles y cambiar de opinión. Tal vez un día resistimos la tentación y al día siguiente caemos en ella. Unas veces nos importa y otras no, por lo que no le pedimos a Dios que nos proporcione su justicia. Por esta razón, nos vendría bien aplicar en nuestra vida el conocido texto bíblico: "Si alguno de vosotros tiene falta de sabiduría, pídala a Dios [...], pero pida con fe, no dudando nada, porque el que duda es semejante a la onda del mar, que es arrastrada por el viento y echada de una parte a otra" (Sant. 1:5, 6).

A veces podemos tratar de aparentar que somos justos, pero en nuestro corazón sabemos que no es así. Los que tienen hambre y sed de justicia no se conforman con una mera apariencia de justicia para impresionar a los demás; antes bien, han decidido no contaminarse con las cosas de este mundo. Rechazan todo lo que pueda apartarlos de la justicia prometida por Dios.

Oremos para que, hoy, el Espíritu Santo despierte en nosotros el hambre por el Señor. Solo Jesús puede satisfacer el hambre y la sed de justicia.

¿Siempre tiene hambre?

Basado en Mateo 5:6

EN LAS REGIONES donde los inviernos son fríos, algunos animales hibernan; es decir, pasan el invierno durmiendo. Durante el otoño los animales que hibernan comen más de lo habitual. De ese modo, sus cuerpos se alimentarán de la grasa acumulada y podrán "dormir" durante los meses invernales.

Pero los que tienen hambre y sed de justicia no hibernan. Comen el pan de vida en primavera, en verano, en otoño y en invierno. De hecho, cada día tienen hambre y sed de justicia. Pero tienen la promesa de que serán saciados (Mat. 5:6). Alguien puede decir: "Cuando estoy lleno ya no necesito más". Es verdad, si se es un oso. Pero un cristiano solo se alimenta de pan de vida fresco y de agua de vida que necesitan ser renovados a diario.

Verá, así como es preciso que tengamos hambre y sed cada día porque, de lo contrario, acabaríamos muriendo, para que nuestra vida espiritual no muera es necesario que cada día tengamos hambre y sed de justicia. A diferencia de los osos, que engordan para pasar el largo invierno, no podemos acumular experiencia espiritual para luego echarnos a dormir. Si no comemos, nos debilitamos y, finalmente, morimos.

Cuando mi esposa y yo éramos misioneros en Pakistán, vivíamos en la Escuela Adventista de Pakistán, que se encontraba en el campo, a unos sesenta kilómetros de Lahore. El lugar era excelente para criar a nuestros hijos. Teníamos un huerto y nuestro propio gallinero. Un día vi que una de las gallinas no comía; sencillamente, estaba quieta. La cosa continuó así durante varios días. Sabía que algo andaba mal, porque las gallinas sanas pasan el tiempo comiendo y rascando el suelo en busca de lombrices. Efectivamente, al cabo de un tiempo murió por causas desconocidas.

¿Es a la vez un glotón y un amante de la dieta? ¿Un día tiene hambre y sed de vivir una vida santa y al siguiente se olvida de ello? Si no nos alimentamos espiritualmente cada día corremos el riesgo de perder la apetencia por las cosas de Dios. Empezar el día con Jesús es nuestro desayuno espiritual. A algunos no les gusta desayunar; pero comenzar cada día con Dios es indispensable para el crecimiento espiritual.

Aliméntese, sáciese. No hiberne.

> "Porque Dios es el que en vosotros produce así el querer como el hacer, por su buena voluntad" (Filipenses 2:13).

Comida "basura"

Basado en Mateo 5:6

LA BIBLIA RECOGE la historia de un profeta infiel. Es la del asno que habló. Bueno, en realidad, quien habló no fue el asno, sino un ángel, el cual habló por medio del animal. Además de ser un falso profeta, Balaam era corrupto. El rey de Moab vio que los israelitas tenían previsto invadir su reino y le pidió a Balaam que los maldijera para asegurarse de que tal cosa no sucediera. A cambio le ofreció dinero. A Balaam le encantaba el dinero. Puede leer el relato completo en los capítulos 22 al 24 de Números. Verá que el Señor impidió que maldijera al pueblo; de hecho, Balaam acabó bendiciéndolo.

En cierto momento, Balaam dijo que quería morir como los justos y tener su misma recompensa (Núm. 23:10). Pero, aunque quería morir como los justos, no quería vivir como ellos. A diferencia de Balaam, quien tiene hambre y sed de justicia se abstiene de todo lo que se opone a ella. Quien de verdad quiere la recompensa de los justos, además de las cosas que sabe que son malas y perjudiciales, evitará todo aquello que debilite o reduzca su apetencia espiritual.

> "Jesús les respondió: 'Yo soy el pan de vida. El que a mí viene nunca tendrá hambre, y el que en mí cree no tendrá sed jamás'" (Juan 6:35).

Cuando estoy de viaje, veo que en los restaurantes y las cafeterías de los aeropuertos la gente suele comer "comida basura"; sobre todo los niños. El término "comida basura" se refiere a esas comidas rápidas que son muy sabrosas pero nada saludables. Esa clase de comida es sabrosa porque contiene gran cantidad de grasas, azúcares y sal. Como resultado, la comida basura es la causa principal de muchas enfermedades del corazón. Los efectos generales de la comida basura son: falta de energía, pérdida de capacidad de concentración, enfermedades del corazón y una elevada tasa de colesterol en sangre.

Mi madre solía decirme: "Dickey, acábate lo que tienes en el plato". Recuerdo que muchas veces le respondía: "Es que no tengo hambre...". Solía responder eso porque había comido algo entre horas. Suele pasar que a un niño (o, para el caso, cualquier persona) que ha comido caramelos o pasteles antes de la cena no le apetezcan los alimentos sanos y nutritivos. ¿Es posible que alguna "comida basura" de la vida le esté quitando el hambre espiritual?

Desayuno espiritual

Basado en Mateo 5:6

IMAGINE QUE está hambriento y no tiene nada que comer. En 1969, en el mundo murieron de hambre diez millones de personas. En 1997 la Cruz Roja alemana informaba que solo en Corea del Norte murieron de hambre dos millones de personas. El sitio web CNNhealth.com informa que en 2009 uno de cada seis habitantes del mundo pasaba hambre.

Sin comida ni agua para beber, la gente muere. Se considera que quienes no comen lo suficiente están malnutridos, lo que los convierte en víctimas fáciles de las enfermedades. El hambre es una tragedia de proporciones inmensas.

Muchos cristianos pasan hambre innecesariamente. Quien se está muriendo de hambre o está malnutrido lo sabe. Lamentablemente, es posible que las personas malnutridas espiritualmente no se den cuenta de ello o piensen que se las arreglarán para sobrevivir en cualquier situación. Podríamos decir que padecen "anorexia espiritual". La anorexia es un trastorno que tiene una base emocional e impide, a quien la padece, comer alimentos en cantidades normales. Un anoréxico aprende a vivir sin comer y, tarde o temprano, acaba por perder el apetito.

> "Gustad y ved
> que es bueno Jehová.
> ¡Bienaventurado el hombre
> que confía en él!"
> (Salmo 34:8).

Estoy seguro de que usted, apreciado lector, ya sabe qué diré a continuación. Hay personas que, en lugar de hambre y sed de justicia, han aprendido a sobrevivir sin alimento espiritual. En consecuencia, su vida espiritual se consume. Sin embargo, los que tienen hambre y sed de justicia quedarán saciados con su ración diaria de la Palabra de Dios y la oración. Tienen una vida de adoración fiel y activa porque dedican un tiempo de calidad a Jesús.

Algunos cristianos dicen que no tienen tiempo para estar con el Señor. Suena extraño, porque, en apariencia, tienen mucho tiempo para lo que consideran que es importante para ellos. Otros dicen que en el pasado no fueron fieles pero que ya recuperarán el tiempo perdido. Esto es imposible, porque el día solo tiene veinticuatro horas. Es imposible recuperar el tiempo perdido; por lo que no queda más remedio que tomarlo del destinado a cualquier otra actividad. Esto significa que de la vida habrá que quitar algo de menor importancia.

Jesús nos invita a desayunar espiritualmente con él cada día. Cuando aceptemos su invitación podremos "gustar y ver que es bueno Jehová" (Sal. 34:8).

Familias que oran juntas

Basado en Mateo 5:6

SI DESEAMOS disfrutar de salud espiritual, cada día tendremos que apartar un tiempo para estar a solas con Dios. Para muchos, el mejor momento para la meditación personal es a primera hora de la mañana. Algunos se sienten incómodos ante la idea de estudiar la Biblia por la sencilla razón que no les gusta estudiar. Si usted es uno de ellos, ¿qué le parecería la idea de *leer* la Biblia? A la mayoría de la gente, la idea de leer la Biblia no le resulta incómoda. Hay quienes se proponen leer la Biblia de tapa a tapa, como si de una novela se tratara. Pero no es extraño que se queden encallados en Levítico. Si tal es su caso, puede que le resulte útil leer la Biblia "a la carta"; es decir: un poco de aquí y otro poco de allí...

Además de tener su propio tiempo para estar a solas con Dios, los miembros de la familia que tienen hambre y sed de justicia también deberían dedicar un tiempo al culto familiar diario. He descubierto que hay más de una manera de ponerlo en práctica. Algunas familias tienen niños muy pequeños. En otras hay adolescentes, mientras que los hijos de otras tienen edades intermedias. Si yo tuviera a mis hijos en casa *preguntaría a otros padres* cómo organizan el culto familiar. Seguro que obtendría algunas buenas ideas sobre cómo desarrollarlo en mi casa.

"En la tarde, al amanecer y al mediodía oraré y clamaré, y él oirá mi voz" (Salmo 55:17).

Otra posibilidad de oración en familia es la oración con el cónyuge. Una parte importante del ministerio pastoral es orar por los demás. Un día me pasó por la cabeza la idea de que oraba con todo el mundo menos con mi esposa; es decir, que no oraba a solas con ella, ella y yo y nadie más. Así que decidí que desde ese día también oraría con ella. No se trata de sustituir las oraciones para pedir la bendición de los alimentos o las del culto familiar; es otra cosa, totalmente distinta y especial. Los esposos que oran juntos, permanecen juntos. Cada noche, mi esposa y yo oramos juntos inmediatamente antes de dormir.

Si usted está casado y todavía no tiene el hábito de orar junto con su pareja, le invito a hacerlo. ¿Por qué no esta misma noche?

Gracias a Dios por la iglesia

Basado en Mateo 5:6

UNA CARACTERÍSTICA de los que tienen hambre y sed de justicia es que ponen todo su empeño en asistir fielmente a la iglesia. El creyente que tiene hambre y sed de justicia nunca desaprovecha la oportunidad de reunirse en la casa de Dios con otros que también tienen hambre y sed de justicia. En la iglesia nos alentamos mutuamente y, juntos, estudiamos la Palabra de Dios y oramos. Asimismo, de ella salimos juntos para ganar almas para Cristo.

La Biblia no puede ser más clara: "No dejando de congregarnos, como algunos tienen por costumbre, sino exhortándonos; y tanto más, cuanto veis que aquel día se acerca" (Heb. 10:25).

Por desgracia, también hay quienes afirman tener hambre y sed de justicia y, en cambio, han decidido quedarse en casa porque algunos miembros de la iglesia o los sermones del pastor no son de su agrado. Con frecuencia dicen que obtienen más bendiciones quedándose en casa que acudiendo a la iglesia. Quienes se obstinan en pensar que reciben más bendiciones en casa que en la iglesia, indefectiblemente, empiezan a perder el gusto por la justicia. Empiezan a consumir comida basura espiritual y al cabo de poco tiempo regresan al mundo.

"¡Venid, todos los sedientos, venid a las aguas! Aunque no tengáis dinero, ¡venid, comprad y comed! ¡Venid, comprad sin dinero y sin pagar, vino y leche!" (Isaías 55:1).

Descuidar la asistencia a la iglesia tiene otro inconveniente. Quien así hace pronto empieza a inventarse sus propias doctrinas o se relaciona con quienes piensan de manera similar.

La iglesia integrada por miembros que tienen hambre y sed de justicia querrá compartir su fe con otros. Asimismo, organizará reuniones públicas, a la vez que sus miembros dan estudios bíblicos y distribuyen publicaciones. De todos es conocido el refrán: "Pájaros de un mismo plumaje vuelan juntos". De manera similar, la iglesia está formada por hombres y mujeres cuyo principal objetivo es vivir en justicia y santidad. Esto se manifiesta, primero, en el hogar y en la iglesia, así como en su trato con los vecinos y los compañeros de trabajo.

Usted pertenece al cuerpo de Cristo. Haga todo lo posible por asistir cada semana a la iglesia. Tenemos que estar muy agradecidos por la libertad que disfrutamos para asistir a la iglesia y alimentarnos con la Palabra de Dios. Ore por su iglesia, por el pastor y por todos sus miembros.

Misericordia inmerecida

Basado en Mateo 5:7

HACE UNOS AÑOS, Hildegard Goss-Mayr, del Movimiento Internacional de la Reconciliación, relató esta historia real: Durante los trágicos combates que tuvieron lugar en Líbano a lo largo de la década de los setenta del siglo pasado, un alumno de un seminario cristiano iba andando de un pueblo a otro cuando cayó en una emboscada tendida por un guerrillero druso. El guerrillero le ordenó que bajara por un sendero con el fin de fusilarlo.

Pero sucedió algo asombroso. El seminarista, que había recibido entrenamiento militar, sorprendió a su captor y lo desarmó. Las tornas se cambiaron y el druso recibió la orden de descender por el camino. Sin embargo, mientras avanzaban, el estudiante de Teología comenzó a reflexionar sobre lo que estaba sucediendo. Recordando las palabras de Jesús: "Amad a vuestros enemigos; haced bien a los que os aborrecen; poned la otra mejilla", se dio cuenta de que no podía seguir adelante. Arrojó el arma entre los arbustos, le dijo al guerrillero druso que estaba libre y echó a andar colina arriba.

> "Hombre, él te ha declarado lo que es bueno, lo que pide Jehová de ti: solamente hacer justicia, amar misericordia y humillarte ante tu Dios" (Miqueas 6:8).

Unos minutos más tarde, mientras caminaba, oyó que alguien corría tras de él. "Aquí se acaba todo", se dijo. Tal vez el druso había recuperado el arma y quería acabar con él. No obstante, siguió adelante, sin mirar atrás, hasta que el enemigo lo alcanzó, lo agarró, lo abrazó y, hecho un mar de lágrimas, le agradeció que le hubiera perdonado la vida. La misericordia se expresa con el perdón.

En cierta ocasión, una madre se acercó a Napoleón pidiéndole que perdonara a su hijo. El emperador respondió que el joven había cometido dos veces el mismo delito y que la justicia exigía su muerte.

—No pido justicia —replicó la madre—, sino misericordia.

—Tu hijo no merece que tengan misericordia de él —contestó Napoleón.

—Solo pido misericordia. —exclamó la mujer—. Si la mereciera, ya no sería misericordia".

—Pues bien —dijo el emperador—, tendré misericordia de él.

Y perdonó al hijo de la mujer.

Dios no nos dio lo que merecíamos, sino que tuvo misericordia de nosotros. Al sentir la extraordinaria misericordia que Dios ha derramado sobre nosotros, no podremos hacer otra cosa que derramar misericordia sobre los demás. "Hombre, él te ha declarado lo que es bueno, lo que pide Jehová de ti: solamente hacer justicia, amar misericordia y humillarte ante tu Dios" (Miq. 6:8).

¿Cambio de dieta o de corazón?

Basado en Mateo 5:8

EN CIERTA OCASIÓN, junto a mí estaba una madre joven, llorando. "He orado", dijo entre sollozos, "para que el Señor me ayudara a vencer el abuso del azúcar, pero le estoy fallando estrepitosamente".

Me interesa mucho todo lo que tenga que ver con un estilo de vida saludable. Jamás he tomado una taza de café, ni siquiera descafeinado. Por regla general, no como entre horas. Mi esposa y yo procuramos andar un buen trecho cada mañana. Comemos dos veces al día, tomamos bebida de soja y no comemos carne.

Cada vez hay más cristianos que están convencidos de que la mejor manera de mantenerse sano es no comer ningún producto animal. Además de no comer carne, no beben leche, no comen huevos ni usan grasas saturadas. Este estilo de vida se llama "vegano".

No hay nada malo en tratar de vivir de la manera más saludable posible. Es una actitud cristiana. Sin embargo, el cristiano no debe mirar al que tiene al lado y criticarlo por no seguir su mismo estilo de vida. En tiempos de Jesús, los fariseos eran muy escrupulosos en el cumplimiento de la ley. Eran tan escrupulosos que se inventaron leyes para guardar la ley. Jesús no veía con malos ojos que cumplieran la ley. Decía que era su deber, pero no debían descuidar lo otro. ¿A qué "otro" se refería Jesús? Se trata de "lo más importante de la ley: la justicia, la misericordia y la fe" (Mat. 23:23). Los fariseos eran duros con las personas que no creían lo mismo que ellos. No les preocupaba cómo era su corazón. Lo único que les importaba era cómo podrían utilizar su estilo de vida para impresionar a los demás.

> "Bienaventurados los de limpio corazón, porque verán a Dios" (Mateo 5:8).

El asunto estriba en que si ser cristiano es cuestión de vestir de cierta manera o eliminar ciertas cosas de la dieta, resulta claro que podemos hacerlo nosotros mismos y no necesitamos a Jesús. Cualquiera puede cambiar su apariencia externa, pero solo Dios puede cambiar el corazón. Jesús dice: "Os daré un corazón nuevo y pondré un espíritu nuevo dentro de vosotros. Quitaré de vosotros el corazón de piedra y os daré un corazón de carne" (Eze. 36:26).

Acuérdate de tomar la medicina

Basado en Mateo 5:8

ME ESTABA PREPARANDO para el ministerio y empezaba un nuevo curso en la universidad. En un examen médico de rutina, el doctor observó que mi corazón latía de forma irregular. Pero no dijo nada más y yo no me preocupé.

Al cabo de algunos años fui a visitar al que fuera mi compañero de habitación en la universidad. Se había especializado en medicina interna y me invitó a su consultorio para hacerme una prueba de esfuerzo. Cuando la prueba terminó, me dijo que padecía fibrilación atrial —o auricular—, lo que provoca un ritmo irregular en el latido. El resultado es que las aurículas, las cámaras superiores del corazón, no pueden vaciar todo su contenido en los ventrículos, las cámaras inferiores; lo que, en última instancia, significa que corro el riesgo de sufrir una embolia cerebral. El riesgo es pequeño, pero no deja de ser un riesgo.

Me sugirió que tomara un medicamento que me diluyera la sangre. Esto reduce enormemente la posibilidad de desarrollar un coágulo que podría paralizarme o costarme la vida. El anticoagulante se llama *warfarina*. Es un compuesto desarrollado originalmente para matar ratas. A veces, bromeando, digo a la gente que cada día tomo mata-ratas. Imagínese su reacción. Pero no se preocupe por mí. Cada día tomo la medicina y, una vez al mes, me analizan la sangre para asegurarse de que tiene la fluidez correcta.

> "Jehová, de mañana oirás mi voz; de mañana me presentaré delante de ti y esperaré" (Salmo 5:3).

Realmente, somos unas criaturas extraordinarias. Ocho semanas después de la concepción, cuando el embrión mide solo dos centímetros y medio, el corazón ya está completamente desarrollado. Incluso antes, hacia la cuarta semana de gestación, ya empieza a latir un corazón rudimentario. A partir de entonces el corazón late 100,000 veces al día, 35 millones de veces al año y un promedio de 2,500 millones de veces a lo largo de toda la vida.

Doy gracias a Dios porque puedo decir que mi problema de fibrilación auricular está controlado. Cada día tomo fielmente mi medicina. Pero me enfrento a otro desafío: mi corazón espiritual. Para mantenerlo sano también tengo que tomar cada día mi "medicina". Eso es, tengo que orar y estudiar la Biblia. Ese medicamento no es solo para mí, sino para toda mi familia. El culto familiar es un tiempo dedicado a cantar, a orar y a estudiar juntos la Palabra de Dios. Si hasta ahora en su casa no existe la costumbre del culto familiar, esta es una buena ocasión para empezar.

Entréguele su corazón

Basado en Mateo 5:8

RESULTA FASCINANTE descubrir cómo Dios diseñó el cuerpo humano. ¿Sabía usted que, en promedio, el corazón bombea un total de ciento sesenta millones de litros de sangre a lo largo de la vida de una persona? Con esa cantidad se llenan más de tres superpetroleros. El corazón humano genera suficiente presión para arrojar un chorro de sangre a diez metros de distancia. No es de extrañar que podamos sentir tan fácilmente cómo late nuestro corazón. Para bombear la sangre por todo el cuerpo con rapidez y eficiencia se necesita mucha presión. Si ponemos los dedos en los pulsos de la muñeca y el cuello podemos sentir la pulsación. El pulso que sentimos es la sangre que se detiene y reanuda su flujo a través de las arterias y las venas.

En un minuto, la sangre circula tres veces por el cuerpo. Al cabo del día, la sangre ha recorrido un total de 19,000 km. Ahora entiendo por qué David escribió: "Te alabaré, porque formidables y maravillosas son tus obras; estoy maravillado y mi alma lo sabe muy bien" (Sal. 139:14).

En las Escrituras el "corazón" es la persona en su totalidad. Esa palabra se usa para describir el centro, la esencia de toda la personalidad. Es lo que somos, el centro de nuestro ser y, aunque incluye el pensamiento, es mucho más que eso. Incluye las emociones, pero es mucho más que las emociones. Incluye los afectos, pero es más que los afectos. También es la voluntad, lo que queremos y sabemos hacer. El corazón abarca todas estas cosas. ¡Yo soy mi corazón!

"Amarás a Jehová, tu Dios, de todo tu corazón, de toda tu alma y con todas tus fuerzas" (Deuteronomio 6:5).

Por tanto, cuando Dios nos pide que lo amemos con todo nuestro corazón, no habla del corazón físico, el que se encuentra en el centro de nuestro tórax. Se refiere a lo que hace que yo sea quien soy.

Las enfermedades del corazón son la mayor causa de mortalidad. Quienes pierdan la salvación también serán víctimas de una "enfermedad del corazón". Así como la insuficiencia cardíaca tiene sus síntomas, la insuficiencia cardíaca espiritual tiene los suyos. Muchos presentan síntomas de enfermedad del corazón espiritual, pero no parece importarles.

La mayoría de la gente se preocupa más por mantener sano el corazón físico que el espiritual. La ciencia ha descubierto numerosas maneras de conservar sano el corazón y salvarlo cuando tiene problemas. Dios tiene maneras de mantener sano nuestro corazón espiritual. La buena noticia es que él jamás ha perdido un paciente.

Soy así...

Basado en Mateo 5:8

HACE ALGÚN TIEMPO, el cardiólogo solicitó que me hicieran una prueba especial: una ecocardiografía. Gracias a este procedimiento pudo observar el interior de mi corazón mientras latía y descubrió que tengo un prolapso en la válvula mitral. Para la mayoría de los pacientes, esto no representa un grave riesgo para su vida, por lo que no suele ser preciso que pasen por un tratamiento específico o cambien radicalmente su estilo de vida. Por suerte, ese es mi caso. Doy gracias a Dios porque jamás he padecido ninguna molestia.

Los problemas del corazón físico ponen en peligro nuestra vida en la tierra, pero las enfermedades de la vida interior pueden significar la pérdida de la salvación eterna. ¿Cuál es la solución? Dios y su Palabra hacen en nuestro corazón espiritual lo mismo que hace una ecocardiografía en nuestro corazón físico. Vea qué dice este texto: "La palabra de Dios es viva, eficaz [...] y discierne los pensamientos y las intenciones del corazón" (Heb. 4:12). ¿Cómo es eso? La Biblia diagnostica nuestro problema y nos muestra la manera en que Dios quiere sanarnos.

> "Los limpiaré de toda su maldad con que pecaron contra mí, y perdonaré todas sus iniquidades con que contra mí pecaron y contra mí se rebelaron" (Jeremías 33:8).

Una fábula cuenta que, cierto día, un escorpión quería cruzar un río. Entonces una tortuga se acercó a la orilla, arrastrándose lenta y cansinamente. El escorpión dijo:

—Oye, ¿Te importaría llevarme a la otra orilla del río?

—¡Ni lo sueñes! —respondió la tortuga— Cuando lleguemos a la mitad del río me clavarás tu aguijón y moriré.

—¿Por qué tendría que hacerlo? —dijo el escorpión— Si te clavo el aguijón y mueres, yo moriré ahogado.

—Está bien —dijo la tortuga—, te llevaré.

Cuando ya habían recorrido la mitad de camino, el escorpión clavó su aguijón en el cuello de la desventurada tortuga, quien, con su último aliento, preguntó:

—¿Por qué lo hiciste?

La respuesta no se hizo esperar:

—No lo sé. Soy así...

Algunos tratan de curar su corazón espiritual con sus propios recursos, pero es imposible, porque el pecado impregna nuestra forma de ser. La buena noticia es que Dios ha prometido darnos un corazón nuevo. "Os daré un corazón nuevo y pondré un espíritu nuevo dentro de vosotros. Quitaré de vosotros el corazón de piedra y os daré un corazón de carne" (Eze. 36:26). Tenemos una esperanza: Jesús. Quizá la válvula mitral de nuestro corazón tenga un prolapso, pero nuestro corazón espiritual puede ser completamente nuevo y sano.

Señor, consérvanos puros

Basado en Mateo 5:8

UNA COSA es descubrir que las culturas idólatras y paganas del mundo son impuras y otra muy distinta, ver que el mundo cristiano le da la espalda a la moral y la pureza. No hay influencia que corrompa más el corazón y, por desgracia, la mente de muchos que profesan ser cristianos que los medios de comunicación de masas, en particular la televisión e Internet.

Son educadores de moral disoluta. El cine y la televisión enseñan que "el sexo" sin restricciones (léase: adulterio, fornicación y homosexualidad) es normal. Por ello cantan las alabanzas de la infidelidad conyugal y el divorcio. En los Estados Unidos, más de la mitad de los matrimonios termina en ruptura.

Casi la mitad de los niños que nacieron en este país durante el año 2009 eran hijos de madres solteras. Cada día se practican 115,000 abortos, lo que equivale a 42 millones al año. El 83% de los abortos del mundo se practica en los países subdesarrollados o en vías de desarrollo, mientras que el 17% restante se da en los países desarrollados.

> "Aun el muchacho es conocido por sus hechos, si su conducta es limpia y recta" (Proverbios 20:11).

"Del mismo modo también los hombres, dejando la relación natural con la mujer, se encendieron en su lascivia unos con otros, cometiendo hechos vergonzosos hombres con hombres, y recibiendo en sí mismos la retribución debida a su extravío" (Rom. 1:27). El movimiento en favor de los derechos de los homosexuales ataca sistemáticamente la familia y ahora reclama que puedan contraer matrimonio y adoptar niños.

Existe el peligro de que los cristianos que viven en una sociedad corrupta e inmoral acaben por aceptar como normal lo que es anormal, que una persona homosexual siga su estilo de vida porque, sencillamente, no puede cambiar sus inclinaciones. Existe el peligro de que los cristianos comiencen a aceptar la fornicación y el adulterio como parte integrante de la vida. Existe el peligro de que los cristianos empiecen a pensar que, aunque el divorcio sea un asunto grave, pueda justificarse incluso cuando no hay adulterio.

Los actos impuros proceden de corazones impuros. Cuando los pensamientos del corazón son impuros, la vida es impura. Solo los puros de corazón podrán llegar a ver a Dios y vivir en gloria con él.

Cuando era niño, había una pastilla de jabón que era muy popular. El fabricante lo anunciaba como puro al 99.44%. Jesús quiere que seamos aún más puros. ¿Es esta su elección?

¿De verdad que está escuchando?

Basado en Mateo 5:8

¿ALGUNA VEZ, mientras conversaba con alguien sobre algo importante, ha advertido que esa persona tenía la mente en "otra parte"? No estaba concentrada en lo que usted decía y hasta podía estar mirando hacia otro lado. ¿No le parece una actitud un tanto grosera?

En la vida cristiana es fácil que esto también ocurra. A menudo hablamos de la venida de Jesús y de cómo será el cielo, pero, por así decirlo, tenemos el corazón mirando para otro lado. Sin embargo, si tenemos un corazón puro (si somos sinceros y sin doblez), veremos a Dios. Me parece que muchas veces nos preocupa más la vida cotidiana que la eterna. Sin lugar a dudas, desde el punto de vista emocional, el aquí y ahora influye más en nosotros que el dulce porvenir eterno.

¿Qué tendrá preparado Dios para quienes lo aman? No hay palabras para describir la tierra nueva. Algunos lo han intentado: "Después me mostró un río limpio, de agua de vida, resplandeciente como cristal, que fluía del trono de Dios y del Cordero. En medio de la calle de la ciudad y a uno y otro lado del río estaba el árbol de la vida, que produce doce frutos, dando cada mes su fruto; y las hojas del árbol eran para la sanidad de las naciones. Y no habrá más maldición. El trono de Dios y del Cordero estará en ella, sus siervos lo servirán, verán su rostro y su nombre estará en sus frentes. Allí no habrá más noche; y no tienen necesidad de luz de lámpara ni de luz del sol, porque Dios el Señor los iluminará y reinarán por los siglos de los siglos" (Apoc. 22:1-5).

> "Cosas que ojo no vio ni oído oyó ni han subido al corazón del hombre, son las que Dios ha preparado para los que lo aman" (1 Corintios 2:9).

"'No vi templo en ella; porque el Señor Dios Todopoderoso, y el Cordero son el templo de ella' (Apoc. 21:22, VM). El pueblo de Dios tiene el privilegio de tener comunión con el Padre y el Hijo. [...] Estaremos en su presencia y contemplaremos la gloria de su rostro" (*El conflicto de los siglos*, cap. 43, p. 656).

Haga lo que haga hoy, dedique un tiempo a reflexionar sobre las palabras: "Verán a Dios".

¿Teoría o práctica?

Basado en Mateo 5:9

HAY cristianos teóricos y cristianos prácticos. Un cristiano teórico entiende la verdad; un cristiano práctico la vive. Si no se vive de manera práctica, la sola comprensión de la verdad o sus principios carece de significado. Ser "pacificador" no significa sentarse y elaborar una teoría sobre qué es ser pacificador.

Ser pacificador implica ponerlo en práctica en cualquier circunstancia de la vida cotidiana, teniendo en cuenta que la vida cotidiana es, precisamente, la que vivimos en el hogar. No pienso disculparme por decirlo de manera directa. Empiezo con una pregunta. ¿Qué significa ser pacificador en el hogar? En primer lugar, significa que se aprende cuándo es preciso callar. Bastaría con que supiéramos controlar la lengua para que en casa, e incluso en la iglesia, se redujeran las discusiones y las tensiones de manera considerable. El apóstol Santiago propone un ejemplo práctico. "Por esto, mis amados hermanos, todo hombre sea pronto para oír, tardo para hablar, tardo para airarse" (Sant. 1:19). En otras palabras, cuando alguien es desagradable con nosotros tendemos a responder del mismo modo. El pacificador no actúa de ese modo.

> "Bienaventurados los pacificadores, porque serán llamados hijos de Dios" (Mateo 5:9).

El pacificador no reacciona con palabras que sabe que harán daño. Sabe que no vale la pena herir a las personas. El pacificador controla sus palabras. A menudo, siente la necesidad de decir cosas que, en aras de la paz, calla.

Con frecuencia, escuchamos el comentario: "No puedo tolerar que esa persona me hable de ese modo. Le diré cómo me siento". ¿Qué pasaría si todo el mundo tuviera esa actitud? ¿Terminarían algún día la discordia y la venganza? No, hay un tiempo para hablar y un tiempo para callar. El pacificador sabe cuándo tiene que hablar. Si lo que va a decir trae paz, habla; si no, calla.

Cuando el pacificador se encuentra ante alguien que está enojado, mira a Jesús, quien, "cuando lo maldecían, no respondía con maldición; cuando padecía, no amenazaba, sino que encomendaba la causa al que juzga justamente" (1 Ped. 2:23). Imagine un hogar y una iglesia en los que todos fuesen pacificadores.

Paz perfecta

Basado en Mateo 5:9

JESÚS NO DIJO: "Bienaventurados los que anhelan, quieren, desean o aspiran la paz". Tampoco: "Bienaventurados los de trato fácil". Y tampoco dijo: "Bienaventurados los que quieren la paz, o los que pagarían cualquier precio por ella"; ni: "Bienaventurados los que buscan las soluciones de compromiso"; y aún menos: "Bienaventurados los que esquivan los problemas y no hacen olas para que el barco zozobre". Sus palabras tampoco fueron: "Bienaventurados las personas, los países, las sectas o las sociedades que tienen un aspecto apacible".

Sencillamente, la paz aparente quizá sea, únicamente, la ausencia de una guerra declarada, pero nuestro Señor Jesucristo no se refería a esto. Él no dijo nada semejante a esto: "Bienaventurados los que viven y dejan vivir, los que son tolerantes con la sociedad y dicen: 'Bueno, está bien mientras no sea perjudicial para mi familia y me permita seguir adelante con mi vida'".

> "Tú guardarás en completa paz a aquel cuyo pensamiento en ti persevera, porque en ti ha confiado" (Isaías 26:3).

¿Ha llegado a toparse con alguien a quien parece que lo persigan las desgracias? ¿Ha conocido a alguien que, cuando entra en una habitación en la que hay tensión entre los miembros de la familia, parece que las cosas empeoran? También hay quienes cuya sola llegada hace que, al poco, un ambiente tranquilo se convierta en un verdadero caos. Hay quienes solo son capaces de echar más leña al fuego.

Las palabras de Jesús son tan simples como estas: "Bienaventurados los pacificadores, porque serán llamados hijos de Dios" (Mat. 5:9). Según Jesús, los hijos de Dios son aquellos cuya sola presencia infunde paz donde quiera que estén.

Algunos quizá digan: "Quiero ser así. ¿Cómo puedo conseguirlo?". La respuesta está en dos textos de las Escrituras: "Tú guardarás en completa paz a aquel cuyo pensamiento en ti persevera, porque en ti ha confiado" (Isa. 26:3); y: "Mucha paz tienen los que aman tu ley, y no hay para ellos tropiezo" (Sal. 119:165).

Quizá hoy se enfrente a circunstancias que le resulten adversas. A lo largo del día le ruego que recuerde que para ser hijo de Dios es preciso ser pacificador; y solo es pacificador quien está en paz con Jesús.

¿Pacificador o agitador?

Basado en Mateo 5:9

CUANDO ERA JOVEN, me encontré con dos perros que estaban en plena refriega. Decidí separarlos y me interpuse entre ellos. Lo siguiente que recuerdo es un dolor punzante en una mano. Quise sacarla de la reyerta, pero el perro seguía con mi dedo entre las fauces. Por cierto, la cicatriz que me dejó sigue recordándome esa mediación frustrada.

Mi esposa y yo tenemos cuatro hijos. Cuando Cindy, nuestra hija mayor era todavía muy pequeña, teníamos una mascota, una perrita caniche que se llamaba Mimi. Un día, la pequeña Cindy empezó a molestar a Mimi. La perrita se refugió bajo el sofá, convencida de que allí encontraría sosiego y tranquilidad.

La niña no se dio por vencida. Se deslizó debajo del mueble y alargó el brazo justo hasta tocar el hocico del animal. Mimi, que solía ser un animal tolerante, mordió la mano de mi hija. Al instante escuchamos el llanto y los gritos de Cindy: "¡Mimi me mordió! ¡Mimi me mordió!". Yo sabía por qué Mimi la había mordido, pero como Cindy era mi hija, Mimi acabó desterrada al sótano.

"Si es posible, en cuanto dependa de vosotros, estad en paz con todos los hombres" (Romanos 12:18).

Un pacificador no crea problemas. Mimi no tenía que haber mordido a Cindy; pero mi hija tampoco tenía que haber molestado a la perra.

Los pacificadores no buscan los conflictos ni los causan. Hacen todo lo posible para mantenerse al margen.

Las personas problemáticas son egoístas y solo piensan en sus intereses. Los pacificadores piensan en el bien de los demás.

Quizá alguien diga: "Pastor O'Ffill, comprendo lo que trata de decirme, pero usted no me entiende: Los miembros de mi familia siempre andan causando problemas. He orado al respecto y me he esforzado sobremanera para conseguir que la situación mejore. ¿Qué debo hacer?". El apóstol Pablo responde: "Si es posible, en cuanto dependa de vosotros, estad en paz con todos los hombres" (Rom. 12:18).

La experiencia me ha enseñado que, aunque no soy responsable de lo que los demás me hagan, sí soy responsable de mis reacciones. A quienes desean ser pacificadores, Pablo los exhorta: "Perfeccionaos, consolaos, sed de un mismo sentir y vivid en paz; y el Dios de paz y de amor estará con vosotros" (2 Cor. 13:11).

No bata el hierro
mientras está caliente

Basado en Mateo 5:9

UN VIEJO REFRÁN dice: "A hierro caliente, batir de repente". Por supuesto, se refiere a la labor del herrero. Esto significa que debemos aprovechar las oportunidades en el momento preciso en que se presentan. Sin embargo, la experiencia me ha enseñado que en las relaciones humanas batir el hierro caliente es exactamente lo que no hay que hacer.

Supongamos que mi hijo conduce el automóvil en el que viaja toda la familia y, por alguna razón, hace una maniobra muy arriesgada que nos pone a todos en peligro. Yo podría sentirme tentado a gritarle: "¡Eh, ten cuidado! ¿Qué pretendes, matarnos? ¿Te dieron la licencia en una tómbola?".

Si reacciono de esa manera, probablemente mi hijo se sienta humillado y me responda: "Conduciría mejor si no me gritaras todo el tiempo. Estoy harto de que siempre me digas qué tengo que hacer".

"Cuando lo maldecían, no respondía con maldición; cuando padecía, no amenazaba, sino que encomendaba la causa al que juzga justamente" (1 Pedro 2:23).

He descubierto que cuando los sentimientos y las emociones son intensos, lo más sabio es callar. Es mejor esperar hasta que los ánimos se han enfriado un poco. Más tarde, con una sonrisa en los labios, podría decir: "Hijo, esta mañana, cuando ibas conduciendo, me asustaste de veras". Con eso basta. Es casi seguro que mi hijo dibuje una sonrisa forzada y me responda: "Lo siento, papá, intentaré ir con más cuidado".

Este mismo principio se aplica a los maridos y a las esposas, e incluso a los miembros de iglesia. Por alguna razón, por tendencia natural, sacamos a relucir los problemas cuando estamos enojados. Sin embargo, lo que se dice de forma airada no hace otra cosa que echar más leña al fuego y es más que probable que nos persiga durante un buen tiempo. Hay dos textos que podemos recordar cuando estallan las emociones: "La respuesta suave aplaca la ira, pero la palabra áspera hace subir el furor" (Prov. 15:1); y: "Por esto, mis amados hermanos, todo hombre sea pronto para oír, tardo para hablar, tardo para airarse" (Sant. 1:19).

Hay momentos en que lo correcto es hablar y otros en que lo mejor es callar; hay maneras de decir las cosas que son correctas y otras que son incorrectas. Una buena oración para hoy es: "Pon guarda a mi boca, Jehová; guarda la puerta de mis labios" (Sal. 141:3).

Por causa de la justicia

Basado en Mateo 5:10-12

OBSERVE que esta bienaventuranza no se limita a decir: "Bienaventurados los que son perseguidos", sino: "Bienaventurados los que padecen persecución *por causa de la justicia*". Jesús tampoco dijo: "Bienaventurados los que padecen persecución porque son unos indeseables". Y aún menos: "Bienaventurados los cristianos que son perseguidos por su grave falta de inteligencia y porque son unos verdaderos necios y atolondrados a la hora de dar testimonio de su fe".

A menudo sufrimos una persecución "suave" (nos critican) a causa de nuestras acciones o por ser como somos. Pero la promesa: "Porque de ellos es el reino de los cielos" no se aplica a esas personas. Es para los que padecen persecución "por causa de la justicia". Debemos ser muy claros al respecto. Abrigar un espíritu de justicia propia puede acarrearnos grandes sufrimientos y numerosas dificultades innecesarias. Nos cuesta distinguir entre el prejuicio y el principio, no conseguimos entender la diferencia que existe entre el hecho de que los demás se sientan molestos por causa de nuestro carácter o por causa de que somos justos.

Jesús no dijo: "Bienaventurados los que son perseguidos porque son fanáticos". El fanatismo lleva a la persecución. Una definición de fanatismo es el énfasis excesivo sobre una verdad en detrimento de otras. El texto no dice: "Bienaventurados los perseguidos por ser demasiado entusiastas".

> "Bienaventurados los que padecen persecución por causa de la justicia, porque de ellos es el reino de los cielos" (Mateo 5:10).

Asimismo, la Biblia no dice: "Bienaventurados los que padecen persecución porque cometen algún error o ellos mismos están equivocados en algún asunto". El apóstol Pedro lo dijo de este modo: "Así que, ninguno de vosotros padezca como homicida, ladrón o malhechor, o por entrometerse en lo ajeno". ¿Se apercibió de a quiénes pone en la misma categoría que los asesinos y los ladrones? ¡A los que se entrometen en lo ajeno! (ver 1 Ped. 4:15).

Aparentemente, algunos cristianos sufren manía persecutoria. Solo son felices cuando alguien los persigue y disfrutan diciéndoselo a los demás. Pero, por lo general, ocultan que ellos son la causa de su padecimiento. No estaría de más que le echáramos un vistazo a nuestra vida.

Sal salada

Basado en Mateo 5:13

EN EL MUNDO ANTIGUO la sal tenía un gran valor. Tanto que, de hecho, con ella se solía pagar el sueldo de las legiones romanas. Este pago se llamaba *salarium*, de donde deriva nuestro "salario". ¿Qué le parecería si le pagaran su trabajo con sal?

Jesús habló de una sal que pierde su sabor. ¿Qué quería decir? En los días de Cristo, era posible que la sal perdiera su sabor. La sal era entonces muy diferente de la que nosotros conocemos. La sal que usamos hoy en día es un compuesto químico llamado cloruro de sodio. La sal que se usaba en el mundo antiguo se extraía de los acantilados del Mar Muerto, de once kilómetros de largo y varios centenares de metros de alto, o por evaporación del agua de ese mismo mar. Tanto si se extraía de la roca como si procedía de la evaporación, estaba mezclada con otras sustancias minerales o vegetales. Cuando esa sustancia era expuesta a las inclemencias del tiempo o tocaba la tierra, la sal perdía su sabor. Ni siquiera era posible conservar demasiado tiempo la sal que era extraída de la superficie de los acantilados; la acción de la luz la volvía insípida.

> "Vosotros sois la sal de la tierra, pero si la sal pierde su sabor, ¿con qué será salada" (Mateo 5:13).

¿Se ha preguntado por qué Jesús comparó a sus seguidores con la sal? ¿Por qué no dijo Jesús: "Vosotros sois el azúcar de la tierra"?¿No habría sido mejor, por ejemplo: "Vosotros sois la miel de la tierra", o incluso: "Vosotros sois el arroz de la tierra"?

En esta alegoría espiritual, que se nos compare con la sal de la tierra es mejor que con el arroz, porque la sal da sabor al arroz; y no al revés. Quizá prefiramos ser arroz y no sal, pero Jesús dijo que somos la sal. En otras palabras, nosotros podemos hacer que el mundo sea mejor o peor.

La sal se usa para dar sabor a los alimentos. También es un conservante. Antes de que se conocieran los refrigeradores, la carne se dejaba secar y se conservaba en sal. Que Jesús dijera que somos la sal de la tierra significa que nuestra misión es conservar la verdad.

No solo eso, sino que nuestra influencia tiene que añadir un sabor especial a los que nos rodean. Nosotros, que somos la sal de Jesús, tenemos que llevar a cabo una tarea especial en el hogar, con nuestros familiares, con nuestros amigos y con nuestros vecinos.

Corazones de fusión fría

Basado en Mateo 5:13

¿SABÍA USTED que no podemos vivir sin una cierta cantidad de sal en el cuerpo? La pérdida de sal es poco frecuente, pero puede ser algo peligroso. El cuerpo pierde sal a través de la orina, la transpiración, los vómitos y las heces. Si se pierde demasiada sal, la sangre también pierde fluidos. En los casos graves, los bajos niveles de sodio en el cuerpo pueden causar: calambres, náuseas, vómitos y mareos.

En última instancia, la falta de sal puede provocar la pérdida del conocimiento, un coma o incluso la muerte. Por suerte, es muy poco probable que eso suceda, porque nuestras dietas suelen contener más sal de la necesaria. El sodio se encuentra presente en la composición de muchos alimentos, por lo que con ellos no es preciso usar el salero.

Mi hijo y su familia viven cerca de Washington, DC. Hace algunos años padecieron una grave tormenta de nieve. En tan solo un día y medio, la nieve acumulada alcanzó un grosor de setenta y cinco centímetros. El barrio donde vive estuvo cerrado hasta que la nieve pudo ser retirada de las calles.

Para limpiar las calles y las carreteras, además de máquinas quitanieves, también se utiliza sal. La sal hace que el punto de congelación del agua baje de los cero grados centígrados, por lo que, a esa temperatura, el hielo se derrite.

> "Buena es la sal; pero si la sal se hace insípida, ¿con qué la sazonaréis? Tened sal en vosotros mismos, y vivid en paz los unos con los otros" (Marcos 9:50).

El agua que lleva disuelta gran cantidad de minerales se llama "agua dura". Cuando el agua es dura, el jabón no hace espuma y el lavado de la ropa y el aseo personal resultan más difíciles. La solución es hacer que el agua pase por un filtro de sal para ablandarla.

¿Qué quiero decir? Así como la sal puede derretir el hielo y ablandar el agua, la sal del Espíritu Santo es capaz de derretir los corazones más fríos y ablandar los más duros.

Esto es lo que Jesús quiso que entendiéramos cuando dijo que debemos ser la sal de la tierra. A menudo, al relacionarnos con personas de corazón frío, reaccionamos como ellas. Por eso Jesús nos advierte para que no permitamos que nuestro entorno haga que perdamos la capacidad de llevar a cabo la tarea que nos ha encomendado.

La única manera de ser sal pura es permitir que el Espíritu Santo obre en nuestra vida. Lo invito a orar ahora mismo con el propósito de que el Señor lo use para derretir los gélidos corazones y ablandar las duras vidas de aquellos a quienes Dios ponga en su camino.

Vosotros sois la sal

Basado en Mateo 5:13

HACE ALGÚN TIEMPO leí algo sobre la expedición terrestre que Lewis y Clark hicieron entre los años 1804 y 1806 de ida y vuelta a la costa del Pacífico, la primera en territorio de los Estados Unidos. Cuando, finalmente, la expedición llegó al océano Pacífico, descubrieron que casi habían agotado las reservas de sal. En la desembocadura del río Columbia no había barcos que pudieran abastecerlos para el camino de vuelta a casa. ¿Qué hacer? Sabían que, para regresar, tendrían que caminar. También sabían que no podían hacerlo sin sal. Así que se vieron obligados a pasar la mayor parte del invierno evaporando el agua del océano para obtener sal.

La sal es indispensable para la vida. Los tejidos de nuestro cuerpo contienen alrededor de un cuarto de kilo de sal. Regula el contenido de agua de nuestras células, a la vez que interviene en la contracción muscular, los impulsos nerviosos y los latidos del corazón. Sin tan vital sustancia, padeceríamos convulsiones e incluso llegaríamos a morir (*National Geographic Magazine*, septiembre de 1977, p. 381).

> "Sea vuestra palabra siempre con gracia, sazonada con sal, para que sepáis cómo debéis responder a cada uno" (Colosenses 4:6).

Del mismo modo que la sal es esencial para la salud del cuerpo, los cristianos somos esenciales para la vida espiritual del mundo que nos rodea. Jesús dijo: "Vosotros sois la sal de la tierra". "Por medio de estas palabras de Cristo logramos tener una idea de lo que significa el valor de la influencia humana. Ha de obrar juntamente con la influencia de Cristo, para elevar donde Cristo eleva, para impartir principios correctos y para detener el progreso de la corrupción del mundo. Debe difundir la gracia que solo Cristo puede impartir. Debe elevar y endulzar las vidas y los caracteres de los demás, mediante el poder de un ejemplo puro unido a una fe ferviente y al amor. El pueblo de Dios ha de ejercer un poder reformador y preservador del mundo. Debe contrarrestar la influencia corruptora y destructora del mal" (*La maravillosa gracia de Dios*, p. 124)

Quizá se pregunte cómo es posible ser la sal de su entorno. "Dios abrirá el camino para que sus súbditos lleven a cabo actos abnegados en toda su relación con su prójimo, y en todas sus transacciones comerciales con el mundo. Mediante sus actos de bondad y amor han de manifestar que se oponen a la codicia y al egoísmo, y que representan el reino de los cielos en nuestro mundo. Mediante la abnegación, al sacrificar las ganancias que podrían obtener, evitarán el pecado, para que de acuerdo con las leyes del reino de Dios puedan representar la verdad en toda su belleza" (*Cada día con Dios*, p. 201)

¿Qué clase de lámpara somos?

Basado en Mateo 5:14-16

JESÚS DIJO A SUS DISCÍPULOS: "Vosotros sois la luz del mundo". Aunque les hablaba como grupo, sus palabras se dirigían a cada uno de manera personal. Si, como iglesia, deseamos llenar el mundo con la gloria de Dios (Núm. 14:21), primero es preciso que permitamos que la luz del Espíritu Santo nos llene a cada uno individualmente. La luz debe iluminar, primero, allí donde nos encontremos. Una buena pregunta que podemos hacernos es: ¿Cómo puede mi hogar estar lleno de la gloria de Dios si yo mismo no soy una luz?

Cada uno que afirma ser cristiano es ya una luz. Pero, ¿qué clase de luz es?

1. Una clase es "el cristiano luz de vela". Estos cristianos, aunque dan luz, lo hacen de manera muy tenue. El viento más leve hace que la llama parpadee y la apague con facilidad. Los cristianos luz de vela se desaniman fácilmente. La más mínima prueba hace que titubeen y, en ocasiones, puedan llegar a perder la fe. A esta clase de cristianos pertenecen aquellos que han decidido que ya no acuden más a la iglesia porque alguien los ha ofendido.

> "Vosotros sois la luz del mundo" (Mateo 5:14).

2. Otra clase es "el cristiano lámpara de queroseno". Tienen una chimenea de cristal que humea con facilidad. Esta clase de cristianos son más brillantes que los cristianos luz de vela; pero, apenas se complican las cosas, su capacidad de emitir luz se empaña. El mundo que los rodea embota su vida espiritual.

3. Sigue "el cristiano linterna de gasolina". Durante un tiempo esparcen una luz brillante y clara, pero si no se les bombea combustible con regularidad, acaban por apagarse. Parece que su fe nunca acaba de madurar. Sin alguien que los felicite y los aliente, se desaniman y, finalmente, dejan de acudir a la iglesia. El cristiano linterna de gasolina suele pensar primero en sí mismo.

4. La última categoría es "el cristiano lámpara eléctrica". Su luz es constante, inmediata y fiable. Son una influencia radiante y contundente para quienes los rodean.

Estos cuatro tipos de lámpara son solo un ejemplo de cómo se puede vivir la fe; pero de ellos se puede ver que la lámpara eléctrica es el mejor tipo. Sin embargo, sabemos que una lámpara eléctrica es peor que una vela si la bombilla está fundida o no hay corriente eléctrica.

Un cristiano no emite luz propia. Refleja la luz de Jesús. Al igual que la Luna, que refleja la luz del Sol, nosotros reflejamos la luz de Jesús, la Luz del mundo (Juan 12:36).

Una luz que ilumina el camino

Basado en Mateo 5:14-16

¿QUÉ ES nuestra luz? Nuestra luz es nuestro ejemplo. Veamos algunas formas en que nuestra luz puede iluminar a los que nos rodean.

Si la luz de Cristo brilla a través de nosotros se hará patente para los que nos rodean en nuestra forma de hablar, de tratar a los que nos rodean, de trabajar, de jugar, de gastar el dinero; en pocas palabras: en todos los aspectos de nuestra vida. Tendremos la atención puesta en Cristo en lugar de en nosotros mismos.

Si la luz de Cristo brilla a través de nosotros, mostraremos el fruto del Espíritu. Por la gracia de Dios seremos afectuosos, amables, humildes, mansos y pacientes. Seremos ciudadanos de un reino distinto; del reino de los cielos.

Si la luz de Cristo brilla a través de nosotros, presentaremos a Jesús como la respuesta a los problemas de este mundo. Jesús es la esperanza de los pecadores. Vino para salvarlos. Por tanto, los que no creen verán en nosotros una señal que apunta hacia Jesucristo y los invitaremos a que tengan fe en él para obtener la vida eterna y el perdón para sus pecados.

"Levántate, resplandece, porque ha venido tu luz y la gloria de Jehová ha nacido sobre ti" (Isaías 60:1).

Si la luz de Cristo brilla a través de nosotros, nuestra vida revelará la verdad que hay en Jesús. No hay nada que impida que una máquina transmita la verdad, pero el único modo de vivirla es con todo nuestro ser. Al vivir la verdad rechazaremos las tinieblas, porque la luz y las tinieblas son incompatibles. Nuestra luz puede mostrar el camino a través de la oscuridad y ser una guía para los demás.

Cuando era niño, en la Escuela Sabática solíamos cantar una canción que decía más o menos así: "Brilla en el sitio donde estés". Cuesta pensar que podemos llegar a iluminar el mundo entero. Es una tarea de titanes que escapa a nuestras fuerzas. Sin embargo, sí podemos iluminar a quienes nos rodean. El lugar preciso en donde vivimos es, de hecho, nuestro rinconcito del mundo.

En los oscuros días del fin de la historia de la humanidad, a cada uno de nosotros se le ha encomendado una tarea especial. Es algo que no puede hacer nadie más sino cada uno de nosotros personalmente, porque somos únicos y cada uno de nosotros tiene distintos parientes y amigos, vive en un lugar distinto y tiene distintos talentos. Sin embargo, Jesús nos llama a todos para que seamos una luz para él. Ahora es el momento de brillar: "Porque he aquí que tinieblas cubrirán la tierra y oscuridad las naciones; mas sobre ti amanecerá Jehová y sobre ti será vista su gloria" (Isa. 60:2).

Las buenas obras necesitan un buen corazón

Basado en Mateo 5:14-16

HAY MUCHAS clases de buenas obras. Dar comida y ropa a los pobres es una buena obra. Visitar a las viudas y ayudar a los huérfanos son buenas acciones. Ayudar en la iglesia enseñando a los niños, trabajando con los conquistadores, como maestro de Escuela Sabática o sirviendo como diácono o anciano son también buenas obras.

Sin embargo, las obras verdaderamente buenas proceden de un buen corazón. Esta lista de buenas obras también la puede llevar a cabo una persona que, aunque sincera, todavía no ha entregado su corazón a Jesús.

Las verdaderas buenas acciones surgen de un corazón nuevo. Son el resultado de la obra del Espíritu Santo y reflejan el desarrollo de un carácter renovado. Además de ver el bien que hacemos, la gente tiene que ver que somos distintos del mundo. Además de nuestras obras, el mundo tiene que poder ver que Jesús habita en nosotros. Como él mismo dijo: "Así alumbre vuestra luz delante de los hombres, para que vean vuestras buenas obras y glorifiquen a vuestro Padre que está en los cielos" (Mat 5:16).

Dar a los necesitados no debe ser regalar cualquier cosa que hayamos encontrado y que ya no nos es útil; esa acción debe proceder de la abnegación. Una persona abnegada pone a los demás en primer lugar. La autoindulgencia

> "Amad, pues, a vuestros enemigos, haced bien, y prestad, no esperando de ello nada; y vuestra recompensa será grande, y seréis hijos del Altísimo, porque él es benigno para con los ingratos y malos" (Lucas 6:35).

se fija primero en el yo. Muchas veces Jesús señaló a sus oyentes que los fariseos hacían buenas obras para impresionar a los demás.

Cuando era niño, si yo quería que mi madre hiciera algo especial para mí, me ofrecía a hacer algo por ella. Mi egoísta idea era que, si le hacía un favor, era más probable que luego ella accediera a mi petición. Tal vez usted haya tenido también la oportunidad de que alguien le haya hecho un favor. En consecuencia, quizá usted sintió que tenía que devolverlo, no porque usted quisiera, sino porque se sentía obligado.

Jesús dijo: "Haced bien y prestad, *no esperando de ello nada*; y vuestra recompensa será grande, y seréis hijos del Altísimo: porque él es benigno para con los ingratos y malos" (Luc. 6:35, la cursiva es nuestra).

Hoy trate de hacer una buena obra, incluso si la persona a quien ayuda no se lo agradece.

"Creados para buenas obras"

Basado en Mateo 5:14-16

DIOS NOS CREÓ para hacer buenas obras. "Pues somos hechura suya, creados en Cristo Jesús para buenas obras, las cuales Dios preparó de antemano para que anduviéramos en ellas" (Efe. 2:10).

"En su divina disposición, en virtud del favor inmerecido del Señor, él ha ordenado que las buenas obras sean recompensadas. Somos aceptados solo por los méritos de Cristo; y los actos de misericordia, las acciones de caridad que realizamos, son los frutos de la fe, y llegan a ser una bendición para nosotros; pues los hombres serán recompensados de acuerdo con sus obras. Es la fragancia de los méritos de Cristo lo que hace aceptable para Dios nuestras buenas obras, y es la gracia la que nos capacita para hacer las obras por las cuales él nos recompensa.

"Así alumbre vuestra luz delante de los hombres, para que vean vuestras buenas obras y glorifiquen a vuestro Padre que está en los cielos" (Mateo 5:16).

Nuestras obras en sí mismas, y por sí mismas, no tienen ningún mérito. Cuando hemos hecho todo lo que nos es posible hacer, debemos considerarnos como siervos inútiles. No merecemos ninguna gratitud de parte de Dios. Solamente hemos hecho lo que es nuestro deber hacer, y nuestras obras no podrían haber sido hechas con la fuerza de nuestra propia naturaleza pecaminosa" (*Mensajes selectos*, t. 3, pp. 227, 228).

El objetivo de las buenas obras no es llamar la atención sobre nosotros mismos, sino inducir a los demás para que miren a nuestro Padre celestial. Esta cuestión es fundamental porque tendemos a hacer buenas obras para impresionar a los demás. Nuestra naturaleza soberbia y pecaminosa nos lleva a practicar buenas obras por razones egoístas.

Supongamos que alguien está enfermo y que el diablo entra en la habitación y lo sana. ¿Podríamos decir que el diablo hizo una "buena obra" porque curó al enfermo? La respuesta es que no. Satanás nunca haría nada que pudiera glorificar a Dios. De hecho, cualquier cosa que haga el maligno, por buena que parezca, tiene un único fin: causar la ruina eterna de la persona a la que, en apariencia, ha ayudado. De la misma manera, aunque esté revestido de una apariencia de bondad, lo que no se hace para gloria de Dios nunca traerá nada bueno.

Que Dios nos ayude para que, si comemos, bebemos o hacemos cualquier otra cosa, sea todo para la gloria de Dios (1 Cor. 10:31).

No escondamos la luz

Basado en Mateo 5:14-16

SEGURO QUE más de una vez se ha quedado sin luz en casa. Y no solo en casa, sino que todo el barrio se ha quedado a oscuras. En las grandes ciudades una fuerte tormenta puede dejar sin luz a miles de familias.

Hace varios años, una noche nos quedamos sin luz en casa. Cuando esto sucede, solemos mirar por la ventana para asegurarnos de que no somos los únicos que están a oscuras. Esa vez, además de las luces de las casas, también se habían apagado las de la calle. Como advertí que los vecinos estaban afuera, conversando, salí y me uní a ellos. Al cabo de un rato, volví a entrar y, ayudado con una linterna, busqué algunas velas.

Jesús dijo que nadie enciende una vela para luego cubrirla. Las velas se encienden para no tener que estar a oscuras. Si alguien enciende una vela y luego la cubre, pronto se apagará y dejará de dar luz. Estamos llamados a hacer que la luz del amor de Jesús brille a través de nosotros; si la escondemos, también dejará de brillar.

Cuando se fue la electricidad de nuestra casa aprendí dos cosas. La primera es que tenemos que asegurarnos de que nuestra casa está bien iluminada antes de pretender compartir la luz con los demás. La segunda es que, si no dejamos que la luz del amor de Dios brille en nuestro corazón y nuestra vida, nuestro amor por él se apagará. Quizá no sea de inmediato, pero acabará por suceder.

> "Una ciudad asentada sobre un monte no se puede esconder. Ni se enciende una luz y se pone debajo de una vasija, sino sobre el candelero para que alumbre a todos los que están en casa" (Mateo 5:14, 15).

A veces nos da vergüenza que la gente sepa que seguimos a Jesús. Hay quienes dicen que los asuntos de fe son privados, aunque me pregunto cómo es posible que a nadie le importe compartir la buena noticia de que en el centro comercial están dando ofertas. Cierto que la fe es personal, pero en absoluto es privada. Jesús dijo: "Vosotros sois la luz del mundo"; y la luz no se esconde, se difunde.

¿Cómo es Jesús?

Basado en Mateo 5:14-16

MI PADRE era un pastor joven cuando fue nombrado director del Departamento de Ministerios de la Iglesia en la Asociación de Kentucky-Tennessee, en los Estados Unidos. Una mañana, de camino a la oficina, vio a un borracho que se tambaleaba por la acera. Cuando el auto de papá se le acercó, vio cómo el hombre perdía el equilibrio y caía pesadamente al suelo a causa de la borrachera.

Inmediatamente, mi padre arrimó el vehículo a un lado y se detuvo. Era un hombre compasivo. Por eso tuvo la sensación de que si dejaba a aquel hombre en aquel estado podía herir a alguien o la policía podía encerrarlo en la cárcel. Decidió que lo sentaría en el asiento de atrás y se lo llevaría con él a la oficina. Bajó la ventanilla trasera con el fin de que el hombre pudiera respirar aire fresco mientras dormía la borrachera. Entre tanto, papá se ocuparía de su trabajo.

Al cabo de un par de horas de trabajo, mi padre fue a ver cómo seguía aquel hombre. Al acercarse al automóvil, vio que acababa de despertarse y miraba por la ventanilla. Tenía el cabello revuelto y parecía que no se había afeitado en una semana. Con los ojos todavía inyectados en sangre, el hombre vio que mi padre se le acercaba.

—¿Quién eres? —preguntó con brusquedad. Papá le dijo quién era.

—¿Qué estoy haciendo aquí?

Papá le dijo que lo había visto caer en la acera y añadió:

—No quería que le sucediera nada malo.

—¿Por qué lo hiciste?

—Porque amo a Jesús.

—¿Y cómo es Jesús? —inquirió el extraño.

Entonces papá dijo algo que nunca olvidaré:

—Como yo.

Ahora bien, amigo lector, ¿no es así como se supone que tendría que ser? Jesús dijo: "Yo soy la luz del mundo" (Juan 8:12). Pero eso no es todo. Añadió que nosotros también somos la luz de este mundo (Mat. 5:14).

La Luna no brilla con luz propia. Su luz es un reflejo de la del Sol. Por nuestra parte, solo podremos ser luces en el mundo si mantenemos puesta la mirada en el Sol de justicia, Jesús, nuestro Salvador.

> "Amados, ahora somos hijos de Dios y aún no se ha manifestado lo que hemos de ser; pero sabemos que cuando él se manifieste, seremos semejantes a él, porque lo veremos tal como él es" (1 Juan 3:2).

Guardar los mandamientos

Basado en Mateo 5:17

CIERTO DÍA, un ministro de otra denominación me envió un correo electrónico en el que me decía que su iglesia creía que el Antiguo Testamento tenía que ser desechado. Me dijo que no creía que un cristiano tenga que observar la ley.

En tiempos de Jesús, la Biblia solo se componía de lo que hoy llamamos el Antiguo Testamento: la Ley, los Escritos y los Profetas. La ley estaba dividida en tres partes. La primera era la ley ceremonial, que representaba el plan de salvación en tipos y símbolos. Esta ley indicaba a Israel cómo tenía que adorar a Dios. Seguía la ley judicial, lo que hoy llamaríamos las leyes civiles de Israel. Por último, se encontraba la ley moral, los Diez Mandamientos.

Nunca deja de sorprenderme que la gente diga que los Diez Mandamientos quedaron clavados en la cruz. Sin duda alguna, no sugieren que ahora podemos mentir, robar o cometer adulterio con total libertad.

Sencillamente, quienes insisten en que los Diez Mandamientos fueron clavados en la cruz están buscando una excusa para no tener que guardar el cuarto mandamiento: "Acuérdate del sábado para santificarlo" (Éxo. 20:8). Algunos insisten en que este mandamiento era solo para los judíos. Pero los primeros en recibirlo fueron Adán y Eva, que no eran judíos.

> "No penséis que he venido a abolir la ley o los profetas; no he venido a abolir, sino a cumplir" (Mateo 5:17).

Jesús no vino a vivir en la tierra para abolir los Diez Mandamientos. Vino para confirmarlos y mostrarnos cómo cumplir de corazón los *principios* de la ley, además de obedecerla.

Aunque son una guía que nos dice qué hacer, los Diez Mandamientos no pueden darnos un corazón nuevo. Nuestras propias fuerzas no bastan para cumplir (obedecer) la ley. Jesús no cumplió (obedeció) la ley para que nosotros quedáramos exentos de cumplirla, sino para que, por medio de su vida, su muerte y su resurrección, podamos guardarla.

Jesús quiere que obedezcamos los Diez Mandamientos de corazón, no solo de forma externa, porque estamos convencidos de que son lo correcto. Ansía ayudarnos. ¿Por qué no le pedimos que lo haga?

Vete a casa

Basado en Mateo 5:23, 24

MI ESPOSA y yo nos casamos el 16 de junio de 1960. A menudo, cuando dirijo un seminario y explico a la audiencia cuánto tiempo hace que estamos casados, algunos empiezan a aplaudir. Entonces les digo: "¡Esperen, no me aplaudan hasta mi funeral! Al fin y al cabo, cuando nos casamos prometimos ser fieles 'hasta que la muerte nos separe'".

Con los años he descubierto que mi relación con Dios afecta a mi relación con mi esposa y mi relación con mi esposa afecta a mi relación con Dios. Jesús dijo que, si el sábado por la mañana, mientras vamos de camino a la iglesia, tenemos un mal sentimiento contra alguien (quizá alguien de nuestra propia familia), antes de dar un paso más, es preciso que volvamos a casa y arreglemos las cosas con esa persona. Solo entonces podremos ir a la iglesia (Mat. 5:24).

El apóstol Juan formula una difícil pregunta: "Si alguno dice: 'Yo amo a Dios', pero odia a su hermano, es mentiroso, pues el que no ama a su hermano a quien ha visto, ¿cómo puede amar a Dios a quien no ha visto?" (1 Juan 4:20). Algunos creen que pueden amar al Señor con todo el corazón, con toda el alma, con toda la fuerza y con toda la mente y no amar al prójimo como a sí mismos. Jesús enseñó que eso es imposible.

> "Por tanto, si traes tu ofrenda al altar y allí te acuerdas de que tu hermano tiene algo contra ti, deja allí tu ofrenda delante del altar y ve, reconcíliate primero con tu hermano, y entonces vuelve y presenta tu ofrenda" (Mateo 5:23, 24).

Una vez conocí a una hermana en la fe a la que no le gustaba otra hermana de la iglesia. Le pregunté si alguna vez había orado por ella. Ella respondió: "Por supuesto. ¡Oro para que Dios le dé su merecido!".

Esa no es la actitud que debemos tener si queremos hacer bien las cosas con los demás. Tenemos que decir que lamentamos el malentendido y luego pedir perdón. Entonces podremos orar así: "Señor, esta mañana te ruego que hagas por Fulano de Tal y su familia lo mismo que te pido que hagas por mí y los míos".

Si pensamos que nuestros sentimientos sobre los demás pueden separarse de nuestra relación con Dios, solo conseguimos engañarnos a nosotros mismos. ¿Por qué no prueba hoy con la pequeña oración que he sugerido?

Piense en ello

Basado en Mateo 5:28

TODOS LOS PECADOS se originan en el pensamiento. La tentación de hacer el mal empieza con un sencillo pensamiento. Cuando eso sucede todavía tenemos la posibilidad de escoger si resistimos o cedemos.

Dios creó al hombre a su imagen y semejanza. Una de las principales características con las que nos dotó es la capacidad de imaginar cosas. Gracias a la imaginación podemos vivir una experiencia incluso antes de que suceda. Esa facultad permite que el inventor cree algo que jamás ha existido excepto en su imaginación, es decir, en sus pensamientos.

Antes del Diluvio, "la maldad de los hombres era mucha en la tierra, y [...] todo designio de los pensamientos de su corazón solo era de continuo el mal" (Gén. 6:5). La imaginación corrompida de aquella generación provocó la destrucción de la tierra por medio del Diluvio.

El primer lugar donde se libra la batalla entre el bien y el mal es la mente. Si queremos ganar esa batalla, antes tendremos que ganarla en nuestros pensamientos. Cuando pecamos con los actos, aun antes de que sea evidente, ya hemos pecado con el pensamiento.

> "Porque cuales son sus pensamientos íntimos, tal es él" (Proverbios 23:7).

Hay un viejo refrán que dice que somos lo que comemos. De la misma manera, la Biblia dice: "Porque cuales son sus pensamientos íntimos, tal es él". En otras palabras, somos lo que pensamos. Jamás obtendremos la victoria sobre el pecado si antes no hemos vencido nuestros malos pensamientos.

Nadie "cae" en el pecado. Nos deslizamos o entramos en él. A veces podemos incluso correr a su encuentro. El pecado no es un pozo en el que caemos por accidente o un precipicio moral que nos engulle. Es un desliz, un desliz del pensamiento.

Oramos para que el Señor nos dé la victoria sobre nuestros actos. Sin embargo, teniendo en cuenta que el pecado empieza en la mente, también deberíamos orar para que el Señor nos ayude a vencer los pensamientos pecaminosos.

No habrá lugar para ellos si tenemos la mente llena de pensamientos puros. Es probable que en Filipenses 4:8 se encuentre el texto más poderoso de la Biblia en relación con los pensamientos: "Por lo demás, hermanos, todo lo que es verdadero, todo lo honesto, todo lo justo, todo lo puro, todo lo amable, todo lo que es de buen nombre; si hay virtud alguna, si algo digno de alabanza, en esto pensad".

Comienza en la mente

Basado en Mateo 5:28

NO SÉ SI es consciente de ello o no, pero la tentación de la impureza sexual es una de las más difíciles de vencer porque lleva incorporada la capacidad de respuesta. Para fumar, es preciso comprar los cigarrillos. Para beber, hay que comprar licor; y lo mismo sucede con las drogas. Pero este no es el caso de los pecados de impureza sexual. Uno no tiene que ir a ningún lado o comprar cualquier cosa. Uno ya viene "equipado" para esta clase de pecados.

Por supuesto, el diablo es consciente de ello y, por esa razón, la tentación de impureza moral es quizá la más extendida en la sociedad.

Recuerde que Jesús dijo que no hace falta que una persona lleve a cabo una conducta sexual inadecuada para ser culpable. La persona que es vencida por el deseo sexual piensa en ello todo el tiempo. Quizá suene excesivamente simplista, pero el secreto para vencer la impureza sexual es no pensar en ella.

La vida en una sociedad con fácil acceso a la televisión, a Internet, a revistas, a música e, incluso, a las fotografías que adornan las paredes del lugar de trabajo —por no hablar de los chistes soeces que los compañeros de trabajo van contando todo el tiempo— hace que sea muy difícil evitar los pensamientos impuros.

> "Examíname, Dios, y conoce mi corazón; pruébame y conoce mis pensamientos" (Salmo 139:23).

Estoy seguro de que debe haber oído el dicho: "No puedes evitar que los pájaros revoloteen sobre tu cabeza, ¡pero puedes impedir que aniden en ella!". Aunque la tentación de tener pensamientos impuros esté en todo lo que nos rodea, de nosotros depende que se queden o no.

Un verano, cuando estudiaba en la universidad, estuve empleado como yesero. La empresa se dedicaba a la construcción de varios edificios de apartamentos en una población cercana. Tenía la sensación de que muchos de los trabajadores eran incapaces de pronunciar más de dos palabras seguidas sin que una fuera una grosería. Se pasaban el día explicando chistes subidos de tono.

Trabajar como yesero no es como trabajar en una oficina. Cuando llegaba a casa, tenía que quitarme la ropa de trabajo sucia y darme una ducha. Pero recuerdo especialmente que, además, tenía que sentarme y darme una "ducha mental" para deshacerme de todos los pensamientos impuros que asaltaban mi mente. Lo hacía leyendo la Biblia.

"¿Con qué limpiará el joven su camino? Con guardar tu palabra" (Sal. 119:9).

Jamás jure

Basado en Mateo 5:33-37

¿QUÉ QUISO decir Jesús con: "Sea vuestro hablar: 'Sí, sí' o 'No, no'"? Cuando era niño intentaba imaginar un mundo en el que la gente solo dijera: "Sí, sí" o "No, no". ¿Cómo podríamos comunicarnos unos con otros? Ahora entiendo que Cristo no decía que en nuestro vocabulario solo tiene que haber esas dos palabras.

Para comprender la lección que Jesús nos quiere enseñar tenemos que leer desde el versículo 33; en particular, las palabras: "No jurarás en falso".

Imagine la situación: Un nuevo presidente de los Estados Unidos "jura el cargo". Pone su mano izquierda sobre un ejemplar de la Biblia y levanta la derecha mientras jura que será fiel en el ejercicio del cargo de presidente. Este juramento es una tradición, un formulismo. Pero tengo una pregunta: ¿Por qué es necesario que una persona ponga una mano sobre una Biblia y levante la otra como garantía de su fidelidad? Hace años, cuando alguien quería que se supiera que estaba diciendo la verdad, decía: "Lo juro sobre un montón de Biblias".

Cristo enseña que nuestra palabra tiene que ser de fiar porque somos quienes somos. Nuestro "sí" tiene que significar "sí"; los demás tienen que poder confiar en que cumpliremos lo prometido o permaneceremos firmes en nuestro "no" cuando no podamos comprometernos a hacerlo. Decir "sí" cuando se tiene intención de decir "no" es una falta de honestidad, es una manera de oponernos de forma subrepticia. Crea una falsa apariencia que esconde la verdad, engaña y debilita porque socava la confianza de los demás en nosotros.

> "Sea vuestro hablar: 'Sí, sí' o 'No, no', porque lo que es más de esto, de mal procede" (Mateo 5:37).

No seamos de esa clase de personas que necesitan jurar sobre cualquier cosa para dar fuerza y validez a sus palabras. Seamos de aquellas personas cuyas palabras van cargadas de fuerza y autoridad por ser quienes son, personas que cuando dicen "sí" es "sí" y cuando dicen "no" es "no". Con la ayuda del Espíritu Santo, desarrollemos la fuerza de carácter necesaria para cumplir nuestras promesas y la integridad precisa para decir la verdad tal y como la entendemos; de modo que usemos palabras que identifiquen la verdad, promuevan la bondad y edifiquen a los demás.

Señor, te ruego que me perdones si no he sido fiel a mis promesas. Concédeme la gracia de ser fiel a mi palabra, y a tu Palabra.

Andar una segunda milla

Basado en Mateo 5:38-42

¿ALGUIEN LO OBLIGÓ alguna vez a hacer algo que usted no quería? Si me hiciera esa pregunta a mí, mi respuesta tendría que ser: "Sí". Cuando tenía doce o trece años y mi padre o mi madre me pedían que hiciera algo, no era extraño que respondiera: "Espera un minuto". Entonces mi padre me decía con firmeza: "Hijo, te pido que lo hagas *ahora*".

Por tanto, dejaba de hacer lo que tenía entre manos y, a regañadientes, hacía lo que se me pedía tan deprisa como podía, por lo que no siempre ponía todo el cuidado necesario en ello. A veces papá me llamaba para que terminara de hacer un trabajo; a lo que yo protestaba quejándome de la "injusticia". Al mirar atrás, me arrepiento de mi actitud irrespetuosa.

"A cualquiera que te obligue a llevar carga por una milla, ve con él dos" (Mateo 5:41).

¿Qué dice Jesús que tenemos que hacer cuando se nos pide que hagamos algo que nos desagrada? "A cualquiera que te obligue a llevar carga por una milla, ve con él dos" (Mat. 5:41). Jesús se refería a una ley romana que autorizaba a los soldados de la legión a obligar a cualquiera para que llevara una carga durante una milla (o lo que es lo mismo: mil pasos). Así fue como Simón cireneo fue obligado a llevar la cruz de Jesús de camino a la crucifixión (Luc. 23:26).

Aunque esa ley romana de servicio forzoso ya no está en vigor, este versículo de la Biblia es aplicable directamente a la vida actual, en particular en el trabajo y en casa. ¿Con qué frecuencia nuestro jefe nos pide que hagamos algo que nos parece del todo irracional? ¿Cuál es el consejo de Jesús? "No te quejes y anda otra milla más".

¿Por qué nos dice que hagamos esto? ¡Porque quiere que seamos libres! Cuando únicamente hacemos lo que nos dicen que hagamos, somos esclavos. No tenemos otra opción. Pero cuando hacemos algo de más, es nuestra propia elección. Nadie nos pide que lo hagamos. Ya no somos esclavos, sino que tomamos la iniciativa. Hacer más de lo que estamos obligados a hacer nos libera. No tenemos motivos para estar resentidos, ni nuestro espíritu debe ser quebrantado. ¿Puede ver la lógica de este razonamiento?

Hoy, cuando alguien le pida que haga algo, hágalo. Pero no desprecie la oportunidad de hacer aún más; ande una segunda milla.

"Mía es la venganza"

Basado en Mateo 5:38-42

HABÍA UNA vez un importante hombre de negocios que escuchó que un conocido suyo estaba en la cárcel. Decidió visitarlo. Tras varias horas de conversación, el empresario quedó muy impresionado. Cuando se iba, fue a ver al director de la cárcel y le preguntó si iba a recomendar el indulto para su amigo. Prometió al director que, si su amigo salía indultado, respondería por él y le daría empleo en una de sus fábricas.

El director de la cárcel accedió a recomendar el indulto. A la siguiente visita del hombre de negocios, le entregó un documento. El indulto había sido concedido. El director sugirió que no le entregara el indulto al preso hasta después de haber hablado un poco más con él y así lo hizo. Cuando el benefactor le preguntó al preso qué deseaba hacer con más ganas cuando estuviera en libertad, el hombre se puso en pie y, mirando a través de los barrotes, dijo: "Solo hay dos cosas que quiero hacer cuando salga. Una es matar al juez que me encerró aquí y la otra es matar al hombre que dijo a la policía dónde podían encontrarme". El empresario rompió el indulto y se marchó.

Jesús dijo: "Oísteis que fue dicho: 'Ojo por ojo y diente por diente. Pero yo os digo: No resistáis al que es malo; antes, a cualquiera que te hiera en la mejilla derecha, vuélvele también la otra'" (Mat. 5:38, 39). En otras palabras, no tratéis de vengaros.

> "No os venguéis vosotros mismos, amados míos, sino dejad lugar a la ira de Dios, porque escrito está: 'Mía es la venganza, yo pagaré, dice el Señor'" (Romanos 12:19).

En la vida cotidiana es raro que recibamos una bofetada, pero se nos insulta de otras maneras. El mandato de Jesús de "poner la otra mejilla" se puede aplicar perfectamente a esas situaciones de la vida diaria. ¿Acaso hay quien hable de usted a sus espaldas? No haga lo mismo con él. ¿Un compañero de trabajo habla mal de usted a su jefe? No le pague con la misma moneda.

Dios nos manda: "No te vengarás ni guardarás rencor a los hijos de tu pueblo, sino amarás a tu prójimo como a ti mismo" (Lev. 19:18). Jesús es nuestro ejemplo. "Cuando lo maldecían, no respondía con maldición; cuando padecía, no amenazaba, sino que encomendaba la causa al que juzga justamente" (1 Ped. 2:23).

De todo corazón

Basado en Mateo 5:43, 44

DURANTE la Segunda Guerra Mundial, en Holanda, la familia Ten Boom escondió en su casa a judíos que trataban de escapar del régimen nazi. Cuando fueron descubiertos, Corrie Ten Boom y su hermana Betsie fueron llevadas al campo de concentración de mujeres de Ravensbrück, al norte de Alemania, en el que 92,000 mujeres perdieron la vida durante la guerra.

Al cabo de un tiempo en el campo, Betsi murió. A causa de un error administrativo, Corrie fue liberada una semana antes de que todas las mujeres de su edad fueran ejecutadas.

Después de la guerra, Corrie empezó a viajar por el mundo contando la historia de su familia y lo que ella y Betsie habían visto en el campo de concentración. Una noche, después que hubo hablado, reconoció a un hombre que se adelantaba hacia el estrado para hablar con ella. Había sido uno de los guardias del campo de concentración.

El hombre dijo: "Señora Ten Boom, en su discurso ha mencionado Ravensbrück. Yo fui uno de los guardias de ese campo. Pero después me convertí. Sé que Dios me ha perdonado por todas las crueldades que cometí". Y extendiendo la mano, añadió: "¿Me perdona?".

> "Perdónanos nuestras deudas, como también nosotros perdonamos a nuestros deudores" (Mateo 6:12).

Posteriormente, Corrie escribió: "Aquella mano solo estuvo extendida durante unos segundos; pero a mí me parecieron horas, mientras me debatía en el combate más difícil que jamás haya librado. Porque tenía que hacerlo, lo sabía. La promesa de que Dios nos perdona tiene una condición previa: que perdonemos a los que nos han causado algún mal. 'Si no perdonáis a los hombres sus ofensas', dijo Jesús, 'tampoco vuestro Padre celestial os perdonará vuestras ofensas'.

Y así, inexpresiva, mecánicamente, estreché la mano que me tendía. Al hacerlo ocurrió una cosa increíble... Un calor sanador recorrió todo mi ser y mis ojos se llenaron de lágrimas. 'Lo perdono, hermano', dije entre sollozos. 'De todo corazón'. Durante un largo rato, quienes habíamos sido guardia y prisionera, mantuvimos las manos estrechadas. Jamás había conocido el amor de Dios tan intensamente como en aquella ocasión".

¿Quiere usted experimentar ese calor sanador? Perdonémonos "unos a otros, como Dios también [nos] perdonó a [nosotros] en Cristo" (Efe. 4:32).

Amar es cuidar

Basado en Mateo 5:44

LOS HISTORIADORES nos hablan de un personaje llamado Dirk Willumsoon que se convirtió al protestantismo. Como resultado de ello, fue condenado a ser torturado hasta la muerte. De alguna manera, pudo librarse y empezó a correr para salvar su vida. Un soldado fue tras él. Corrió hasta que finalmente llegó a un gran lago. El lago estaba helado, pero el hielo era débil porque el invierno estaba llegando a su fin. A Willumsoon no le quedaba otra salida. Decidió correr por el hielo.

Mientras corría, , el hielo del lago comenzó a resquebrajarse. Pero no se detuvo. Quería evitar la terrible muerte que le esperaba si era capturado. A grandes zancadas avanzó hasta que, con gran esfuerzo, pudo saltar a la orilla. Mientras recuperaba sus fuerzas para seguir corriendo, oyó un grito de terror a sus espaldas. Se dio la vuelta y vio que el soldado que lo perseguía había caído en el agua y se debatía intentando aferrarse al hielo.

No había nadie cerca para ayudar al desdichado, solo Dirk. Aquel soldado era su enemigo. Arrastrándose con cuidado por el quebradizo hielo, alcanzó al soldado. Lo sacó del agua helada y, tirando de él por el hielo, lo acercó a la orilla.

> "Pero yo os digo: Amad a vuestros enemigos, bendecid a los que os maldicen, haced bien a los que os odian y orad por los que os ultrajan y os persiguen" (Mateo 5:44).

Jesús dijo: "Nadie tiene mayor amor que este, que uno ponga su vida por sus amigos" (Juan 15:13). Por los amigos, podemos entenderlo... Pero, ¿por nuestros enemigos? Leamos las palabras de Jesús: "Pero yo os digo: Amad a vuestros enemigos, bendecid a los que os maldicen, haced bien a los que os odian y orad por los que os ultrajan y os persiguen" (Mat. 5:44). Para el que sigue a Jesús, amigo o enemigo, da lo mismo.

Huelga decir que amar a nuestros enemigos no es fácil. Amar a nuestros enemigos no significa necesariamente que tengamos que ser los mejores amigos, sino que queremos su bien y oramos por ellos. Aquí se esconde un secreto: Si hacemos esto, hay muchas posibilidades de que esa persona en poco tiempo ya no se sienta enemiga nuestra.

Amar al prójimo

Basado en Mateo 5:44

¿ALGUNA VEZ HA pensado en qué querría decir Jesús al ordenarnos que amemos al prójimo como a nosotros mismos? No dijo que tenemos que amar al prójimo y ya está. Si eso fuera todo, quizá pudiéramos amarlo a distancia. Quizá lo tratásemos como si fuera de la familia, pero un poco menos. Probablemente haríamos por él la mitad, una tercera parte o una décima parte de lo que hacemos por nosotros mismos. Sí, habría resultado más cómodo que Jesús dijera: "Amad al prójimo". Pero no, dijo que tenemos que amar al prójimo como a nosotros mismos.

Ahora repito la pregunta: ¿Qué significa amar a alguien como a uno mismo? Está bien, responda a esta pregunta: ¿De quién son los dientes que cepilló esta mañana? ¿De quién es el pelo que peinó? ¿De quién, la ropa que cuelga en su armario? ¿Y la cuenta de ahorros que tiene en el banco? Nos ocupamos de nosotros mismos. Nos amamos. Amar es ocuparse de las necesidades. Aceptémoslo. Nos ocupamos de nuestras necesidades.

"Amarás a tu prójimo como a ti mismo" (Mateo 22:39).

Cuando tenemos un interés personal, queremos satisfacerlo. Cuando tenemos una necesidad, queremos satisfacerla. Cuando tenemos un deseo, queremos cumplirlo. Si tenemos una esperanza, queremos que se cumpla.

Estamos preocupados por nuestro bienestar, nuestra comodidad, nuestra seguridad, nuestros intereses y nuestra salud, tanto física como espiritual, temporal y eterna. Nos preocupamos mucho por nuestros asuntos. Buscamos nuestro propio placer y no conocemos límite a la hora de obtener lo que deseamos. Ya ve, esta es exactamente la forma en que tenemos que amar a los demás.

En otras palabras, tenemos que alimentar por el prójimo un amor completamente sincero, ferviente, habitual y permanente, que ponga en nuestro corazón *su* interés, *sus* necesidades, *sus* deseos, *sus* ansias, *sus* esperanzas y *sus* ambiciones; a la vez que nos impulsa a hacer todo lo posible para asegurarnos de que todo *su* bienestar, toda *su* seguridad, toda *su* comodidad y todos *sus* intereses se cumplen, de modo que cumplir *para él* todo lo que necesite, lo que quiera o lo que le da placer, sea nuestro principal anhelo. Eso es lo que Jesús quiso decir con el mandato de amar al prójimo como a nosotros mismos.

Hoy le sugiero que piense en todo lo bueno que Dios ha hecho por usted. Luego ore para que él le muestre de qué manera usted puede convertirse en una bendición para los demás.

Cristo nos fortalece

Basado en Mateo 5:44

¿HA TENIDO, o tiene, algún enemigo? Es probable que la mayoría de la gente responda que sí.

¿Quién es un enemigo? Es aquella persona que nos desprecia, nos detesta, nos desea mal, que siente un odio visceral por nosotros y que se enfada cuando hacemos alguna buena obra por ella. Hagamos lo que hagamos, nos odia. Jesús enseñó que los enemigos son los que nos ultrajan, nos amenazan, nos insultan, nos persiguen, nos calumnian e, incluso, llegan a agredirnos.

Por eso, las palabras de Jesús son tan difíciles de entender: "Pero yo os digo: Amad a vuestros enemigos, bendecid a los que os maldicen, haced bien a los que os odian y orad por los que os ultrajan y os persiguen" (Mat. 5:44). Sus palabras se oponen diametralmente a lo que nos enseña nuestra cultura. El mundo dice: "¡No seas tonto y paga con la misma moneda!". Sin embargo, Jesús dijo: "Y como queréis que hagan los hombres con vosotros, así también haced vosotros con ellos" (Luc. 6:31).

> "Y como queréis que hagan los hombres con vosotros, así también haced vosotros con ellos" (Lucas 6:31).

Este texto se conoce como la Regla de Oro. La regla del mundo es la venganza y el odio. Pero como hijos e hijas de Dios, tenemos una regla superior. Si las personas nos provocan, no debemos responder a su provocación. Si nuestros enemigos nos insultan, nos persiguen, nos calumnian y nos ultrajan, no hagamos lo mismo con ellos.

El reto que Jesús nos plantea es como una elevada cumbre difícil de escalar. Al orar, quisiera decir: "Señor, ¿cómo puedes pedirme que ame a mis enemigos?". La verdad es que, solo con nuestras propias fuerzas es imposible. No podemos escalar esa cumbre por nosotros mismos. Necesitamos la ayuda del Señor.

La naturaleza humana es egoísta y, por eso, nos cuesta amar al prójimo. Jesús no vino a este mundo para que nosotros no tuviéramos enemigos, sino para enseñarnos cómo tenemos que relacionarnos con ellos. Sin embargo, la meta está a nuestro alcance cuando sabemos que "todo lo [podemos] en Cristo que [nos] fortalece" (Fil. 4:13).

Distinguir las señales

Basado en Mateo 16:1-4

HAY UN PEQUEÑO poema que dice algo parecido a esto:

Treinta días tiene noviembre
con abril, junio y septiembre;
veintiocho solo uno
y los demás treinta y uno.
Si el año bisiesto fuere,
ponle a febrero veintinueve.

¿Por qué, cuando el año es bisiesto, ese día de más cae en febrero? Ese día se añade para que el número de días del año refleje con más precisión la traslación de la Tierra alrededor del Sol. El tiempo exacto que tarda nuestro planeta en dar una vuelta alrededor del Sol es de 365 días, 5 horas, 48 minutos y 46 segundos. Esto significa que el año del calendario es ligeramente más corto que el año solar. Por tanto, siguiendo una fórmula precisa de cálculo, cada cuatro años se añade un día al mes de febrero. A ese año lo llamamos bisiesto.

> "¡Hipócritas, que sabéis distinguir el aspecto del cielo, pero las señales de los tiempos no podéis distinguir!" (Mateo 16:3).

Quizá le interese saber que detrás del origen de los años bisiestos, en el año 45 a.C., se encuentra Julio César. Sin embargo, existen registros de ajustes calendarios llevados a cabo por los faraones egipcios.

Cierto día, los fariseos le pidieron a Jesús que les diera una señal del cielo que indicara que él era el Mesías. Jesús respondió: "¡Hipócritas, que sabéis distinguir el aspecto del cielo, pero las señales de los tiempos no podéis distinguir!" (Mat. 16:3).

Si esa misma pregunta se formulara hoy, 29 de febrero de 2012, Jesús respondería: "¡Hipócritas, que se preocupan por la precisión del calendario pero no se dan cuenta de que viven los últimos días de la historia de este mundo! Dejen de pensar tanto en su calendario y ocúpense más de prepararse para mi segunda venida".

Sí, quizá sea recomendable que el calendario y el año solar estén sincronizados; pero que, con la ayuda del Espíritu Santo, mantengamos sincronizada nuestra vida con la Palabra de Dios es de importancia eterna. La pregunta que tenemos que formularnos a diario no es: "¿Qué día es hoy?", sino: "¿Mi vida refleja hoy y cada día la voluntad de Dios?".

Padre mío que estás en los cielos, haz que las palabras que salgan de mi boca y la meditación de mi corazón te sean aceptables.

"Cortar y pegar" la Palabra de Dios

Basado en Mateo 5:44

"OÍSTEIS que fue dicho: 'Amarás a tu prójimo'" (Mat. 5:43). Cuando leí por primera vez las palabras de este versículo pensé que Jesús se refería a algún texto del Antiguo Testamento. Pero no; citaba un ejemplo que muestra cómo los hombres han manipulado la clara y diáfana Palabra de Dios y han cambiado la ley para que se adapte a su conveniencia.

Si usted, estimado lector, dispone de computadora, con toda certeza habrá usado las funciones "cortar" y "pegar". En otras palabras, si en la pantalla tiene un texto que le estorba, puede "cortarlo" y "pegarlo" en el lugar del documento que le convenga o, sencillamente, puede eliminarlo. Y no solo eso; también puede "pegar" en el texto algo que está en otro documento.

En los días del Señor Jesús, los escribas y los fariseos tenían una mentalidad de "cortar y pegar" cuando de la Palabra de Dios se trataba. Cortaban y pegaban leyes, o algunas partes de las mismas, según su conveniencia. El segundo gran mandamiento, que aparece por primera vez en Levítico 19:18, no dice simplemente que debemos amar a nuestro prójimo. Reza: "Amarás a tu prójimo *como a ti mismo*".

> "Procura con diligencia presentarte a Dios aprobado, como obrero que no tiene de qué avergonzarse, que usa bien la palabra de verdad" (2 Timoteo 2:15).

Fíjese que si eliminamos las palabras: "como a ti mismo" podemos decidir cuánto amaremos al prójimo, si mucho, poco o muy poco. El Señor no dejó en nuestras manos la decisión de cuánto teníamos que amarnos unos a otros. Dijo que debemos amarnos unos a otros como a nosotros mismos. Por eso, Jesús condenó a los fariseos; porque, a pesar de que pretendían obedecer la Palabra de Dios, en realidad, la desobedecían. Jesús dijo: "En vano me honran, enseñando como doctrinas mandamientos de hombres" (Mat. 15:9).

Para jugar al fútbol es preciso seguir unas reglas. Esas reglas no siempre ayudan a ganar. Sin embargo, los fariseos habían hecho exactamente eso con la Palabra de Dios: la habían manipulado para ganar. Sin Cristo somos egoístas. Si podemos hacerlo según nuestra conveniencia y si no nos causa demasiado trastorno, no nos importa ayudar a los demás. Pero ayudar y amar a los demás como a uno mismo exige sacrificio.

Pongamos cuidado en no "cortar y pegar" la Palabra de Dios.

Ya tienen su recompensa

Basado en Mateo 6:1-4

AQUELLA MAÑANA de sábado yo era el orador invitado. Antes del sermón, un cuarteto vocal masculino interpretó una música especial. Armonizaban magníficamente las voces, al tiempo que la melodía y la letra del himno eran una genuina expresión de alabanza a Dios.

Cuando acabó el canto, la congregación prorrumpió en un sonoro aplauso. Aguardé un momento, tras el cual me dirigí al púlpito, y recordé a la congregación que los jóvenes no cantaban para nosotros sino para el Señor. Entonces sugerí que, en lugar de aplaudir, podríamos decir: "Amén".

El aplauso expresa aprobación o elogio de una acción. Disfruté de aquella música tanto como el que más, pero no creía que el aplauso fuera lo más adecuado.

Jesús dijo que nuestra adoración no tiene que ser para aparentar.

> "Guardaos de hacer vuestra justicia delante de los hombres para ser vistos por ellos; de otra manera no tendréis recompensa de vuestro Padre que está en los cielos" (Mateo 6:1).

A menudo me invitan a predicar en diferentes iglesias. Es frecuente que, antes del servicio, el pastor o el primer anciano me pregunten cómo quiero que me presenten. Mi respuesta suele ser: "Con sencillez, por favor". La cuestión es que acudimos a adorar a Dios, no a ensalzarnos unos a otros. La iglesia no es lugar para ensalzar a nadie más que a nuestro Padre celestial.

Hace un tiempo, en una gran reunión a la que había asistido, un rico hombre de negocios entregó a uno de los dirigentes un cheque por un millón de dólares. La emoción embargaba el ambiente. Me pregunté qué habría dicho Jesús. Recuerdo que Jesús y sus discípulos estaban en el templo y se encontraron ante una situación parecida. "Estando Jesús sentado delante del arca de la ofrenda, miraba cómo el pueblo echaba dinero en el arca; y muchos ricos echaban mucho. Y vino una viuda pobre y echó dos blancas, o sea, un cuadrante. Entonces, llamando a sus discípulos, les dijo: 'De cierto os digo que esta viuda pobre echó más que todos los que han echado en el arca, porque todos han echado de lo que les sobra, pero esta, de su pobreza echó todo lo que tenía, todo su sustento'" (Mar. 12:41-44).

La naturaleza humana intenta impresionar a los demás. No viva para impresionar, sino para glorificar a su Padre celestial.

Nuestro Padre celestial

Basado en Mateo 6:5-13

ES UNA LÁSTIMA que, para algunos, la palabra "padre" pueda despertar sentimientos negativos. El diablo ha conseguido manchar y casi destruir por completo muchas de las cosas que, para la existencia humana, son preciosas y sagradas. Dios quiso que, aunque solo fuera en parte, pudiésemos entender nuestra relación con él a través de los vínculos familiares. Si en el hogar impera la infelicidad, el concepto de Dios que pueda tener una persona estará distorsionado. Una familia disfuncional puede ser la causa de que aparezcan grandes obstáculos en nuestras relaciones, lo que nos impediría conocer y entender a Dios como nuestro Padre celestial.

A pesar de que, para muchos, su familia ha sido causa de grandes sufrimientos, Jesús enseña que al orar nos dirigimos al Padre que todos los hijos quisieran tener y que, de hecho, tenemos. Nuestro Padre celestial conoce cosas de nosotros que ni nosotros mismos llegamos a entender. Sabe qué nos conviene y, si se lo permitimos, hará que todo nos ayude para bien. Eso no quiere decir que todo lo que nos sucede tenga que ser agradable; sino que, a pesar de todo, él acabará sacando algún bien de una situación adversa.

> "Como el padre se compadece de los hijos, se compadece Jehová de los que lo temen" (Salmo 103:13).

¿Qué pasa con la comunicación entre padres e hijos? Un estudio de la Universidad Cornell indica que los padres con niños en edad preescolar dedican un promedio diario de 37.7 segundos a tener contacto real con sus pequeños. En cambio, el estudio reveló que los niños ven la televisión alrededor de 54 horas semanales. ¿Se puede conocer a alguien dedicándole solo 37.7 segundos al día?

Cuando oramos, nuestro Padre celestial nos asegura de que él nos oye. Cada vez más, las grandes empresas automatizan sus servicios de atención al cliente. Se trata de llegar al extremo de poder llamar a una empresa, mantener una conversación, dar y recibir información... ¡sin que medie contacto humano alguno! Es posible que una voz nos diga: "Gracias por su llamada, que tenga un buen día". ¡Y, de hecho, habremos hablado con una computadora!

Cuando oramos a nuestro Padre, él nos oye. David dijo: "En la tarde, al amanecer y al mediodía, oraré y clamaré, y él oirá mi voz" (Sal. 55:17).

El Señor es santo

Basado en Mateo 6:5-13

NINGÚN PADRE TERRENAL es santo en grado absoluto como nuestro Padre celestial. Cuando decimos: "Santificado sea tu nombre", no le dedicamos ningún cumplido extraordinario; es un reconocimiento.

Los diccionarios dicen que las cosas santas pertenecen o están relacionadas con un poder divino, que son sagradas y dignas de adoración, que están apartadas para un propósito religioso o que merecen un respeto o una reverencia especiales. Sin embargo, la santidad de diccionario no va más allá. En cambio, en la Biblia, la santidad es un fuego abrasador que no tolera el pecado. A menudo contemplamos el amor de Dios, su misericordia, su gracia, su fidelidad y su bondad. Pero, hasta que no entendamos tan siquiera un atisbo de su santidad, jamás podremos apreciar realmente las revelaciones de nuestro Padre celestial.

No es preciso que seamos teólogos o filósofos para que podamos captar la importancia de su santidad; basta con que nos demos cuenta de que su misericordia y su gracia, su fidelidad y su bondad, son *aspectos de su carácter*, mientras que él *es* santo. Todos los ídolos son el resultado de una idea errónea acerca de la santidad de Dios. Cuando no conocemos al verdadero Dios, nos hacemos dioses a nuestra semejanza.

> "Justo es Jehová en todos sus caminos y misericordioso en todas sus obras" (Salmo 145:17).

Las palabras: "Padre nuestro que estás en los cielos, santificado sea tu nombre", no tienen que evocar las imágenes de una relación triste o desagradable que hayamos podido tener con nuestro padre terrenal. Al contrario, gracias a ellas sabemos que hablamos con nuestro Papá celestial, cuya santidad lo lleva a hacer lo que hay que hacer.

Lo llamo Papá celestial porque Jesús así lo llamó en el Getsemaní. "Y decía: '¡Abba, Padre!, todas las cosas son posibles para ti. Aparta de mí esta copa; pero no se haga lo que yo quiero, sino lo que quieres tú'" (Mar. 14:36). La palabra *"abba"* es el equivalente arameo de "papito". Jesús llamó "Papito" a su Padre celestial; por tanto, nosotros también podemos hacerlo. Al respecto, le pregunté a un rabino judío y me respondió que, aún hoy día, en el Estado de Israel los niños pequeños llaman así a sus padres.

¿Verdad que es reconfortante saber que nuestro Padre celestial es santo y bueno; y que, como buen Padre que es, hará lo que mejor nos convenga?

Rey de reyes
y Señor de señores

Basado en Mateo 6:9-13

NUNCA HE VIVIDO en un país con régimen monárquico. No obstante, viajé por Irán mientras en aquel país todavía gobernaba el *Sah*, como así se llamaban sus soberanos. En casi todas las paredes había un retrato de Su Majestad Imperial y todas las plazas estaban presididas por una escultura suya.

Salvo escasas excepciones, en la actualidad los soberanos apenas tienen poder político sobre sus súbditos. No obstante, el reino de Dios es una monarquía. Para los ciudadanos de países con régimen republicano, la forma monárquica de gobierno puede resultar difícil de entender, además de incómoda. Sin embargo, debemos comprender que el gobierno de Dios no es una democracia. En la mayoría de las monarquías constitucionales existe la posibilidad de que los ciudadanos las revoquen por referendo. En el reino de Dios es imposible que esto ocurra. Mientras que muchos reyes y reinas reciben el poder del pueblo, en el reino del cielo sucede exactamente lo contrario. El Rey del cielo da el ser y la existencia al pueblo de Dios.

Al decir: "Venga a nosotros tu reino", reconocemos que Dios es nuestro rey. Este concepto tiene más alcance que el de Padre celestial. Significa que, además de ser nuestro Padre celestial, también es nuestro Soberano. Para nosotros, su palabra es ley.

Para muchos, este punto es causa de conflicto en su relación con Dios. No tienen dificultad en ver a Dios como su Padre celestial, sobre todo si su padre terrenal los consentía y les daba todo lo que le pedían. Sin embargo, estas mismas personas se resisten al hecho de que Dios les diga cómo tienen que vivir.

Si realmente queremos comprender el objetivo de la oración, es preciso que tengamos clara la idea de que Dios, además de ser nuestro Padre celestial, es nuestro Rey y Soberano. No es el presidente, ni un representante, ni tampoco un coordinador o un orientador. Es nuestro Dios, por lo que, al decir: "Venga a nosotros tu reino", afirmamos que estamos dispuestos a reconocerlo como Rey de nuestra vida. Me encanta cómo se describe a Jesús en Apocalipsis 19:16: "En su vestidura y en su muslo tiene escrito este nombre: Rey de reyes y Señor de señores".

> "Y oí como la voz
> de una gran multitud,
> como el estruendo de muchas aguas
> y como la voz de grandes truenos,
> que decía: '¡Aleluya!, porque
> el Señor, nuestro Dios Todopoderoso,
> reina'"
> (Apocalipsis 19:6).

Hágase tu voluntad

Basado en Mateo 6:5-13

UN PREDICADOR AMIGO mío me dijo que a veces pregunta a sus oyentes: "¿Cuántos de ustedes están cansados de que alguien les diga qué tienen que hacer?". La mayoría levanta la mano. Entonces, esbozando una sonrisa, les dice: "Ya veo, me parece que voy a perder el tiempo hablándoles del evangelio".

Ya se sabe, quien tenga dificultades para relacionarse con las autoridades también tendrá dificultades para relacionarse con Dios. Él es más que nuestro Padre, es nuestro Rey y Creador. Al decir: "Hágase tu voluntad", afirmamos que haremos las cosas a su manera. El objetivo del plan de salvación es conseguir que estemos alegres y satisfechos de decir: "El hacer tu voluntad, Dios mío, me ha agradado, y tu ley está en medio de mi corazón" (Sal. 40:8).

Darnos cuenta de que el propósito de la oración no es persuadir a Dios para que haga lo que queremos, sino descubrir lo que él quiere que hagamos nosotros, puede ser decepcionante. Demasiado a menudo nos acercamos a Dios con planes preconcebidos. Además de decirle qué anda mal, le decimos qué tiene que hacer al respecto y cuándo tiene que hacerlo. La Biblia declara que no sabemos orar como es debido (Rom. 8:26). No es de extrañar que los discípulos le pidieran a Jesús que les enseñara a orar.

> "He deseado tu salvación, Jehová, y tu ley es mi delicia" (Salmo 119:174).

Algunos piensan que decir: "Hágase tu voluntad", es señal de resignación, de abandono. Otros piensan que, si tenemos suficiente fe, Dios se verá obligado a hacer lo que queremos. Y aún otros sugieren que busquemos en la Biblia la promesa de Dios que mejor se acomoda a nuestras necesidades en un momento específico y luego la reclamemos con insistencia. ¡Cuidado con este método! No estoy seguro de que cada cosa específica que Dios hizo por alguien en algún momento sea necesariamente su voluntad para mí en este preciso instante.

¿Qué dijo Jesús sobre la voluntad del Padre? "Y esta es la voluntad del que me ha enviado: que todo aquel que ve al Hijo y cree en él tenga vida eterna" (Juan 6:40).

Sea esta nuestra oración para hoy.

Afinando las oraciones

Basado en Mateo 6:5-13.

SI DIOS SABE lo que es mejor para nosotros y hace su voluntad, ¿para qué molestarnos en orar? Aunque él haga su voluntad, quiere que participemos en el esfuerzo. Oramos por iniciativa propia. Dios no nos impone su voluntad.

"Ah, se trata de una especie de dilema", dirá usted. Es como decir que o bien usted hace lo que él quiere o bien no lo hace en absoluto. No se precipite. Cuando entendamos a quién oramos no desearemos que sea de otra manera. Nuestro Padre celestial quiere para nosotros cosas mucho mejores que las que nosotros mismos podamos desear.

Si nos matriculamos en la escuela de la oración, y asistimos regularmente, sucederán dos cosas. Una de ellas es que nunca nos graduaremos; la otra es que nunca seremos reprobados. Me encanta el texto de Pablo que habla de la oración como una red de seguridad: "De igual manera, el Espíritu nos ayuda en nuestra debilidad, pues qué hemos de pedir como conviene, no lo sabemos, pero el Espíritu mismo intercede por nosotros con gemidos indecibles. Pero el que escudriña los corazones sabe cuál es la intención del Espíritu, porque conforme a la voluntad de Dios intercede por los santos" (Rom. 8:26, 27). ¡Magnífica promesa!

> "Yo te he invocado por cuanto tú, Dios, me oirás; inclina a mí tu oído, escucha mi palabra" (Salmo 17:6).

He aquí tres cosas que usted puede hacer para mejorar su experiencia de oración:

- Asegúrese de que no hay nada en su relación con su padre terrenal que pueda dificultar su relación con el Padre celestial. Si usted descubre que hay problemas por resolver, pida a Dios el maravilloso don del perdón.
- Consiga una concordancia bíblica y busque la palabra "santo". Lea los textos que se refieren a la santidad de Dios. Asegúrese de que tiene un concepto claro en cuanto a qué quiere decir la Biblia cuando declara que Dios es santo.
- Dígale a Dios que está dispuesto a hacer su voluntad en todos los aspectos de su vida. Piense en los cambios específicos que tendrá que hacer para que esto suceda.

El amor de Dios quiere lo mejor para nosotros. La sabiduría de Dios sabe qué es lo mejor para nosotros. El poder de Dios puede lograrlo.

¿Sumisión o aceptación?

Basado en Mateo 6:5-13

DE NIÑO a menudo preguntaba a mis mayores: "¿Por qué?". Me irritaba su respuesta: "Porque lo digo yo". En realidad no deseaba escuchar su explicación de por qué yo no podía hacer lo que quería. Ya me había hecho una idea de las causas de la negativa. Preguntar el porqué no era otra cosa que una maniobra para desviar la atención, quejarme y alargar la discusión tanto como pudiera hasta que se me ocurriera una buena razón por la que tuvieran que darme el sí. No era más que un combate entre nuestras respectivas voluntades.

Del mismo modo, en la vida cristiana siempre habrá una tensión, y a veces una contradicción, entre nuestros deseos y la voluntad de Dios. Él mismo nos revela la causa: "Porque mis pensamientos no son vuestros pensamientos ni vuestros caminos mis caminos [...]. Como son más altos los cielos que la tierra, así son mis caminos más altos que vuestros caminos y mis pensamientos más que vuestros pensamientos" (Isa. 55:8-9).

> "El hacer tu voluntad, Dios mío, me ha agradado, y tu ley está en medio de mi corazón" (Salmo 40:8).

Por su propia naturaleza, el pecado está en contradicción con la voluntad de Dios. Nuestro instinto nos mueve a ser "respetables" pecadores, mientras que Dios desea que seamos santos y obedientes. Con todo, ¿es la mera sumisión el objetivo más elevado al que podamos aspirar? Someterse significa que nos rendimos, sucumbimos, capitulamos o cedemos. Aunque someterse no es lo mismo que rebelarse, tampoco tiene por qué equivaler a cooperar.

Si bien Dios acepta nuestra rendición a su voluntad, su deseo es que vayamos un paso más allá y, además de someternos a su voluntad, la aceptemos. La sumisión a la voluntad de Dios es un acto pasivo, mientras que la aceptación implica una acción. Una persona bien podría someterse a la voluntad de Dios y, a la vez, detestar todo lo que él hace en su vida.

Puede haber ocasiones, especialmente en tiempos de prueba y dificultades o cuando no entendemos el porqué, en las que es mejor rendirse y someterse a la voluntad de Dios. El mismo Jesús llegó a esta situación en el Getsemaní (Mat. 26:39). Su petición fue: "Padre mío, si es posible, pase de mí esta copa". Pero acto seguido añadió: "No sea como yo quiero, sino como tú".

Aunque la vida cristiana comienza con la sumisión a la voluntad de Dios, nuestro objetivo es llegar a poder decir: "¡Cuánto amo yo tu ley! ¡Todo el día es ella mi meditación!" (Sal. 119:97).

Nuestro mayor gozo

Basado en Mateo 6:10

EL AEROPUERTO de Atlanta, Georgia, es el más transitado del mundo. Es también la base de operaciones de al menos una de las mayores compañías aéreas del planeta. Por ese aeropuerto pasan cada día más de 240,000 personas de camino a casi todos los destinos de la tierra.

Es imposible no fijarse en cuánta gente trabaja allí. Los hay que limpian el piso, otros vacían las papeleras y aún otros que se pasan el día limpiando los baños.

Hay empleados que se llevan la basura que depositamos en los contenedores que ponemos delante de nuestras casas. Llueva, nieve o haga sol, ellos cumplen fielmente su tarea. Todas esas personas que trabajan limpiando los baños del aeropuerto o llevándose la basura trabajan para poder mantener a sus familias. Su trabajo es humilde, pero importante.

Hace años leí una ilustración sobre la importancia de hacer la voluntad de Dios, sea la que sea. Se trataba de dos ángeles que habían sido llamados ante el Todopoderoso, a uno de los cuales se le había pedido que viniera a la tierra y gobernara la más poderosa nación y al otro se le pidió que bajara y fuera a la aldea más pobre y trabajara en el basurero. Ambos ángeles eran felices porque su mayor gozo era hacer la voluntad de su Padre.

"Enséñame a hacer tu voluntad, porque tú eres mi Dios; tu buen espíritu me guíe a tierra de rectitud" (Salmo 143:10).

Cada vez que pienso en este ejemplo, me emociono. Hace que recuerde las palabras de Jesús: "El que es el mayor de vosotros sea vuestro siervo, porque el que se enaltece será humillado, y el que se humilla será enaltecido" (Mat. 23:11-12).

Hacemos todo lo posible para que nuestros hijos reciban la mejor educación posible y no tengan que limpiar suelos o recoger basura. Además, queremos que se formen para dar lo mejor de sí mismos. Con todo, no debemos olvidar que hay algo aún más importante que nuestro trabajo —de basurero u oficinista, da lo mismo—; se trata de hacer la voluntad de Dios. Nuestro mayor gozo radica, no en hacer nuestra propia voluntad, sino la suya.

Detener la hemorragia

Basado en Mateo 6:12

CUANDO nos cortamos, sangramos. Pero Dios nos puso en la sangre unas células llamadas plaquetas que, al desencadenar un proceso de coagulación, dan inicio a la curación. Sin plaquetas, una persona podría morir desangrada.

Si alguien nos ofende o nos causa algún daño, nuestra naturaleza tiende a hacernos sentir amargura y resentimiento. Si no nos ocupamos de ellos, esos sentimientos pueden llegar a causar una "hemorragia" emocional y espiritual.

Hace algún tiempo hablé con un matrimonio cuya hija había sido asesinada por su esposo. El yerno cumplía condena en la cárcel y ellos habían acogido a su nieto.

El problema era que la mujer, en particular, estaba enfermando a causa de la amargura y el resentimiento hacia su yerno. Y, lo que es peor, su fe y su relación con su nieto empezaban a verse afectadas.

Es evidente que, en ese matrimonio, la amargura era la causa del resentimiento y el odio que empezaba a sentir la abuela hacia su nieto. Eso significa que la amargura no se dirige únicamente hacia la persona que nos ha ofendido, sino que, a menudo, afecta a nuestra relación con terceros, generalmente miembros de nuestra familia.

> "Jesús decía: 'Padre, perdónalos, porque no saben lo que hacen'" (Lucas 23:34).

Oré con la pareja y pedí al Señor que les concediera el don del perdón. La señora me dijo que no había querido orar para pedir el don de perdonar a su yerno porque creía que, de hacerlo, habría significado que la muerte de su hija no le importaba. Le hice ver su error. Tenía que orar para que Dios pudiera sanar su odio o, de lo contrario, tendría que vivir con la sensación de que cada día asesinaban a su hija. Como puede ver, la amargura y el resentimiento son un freno para la vida. Hacen que vivamos anclados en el pasado.

Al igual que las plaquetas detienen las hemorragias y empiezan el proceso de curación, el don del perdón corta el paso a la amargura y al resentimiento para que no destruyan nuestra vida.

¿Es útil el ayuno?

Basado en Mateo 6:16-18

¿HA AYUNADO alguna vez? No me refiero a si alguna vez ha hecho dieta. Ayunar y hacer dieta no son lo mismo, aunque a veces queramos que los demás piensen que adelgazamos porque somos piadosos cuando, en realidad, sufrimos un ataque de vanidad.

El ayuno es la abstinencia total de alimentos, o la ingestión de muy poca cantidad, como un acto de disciplina religiosa o de abnegación. Si usted nunca ha ayunado, quizá se pregunte cómo se sentiría. Si ya lo ha hecho alguna vez, jamás lo olvidará.

Hay dos tipos de ayuno. El ayuno puede ser voluntario, porque la persona, de manera consciente, y por la razón que sea, toma la decisión de no comer; o involuntario, porque, aunque se quiera, no hay alimentos que llevarse a la boca.

La Organización Mundial de la Salud estima que un tercio de la población del mundo está bien alimentado, otro tercio sufre malnutrición y una tercera parte se muere de hambre. Desde que empezó a leer la meditación de hoy, al menos doscientas personas han muerto de hambre. Este año morirán más de cuatro millones. Según la Organización de las Naciones Unidas para la Agricultura y la Alimentación, uno de cada doce habitantes de la tierra está malnutrido, entre los cuales se cuentan ciento sesenta millones de niños menores de cinco años.

> "Ahora, pues, dice Jehová,
> convertíos ahora a mí
> con todo vuestro corazón,
> con ayuno, llanto y lamento.
> Rasgad vuestro corazón
> y no vuestros vestidos, y convertíos
> a Jehová, vuestro Dios;
> porque es misericordioso y clemente"
> (Joel 2:12-13).

El ayuno por voluntad propia puede consistir en la reducción de los alimentos ingeridos o de algún alimento determinado. Las causas pueden ser por prescripción médica o por motivos de salud y bienestar.

Hay quien se abstiene de comer o beber ciertas cosas como ejercicio de autocontrol. También se puede ayunar como señal de una intensa sinceridad. Ester ayunó antes de presentarse ante el rey. Daniel ayunó mientras esperaba la interpretación del sueño del rey. Cuando Pedro fue encarcelado, toda la iglesia participó en el ayuno y la oración (ver *Los hechos de los apóstoles*, cap. 15, p. 110).

¿Es bueno ayunar? Sí, puede serlo. Depende de la salud de la persona, de las condiciones en que se practica y de la condición espiritual (los motivos) de quien lo practica. Al ayunar es preciso que nos preguntemos: "¿Por quién ayuno: por Dios o por mí mismo?".

Ayunar con un objetivo

Basado en Mateo 6:16-18

HACE AÑOS, mi familia y yo vivíamos en un país en el que, una vez al año, se observa un mes entero de ayuno. La gente no come ni bebe desde la salida del Sol hasta su puesta. En consecuencia, los restaurantes están cerrados y si uno se aventura a salir a la calle tiene que llevar consigo el almuerzo.

Recuerdo especialmente un incidente que tuvo lugar durante un vuelo de la compañía aérea de ese país. Tuvo lugar alrededor de las 3:00 de la madrugada, cuando yo trataba de dormir un poco. De repente las luces de la cabina de pasajeros se encendieron y el personal de a bordo empezó a servir una comida completa. Yo estaba desconcertado. Que supiera, no habíamos cruzado ningún huso horario. Entonces se me ocurrió pensar que para la mayoría de los pasajeros esa comida antes del amanecer sería lo único que comerían hasta el atardecer.

Según sus practicantes, el ayuno anual tiene dos motivos: (1) el hambre y la sed les recuerdan el sufrimiento de los pobres, y (2) ayunar es una oportunidad magnífica para ejercitar el dominio propio y, por ende, limpiar el cuerpo y la mente. En ese país en concreto hay tres grupos de personas que están exentos de practicar el ayuno anual: los niños en edad de crecer, los ancianos y los enfermos. Un hombre me confesó que cada año caía "enfermo" justo antes de empezar el mes de ayuno.

> "Cuando ayunéis, no pongáis cara triste, como los hipócritas que desfiguran sus rostros para mostrar a los hombres que ayunan; de cierto os digo que ya tienen su recompensa" (Mateo 6:16).

¿Está el Señor satisfecho si pasamos hambre? ¿Qué dice sobre el ayuno? "He aquí que para contiendas y debates ayunáis, y para herir con el puño inicuamente; no ayunéis como lo hacéis hoy, para que vuestra voz sea oída en lo alto. ¿Es este el ayuno que yo escogí: que de día aflija el hombre su alma, que incline su cabeza como un junco y haga cama de telas ásperas y de ceniza? ¿Llamaréis a esto ayuno y día agradable a Jehová? El ayuno que yo escogí, ¿no es más bien desatar las ligaduras de impiedad, soltar las cargas de opresión, dejar ir libres a los quebrantados y romper todo yugo?" (Isa. 58:4-6).

Prefiero el ayuno que escogió el Señor.

Ayunar con alegría

Basado en Mateo 6:16-18

NUESTRA GENERACIÓN solo tiene dos grandes intereses: el sexo y la comida. Nuestra raza no puede subsistir sin ninguno de los dos, pero esos dones de Dios acaparan todas nuestras energías; por lo que vivir de manera santa se convierte en algo imposible. Aunque nos dio un cuerpo y, con él, unos instintos básicos, Dios nos pide que mantengamos nuestra parte física sometida a la espiritual. El cuerpo tiene que ser nuestro siervo, no nuestro dueño.

La Biblia no prescribe el ayuno como una práctica obligatoria para el creyente, pero sí recomienda y promueve el ayuno espiritual. En la mayoría de casos, el ayuno espiritual implica la abstención de comida para que nada distraiga nuestra atención de la oración. Esto puede consistir en no comer entre comidas, saltarse una o dos comidas al día, la abstinencia de ciertos alimentos o un ayuno total durante uno o varios días enteros. Sin embargo, la decisión de practicarlo o no es exclusivamente personal y no está sujeta a ninguna imposición.

Jesús no nos ordenó explícitamente que ayunáramos, pero sí corrigió algunos excesos. El ayuno espiritual no es una manera de ganarse el favor de Dios ni una medida de presión para que haga algo que nos interese. Bien al contrario, el objetivo del ayuno espiritual es producir en nosotros una transformación para que nuestra atención se centre de manera clara en nuestra dependencia de Dios, a la vez que es signo de la sinceridad de nuestra petición.

> "Para no mostrar a los hombres que ayunas, sino a tu Padre que está
> en secreto; y tu Padre, que ve en lo secreto, te recompensará en público"
> (Mateo 6:18).

El ayuno no tiene que ser una muestra externa de espiritualidad, es un asunto entre Dios y cada uno de nosotros. De hecho, en Mateo 6:16-18 Jesús nos instruyó específicamente para que nuestro ayuno fuese en privado y con humildad; de lo contrario, no alcanzamos sus beneficios.

En el Antiguo Testamento, el ayuno era señal de duelo; en cambio, en el Nuevo Testamento se enseña a los creyentes que el ayuno debe ser practicado con actitud gozosa. Es preciso entender que el ayuno espiritual nunca ha de tener como fin la mortificación o el castigo del cuerpo.

Aunque, en lo que a Dios se refiere, el ayuno es innecesario, puede generar un claro impacto en el centro de nuestra atención espiritual porque puede contribuir a derribar las barreras que nuestra naturaleza carnal pueda levantar en oposición a la influencia del Espíritu Santo. La idea del ayuno va mucho más allá de la simple abstinencia de alimentos y una actitud piadosa en la oración. El verdadero ayuno implica moderación y abnegación, tanto en lo que respecta a los propios apetitos como a cualquier otro aspecto de la vida.

Si decide ayunar, acuérdese de los que no tienen otra opción.

Síntomas físicos

Basado en Mateo 6:16-18

TENGA EN CUENTA que el llamamiento de Dios no es para que el pueblo dejara de comer, sino para que no pecara más. El ayuno, el llanto y la lamentación no son más que signos externos de lo que sucede en el corazón.

Si decide participar en un ayuno espiritual, es preciso que tenga en cuenta algunos aspectos físicos de suma importancia:

- Si el ayuno se prolonga por más de una o dos comidas y toma algún medicamento con regularidad o está bajo control facultativo, será conveniente que lo comente con su médico.

- Al inicio del ayuno es probable que experimente síntomas desagradables como mareos, dolor de cabeza o náuseas. Si su estado general de salud es bueno, no permita que el malestar físico haga mella en su propósito. Esos síntomas suelen desaparecer.

> "El ayuno que yo escogí, ¿no es más bien desatar las ligaduras de impiedad, soltar las cargas de opresión, dejar ir libres a los quebrantados y romper todo yugo?"
> (Isaías 58:6).

- Recuerde que, en parte, el hambre es una cuestión de hábito. En las primeras etapas del ayuno es posible que sienta hambre a las horas en que suele comer. Si no cede al impulso, la sensación acabará por desaparecer. A veces es posible "engañar" al estómago bebiendo solo un vaso de agua.

- Durante un ayuno algunas personas solo beben agua. Otros toman varios tipos de líquidos, como por ejemplo jugo de frutas. Deberá encontrar la solución que mejor se adapte a sus necesidades.

- Antes y después del ayuno es importante escoger alimentos que eviten el estreñimiento.

- Abandone gradualmente el ayuno. Empiece con una dieta blanda, con comidas ligeras y fáciles de digerir. Cuanto más se prolongue el ayuno, tanto más cuidado deberá poner en este aspecto. Comer demasiado después de un ayuno puede ser causa de molestias físicas graves y la pérdida de sus beneficios.

El ayuno puede repercutir positivamente en nuestra vida de oración, ya que mientras nos abstenemos de ingerir alimentos podemos centrarnos en los aspectos espirituales de nuestra vida. En su sentido más amplio, el ayuno pone a un lado todos los obstáculos a la oración. "Señor, tú eres mi pan y mi agua, eres mi vida entera".

La raíz de todos los males

Basado en Mateo 6:19-21

EL APÓSTOL PABLO dijo a Timoteo: "Porque raíz de todos los males es el amor al dinero" (1 Tim. 6:10). El dinero no es la raíz de todos los males, sino el amor por él. No es necesario tener dinero para amarlo. Se puede ser pobre y, al mismo tiempo, amar el dinero.

El séptimo capítulo del libro de Josué narra la historia de un hombre llamado Acán. En lugar de heredar la tierra prometida, él y toda su familia murieron porque, a causa de su excesivo amor por el dinero, tomó lo que Dios había prohibido tocar —unos vestidos y unas monedas que había visto en la ciudad que su ejército acababa de conquistar— y lo ocultó en su tienda.

"Para muchos, el amor por el dinero es pecado capital. Los hombres y las mujeres que profesan adorar al Dios verdadero se engañan tanto en su búsqueda de las riquezas que suponen que la ganancia es piedad. Pablo declara: 'Pero gran ganancia es la piedad acompañada de contentamiento, porque nada hemos traído a este mundo y, sin duda, nada podremos sacar. Así que, teniendo sustento y abrigo, estemos ya satisfechos; pero los que quieren enriquecerse caen en tentación y lazo, y en muchas codicias necias y dañosas que hunden a los hombres en destrucción y perdición, porque raíz de todos los males es el amor al dinero, el cual codiciando algunos, se extraviaron de la fe y fueron atormentados con muchos dolores'" (*Signs of the Times*, 13 de diciembre de 1899).

"Haceos tesoros en el cielo, donde ni la polilla ni el moho destruyen, y donde ladrones no entran ni hurtan" (Mateo 6:20).

Jesús dice: "No os hagáis tesoros en la tierra" (Mat. 6:19). No dice que no tengamos una cuenta de ahorros. Habla de nuestra actitud hacia nuestras posesiones. Luchar para sacar adelante la familia, hacer planes de futuro, invertir el dinero con prudencia, ayudar a los pobres y tener dinero suficiente para hacer funcionar el negocio no es malo. Sin embargo, la avaricia y la codicia son un error. La cuestión está en el motivo. Si usamos nuestras posesiones e influimos en la vida de los que nos rodean para gloria de Dios y por su reino, Dios no ve ningún problema en ello. Pero adquirir riquezas con el fin de acumularlas y amasar una fortuna para nuestra propia complacencia es pecado.

¿Dónde está nuestro tesoro?

Basado en Mateo 6:19-21

SE CUENTA la historia de un granjero que, después que su mejor vaca hubo parido dos terneros gemelos, uno blanco y otro pardo, dijo a su esposa y a sus hijos:

—¿Saben? Sentí el impulso de dedicar uno de estos terneros al Señor. Los criaremos juntos y, cuando llegue el momento de venderlos, el dinero de uno será para nosotros y el del otro irá a la obra del Señor.

Entonces su esposa le preguntó cuál de los dos dedicaría al Señor.

—No te preocupes por ello ahora —respondió—. Los trataremos igual y, cuando llegue el momento, ya lo decidiré.

Y se marchó. Al cabo de pocos meses, el hombre entró en la cocina con aspecto triste y abatido. Cuando su esposa le preguntó qué lo preocupaba, él respondió:

—Traigo malas noticias. El ternero del Señor se ha muerto.

¿Por qué siempre muere el ternero del Señor? Nos reímos con cierta incomodidad porque todos, alguna vez, hemos sido culpables de algo parecido. Por ejemplo, pensemos en el fondo de inversión de la Escuela Sabática. La idea es dedicar algo a Dios y darle el producto como una ofrenda especial. Pero sé de miembros de iglesia que dedican al señor un árbol frutal medio muerto y lo retan a que lo haga productivo.

> "Porque donde esté vuestro tesoro, allí estará también vuestro corazón" (Mateo 6:21).

Jesús dijo: "No os hagáis tesoros en la tierra, donde la polilla y el moho destruyen, y donde ladrones entran y hurtan; sino haceos tesoros en el cielo, donde ni la polilla ni el moho destruyen, y donde ladrones no entran ni hurtan, porque donde esté vuestro tesoro, allí estará también vuestro corazón" (Mat. 6:19-21).

En los versículos que acaba de leer, Jesús nos da una visión magnífica de cómo debemos ver el asunto de la riqueza, el dinero y el lujo. En el siguiente pasaje, del versículo 25 al 34, habla de necesidades básicas (la alimentación, la bebida, la ropa y un lugar para dormir) y cómo debemos satisfacerlas. Pero en los versículos 19-21 cuestiona el lujo, no las necesidades.

¿Me permite que le haga una pregunta personal? ¿Qué es más importante para usted? ¿Dónde lo tiene, en el banco o en el cielo?

"Buscad primeramente el reino de Dios"

Basado en Mateo 6:33

¿ALGUNA VEZ tuvo tanto trabajo que no sabía por dónde empezar? Yo sí. A veces tengo tantas cosas pendientes que no sé cuál hacer primero. Trato de hacer un poco aquí y un poco allá y, como resultado, no termino nada.

En situaciones como esta he descubierto que es útil confeccionar una lista de tareas pendientes. Probablemente usted también lo haya descubierto. Cuando confecciono una lista con cosas para hacer, pongo en primer lugar las más importantes. Si no lo hiciera, probablemente me dedicaría primero a lo más fácil y nunca abordaría las cosas más importantes.

La vida está llena de cosas importantes que hay que hacer. Jesús sabía que quienes lo escuchaban estaban preocupados por muchas cosas y los comprendía, por eso dijo: "No os afanéis por vuestra vida, qué habéis de comer o qué habéis de beber, ni por vuestro cuerpo, qué habéis de vestir".

Jesús no enumeró las cosas "extra" de la vida, sino que hablaba de las necesidades básicas. Aun así, les inculcó la idea de que aquello que ellos consideraban que era lo más importante de la vida no debía ocupar el primer lugar. Al contrario; dijo: "Buscad primeramente el reino de Dios y su justicia". Cuando oímos la expresión "reino de Dios", a menudo pensamos en el cielo. Sin embargo, en Romanos 14:17 se nos dice que el reino de Dios no es un lugar. "Porque el reino de Dios no es comida ni bebida, sino justicia, paz y gozo en el Espíritu Santo".

> "Porque el reino de Dios no es comida ni bebida, sino justicia, paz y gozo en el Espíritu Santo" (Romanos 14:17).

La palabra "reino" significa el gobierno o el poder, lo que tiene el control. Por tanto, el reino de Dios tiene que ser un gobierno espiritual. El reino de Dios no se refiere a las cosas que deseemos obtener o conseguir, sino a *la clase de persona que somos*. La justicia, la paz y la alegría son el fruto del Espíritu, y no algo que se cuelgue de una percha en un armario o se guarde en la alacena de la cocina.

Lo más importante de la vida no es *tener*, sino *ser*. Ahora que sabe esto, ¡es posible que desee ordenar la lista de sus necesidades más urgentes!

No se preocupe

Basado en Mateo 6:34

QUIZÁ ME ESTRESE, pero no hasta el punto de caer víctima de la ansiedad. Eso se lo dejo a mi esposa. Ella es la perfecta ansiosa. Una cosa es estar preocupado por lo que te está pasando en la actualidad y otra muy distinta es preocuparse demasiado por lo que pueda suceder en el futuro.

Jesús tiene algo que decir a los que se preocupan demasiado. En primer lugar, no dijo que no nos preocupemos por nada. ¿Sorprendido? Jesús no usó la palabra "preocupación". Él hablaba de angustiarse, que probablemente sea lo mismo que preocuparse, pero más.

El Gran Médico nos aconseja que no nos preocupemos por las cosas temporales porque son... eso, temporales. 'Temporal" significa mundano, terrenal, secular. La ansiedad es algo enfermizo. Un médico de la Universidad John Hopkins dijo: "No se sabe por qué las personas que se preocupan en exceso mueren antes que las que saben controlar sus preocupaciones, pero es un hecho demostrado".

Jesús dijo que obsesionarse con lo que se come o se viste es idolatría. Estas son sus palabras: "No os angustiéis, pues, diciendo: '¿Qué comeremos, o qué beberemos, o qué vestiremos?', porque los gentiles se angustian por todas estas cosas, pero vuestro Padre celestial sabe que tenéis necesidad de todas ellas" (Mat. 6:31-32).

"Mucha paz tienen los que aman tu ley, y no hay para ellos tropiezo" (Salmo 119:165).

La cuestión no es si debemos comer y vestir adecuadamente. Esto no se discute. La cuestión es: "Buscad primeramente el reino de Dios y su justicia, y todas estas cosas os serán añadidas" (Mat. 6:33). Los paganos buscan primero lo temporal. El cristiano tiene que buscar primero lo espiritual.

¿Cómo podemos combatir el destructivo hábito de la ansiedad? Alguien dijo: "Cada noche deposito mis preocupaciones en Dios. Sea como sea, él estará despierto toda la noche". Recuerde que Dios es nuestro auxilio en la tribulación. Si se angustia es porque no tiene a nadie en quien confiar.

Señor, perdóname porque me angustio. Gracias, Jesús, porque podemos traerte todas nuestras preocupaciones. Ayúdame a poner en primer lugar lo más importante y preocuparme por lo que realmente merece la pena.

"No os angustiéis"

Basado en Mateo 6:34

NO PUEDO dejar de insistir en que, al decir que no debemos angustiarnos (preocuparnos) por las cosas temporales, Jesús no sugirió que tengamos que preocuparnos por las cosas espirituales. Más bien dijo que las cosas espirituales deben ocupar el primer lugar de nuestros pensamientos. En otras palabras, es necesario que nos ocupemos más de las cosas espirituales que de las temporales.

Una vez más, es preciso destacar que Jesús no sugiere que tengamos dos vidas: una espiritual y otra secular. Se refiere a lo espiritual y a lo temporal. Ahora bien, lo secular también es temporal, porque pasará. Por tanto, Jesús dice que no tenemos que invertir lo mejor de nuestro tiempo, de nuestros pensamientos y de nuestros recursos económicos en cosas que son temporales y que pasarán; sino que es preciso poner el énfasis en las cosas espirituales porque son eternas. Cuando lo hagamos descubriremos que la vida se transforma por completo.

Jesús llegó a decir que no tenemos que preocuparnos demasiado por lo que nos sucede hoy (Mat. 6:25) o cómo será el mañana (Mat. 6:34). Preocuparse por el futuro es inútil. La preocupación hace que las nubes de mañana enturbien el sol de hoy. Una densa niebla de treinta metros de altura que cubre una superficie equivalente a siete manzanas de casas contiene menos de un vaso de agua fragmentado en sesenta mil millones de diminutas gotitas. No es mucha agua, pero puede paralizar una ciudad entera.

"No os angustiéis, pues, diciendo: '¿Qué comeremos, o qué beberemos, o qué vestiremos?'" (Mateo 6:31).

Por lo general, la ansiedad de las personas está relacionada:
- un cuarenta por ciento con cosas que nunca pasarán,
- un treinta por ciento con cosas del pasado que no se pueden cambiar,
- un doce por ciento con cosas, la mayoría de las veces falsas, relativas al qué dirán,
- un diez por ciento con la salud, que empeora con la tensión y el estrés y
- un ocho por ciento con problemas reales que es preciso afrontar.

Así pues, no cuesta entender el proverbio sueco que dice que, "a menudo, las preocupaciones hacen que cosas pequeñas tengan una sombra enorme".

He aquí una promesa para hoy: "Cuando te acuestes, no tendrás temor, sino que te acostarás y tu sueño será grato" (Prov. 3:24).

Amado Padre que estás en los cielos, ayúdame a no ser una densa niebla para mi familia. Quiero ser como el Sol. Cuando se sientan desanimados, dame palabras de aliento. Cuando los vea con el ceño fruncido, haz que mi respuesta sea una sonrisa.

No haga teatro

Basado en Mateo 7:1-5

¿SE HA PREGUNTADO alguna vez de dónde procede la palabra "hipócrita"? Viene de una palabra griega que significa "actor". Un actor es una persona que se hace pasar por alguien que no es. Ahora usamos la palabra para referirnos a una persona que dice creer o vivir de una manera, pero que esconde lo que realmente es.

Por desgracia, a veces esta palabra se pronuncia en relación con miembros de iglesia. Hay quienes acusan a otros de ser hipócritas. ¿Quiere decir que hay hipócritas en la iglesia? Sin duda alguna. Hay hipócritas en todas partes.

La primera persona a la que engaña un hipócrita es él mismo. Aunque piense que está engañando a los demás, con toda seguridad, se engaña a sí mismo. Adopta una doble personalidad y acaba creyéndosela. Un hipócrita pertinaz no se puede salvar por la sencilla razón de que jamás admitirá que es hipócrita. Los fariseos que vivían en tiempo de Jesús son un ejemplo perfecto de qué es ser hipócrita. Cuando la gente los veía pensaba que eran santos; pero Jesús conocía sus corazones.

> "Por tanto, no desmayamos; antes, aunque este nuestro hombre exterior se va desgastando, el interior no obstante se renueva de día en día" (2 Corintios 4:16).

Los fariseos tenían un corazón tan corrompido que Jesús los comparó con sepulcros. "¡Ay de vosotros, escribas y fariseos, hipócritas!, porque sois semejantes a sepulcros blanqueados, que por fuera, a la verdad, se muestran hermosos, pero por dentro están llenos de huesos de muertos y de toda inmundicia" (Mat. 23:27). Una de las razones por las que odiaban tanto a Jesús era que solo se preocupaban por la apariencia externa de las personas, mientras que Jesús quería que vieran realmente cómo estaba su corazón.

Cuando trabajo en el huerto me ensucio las manos. Al entrar en casa, me las lavo con agua y jabón. Aunque cada día tomo una ducha para mantener limpio el cuerpo, el jabón no elimina el orgullo, el egoísmo, la amargura y el resentimiento del corazón. Ocultar la suciedad de las manos es difícil; en cambio, ser hipócrita e impedir que los demás sepan cómo está el corazón es demasiado fácil. Por eso cada día tengo que orar: "Purifícame con hisopo y seré limpio; lávame y seré más blanco que la nieve" (Sal. 51:7).

¿Discernir o juzgar?

Basado en Mateo 7:1-6

UNO DE LOS DEFECTOS más extendidos entre los cristianos es que juzgan a los demás. Ahora bien, al ordenarnos que no nos juzguemos unos a otros Jesús no quería decir que no tenemos que discernir entre lo correcto y lo incorrecto, entre el bien y el mal. En cualquier sociedad, los jueces son muy importantes. Su función es la de interpretar las leyes y declarar cuándo una persona es culpable y cuándo inocente. Ese tipo de juicio es necesario.

Sin embargo, en el Sermón del Monte Jesús se refiere a las críticas maliciosas. Dijo que no tenemos que concentrarnos en lo que los demás hacen o dejan de hacer. Antes bien, es preciso que nos aseguremos de que nosotros hacemos lo correcto. En Mateo 7:1-5, Jesús muestra que, a menudo, hacemos un drama de los errores y los defectos ajenos, mientras que pasamos por alto los nuestros. Es como tratar de quitar una mota de polvo del ojo de nuestro amigo sin antes habernos quitado la viga que llevamos clavada en el nuestro. Con frecuencia, los primeros en criticar y censurar a los demás son aquellos que están más cargados de culpas.

> "Así que todas las cosas que queráis que los hombres hagan con vosotros, así también haced vosotros con ellos, pues esto es la ley y los profetas" (Mateo 7:12).

Un ejemplo de esto es una historia sobre el rey David. El rey cometió adulterio con su vecina Betsabé y, para ocultar su pecado, lo dispuso todo para que Urías, el esposo, muriera en la batalla. Pero el Señor le reveló este pecado al profeta Natán, quien se presentó ante David y le relató una historia, una triste historia, de un hombre rico que tomó la única oveja de otro que era pobre para no tener que sacrificar una de su propio rebaño. Cuando David escuchó esta historia, su corazón de pastor se encendió y montó en cólera. Lleno de ira, dijo al profeta: "¡Vive Jehová, que es digno de muerte el que tal hizo! Debe pagar cuatro veces el valor de la cordera, por haber hecho semejante cosa y no mostrar misericordia" (2 Sam. 12:5-6). Entonces Natán señaló con el dedo a David y dijo: "Tú eres ese hombre" (vers. 7). De repente, David se reconoció en la historia y admitió su pecado.

Hay un refrán que dice: "El que tiene tejado de vidrio, no tire piedras al de su vecino". No critique a los demás por haber cometido los mismos errores que usted.

El camino a la Vida

Basado en Mateo 7:13, 14

EN TIEMPOS de Jesucristo, en Palestina la gente vivía en ciudades amuralladas que solían encontrarse sobre colinas o montañas. Al atardecer, las puertas de la muralla se cerraban. Por esa razón los viajeros que regresaban a su casa por la tarde, si querían entrar en la ciudad antes de la puesta de sol y dormir en lugar seguro, tenían que apresurar el paso por un camino empinado y rocoso.

Esa vía estrecha y sinuosa que conducía al hogar y al descanso dio a Jesús una idea para ilustrar la vida del cristiano: "El camino que he puesto ante ustedes es angosto", dijo, "y la puerta, estrecha".

La conversión y la regeneración son la puerta estrecha a través de la cual es preciso pasar para empezar a andar por la senda angosta. Esto significa que el corazón y el espíritu tienen que renovarse y que lo viejo ha de morir.

.No solo es estrecha la puerta, el camino es angosto y sinuoso. Después de pasar por la puerta, no entramos directamente en el cielo. Israel no llegó a Canaán inmediatamente después de haber cruzado el Mar Rojo. Fue preciso que el pueblo anduviera por el desierto. Por eso, mientras transitamos por el camino angosto, tenemos que negarnos a nosotros mismos (Luc. 9:23) y resistir la tentación (Sant. 4:7).

> "Pero angosta es la puerta y angosto el camino que lleva a la vida" (Mateo 7:14).

¿Alguna vez ha tenido que buscar una callejuela? Cuando sé que la calle que estoy buscando es pequeña, conduzco despacio para no pasármela. Y lo mismo ocurre con la puerta pequeña. Solo la encuentran unos pocos; y otros, cuando la ven, miran hacia otro lado. Pasa desapercibida. Su aspecto es pequeño y poco atractivo, mientras que el camino que se abre al otro lado parece escarpado y rocoso.

La Biblia nos anima a mirar lo que hay más allá de la puerta estrecha y el camino angosto. "Tengo por cierto que las aflicciones del tiempo presente no son comparables con la gloria venidera que en nosotros ha de manifestarse" (Rom. 8:18).

Jesús nos invita entrar por la puerta. Ante nosotros tenemos la vida y la muerte, el bien y el mal. Vemos ambos caminos a la vez así como a dónde llevan. Nadie en su sano juicio elegiría morir por el hecho de que el camino que lleva a la muerte es agradable y esté bien asfaltado. Tampoco el sabio rechazará la oferta de una mansión y una corona porque el camino es escabroso. La vida cristiana es un viaje lleno de dificultades, pero, si se lo permitimos, Dios nos protegerá y nos llevará a nuestro destino.

El camino ancho

Basado en Mateo 7:13, 14

LA BIBLIA enseña que solo hay dos caminos: uno bueno y otro malo, el camino a la vida eterna y el que lleva a la perdición. No hay, como algunos quisieran, una tercera vía, la calle de en medio. Jesús habló de esos dos caminos en Mateo 7:13, 14. Hoy hablaremos de qué significa transitar por el camino ancho.

Cuando estoy al volante de mi automóvil, prefiero circular por una cómoda autopista de dos canales a hacerlo por una carretera de un solo canal. Una autopista tiene más espacio y me permite conducir con más rapidez y seguridad. Jesús habló de una puerta ancha y de un camino ancho (en términos modernos, una autopista). Como el camino ancho tiene un acceso cómodo y fácil de seguir, está muy transitado. En la ilustración de Jesús, el camino ancho representa los caminos del mundo.

En esta carretera usted no tendrá problemas para entrar porque el acceso es muy amplio. Por esa vía puede circular "todo lo que hay en el mundo; los deseos de la carne, los deseos de los ojos y la vanagloria de la vida" (1 Juan 2:16).

Circulando por esa carretera usted jamás se sentirá solo; siempre estará bien acompañado, porque es fácil de seguir. Pero recuerde que la multitud siempre lleva por mal camino. "Hay camino que al hombre le parece derecho, pero es camino que lleva a la muerte" (Prov. 16:25).

> "Porque nada de lo que hay en el mundo —los deseos de la carne, los deseos de los ojos y la vanagloria de la vida— proviene del Padre, sino del mundo" (1 Juan 2:16).

"Por el camino a la muerte puede marchar todo el género humano, con toda su mundanalidad, todo su egoísmo, todo su orgullo, su falta de honradez y su envilecimiento moral. Hay lugar para las opiniones y doctrinas de cada persona; espacio para que sigan sus propias inclinaciones y para hacer todo cuanto exija su egoísmo. Para andar por la senda que conduce a la destrucción, no es necesario buscar el camino, porque la puerta es ancha, y espacioso el camino, y los pies se dirigen naturalmente a la vía que termina en la muerte" (*Así dijo Jesús* [APIA, 2007], cap. 6, pp. 211, 212)

Escoger el camino ancho es un error. El camino angosto es el camino correcto.

Fundada sobre una roca

Basado en Mateo 7:25

JESÚS CONCLUYÓ el Sermón del Monte con una parábola que es la historia de dos constructores. Uno edificó su casa sobre una roca. "Descendió la lluvia, vinieron ríos, soplaron vientos y golpearon contra aquella casa; pero no cayó, porque estaba cimentada sobre la roca" (Mat. 7:25).

Si una casa no se construye sobre unos cimientos firmes, es inestable y una fuerte tormenta puede causarle graves daños o provocar que se derrumbe. Lo mismo puede decirse de nuestras vidas. Todo lo que hacemos y decimos se basa en el cimiento de nuestras creencias. Jesús nos insta a ser prudentes con ese cimiento y examinar nuestras creencias, comparándolas con la verdad de su Palabra. La roca, Jesucristo, tiene que estar en la base de nuestro cimiento, mientras que la Biblia deberá ayudarnos a construirlo.

"La religión consiste en cumplir las palabras de Cristo; no en obrar para merecer el favor de Dios, sino porque, sin merecerlo, hemos recibido la dádiva de su amor. Cristo no basa la salvación de los hombres sobre lo que profesan solamente, sino sobre la fe que se manifiesta en las obras de justicia. Se espera acción, no meramente palabras, de los seguidores de Cristo. Por medio de la acción es como se edifica el carácter. 'Porque todos los que son guiados por el Espíritu de Dios, estos son hijos de Dios' (Rom. 8:14). Los hijos de Dios no son aquellos cuyos corazones conmueve el Espíritu, ni los que de vez en cuando se entregan a su poder, sino los que son guiados por el Espíritu" (*Así dijo Jesús* [APIA, 2007], cap. 6, p. 228).

> "Nadie puede poner otro fundamento que el que está puesto, el cual es Jesucristo" (1 Corintios 3:11).

Cuando una familia busca una casa donde vivir, lo primero que ve es su exterior. Sin embargo, le prestará mucha atención a su interior. Se fija en cuántas habitaciones tiene. Luego echan un vistazo a la cocina y al baño. No obstante, no es frecuente que alguien pregunte por los cimientos. A pesar de todo, una casa jamás será más fuerte que sus cimientos.

Por eso nuestra vida tiene que estar cimentada en Jesús. En él encontraremos la fortaleza necesaria para resistir las tormentas de los últimos días.

Un refugio para la tormenta

Basado en Mateo 7:26, 27

JESÚS CONTÓ una historia para ilustrar la insensatez de depositar nuestra confianza en creencias que son cambiantes e inestables. Dijo que un hombre edificó su casa sobre la arena. ¿Qué sucedió? "Descendió la lluvia, vinieron ríos, soplaron vientos y dieron con ímpetu contra aquella casa; y cayó, y fue grande su ruina" (Mat. 7:27).

¿Qué hay en la vida que pueda ser como "arenas movedizas"? ¿Intentamos construir nuestra vida sobre la seguridad económica? ¿Acaso ansiamos una elevada posición social o una distinción? ¿Es la necesidad de poder y reconocimiento? ¿Quizá nos negamos aceptar las verdades de la Biblia? ¿O acaso rechazamos aceptar la gracia salvadora de Jesucristo? ¿Puede ser una mala interpretación de la verdad del evangelio? En todos los aspectos de la vida, necesitamos estar seguros de que nuestras creencias se basan en la Palabra de Dios y no en las de los hombres.

"Todo edificio construido sobre otro fundamento que no sea la Palabra de Dios, caerá. Aquel que, a semejanza de los judíos del tiempo de Cristo, edifica sobre el fundamento de ideas y opiniones humanas, de formalidades y ceremonias inventadas por los hombres o sobre cualesquiera obras que se puedan hacer independientemente de la gracia de Cristo, erige la estructura de su carácter sobre arena movediza. Las tempestades violentas de la tentación barrerán el cimiento de arena y dejarán su casa reducida a escombros sobre las orillas del tiempo" (*Así dijo Jesús* [APIA, 2007], cap. 6, pp. 229, 230).

> "Pero a cualquiera que me oye estas palabras y no las practica, lo compararé a un hombre insensato que edificó su casa sobre la arena" (Mateo 7:26).

Pero otro hombre edificó su casa sobre la roca. Ambos constructores eran vulnerables ante las tormentas de la vida, pero una casa resistió y la otra se derrumbó. Elijamos el cimiento que elijamos, no nos libraremos de las tormentas de la vida; sin embargo, si escogemos el correcto sobreviviremos a las tormentas. Los cimientos que reposan sobre la sólida roca que es Jesucristo nos dan la fuerza necesaria para sobrevivir.

Nos demos cuenta o no, cada día construimos nuestra casa espiritual. Cada una de nuestras decisiones es crucial. Cada día elegimos cómo reaccionaremos ante las distintas situaciones y cada reacción pone un nuevo fragmento de nuestro cimiento. La Biblia es el manual de instrucciones y la roca sobre la que basamos los cimientos es Jesucristo. Edifique sobre la Roca.

Jesús puede limpiarnos

Basado en Mateo 8:1-4

PIENSE en la peor de las enfermedades que se conocen hoy día: eso es lo que pensaba la gente de los tiempos bíblicos sobre la lepra. De hecho, se consideraba que la lepra era un castigo divino por algún terrible pecado que hubiera cometido la persona.

En realidad, todas las enfermedades son, a la vez, el resultado y símbolo del pecado. Todo empezó en Edén, con Adán y Eva desobedeciendo a Dios. Y desde entonces, el diablo ha acumulado en nosotros enfermedad sobre enfermedad. Pero la lepra era una enfermedad que despertaba un temor especial. Estaba tan asociada al pecado que quien la padecía tenía que separarse completamente de todo lo santo y era considerado impuro.

> "Esta es la confianza que tenemos en él, que si pedimos alguna cosa conforme a su voluntad, él nos oye. Y si sabemos que él nos oye en cualquiera cosa que pidamos, sabemos que tenemos las peticiones que le hayamos hecho" (1 Juan 5:14-15).

La gente creía que esta enfermedad procedía de la mano de Dios y, por lo tanto, solo él podía quitarla. La capacidad de curar la lepra era una de las señales del Mesías (ver Mat. 11:5). El rey de Israel preguntó: "¿Soy yo Dios, que da vida y la quita, para que este me envíe a un hombre a que lo sane de su lepra?" (2 Rey. 5:7).

Se consideraba que la lepra era incurable a menos que Dios interviniera. Por esa razón, un leproso nunca acudía a un médico para que lo sanara. ¿Qué podría hacer el médico si la curación era obra de Dios? En su lugar, el sacerdote, el ministro del Señor, tenía la responsabilidad de examinar al presunto leproso y declararlo puro o impuro. Si el sacerdote veía evidencias de enfermedad, la persona era declarada impura. Si no percibía ninguna evidencia, la persona podía volver a su casa.

¿Se imagina qué era levantarse una mañana y descubrir que se padecía la lepra? El leproso tenía que abandonar de inmediato la casa y la familia, tenía que vivir fuera de la ciudad, con los enfermos incurables y, cada vez que pasaba cerca de una persona sana, tenía que gritar: "¡Impuro!".

De hecho, todos sufrimos la lepra del pecado. Somos impuros y tenemos que permanecer apartados de las cosas santas. La ley de Dios, como el sacerdote, nos puede mostrar que somos impuros, pero no nos puede curar. Jesús puede hacer lo que para la ley es imposible (Rom. 8:3). Jesús, nuestro Sumo Sacerdote, quita el pecado, nos limpia y nos declara sanos. Ya no somos impuros. Demos gracias a Dios por Jesús, el Gran Médico.

Jesús nos limpiará

Basado en Mateo 8:1-4

JESÚS SE APERCIBIÓ de que a su alrededor se estaba congregando una gran multitud, subió a la ladera de una colina para que el gentío pudiera verlo y oírlo sin dificultad y empezó a pronunciar un sermón muy largo. Es probable que el leproso se situara al margen de la multitud y que el sermón que escuchaba lo empujara a acercarse a Jesús para pedirle que lo sanara. Había oído decir que aquel Maestro que hablaba con tanta autoridad también era capaz de sanar. Así, a pesar de las críticas de los demás, se acercó lo suficiente a Jesús para pedirle a gritos: "Señor, si quieres, puedes limpiarme" (Mat. 8:2).

Jesús se preocupa por nuestras dolencias. Se compadece de nuestras debilidades (ver Heb. 4:15). Nosotros también podemos acercarnos a Jesús, el cual tiene poder sobre todas las enfermedades. Su poder para curar enfermedades es el mismo ahora que cuando anduvo en la tierra; pero siempre tenemos que someternos a su voluntad: "Señor, si quieres, puedes".

No siempre podemos tener la certeza de que lo que pedimos armoniza con la voluntad divina, pero sí podemos estar seguros de que Dios tiene poder para concederlo; porque su poder es ilimitado si lo que pedimos es para su gloria y nos hace bien. Además, podemos confiar en su sabiduría y su misericordia. Por eso podemos decir: "Hágase tu voluntad". Esto nos asegura que, sea cual sea el resultado, estaremos en paz.

> "Bendice, alma mía, a Jehová, y no olvides ninguno de sus beneficios. Él es quien perdona todas tus maldades, el que sana todas tus dolencias" (Salmo 103:2-3).

Jesús no curaba siempre de inmediato. Pero en este caso, tan pronto se hizo la petición la concedió. Cuando, en oración, pedimos bendiciones terrenales, es probable que la respuesta a nuestra oración se demore o que Dios nos responda de un modo distinto al esperado; pero no sucede así cuando pedimos que nos libre del pecado. Limpiarnos del pecado, convertirnos en sus hijos y prepararnos para vivir una vida de santidad ha sido siempre su voluntad. "Si confesamos nuestros pecados, él es fiel y justo para perdonar nuestros pecados y limpiarnos de toda maldad" (1 Juan 1:9). Esa oración recibirá una respuesta inmediata.

"Quiero"

Basado en Mateo 8:1-4

LOS TIEMPOS BÍBLICOS no son los únicos en los que había lepra. Todavía hoy es una enfermedad común en muchos países, en especial los de clima templado, tropical y subtropical. Además de producir profundas úlceras y grandes bultos que causan graves deformidades, la lepra causa daños neurológicos en los brazos y las piernas. Las personas que hace tiempo están enfermas de lepra pueden perder manos y pies porque, cuando sufren una herida, no se percatan de ello.

El pecado es la lepra del alma. Si no recibe tratamiento, comenzamos a volvernos insensibles, tanto al mal como al bien. En otras palabras, el mal no parece tan repugnante y el bien no es tan atractivo. Nos adormecemos y perdemos la capacidad de sentir. Esta situación es más temible que cualquier enfermedad.

Reconforta saber que podemos acercarnos a Jesús, el Gran Médico, sabiendo que, si quiere, puede purificarnos. No hay pecado, por grave que sea, que él no pueda perdonar. No hay tentación, por fuerte que sea, que sea invencible para su gracia.

"Mira mi aflicción y mi trabajo y perdona todos mis pecados" (Salmo 25:18).

Al acercarnos a Jesús es necesario que imploremos su piedad. No podemos exigirla como si de una deuda se tratase, sino como un favor: "Señor, si esa es tu voluntad, me echo a tus pies y, si perezco, que sea allí".

La respuesta de Cristo a la súplica del leproso estaba llena de ternura. Extendiendo la mano, lo tocó. A pesar de que la lepra era una enfermedad temida y repugnante, Jesús lo tocó. Hasta este momento, nadie, ni siquiera su propia familia se habría atrevido a tocarlo. Tocar al leproso, a quien se le consideraba un pecador, equivalía a contaminarse. Pero Cristo quería demostrar que, cuando hablaba con los pecadores, él no corría el peligro de infectarse.

Jesús dijo al leproso: "Quiero. Sé limpio". No le dijo: "Ve y lávate en el Jordán"; tampoco le sugirió una larga y tediosa terapia; sencillamente, dijo una palabra, lo tocó y el hombre quedó sanado. Jesús está dispuesto a darnos la ayuda necesaria. Cristo es un Médico al que no es necesario buscar porque siempre está ahí. No es necesario insistirle porque, al hablarle, escucha. Y tampoco es necesario pagar por sus servicios, porque sana gratuitamente. Pidámosle que nos sane.

"Límpiame"

Basado en Mateo 8:1-4

JESÚS DIJO al leproso: "Sé limpio". En esas palabras hay fuerza y poder. Tienen autoridad y energía. Cristo sana nuestras almas con esas mismas palabras: "Sé limpio". Dicho de otro modo: "Desea ser limpio".

¿Quiere ser limpio? Si el Salvador nos dice: "Sea", nos está diciendo que quiere que seamos limpiados. El pecado y la enfermedad no pueden existir en presencia del Salvador si su voluntad es que seamos sanados. Ninguno de los que realmente quieran ser purificados quedará impuro.

Tan pronto como las palabras salieron de boca de Jesús la lepra del hombre desapareció. La naturaleza trabaja poco a poco, pero el Dios de la naturaleza obra inmediatamente. Él habla y se hace. Ordena y existe (ver Sal. 33:9).

Después de que el hombre fuera sanado, Jesús le dio una orden: "No le digas a nadie hasta que te hayas presentado ante el sacerdote y él dictamine que estás limpio; y así tendrás una prueba legal de que eras un leproso, pero que ahora estás totalmente curado" (ver Mat. 8:4; Lev. 14:2).

Jesús le dio esas instrucciones para proteger al hombre recién sanado. Lo que quiso decir fue: "No se lo digas a nadie hasta que te hayas presentado ante el sacerdote. Haz que certifique públicamente que ya no tienes lepra, porque si se entera de que yo te sané, quizá por despecho, rechace darte el certificado de curación y entonces tú tendrías que volver a vivir con otros leprosos". Cristo tuvo la precaución de observar la ley para que no se lo acusara de transgredirla y mostrar que estaba a favor de hacer las cosas de manera ordenada y respetando a las autoridades.

> "¡Lávame más y más de mi maldad y límpiame de mi pecado!" (Salmo 51:2).

Jesús también le dijo al hombre que presentara la ofrenda que ordenó Moisés como agradecimiento a Dios y en contrapartida por los servicios del sacerdote. Jesús mostró respeto, humildad y consideración. Nuestro Salvador cuida hasta el más mínimo detalle.

¿Cree usted que al leproso curado le resultó difícil dar una ofrenda de acción de gracias? ¿Se quejaría porque necesitaba todo cuanto tenía para reabrir su negocio? ¿Piensa que dio una moneda cualquiera sacada de su bolsillo?

Quizá haya una razón para que nosotros también demos una ofrenda de acción de gracias.

El precio de las gemas

Basado en Mateo 8:14, 15

LA MEDITACIÓN de hoy está dedicada a todas las esposas fieles y madres que lean este libro día a día buscando inspiración que las ayude a llevar a cabo sus múltiples tareas. Es nuestro deseo, y por ello oramos, que encuentren en estas páginas esa pizca de luz y verdad que haga un poco más luminoso su diario vivir.

¿A veces tiene la sensación de que lo que hace no tiene valor? No lo crea. Salomón dijo que el precio de una mujer virtuosa es muy superior al de las piedras preciosas. No tengo ni idea del valor que tienen las gemas pero, evidentemente, son valiosas. Quizá usted no sea hermosa o rica, pero sí puede ser virtuosa. Si es así, usted es valiosa.

Puede que no tenga un título universitario, pero es probable que esté calificada para más de un empleo, como por ejemplo, conductora, jardinera, consejera familiar, personal de limpieza, ama de llaves, cocinera, puericultora, recadera, contable, diseñadora de interiores, dietista, secretaria, relacionista pública o azafata. Estoy seguro de que podría ampliar la lista. Muchas de ustedes se hacen cargo del cuidado de la familia a la vez que, fuera de casa, desempeñan un empleo a tiempo completo. Realmente, son admirables.

> "Mujer virtuosa, ¿quién la hallará? Su valor sobrepasa largamente al de las piedras preciosas" (Proverbios 31:10).

El Salmo 128:3 dice que los niños son "como plantas de olivo alrededor de tu mesa". Los bebés son como pequeños brotes verdes recién salidos de la tierra. Crecen como las plantas: primero un tallo, luego una hoja, después otra... Pronto maduran y empiezan a florecer. Y el ciclo se repite cuando tienen sus propios hijos. La influencia de la madre en la educación de niños maduros, responsables y cristianos está fuera de toda medida.

En una presentación de Escuela Sabática, un niño se olvidó de sus frases. Su madre estaba en la primera fila para apuntarlo. Ayudándose de gestos, dijo las palabras con los labios y en silencio, pero no sirvió de nada. Su hijo se había quedado en blanco. Finalmente, se inclinó y susurró: "Yo soy la luz del mundo". El niño sonrió y con gran sentimiento y una voz clara y fuerte dijo: "¡Mi mamá es la lúz del mundo!".

Si usted es madre (o padre), es la luz de la vida de sus hijos. Para ellos usted está en el lugar de Dios (ver *Patriarcas y Profetas*, cap. 27, p. 280). Sea fiel y recibirá su recompensa.

Diga palabras de paz

Basado en Mateo 8:14, 15

IGNORAMOS SU NOMBRE. La conocemos como "la suegra de Pedro". Con toda seguridad, fue una mujer piadosa por varias razones: una de ellas es que fue capaz de educar a la que sería la esposa del impetuoso Pedro.

Simón Pedro era un hombre rudo, áspero, fuerte, impetuoso, emotivo, inestable y de palabra franca. Con estas palabras se podría describir al Pedro anterior a su conversión. Pedro fue quien se negó a que el Señor le lavara los pies, quien le cortó la oreja al siervo del sumo sacerdote, quien quiso andar sobre las aguas y quien negó a su Señor.

Pero después de su conversión, fue Pedro quien acudió al sepulcro vacío; fue él a quien Jesús perdonó tres veces; el primero en declarar que Jesús era el Cristo, el hijo del Dios viviente. Fue Pedro quien arrojó la red en el lugar donde sugirió Jesús; fue él el autor de varios libros del Nuevo Testamento; y quien predicó en el día de Pentecostés. La suegra de Pedro tuvo que haber inculcado en su hija unos valores y un discernimiento que la capacitaran para ser la gema en bruto de un áspero pescador como Simón Pedro.

Es más que probable que Pedro estuviera fuera de casa durante largos períodos de tiempo. Quizá por esa razón la suegra de Pedro vivía con ellos. Además, era costumbre que los padres vivieran con sus hijos mayores. Por la razón que sea, vivía en casa de Pedro y era bien recibida.

"Estas son las cosas que habéis de hacer: Hablad verdad cada cual con su prójimo; juzgad según la verdad y lo conducente a la paz en vuestras puertas"
(Zacarías 8:16).

Con toda seguridad tuvo que aprender a controlar la lengua y a no tomar partido en las discusiones. Sin duda alguna, la adornaban la diplomacia y la cortesía. Es probable que no fuera exigente y tampoco se compadeciera de sí misma. En lugar de ser una carga, ayudaba en lo que podía. De hecho, el día que enfermó se encontraba colaborando con Jesús y sus discípulos. Era una pacificadora.

Si usted se encuentra atrapado entre la juventud y la independencia de antaño y la ancianidad actual, porque necesita un poco de ayuda, sea pacificador. Sepa que en el cielo se registran sus esfuerzos. "Por lo tanto, sigamos lo que contribuye a la paz y a la mutua edificación" (Rom. 14:19).

Tocar con los sentimientos

Basado en Mateo 8:14, 15

UN DÍA, poco después de que Jesús predicara el Sermón del Monte, la suegra de Pedro cayó enferma con fiebre. Esto no era nada extraordinario. La fiebre es un síntoma muy común pero, en ese caso, no se nos especifica la enfermedad que la originó. No cabe duda de que Jesús sanó a muchas personas con fiebre. Probablemente, esa buena mujer era anciana y, como es preceptivo con las personas mayores, la cuidaban con suma ternura y la trataban con respeto. Pero ahora estaba en cama, con fiebre. Sin los antipiréticos y los antibióticos de nuestros días, en aquel tiempo, en caso de enfermedad, poco se podía hacer salvo guardar cama. Por eso la enfebrecida suegra de Pedro encontró un lugar apacible donde reposar.

Jesús y sus discípulos se habían dirigido a la casa de Pedro con el fin de disfrutar de un más que merecido tiempo de descanso y asueto. En lugar de ser acogidos como de costumbre, con alegres saludos e invitaciones, los caminantes fueron recibidos a la puerta con susurros y expresiones graves. Una enfermedad es cosa seria, incluso para los jóvenes, pero para un anciano puede ser fatal.

> "No tenemos un Sumo Sacerdote que no pueda compadecerse de nuestras debilidades, sino uno que fue tentado en todo según nuestra semejanza, pero sin pecado" (Hebreos 4:15).

Jesús acababa de bajar de la montaña, donde había sanado a muchos de sus enfermedades. La enfermedad no era ningún problema para Jesús. De él se había profetizado: "El espíritu de Jehová, el Señor, está sobre mí, porque me ha ungido Jehová. Me ha enviado a predicar buenas noticias a los pobres, a vendar a los quebrantados de corazón, a publicar libertad a los cautivos y a los prisioneros apertura de la cárcel" (Isa. 61:1).

¿Cómo la sanó? Le tocó la mano. No como hacen los médicos, para tomar el pulso, sino para sanarla. La Biblia dice que la fiebre desapareció por completo y ella se levantó para servirlos. Por lo general, cuando alguien se recupera de un estado febril, se encuentra débil y agotado. Pero su recuperación había sido tan buena que, de inmediato, se ocupó de los asuntos de la casa y los servía.

¿Alguna vez lo sanó Jesús? ¿Le perdonó sus pecados? ¿Puso paz en su corazón? Entonces ¿por qué no extender la mano y ayudar a otros? Puede ser una gran bendición.

Seguir a Jesús

Basado en Mateo 8:23-27

UNA TARDE, Cristo pidió a sus discípulos que navegaran hacia el otro lado del Mar de Galilea, al país de Gadara. Los discípulos desconocían la razón de esa petición específica en aquel momento determinado para dirigirse a ese punto concreto de la costa, pero Jesús sabía que allí el cielo le había encomendado una misión.

Podrían haber bordeado el lago, pero escogió cruzarlo en barca para tener la oportunidad de demostrar que él es Dios, tanto del mar como de la tierra firme, y para mostrar que es todopoderoso, tanto en el cielo como en la tierra. Consuela saber que tenemos un Salvador en quien podemos confiar y a quien podemos orar; un Salvador que sabe qué es estar en medio de una tormenta.

Jesús no cruzó el lago en un yate o en una embarcación de placer. Él y sus discípulos hicieron la travesía en una embarcación de pesca, sin lujos ni comodidades. Jesús subió a la barca seguido de sus discípulos. Otros que habían venido a escucharlo se quedaron en la seguridad de la tierra firme. Solo los verdaderos discípulos de Cristo están dispuestos a seguirlo en los peligros y las dificultades. Muchos preferirían ir al cielo por un camino más cómodo. Incluso preferirían no moverse de donde están, o regresar sobre sus pasos, a arriesgarse a entrar en los peligros del mar. Pero los que quieren estar eternamente con Cristo tienen que seguirlo dondequiera que ahora los lleve: ya sea una embarcación, la cárcel o un palacio.

> "Estos son los que no se han contaminado con mujeres, pues son vírgenes. Son los que siguen al Cordero por dondequiera que va. Estos fueron redimidos de entre los hombres como primicias para Dios y para el Cordero" (Apocalipsis 14:4).

En cierta ocasión, un anciano miembro de iglesia comentó: "Entré en la iglesia y me acomodé en el asiento de terciopelo. Contemplé el sol que entraba a través de las vidrieras. El ministro, revestido con un manto de terciopelo, tras abrir una Biblia con los bordes de las páginas dorados y un marcador de seda, dijo: 'Si alguno quiere ser mi discípulo, niéguese a sí mismo, tome su cruz, venda todo lo que tiene, déselo a los pobres... y sígame'".

Si buscamos una vida de lujos y comodidades, probablemente nos quedemos en la orilla. Pero a los que siguen a Jesús dondequiera que vaya les esperan milagros y bendiciones.

Eche su ansiedad sobre Jesús

Basado en Mateo 8:23-27

DURANTE LA TRAVESÍA, los sacudió una fuerte tempestad. Cristo pudo haberla evitado para que los discípulos tuvieran un viaje agradable, pero era necesario que aprendieran una lección de confianza. En ese momento lo ignoraban, pero esa tormenta era para su propio bien. Cristo quería enseñarles que sus seguidores no se librarán de las tormentas del camino. Del mismo modo, la iglesia se verá sacudida por vientos de doctrinas. Solo tras nuestra llegada al cielo disfrutaremos de una calma perpetua. Esta tierra siempre estará sumida en la agitación y el caos.

Después de haber predicado durante varios días a una gran multitud, Jesús estaba cansado. Imagine la energía que necesitaría para predicar de manera que cinco mil personas pudieran oírlo. En lugar de dejar que descansara, la gente se agolpaba a su alrededor pidiéndole que sanara sus enfermedades. Ahora, en aquella frágil embarcación de pesca, Jesús había encontrado un rincón tranquilo, recostó la cabeza y se durmió.

"Echad toda vuestra ansiedad sobre él, porque él tiene cuidado de vosotros" (1 Pedro 5:7).

Esta es la única vez en que se nos dice que Jesús durmió. Sabemos que tenía que dormir, pero él dijo de sí mismo que no tenía dónde recostar la cabeza. Se durmió, no como Jonás, dormido en medio de una tempestad porque se escondía, sino con el sueño de la santa serenidad y la dependencia de su Padre. Se durmió para mostrar que, real y verdaderamente, era un hombre y que estaba sujeto a las flaquezas del cuerpo humano. El esfuerzo lo había agotado y estaba somnoliento. Ningún sentimiento de culpa ni temor podía turbar su reposo. Una frase célebre reza: "La buena conciencia sirve de almohada".

Jesús pudo dormir completamente relajado porque confiaba en su Padre; no así aquel anciano, temeroso ante su primer viaje en avión. Sus amigos, deseosos de saber cómo le había ido, le preguntaron si le había gustado. "Bueno", comentó el caballero, "no fue tan mal como había pensado; pero tengo que decir que en ningún momento dejé caer todo mi peso sobre el asiento".

Cuando confíe en Jesús usted podrá "dejar caer todo su peso" en los brazos del Señor. Recordemos la invitación bíblica: "Echad toda vuestra ansiedad sobre él, porque él tiene cuidado de vosotros" (1 Ped. 5:7).

Vuélvase a Jesús

Basado en Mateo 8:23-27

AUNQUE LOS DESDICHADOS discípulos eran navegantes experimentados y habían afrontado numerosas tempestades, ahora estaban terriblemente asustados. Aterrorizados, acudieron rápidamente a su Maestro. ¿Dónde más podían ir? Que Jesús estuviera tan cerca era algo bueno. Sus gritos y súplicas lo despertaron: "¡Señor, sálvanos!".

Si quiere aprender a orar, póngase en peligro. Cuando sienta que su vida está en juego, correrá a Cristo, el único que puede ayudar en tiempos de necesidad. Los discípulos nunca antes habían orado así. La suya era una oración viva: "¡Señor, sálvanos, que perecemos!".

Habían visto suficientes milagros para saber que Jesús podía dominar cualquier situación. Creían que podía salvarlos y le rogaron que los ayudara. Aunque Cristo vino al mundo como Salvador, únicamente podrá salvar a los que acudan a él. Si, por fe, usted pide la salvación que solo Cristo da, confiado, podrá acudir a él con sus necesidades cotidianas.

Los discípulos lo llamaron: "¡Señor!", y luego rogaron: "¡Sálvanos!". Cristo solo salvará a aquellos que estén dispuestos a reconocerlo como Señor y eso significa obedecerlo. Jesús dijo una vez: "¿Por qué me llamáis: 'Señor, Señor', y no hacéis lo que yo digo?" (Luc. 6:46).

Cuando los discípulos clamaron: "Moriremos", reconocieron que su situación era desesperada y se dieron por perdidos. Era como si hubieran sido sentenciados a muerte, por eso clamaron: "Si no nos salvas, moriremos; apiádate de nosotros".

"Por fiera que sea la tempestad, los que claman a Jesús: 'Señor, sálvanos', hallarán liberación. Su gracia, que reconcilia al alma con Dios, calma la contienda de las pasiones humanas, y en su amor el corazón descansa. 'Hace parar la tempestad en sosiego, y se apaciguan sus ondas. Alégrense luego porque se reposarán; y él los guía al puerto que deseaban' (Sal. 107:29, 30)" (*El Deseado de todas las gentes*, cap. 35, pp. 308, 309).

"Cambia la tempestad en sosiego y se apaciguan sus olas. Luego se alegran, porque se apaciguaron, y así los guía al puerto que deseaban" (Salmo 107:29, 30).

Fe en Dios

Basado en Mateo 8:23-27

MIENTRAS LOS VIENTOS azotaban la frágil embarcación de pesca y la lluvia caía sobre ella hasta el punto de hacerla zozobrar, los discípulos recordaron que Jesús estaba en un rincón. Quedaron sorprendidos de encontrarlo dormido apaciblemente y lo despertaron con sus súplicas: "¡Señor, sálvanos, que perecemos!". Sus gritos despertaron a Jesús quien, aparentemente, estaba descansado. Quizá parezca que está dormido cuando su iglesia se ve sacudida por una tormenta, pero siempre responde. "Te levantarás y tendrás misericordia de Sión, porque es tiempo de tener misericordia de ella, porque el plazo ha llegado" (Sal. 102:13).

En Mateo 8:26 la Biblia registra sus palabras: "Él les dijo: '¿Por qué teméis, hombres de poca fe?'" No los reprende por haberlo molestado con sus súplicas sino porque hicieron caso a sus propios temores y se angustiaron. Primero Cristo los reprendió y luego los liberó. He aquí su método: primero nos prepara para poder recibir una bendición y luego la da en abundancia.

> "Sálvanos, Jehová, Dios nuestro, y recógenos de entre las naciones, para que alabemos tu santo nombre, para que nos gloriemos en tus alabanzas" (Salmo 106:47).

Preste atención a dos cosas: (1) Su decepción a causa de los temores de sus discípulos: "¿Por qué ustedes, que son mis discípulos tienen temor? Entiendo que los pecadores sientan miedo, que los navegantes paganos tiemblen en medio de una tormenta; ¿pero ustedes?" (2) Les descubre la fuente de sus temores: "Hombres de poca fe".

¿Por qué es tan importante la fe? Los seguidores de Cristo tendemos a ser presa del temor cuando los tiempos son tempestuosos y a quejarnos cuando las cosas andan de mal en peor. La razón de que sintamos temor injustificado se encuentra en el hecho de que nuestra fe es débil, en lugar de ser un punto de apoyo para el alma donde anclar el remo de la oración. Por fe tendríamos que ser capaces de cruzar cualquier tempestad y llegar a la tranquila orilla a la vez que nos alentamos con la esperanza de que llegaremos sanos y salvos.

Sin embargo, la fe en que seremos librados no es fe en Dios. La fe en Dios, tanto si somos librados de la prueba como si no, implica que nos aferraremos a nuestra creencia de que Dios es amor y que estaremos en sus manos. "La seguridad presente y eterna de los hombres es Jesucristo, el Justo. Ninguna mano humana podrá arrancar un alma creyente de sus manos" (*Youth's Instructor*, 17 de febrero de 1898). Hay cosas que solo se aprenden en medio de una terrible tormenta.

Confíe en el Señor

Basado en Mateo 8:23-27

EN MEDIO de aquel mar agitado por la tempestad, Jesús dormía en la barca de pesca pero la insistencia de sus discípulos lo había despertado. En cambio, él no manifestó ni prisa ni pánico. Sencillamente, se levantó y reprendió al viento y al mar. Lo hizo porque era el Dios de la naturaleza, el Soberano del mundo, el Todopoderoso.

Le resultó sumamente fácil: bastó con que de su boca saliera una sola palabra. Moisés había separado las aguas del Mar Rojo con una vara; Josué detuvo el Jordán con el Arca de la Alianza; Eliseo, con su manto; a Cristo, en cambio, le bastó una palabra para dominar las aguas. Él tiene dominio absoluto sobre toda la creación.

Inmediatamente sobrevino una gran calma. Por lo general, tras una tempestad el agua está tan agitada que tarda un tiempo en calmarse. No obstante, cuando Cristo pronunció la palabra, además de cesar la tempestad, todos sus efectos desaparecieron y el mar recobró la tranquilidad y la calma. Los discípulos estaban atónitos. Conocían bien el mar y jamás habían visto que una tempestad amainara tan rápidamente. Obviamente, era un milagro. Era obra del Señor y, por lo tanto, para ellos era un prodigio.

"Confiad en Jehová perpetuamente, porque en Jehová, el Señor, está la fortaleza de los siglos" (Isaías 26:4).

Los discípulos quedaron impresionados. Se preguntaban quién era Jesús. Cristo era extraordinario. Todo en él era admirable. Nadie era tan sabio, tan poderoso ni tan agradable como él. ¿Y por qué? Hasta el mar y los vientos lo obedecen. Otros pretenden curar enfermedades, pero él es el único que puede dominar los vientos. Ignoramos los caminos del viento (Juan 3:8), menos aún lo controlamos. Pero Aquel que saca el viento "de su depósito" (Sal. 135:7), una vez fuera, lo encierra "en sus puños" (Prov. 30:4). Si puede hacer esto, ¿qué no hará?

Jesús puede hacer por nosotros lo mismo que hizo como Dios de la naturaleza. El mismo poder que calmó el mar puede apaciguar nuestros temores (Sal 65:7). Basta una palabra de ese mismo Jesús para que la calma siga a las grandes tormentas del alma dudosa y apesadumbrada. Lo único necesario es que acudamos a él con fe.

No desfallezca

Basado en Mateo 9:2-6

UN SÁBADO, después del sermón, un hermano se me acercó y me preguntó si podía orar por su madre ya que tenía algunos problemas físicos. Accedí a ello. Los otros miembros de la familia y su madre se reunieron en una de las salas de la Escuela Sabática.

Propuse a la familia que, antes de pedir al Señor que sanara el cuerpo de su madre, le pidieran que también supliera las necesidades espirituales que pudiera tener la familia. Luego pregunté a los distintos miembros de la familia si entre ellos había algún problema espiritual. Tras una corta pausa, uno de los hijos confesó que entre ellos había resentimientos. Sugerí que era preciso orar a Dios para que primero sanara la amargura de la familia y luego pediríamos la sanación de la madre.

> "Ten ánimo, hijo; tus pecados te son perdonados" (Mateo 9:2).

En una reunión de un campamento de verano, una mujer se me acercó y dijo: "Pastor O'Ffill, mi esposo y yo queremos tener un bebé. Hemos ido al médico y parece que no hay ningún impedimento. Queremos un hijo ahora. Le digo a Dios que tiene que darme un bebé. Ahora quiero que usted ore para que él me lo dé".

Para mí era claro que su ansiedad por tener un bebé la había llevado a enojarse con Dios. Yo podría haber dicho que estaba bien haber orado juntos en ese momento. Pero en ese instante tuve el presentimiento de que para ella había algo aún más importante que tener un hijo y en eso estaba la raíz del problema de su enojo con Dios.

La llamé por su nombre y dije: "Usted está enojada con Dios. Pienso que lo primero que tiene que hacer es pedirle que la perdone por su mala actitud hacia él". Y oramos.

Al año justo de haberla conocido, nos volvimos a ver. Llevaba en brazos un bebé precioso. Me dijo que había quedado embarazada justo después de haberle pedido a Dios que la perdonara.

Un día trajeron ante Jesús a un hombre para que lo sanara. Lo primero que hizo Jesús fue perdonar sus pecados (ver Mat. 9:2). Sanando al paralítico Jesús enseñó dos importantes lecciones. La primera es que él tiene poder para perdonar los pecados; la segunda, que no podemos separar la sanidad física de la espiritual.

¿Siente hoy la necesidad de que Jesús sane una enfermedad de su espíritu? Pídaselo.

Cumplir la ley

Basado en Mateo 9:17-19

SUPONGAMOS QUE ESTOY conduciendo por la ciudad donde vivo. Imagine que llego a un cruce y el semáforo está en rojo. Me paro y espero a que cambie. Cuando se pone en verde, continúo; pero luego, al cabo de medio kilómetro, hay otro semáforo que también está en rojo. Esta vez no me detengo, sino que, sin más, sigo adelante. Como puede imaginar, al instante, detrás de mí, veo un automóvil con unas luces centelleantes sobre la capota. Se trata de un agente de policía. Hace que me detenga junto a la acera. Bajo el cristal de la ventanilla, me pide mi permiso de conducir y me dice que me pondrá una multa por haberme saltado el semáforo en rojo. "Pero, agente", replico yo, "no sé por qué tenía que detenerme en ese semáforo en rojo. Me detuve en el último y, en lo que a mí respecta, he cumplido la ley. No creo que tenga que detenerme más en ningún semáforo en rojo".

"¡Ridículo!", dirá usted; y con razón. Cuando me detuve en el primer semáforo, cumplí la ley, pero al hacerlo no anulaba la ley. Al contrario, reconocía su validez.

Jesús lo dejó claro para los que lo escuchaban —y para nosotros que lo escuchamos ahora— cuando en realidad dijo: "No vine para anular la ley, tampoco a repudiarla, ni tampoco eliminarla. Vine a cumplirla; o, lo que es lo mismo, obedecerla".

> "No penséis que he venido a abolir la ley o los profetas; no he venido a abolir, sino a cumplir" (Mateo 5:17).

Cuando mi esposa me pide que vaya al supermercado, me da una lista con las cosas que necesita. Yo compro todo lo que hay en la lista; en otras palabras, cumplo su petición. Hay quienes enseñan que Jesús vino a eliminar la ley de Dios. Esto es imposible, porque dijo que había venido a cumplirla; es decir, a someterse a ella. Jesús realzó la ley, porque los fariseos enseñaban que todo lo que hay que hacer es cumplir la ley de forma externa. Jesús enseñó que hay que obedecerla desde el corazón.

Para algunas personas, parece que la ley de Dios es, por así decirlo, un yugo sobre sus espaldas. Esto hace que sea difícil de sobrellevar. Yo quiero tener la ley de Dios en el corazón y cumplirla desde dentro hacia fuera.

Basta con creer

Basado en Mateo 9:18, 23-26

EN CIERTA OCASIÓN, mientras Jesús discutía con los fariseos, un gobernante se le acercó, se arrodilló ante él, lo adoró y le pidió que resucitara a su hija recién fallecida. Una solicitud así era muy inusual, por lo que mostraba la desesperación del padre. Muchos le pidieron a Jesús que los sanara, pero ninguno fue tan atrevido como para pedirle que resucitara a un muerto.

Otra prueba de que se trataba de una petición extraordinaria es que, en lugar de enviar a un sirviente, el hombre se acercó personalmente Este es un ejemplo a seguir. No tenemos que confiar en las oraciones de los demás. Podemos acudir directamente a Jesús para presentarle nuestros problemas y nuestro sufrimiento, sabiendo que nos escucha y que responderá según su sabiduría.

"Pero sin fe es imposible agradar a Dios, porque es necesario que el que se acerca a Dios crea que él existe y que recompensa a los que lo buscan" (Hebreos 11:6).

De inmediato, Jesús dejó la discusión con los fariseos y siguió al gobernante. Además de concederle lo que pedía, quería hacerlo en su casa. Parecía una petición imposible. En aquella época no había nadie que hubiera resucitado de entre los muertos. Sin embargo, de un modo u otro, aquel jefe de la sinagoga (ver Mar. 5:22; Luc. 8:41) sabía que, aun en sus primeros años de ministerio, Cristo cumplía la descripción del tan esperado Mesías y estaba dispuesto a arriesgar su reputación por demostrar públicamente su fe. No cabe duda de que estaba en juego la vida de su hija y que el afligido padre no podía menospreciar la posibilidad, por remota que fuera, de que Jesús pudiera devolverla a su familia.

¿No es magnífico que Jesús lea en nuestros corazones? A veces responde aun antes de que le pidamos nada. Otras, por su gran sabiduría, no nos da lo que pedimos, sino algo aún mejor. "Cuando nos parezca que nuestras oraciones no son contestadas, tenemos que aferrarnos a la promesa; porque el tiempo de recibir la respuesta ciertamente llegará y recibiremos las bendiciones que más necesitamos. [...] Dios es demasiado sabio para equivocarse, y demasiado bueno para negar un bien a los que andan en integridad" (*El camino a Cristo*, cap. 11, p. 143). Me alegro de que Dios no responda a todas mis oraciones, porque a veces pido cosas que no son lo mejor para mí. Hoy, mientras hable con Jesús, dígale que está convencido de que él hará todas las cosas por su bien.

No es más que un sueño

Basado en Mateo 9:18, 23-26

JESÚS SIGUIÓ AL padre de la niña fallecida y los discípulos fueron tras ellos. Como predicadores de su doctrina, tenían que ser testigos de los milagros del Maestro.

El pequeño grupo se apresuró a la casa del gobernador, de la que salían ya fuertes lamentos mientras la familia se preparaba para el funeral. Una vez hubieron entrado, apenas podían moverse a causa de la gente que se había agolpado. Jesús ordenó: "Apartaos".

A veces, cuando tenemos el corazón lleno de las preocupaciones del mundo, a Cristo le resulta difícil entrar. Sin embargo, cuando estamos agobiados, Cristo nos dice: "Hazte a un lado, deja espacio para el que es el Consuelo de Israel". "Así como abundan en nosotros las aflicciones de Cristo, así abunda también por el mismo Cristo nuestra consolación" (2 Cor. 1:5).

Las plañideras se debieron preguntar por qué Jesús les pedía que se callaran. Tenían la costumbre de llorar como manifestación de respeto por el difunto. Y Jesús les dio una buena razón para callar y hacerse a un lado. "La niña", dijo, "no está muerta, sino que duerme". Entonces, en vez de llorar, la gente empezó a burlarse de Jesús. Todos en la casa sabían a ciencia cierta que la niña había muerto. Pero Jesús conocía su poder y se había propuesto convertir la muerte de la niña en un simple sueño. No hay mucha diferencia

"Y nuestra esperanza respecto de vosotros es firme, pues sabemos que así como sois compañeros en las aflicciones, también lo sois en la consolación" (2 Corintios 1:7).

entre el sueño y la muerte, excepto en la duración de tiempo. Si el que es la Resurrección y la Vida dice que la muerte es un sueño, ¿quién se lo discute?

Para los que mueren en el Señor, la muerte no es más que un sueño. El sueño es una muerte corta y la muerte es un sueño largo. "Perece el justo, pero no hay quien piense en ello. Los piadosos mueren, pero no hay quien comprenda que por la maldad es quitado el justo; pero él entrará en la paz. Descansarán en sus lechos todos los que andan delante de Dios" (Isa. 57:1, 2). Pero la muerte de los justos es especial, porque se la considera un sueño. Además de descansar de sus fatigas, reposan en la feliz esperanza de un nuevo y alegre despertar en la mañana de la resurrección, cuando se levantarán para una nueva vida. ¡Bendito Salvador!

Despierta

Basado en Mateo 9:18, 23-26

IMAGINE QUE CORRE para estar al lado de un buen amigo cuya hija acaba de morir. En el lugar hay otros que también ofrecen su apoyo. La familia lo lleva junto a la cama y usted está de pie, con semblante triste, mirando el cuerpo inerte y sin vida. Entonces usted expresa su sentimiento de dolor y todos empiezan a llorar a gritos.

En ese momento, un joven entra en la habitación seguido de sus amigos y, con voz de mando, dice: "Háganse a un lado. La niña no está muerta, tan solo duerme". Yo no sé cuál sería su reacción, pero sí le puedo decir qué hizo la gente de Capernaúm. En Mateo 9:24 leemos: "Se burlaron de él". Es decir, se mofaron de Jesús. ¿Se lo imagina? Jesús era el único que podía ayudar y... se burlaron de él.

La multitud salió de la habitación. Jesús entró y tomó a la niña de la mano, como si fuera a despertarla y ayudarla a levantarse. Y la niña se sentó; no después de una larga y complicada oración, sino tras un simple toque. De la misma manera, las almas muertas no resucitarán a la vida espiritual a menos que Cristo las tome de la mano.

> "En cuanto a mí, veré tu rostro en justicia; estaré satisfecho cuando despierte a tu semejanza" (Salmo 17:15).

La noticia de este milagro se extendió rápidamente y, pronto, todos hablaban de él. La gente hablaba más de los milagros de Cristo que de su doctrina. Es más agradable hablar de lo sobrenatural que de las ideas y los principios. El misticismo atrae nuestra atención con más fuerza que la espiritualidad. Preferimos escuchar: "Levántate de los muertos", en lugar de "Arrepiéntete de tus pecados y conviértete".

Al principio de su ministerio, Jesús escogió vivir en Capernaúm. Los lugareños debieron conocerlo bien y él intentó una y otra vez acercarse a ellos mediante la predicación y los milagros. Pero ellos no quisieron recibirlos, ni a él ni su predicación. Más adelante, entristecido, Jesús declaró: "Y tú, Capernaúm, que eres levantada hasta el cielo, hasta el Hades serás abatida, porque si en Sodoma se hubieran hecho los milagros que han sido hechos en ti, habría permanecido hasta el día de hoy" (Mat. 11:23). ¡Qué bendición perdió la ciudad!

"El diablo me obligó a hacerlo"

Basado en Mateo 10:5-15

UN NIÑO DISCUTÍA con su hermanita, cosa común entre hermanos. Pero cuando la hermana pequeña, llorando, corrió en busca de su madre, esta pensó que tenía que tomar cartas en el asunto.

—¿Qué pasa con ustedes dos? —preguntó— José, le diste una bofetada a tu hermana y le has dejado la marca en la mejilla. ¿Qué tienes que decir?

José respondió en su defensa:

—Pues ella me devolvió el golpe...

No se dio cuenta de que su explicación revelaba a su madre que él había empezado la pelea.

Culpar a los demás por las cosas malas que hacemos es un juego muy antiguo que, en el cielo, cierto ángel empezó después de sentir que no se lo respetaba lo suficiente. Luego Adán culpó a Eva por comer del fruto prohibido y Eva culpó a la serpiente por haberla engañado. Desde entonces no hemos dejado de echarnos las culpas unos a otros.

Muchas veces, las personas sometidas a juicio aducen que se lo habían ordenado unas voces que había escuchado. A menudo declaran: "El diablo me dijo que lo hiciera". Sé que la posesión demoníaca existe. Pero dicho esto, también tengo que decir que creo que en mucho de lo que se le atribuye al diablo probablemente él no sea el responsable directo. Más bien sea el resultado de trastornos emocionales o psicológicos que, a menudo, se pueden aliviar con medicación.

> "Porque no tenemos lucha contra sangre y carne, sino contra principados, contra potestades, contra los gobernadores de las tinieblas de este mundo, contra huestes espirituales de maldad en las regiones celestes" (Efesios 6:12).

Cuando Jesús envió a los setenta en su misión, les dio poder sobre los demonios. A su regreso exclamaron: "¡Hasta los demonios se nos sujetan en tu nombre!" (Luc. 10:17). Presentar batalla al diablo despierta fascinación; cuando combatimos contra nuestros malos hábitos y nuestras debilidades, se nos dispara la adrenalina.

Pero, de hecho, no podemos recurrir a la excusa de que el diablo nos obligó a hacerlo, porque él es un enemigo que ya fue vencido. No puede obligarnos a hacer lo que hemos decidido que no haríamos. En Juan 12:31, Jesús declaró: "Ahora es el juicio de este mundo; ahora el príncipe de este mundo será echado fuera".

Jesús, como el segundo Adán, vino a destronar al diablo y ha tomado su lugar (Apoc. 11:15). Satanás ya no tiene poder sobre nosotros. ¡Alabado sea el Señor!

El diablo desdentado

Basado en Mateo 10:5-15

TÉNGALO POR SEGURO: El diablo intentará que hagamos cosas que están mal, pero no puede obligarnos. Si pertenecemos a Jesús, no puede poseernos; pero sí ponernos en un aprieto. El diablo tratará de vencer al cristiano y hacer que peque. He aquí algunas de sus artimañas:

- Intentará afligirnos físicamente (2 Cor. 12:7; Luc. 13:16; Hech. 10:38).
- Tratará de incitar una fuerte oposición contra nosotros y nuestro mensaje (Apoc. 2:10).
- Intentará crear confusión entre los creyentes.
- Procurará que nos sintamos deprimidos, perturbados y sin rumbo.
- Instigará miedos irracionales en nuestro corazón.
- Querrá confundirnos con pensamientos impuros.
- Tratará de arrastrarnos al error doctrinal (Gén. 3:13; 2 Cor. 11:3, 14, 15).

"Les dijo: 'Yo veía a Satanás caer del cielo como un rayo'" (Lucas 10:18).

Puesto que Jesús es Señor de este mundo, cuando nos sintamos asaltados por las fuerzas del mal, debemos acudir a él. En él tenemos un intercesor que ha vencido al diablo y, gracias a Dios, podemos dirigir nuestras oraciones a Aquel que ha ganado verdaderamente la victoria.

En el zoológico, un empleado entró en la jaula de un gato montés sin nada más en las manos que una escoba. Cerró cuidadosamente la jaula y procedió a barrerla. El trabajador no disponía de un arma que lo protegiera de un ataque de la fiera. De hecho, cuando llegó a la esquina de la jaula donde yacía el gato, lo empujó con la escoba. El gato montés gruñó y se fue a otro rincón de la jaula.

—Realmente, usted es un valiente —comentó un visitante.

—No, qué va, yo no soy valiente —respondió él mientras seguía barriendo.

—Será que el gato es manso.

—En absoluto —respondió el celador—. No es nada manso.

—Si usted no es valiente y el gato no es manso, no entiendo por qué no lo ataca.

El hombre se echó a reír y, con aire confiado, dijo:

—Verá, señor; es que ya es viejo y le faltan los dientes.

El diablo tampoco tiene dientes. Jesús le arrancó los colmillos cuando murió en la cruz por nosotros. Reclame hoy esa victoria como suya.

Señor del sábado

Basado en Mateo 12:8

LA MAESTRA INTENTABA explicar cómo de desalentador debía ser para Jesús verse perseguido y criticado constantemente por los escribas y los fariseos. Entonces dijo: "¿Cómo se sentirían ustedes, alumnos, si alguien anduviera siempre persiguiéndolos y esperando que cometieran un error?". Entonces, uno de los alumnos del fondo del aula murmuró: "¿Dónde conoció a mi madre?".

Por crítica que su madre fuera, nunca nadie ha sido juzgado con tanta dureza como Jesús. Los fariseos estaban constantemente al acecho, esperando encontrar alguna razón que les permitiera matar a Jesús.

Un sábado, los discípulos seguían a Jesús mientras cruzaba un campo de trigo. Probablemente se dirigían a la sinagoga, porque, en sábado, no tenían costumbre de dar paseos innecesarios. La Biblia dice que tenían hambre. Mientras caminaban por el campo, recogieron algunas de las espigas que los segadores habían dejado caídas en el suelo.

Los fariseos, que los observaban, fueron corriendo a Jesús y se quejaron: "¿Viste eso? Tus discípulos acaban de hacer algo que no se puede hacer en sábado". El problema no era que estuvieran tomando el trigo de otro, porque recoger las espigas caídas de las garbillas segadas no estaba prohibido. No, el problema era que lo hacían en sábado. En sentido estricto, según la tradición de los ancianos, en sábado estaba estricta y expresamente prohibido espigar y descascarillar trigo porque se consideraba una forma de siega.

"Porque el Hijo del hombre es Señor del sábado" (Mateo 12:8).

Jesús justificó a sus discípulos recordando incidentes similares que los propios fariseos consideraban como buenos. Luego concluyó la argumentación diciendo: "Pues os digo que uno mayor que el templo está aquí. Si supierais qué significa: 'Misericordia quiero y no sacrificios', no condenaríais a los inocentes, porque el Hijo del hombre es Señor del sábado" (Mat. 12:6-8).

Los fariseos habían añadido una norma sobre otra —todas tradiciones humanas y no leyes divinas— hasta el punto de convertir el sábado en una carga casi imposible de santificar. Cristo quería que, en todos los tiempos, su iglesia supiera que el sábado, aunque ordenado por el cuarto mandamiento, no está sujeto a las restricciones de los ancianos de los judíos. Si Cristo es el Señor del sábado, es conveniente que le consagremos a él ese día.

Hacer el bien

Basado en Mateo 12:8

CADA MAÑANA, cuando nos levantamos, tenemos qué hacer. Es preciso ir al trabajo, a la tienda de comestibles, ir a llevar a los niños a la escuela... ¿Por qué el sábado por la mañana muchos buscan cualquier nimiedad como excusa para no ir a la iglesia?

¿Acaso no sabemos que la obra de Satanás es mantenernos alejados de la adoración? Él quiere que pensemos en nosotros mismos y no en Dios. Si pudiéramos ver a los ángeles buenos y malos batallando por nosotros, pondríamos todo nuestro empeño en no permitir que nada nos impidiera asistir a la iglesia. No prestaríamos atención a las distracciones que Satanás, para desviar nuestra atención, pone en nuestro camino. A pesar de que los fariseos criticaban duramente a Jesús, cada sábado él iba a la sinagoga. Cada vez que nos excusamos de adorar con la familia espiritual es un triunfo para Satanás.

> "Está permitido hacer el bien en sábado" (Mateo 12:12).

Cierto sábado, en la sinagoga, un hombre que tenía una mano seca se acercó a Jesús. Los fariseos observaban desde la distancia, ansiosos por ver cómo Jesús quebrantaba el sábado delante de todos los fieles. En presencia del desdichado, los fariseos preguntaron a Jesús: "¿Es lícito sanar en el día de reposo?". Puesto que era hombre, Cristo estaba sujeto a la ley, pero no a la tradición de los ancianos.

Jesús respondió: "¿Qué hombre entre vosotros, si tiene una oveja y esta se le cae en un hoyo, en sábado, no le echa mano y la saca? Pero, ¿cuánto más vale un hombre que una oveja? Por consiguiente, está permitido hacer el bien en sábado" (Mat. 12:11, 12). El hombre extendió la mano y fue sanado.

Al sanar a aquel hombre en sábado, Jesús mostró que era lícito y correcto hacer obras de misericordia en ese día. Hay muchas maneras de hacer el bien en sábado. Visitar a los enfermos y a los presos, ayudar a los pobres sin hogar, dar estudios bíblicos y pasar el tiempo con la familia también son buenas obras.

El Señor también quiere que descansemos en sábado para que podamos renovar el cuerpo y el espíritu. Disfrutar de la naturaleza y de la amistad cristiana son otras maneras de hacer el bien en su día.

"¡Hosanna al Rey!"

Basado en Lucas 19:29-44

¡PARECÍA COMO si todo el mundo hubiese oído hablar de la resurrección de Lázaro! Probablemente era a causa de que Betania, la pequeña población donde vivía Lázaro, estaba muy cerca de Jerusalén. El rumor había corrido y ahora las multitudes acudían para ver a Jesús y a Lázaro, el hombre a quien había resucitado.

La turba seguía a Jesús mientras este iba de camino a Jerusalén. Cuando se acercaban a la ciudad, Jesús envió a dos de sus discípulos para que fueran a buscar una asna y su pollino; subió a lomos del asna y continuó hacia su destino. Otra multitud, saliendo de Jerusalén, se reunió con los demás y, formando una gran procesión, marcharon hacia la ciudad. Era difícil de creer. Al cabalgar sobre el asna, parecía que Jesús les decía que estaba dispuesto a ser su rey.

La entusiasta multitud arrojó al camino por donde tenía que pasar Jesús palmas y ramas de olivo, así como sus mantos. De ese modo, Jesús, al entrar en la capital de su nación, recibió los honores dignos de un rey. Sin embargo, nada de lo que sucedía parecía normal. Se alejaba demasiado de cualquier otra cosa que le hubiera sucedido al Salvador. ¿Por qué lo permitió Jesús?

Una de las razones por las que Jesús toleró esa entrada triunfal en Jerusalén era que quería declarar abiertamente que era el Rey, pero no un rey como el que esperaba el pueblo. Solía hablar abiertamente de su misión. El pueblo podía saber, porque se lo había dicho, quién era y por qué había venido. Pero nadie le había prestado atención o, si alguien lo había hecho, solo había escuchado lo que le interesaba. Les había dicho que su reino no es de este mundo. Pero ellos tenían su propia idea preconcebida de cómo iban a ser las cosas.

> "Y la gente que iba delante y la que iba detrás aclamaba, diciendo: '¡Hosana al Hijo de David! ¡Bendito el que viene en el nombre del Señor! ¡Hosana en las alturas!'" (Mateo 21:9).

Nosotros corremos el riesgo de cometer el mismo error. En esta tierra, los reyes son ricos, pero Jesús era pobre. Los reyes de esta tierra tienen a quienes se ocupan de todas sus necesidades, pero Jesús vivía para servir a los demás.

Señor, haz que no olvide ser lo que tú fuiste para que, algún día, pueda estar donde tú estás.

Alabad al Señor

Basado en Lucas 19:29-44

OTRA RAZÓN por la que Jesús permitió que el pueblo lo honrara aquel día en Jerusalén era animar a sus seguidores, especialmente a los discípulos. Habían estado con él cuando lo rechazaron sus enemigos y ahora quería darles a probar un pequeño anticipo de su gloria.

Por una vez les permitiría que arrojaran sus mantos y ramos aromáticos a su paso. Por una vez, entusiasmados, se subirían a los árboles para cortar las olorosas ramas con las que marcarían su camino. Pronto los traspasaría el dolor de verlo arrestado en Getsemaní y llevado preso ante Caifás y Pilato para que lo condenaran a muerte.

Para la gente común ese día debió ser una experiencia inolvidable. No cabe duda de que en esta vida pasamos por muchas pruebas y decepciones. Aunque Jesús sufrió y murió, lo sostuvo la esperanza de ver la gloria más allá de la tragedia. Cuando todo parece estar sumido en la más densa tiniebla y que no tenemos salida, nos hacemos bien en poner la vista en la meta, nuestra esperanza. Me gusta la letra del himno titulado "Una esperanza" (*Himnario adventista*, ed. 2010, n° 181) porque dice la verdad.

"Alabad a Dios en su santuario; alabadlo en la magnificencia de su firmamento. Alabadlo por sus proezas; alabadlo conforme a la muchedumbre de su grandeza" (Salmo 150:1-2).

Los profetas escribieron que Jesús sufriría y moriría, y así fue. Jesús dijo que algunos de sus seguidores pasarían por lo mismo que él. Pero también afirmó: "Estas cosas os he hablado para que en mí tengáis paz. En el mundo tendréis aflicción, pero confiad, yo he vencido al mundo" (Juan 16:33).

No hace mucho pasé una revisión médica. Mientras hablábamos, el médico me dijo algo que no olvidaré: que no debemos pensar en lo que no tenemos, sino en lo que sí tenemos. Esa idea me gusta. En la vida cristiana es fácil centrar la atención en lo que falta y pasar por alto lo que ya se tiene. Usted dirá: "A veces parece como si no tuviera nada". Piense en lo que tiene. Usted tiene la esperanza en la venida del Señor.

Señor, si hoy desfallezco, recuérdame la bendita esperanza.

Para que la Escritura se cumpliera

Basado en Lucas 19:29-44

UNO DE LOS acontecimientos más importantes del ministerio de Jesús fue su entrada triunfal en Jerusalén. ¿Por qué permitió Jesús que la atención se centrara en él cuando entró como rey en la ciudad? No era apropiado que el Cordero de Dios fuera al altar sin que nadie lo viera; no era adecuado que Aquel que quita el pecado del mundo fuera llevado al templo sin que nadie se apercibiera de él. En cuestión de días sería crucificado. Por lo tanto, todas las miradas fueron atraídas sobre él y supieron quién y qué era; de modo que, con hechos y con palabras, pudo decir a Israel: "Yo soy Aquel que tenía que venir. De mí dijeron los antiguos profetas: 'He aquí, vengo; en el rollo del libro está escrito de mí; el hacer tu voluntad, Dios mío, me ha agradado, y tu ley está en medio de mi corazón' (Sal. 40:7, 8)".

Con su entrada triunfal en Jerusalén Jesús consiguió que sus enemigos conocieran su verdadera influencia sobre el pueblo. De haber tenido planes para acceder al trono y permitir que sus siervos plantaran batalla, la antigua bravura del pueblo judío se habría encendido como un fuego abrasador y sus enemigos habrían tenido que huir.

Con todo, la razón principal de esta muestra de adoración era que Jesús era cuidadoso y fiel en el cumplimiento de la profecía de las Sagradas Escrituras. "¡Alégrate mucho, hija de Sión! ¡Da voces de júbilo, hija de Jerusalén! Mira que tu rey vendrá a ti, justo y salvador, pero humilde, cabalgando sobre un asno, sobre un pollino hijo de asna" (Zac. 9:9).

> "Me es necesario hacer las obras del que me envió, mientras dura el día; la noche viene, cuando nadie puede trabajar" (Juan 9:4).

¡Ojalá fuésemos capaces de valorar en su justa medida las palabras que pronunció el Señor! ¡Ojalá estuviésemos dispuestos a cambiar el curso de nuestro pensamiento y nuestras enseñanzas en lugar de despreciar una palabra inspirada! La obediencia a las Escrituras era el camino de Cristo, cabeza de su iglesia, y debería ser el de sus miembros. Si el propio Rey pone sumo cuidado en obedecer todas y cada una de las palabras salidas de la boca de Dios, ¿cuánto más nosotros?

Señor, mi oración para hoy es que hagas una entrada triunfal en mi vida.

¡Ojalá un día pueda estar con los que te proclaman Rey de reyes y Señor de señores!

"Ejemplo os he dado"

Basado en Juan 13:15

LA NOCHE en que fue traicionado, en el aposento alto, Jesús hizo algo que era impensable para los discípulos. En la cultura de los tiempos bíblicos, nadie que no fuera un sirviente hacía eso. Sin embargo, Jesús tomó una toalla y comenzó a lavar los pies de sus discípulos. Pedro fue el más sorprendido y protestó en voz alta diciendo que él jamás permitiría que Jesús le lavara los pies.

Jesús explicó que si no le permitía que le lavara los pies, no podía ser su discípulo (Juan 13:8). Luego, cuando acabó, dijo: "Ejemplo os he dado para que, como yo os he hecho, vosotros también hagáis" (Juan 13:15).

La cultura de nuestro tiempo enseña que para ser alguien importante es necesario, por decirlo de algún modo, "trepar" sobre las espaldas de los demás. El mundano quiere ascender a cualquier precio. Pero, con su ejemplo, Jesús nos enseñó que subir es lo mismo que bajar.

"Porque el que se enaltece será humillado, y el que se humilla será enaltecido" (Mateo 23:12).

En Florida, donde vivimos, hay muchas fuentes de agua que proceden de ríos subterráneos. Algunas son tan caudalosas que, nada más salir a la luz, el agua ya corre como un verdadero río. Es habitual que los aventureros se pongan una escafandra y, buceando, exploren los ríos subterráneos.

Un día un hombre que estaba explorando el interior de una de esas fuentes, de pronto tuvo la impresión de que las burbujas que salían de su respirador iban hacia abajo. Se dio cuenta de que algo andaba mal con su sentido de la orientación y que era preciso salir de ahí. Pero no sabía en qué dirección ir. Sabía que las burbujas siempre suben y que, si quería salir, tenía que seguirlas.

Pero temía seguirlas, porque le parecía que iban hacia abajo. Si no quería morir ahogado, tenía que tomar una decisión con rapidez. ¿Qué hacer: lo que sabía que es lo correcto y seguir las burbujas que "bajaban" o ir en la dirección que él creía que era la correcta? Eran los hechos contra la sensación. Afortunadamente, decidió hacer lo que sabía que era correcto. Siguió las burbujas, aunque pareciera que bajaban, y pronto estuvo sano y salvo en la superficie.

El buzo descubrió que, si quería subir, tenía que ir hacia abajo. Así mismo debemos hacer los seguidores de Jesús.

El corazón de un siervo

Basado en Juan 13:15

EL AMOR es la cosa más grande del mundo, pero también puede ser la más diminuta, porque se manifiesta en las cosas pequeñas y comunes de la vida. Si queremos ganar el corazón de los que nos rodean, tendrá que ser con el amor; un amor que se muestra en el servicio a los demás. Una cosa es decirle a alguien que se lo ama y otra muy distinta es mostrar ese amor sirviéndolo. Cuando permitamos que el Espíritu Santo nos dé un corazón de siervo entenderemos cómo era Jesús. Manifestaremos el espíritu de Cristo, tanto en las cosas que hagamos como en el espíritu con que las hagamos; es decir, con bondad y amabilidad.

Nada es demasiado difícil para el amor. El amor nunca habla de sacrificio. El amor hizo de Jesús un siervo. Servir a los demás sin amor hará que el servicio sea una carga. Solo el amor hará que el servicio y el trabajo sean tal bendición para nosotros que nunca querremos renunciar a ellos. Sin embargo, es posible que, como Jesús, por el camino tengamos que lavar los pies de algún Judas.

Piense en lo que debió ser que Jesús lavara los pies del hombre que, en pocas horas, lo traicionaría y lo entregaría para que lo mataran. Como siervos, habrá momentos en los que aquellos a quienes va dirigido nuestro servicio nos lo recompensarán con ingratitud e incluso traición. Asimismo, también es probable que haya quienes, como Pedro, primero rechacen nuestro amor y luego se impacienten con nosotros porque querrán que hagamos más. Solo si el amor de Jesús habita en nuestro corazón podremos tener la paciencia, el valor y la sabiduría necesarios para la obra a la que el Señor nos llamó con su ejemplo.

"Y el que no toma su cruz y sigue en pos de mí, no es digno de mí" (Mateo 10:38).

Cuando las cosas vayan de mal en peor, si usted es como yo, tendrá que recordar continuamente las palabras de Jesús que se recogen en el versículo para memorizar de hoy. Jesús no solo nos llama a negarnos a nosotros mismos, sino que nos mostrará cómo vivir como siervos. Vea hoy de cuántas maneras puede expresar el amor de Jesús a los demás.

Por nosotros fue herido

Basado en Marcos 14:65

UN DÍA DE PRIMAVERA, yo viajaba en tren desde Nueva Delhi, la capital de la India, hacia la frontera con Pakistán. Me acompañaba otra familia misionera. Tenían dos hijos, un niño y una niña. La niña tenía unos doce años de edad; y el niño, probablemente nueve. Habíamos comprado billetes para viajar en un compartimento de primera clase. En principio, decir que viajábamos en primera podría parecer todo un lujo, pero el compartimento no era grande. Había dos bancos tapizados, uno frente al otro. El hombre y su esposa estaban sentados frente a mí con su hijo entre ellos. Yo estaba sentado frente a ellos con las rodillas que casi se tocaban. A mi lado, en el asiento más cercano a la ventanilla, estaba su hija.

> "Mas él fue herido por nuestras rebeliones, molido por nuestros pecados" (Isaías 53:5).

Para que entrara el aire fresco, habíamos abierto la ventanilla. Apenas el tren había empezado a salir del andén, sentí que por mi mejilla corría algo que me pareció agua fría. Levanté la vista para ver de dónde venía a la vez que me ponía la mano en la cara. Cuando miré mi mano, estaba cubierta con algo húmedo y de color sangre.

Parece ser que, cuando el tren empezó a moverse, alguien que estaba de pie en el andén, mascando nuez de betel, escupió por la ventanilla y nos salpicó en la cara a la hija de los misioneros y a mí. La nuez de betel es un narcótico suave que se mastica en esa parte del mundo, pero, a diferencia del jugo de tabaco, es de color rojo. La única explicación que tengo para que esa persona nos escupiera era que quiso gastarnos una broma.

Pero a mi mente acudieron las palabras: "Le golpeaban la cabeza con una caña, lo escupían y, puestos de rodillas, le hacían reverencias" (Mar. 15:19). "Cristo se entregó en sacrificio expiatorio para salvar a un mundo perdido. Fue tratado como nosotros merecemos, para que nosotros seamos tratados como él merece. Fue condenado por nuestros pecados, de los cuales él no participó, para que nosotros fuésemos justificados por su justicia, de la cual no participábamos. Sufrió la muerte que nos toca a nosotros, para que nosotros recibiéramos la vida que a él le pertenecía. 'Por su llaga fuimos curados' (Isa. 5:5)" (*Testimonios para la iglesia*, t. 8, sec. 3, p. 221).

Hoy dedique un minuto a recordar y agradecerle a Jesús lo que hizo por usted.

Oren conmigo

Basado en Lucas 22:36-46

LA ÚLTIMA CENA había terminado. Jesús y sus discípulos habían llegado al huerto de Getsemaní. Aquella noche se decidía si Jesús estaba dispuesto a beber la amarga copa del sufrimiento y la muerte.

Jesús dejó a sus discípulos y se adelantó un trecho para orar a solas. Antes de apartarse, les pidió que ellos también oraran para no caer en tentación. Entonces Jesús los dejó para iniciar el duro combate para el cual había venido al mundo

Lleno de angustia, pasó un tiempo a solas tras el cual sintió la humana necesidad de compañía y aliento, por lo que regresó donde estaban los discípulos. Seguro que estarían orando por él. Pero estaban dormidos. ¿Cómo era posible?

En cierta ocasión, trajeron a un endemoniado ante un grupo de pastores. Mientras oraban por él, el espíritu empezó a hablar. No es cosa que yo recomiende, pero uno de los pastores empezó a dialogar con el espíritu. Le preguntó si alguna vez había ido a la iglesia. La respuesta fue afirmativa. Eso llevó a otra pregunta: "¿Qué haces en la iglesia?". Su respuesta no debería ser ninguna sorpresa para nosotros: "Hago que la gente se duerma". Todos sabemos que Satanás es un mentiroso, pero ese día dijo la verdad.

"¿Por qué dormís? Levantaos y orad para que no entréis en tentación" (Lucas 22:46).

Si el diablo no puede impedirnos que vayamos a la iglesia, hará todo lo que esté a su alcance para que nos durmamos. ¿Por qué cuando entramos en la iglesia estamos completamente despiertos y, nada más empezar el sermón, nos vence la modorra, empezamos a cabecear y acabamos durmiéndonos?

¿Cómo habría cambiado aquella noche la historia de Getsemaní si los discípulos no se hubieran dormido? Por un lado, no habrían huido. En segundo lugar, Pedro no habría negado a Jesús.

Aunque el sueño es necesario para nuestra salud física, en la vida espiritual nunca deberíamos dormirnos. Si dormimos espiritualmente, corremos el riesgo de perder la batalla. Si no nos mantenemos desvelados, será más probable que, en lugar de resistir, huyamos como los discípulos.

¡Despierte de su sueño! No corra el riesgo de negar al Señor por estar dormido cuando tendría que velar.

"Cada cual su cruz tendrá"

Basado en Mateo 10:38, 39

EL ASESINATO del Hijo de Dios fue el crimen más horrendo jamás perpetrado. La muerte por crucifixión no tenía significado simbólico alguno; su único objetivo era causar una muerte lenta, dolorosa y expuesta al público.

La víctima veía cómo sus muñecas, y no las palmas de las manos (porque estas no pueden soportar el peso del cuerpo), eran atravesadas con clavos. A menudo, quebraban las piernas del crucificado para que muriera más rápidamente. La mayoría de los crucificados morían de deshidratación y fatiga, no a causa de la pérdida de sangre o las heridas. La crucifixión era una muerte horrible, dolorosa y lenta, en la que la víctima podía agonizar durante días antes de morir.

En la antigua Roma, el que llevaba una cruz a cuestas y empezaba a andar por el camino que lo conducía al lugar de crucifixión ya se había despedido de sus amigos. Sabía que no iba a volver. La cruz no tenía compasión. Era un punto final. Una vez levantada, golpeaba con fuerza y crueldad hasta que, cuando terminaba su obra, la víctima estaba muerta. En la cruz no se "mata el tiempo" como en la cárcel.

> "Si alguien quiere venir en pos de mí, niéguese a sí mismo, tome su cruz y sígame" (Mateo 16:24).

"Y el que no toma su cruz y sigue en pos de mí, no es digno de mí" (Mat. 10:38). Pensar que, puesto que Jesús sufrió por nosotros, nos libraremos de todo sufrimiento es cómodo; pero nada más lejos de la verdad. Él dijo: "En el mundo tendréis aflicción" (Juan 16:33). Algunos llevan una crucecita colgando de una cadena alrededor del cuello porque así, creen, van a la moda. La cruz que Jesús dice que tenemos que cargar no es algo que se lleve en una cadenita o colgando del retrovisor de un automóvil.

Llevar la cruz de Jesús es sufrir por su causa. El sufrimiento no es nada nuevo. La gente sufre por muchas razones. Pero sufrir por causa de Cristo es otra cosa. No obstante, la Biblia dice: "Y también todos los que quieren vivir piadosamente en Cristo Jesús padecerán persecución" (2 Tim. 3:12).

Thomas Shepard escribió la letra de un himno cuyas palabras hoy son un desafío para nosotros: "¿Deberá Jesús la cruz llevar / y el hombre en cambio no? / No, cada cual su cruz tendrá: / la mía llevo yo" (*Himnario adventista*, ed. 1962, nº 263).

¡Vive!

Basado en Juan 20:24-30

¿SE HA PREGUNTADO alguna vez qué sucedió con los discípulos de Jesús? No esperaban que resucitara. Una y otra vez, el Maestro les había dicho que moriría y después de tres días se levantaría de la tumba, pero no lo entendieron.

Cuando Jesús murió, los discípulos eran once hombres atemorizados que corrían a esconderse para salvar la vida. Su líder había muerto y su sueño se había hecho añicos. Sin embargo, varios días después de la resurrección, aquellos mismos once hombres eran audaces, valientes y visionarios. ¿Qué provocó tan gran cambio? No era que vieran una tumba vacía; era que habían visto a Cristo vivo, resucitado de entre los muertos. Por fin lo entendieron todo y estaban ansiosos por compartir la buena nueva.

Los fariseos trataron de difundir el rumor de que los discípulos habían llegado por la noche y robaron el cuerpo y así poder decir a la gente que había resucitado (ver Mat. 27:64). Pero, ¿qué ganaban los discípulos urdiendo tal engaño? La mayoría de ellos perdió la vida por defender sus convicciones. ¿Quién estaría dispuesto a morir por defender una mentira? Si los discípulos mentían, engañaban deliberadamente al mundo entero.

Una de las razones de la propagación del cristianismo en el siglo I d.C. era el comportamiento puro, honesto, sincero y veraz de los discípulos.

> "Jesús le dijo: Porque me has visto, Tomás, creíste; bienaventurados los que no vieron y creyeron" (Juan 20:29).

Todo el mensaje de Cristo es que nos amemos unos a otros, seamos amables y digamos la verdad. ¿Podrían haber vivido una mentira colosal? No, habían visto a Cristo resucitado. Sus vidas cambiaron radicalmente. Así, salieron al mundo para contar la buena nueva del amor de Cristo por cada persona, de su muerte como su sustituto, de su resurrección para vencer a la muerte y que él vive.

Solo un discípulo se libró del martirio. Santiago, hijo de Alfeo, fue apedreado y Tadeo, su hermano, decapitado. Pedro, Andrés, Felipe y Bartolomé fueron crucificados. Mateo, Tomás y Santiago, hijo de Zebedeo, fueron muertos a espada. Marcos fue arrastrado hasta morir. Tan solo Juan murió de viejo.

Señor, ya sea por mi vida o por mi muerte, quiero ser siempre un testigo de la verdad.

Santificarlo

Basado en Mateo 12:8

UNA JOVEN PAREJA alquiló una casa de vacaciones durante una semana. Una tarde el esposo miró por una ventana que estaba junto a la piscina y exclamó: "¿Qué te parece si nos cambiamos de ropa y hacemos algo de ejercicio?". Su esposa, que estaba fregando los platos en la cocina y, mirando por la ventana, veía a algunas personas que jugaban al tenis, estuvo de acuerdo. Mientras ella se vestía para jugar un partido de tenis, él se puso el traje de baño. La ventana que una persona escoge para mirar el mundo determina su percepción de la realidad.

¿A través de qué ventana mira usted cuando se aproxima el sábado? Para muchos ese día es como un semáforo en rojo. Llega el viernes y cuando el sol empieza a ponerse tenemos que echar el freno a la vida; aun así, acabamos ignorando el semáforo. Nos pasamos las horas del sábado mirando el reloj hasta que, llegada la puesta de sol, chirrían los neumáticos... y vuelta a la vida.

> "Y les di también mis sábados, para que fueran por señal entre yo y ellos, para que supieran que yo soy Jehová que los santifico" (Ezequiel 20:12).

Otros consideran que el día de reposo es como estar en la cárcel. Incapaces de hacer lo que quieren, no pueden esperar hasta el atardecer. Hay algunos que se dedican a una "creativa" observancia del sábado. Nada más acabar el servicio de culto en la iglesia, salen disparados al restaurante más próximo. Aún otros dicen que para ellos es una bendición pasar el sábado en la piscina, jugando en la playa o viendo un poco de televisión.

Estoy convencido de que el sábado tiene algo especial para nosotros y quiero descubrir de qué se trata. La Biblia promete: "Bienaventurado el hombre que hace esto, el hijo del hombre que lo abraza: que guarda el sábado para no profanarlo, y que guarda su mano de hacer lo malo [...] Y a los hijos de los extranjeros que sigan a Jehová para servirle, que amen el nombre de Jehová para ser sus siervos; a todos los que guarden el sábado para no profanarlo, y abracen mi pacto, yo los llevaré a mi santo monte y los recrearé en mi casa de oración" (Isa. 56:1, 2, 6, 7).

Busque el significado de la palabra "profanar". Suena como algo que no queremos hacer.

Un aniversario

Basado en Mateo 12:8

RESUELVA ESTE ACERTIJO: ¿Cuándo es el cumpleaños de la madre de Adán? Respuesta: La madre de Adán es la tierra (ver Gén. 2:7). Todos los sábados celebramos el cumpleaños de la tierra. Pensar en el sábado como un cumpleaños es agradable, pero no acabo de sentirme cómodo con la idea. Deje que se lo explique. Mi cumpleaños es el de una sola persona: yo. En mi cumpleaños, ¿dónde está el centro de atención? Soy yo. Digámoslo claro, en mi cumpleaños yo soy el homenajeado.

Por otra parte, yo prefiero ver el sábado como un aniversario de boda. Los aniversarios de boda no tienen que ver con el *yo* sino con el *nosotros*. El sábado no tiene que ver solo conmigo, sino con nosotros: Dios y yo. Solo celebran aniversarios de boda las personas casadas. El sábado es para personas comprometidas. Según las Escrituras, el séptimo día es una señal entre Dios y quienes lo sirven (Éxo. 31:13). Por tanto, si alguien no sirve a Dios o no considera a Jesús como su Señor, el sábado no le incumbe. A veces suponemos que, si predicamos el sábado en todo el mundo, terminaremos la misión de Dios en la tierra. No, el mundo no necesita el sábado. Necesita a Jesús. Las bendiciones del sábado llegan después de que la persona se ha comprometido con Jesús; igual que sucede con un aniversario de boda, que se celebra después del matrimonio.

"Santificad mis sábados, y sean por señal entre mí y vosotros, para que sepáis que yo soy Jehová, vuestro Dios" (Ezequiel 20:20).

Pero los aniversarios de boda se producen solo una vez al año. Dios sabía que necesitamos tiempo de calidad con él más de una vez al año. Por eso nos dio un "aniversario" cada siete días. Durante seis días trabajamos duro, pero el séptimo tenemos libertad para descansar (Éxo. 20:8-11).

Jesús quiere que dejemos a un lado las cosas de la semana que nos han fatigado y estresado para que podamos descansar en él.

En cierta ocasión, el conductor de un carro de heno, de camino al mercado, adelantó a un anciano que llevaba a cuestas una pesada carga. Se compadeció de él y lo invitó a subir al vehículo. Agradecido, el anciano aceptó y subió a la parte de atrás. Después de unos minutos, el conductor se volvió para ver cómo estaba el hombre. Para su sorpresa, descubrió que el anciano todavía se debatía bajo la pesada carga porque no se la había quitado de los hombros. El sábado es un momento para quitar las cargas de los hombros.

Suelte el arco

Basado en Mateo 12:8

NO SÉ CÓMO a alguien se le pudo ocurrir la idea de que cada semana, cuando llega el sábado, Dios nos quita algo bueno. Por lo menos algunos lo ven de esa manera. No obstante, los casados no consideran que su aniversario sea la negación de nada bueno. Por ejemplo, suponga que es su aniversario y usted y su cónyuge tienen previsto salir. Pero yo voy y digo:

—Oigan, ¿por qué no vienen los dos a mi casa esta noche?

Inmediatamente, usted me contestaría:

—No, gracias.

—¿Qué sucede, no les caigo bien? —protestaría yo.

Y usted respondería:

—¡Claro que nos cae bien! Pero esta noche es nuestro aniversario de boda y queremos salir.

El aniversario del sábado es nuestro tiempo con Dios. Es nuestro. El mundo quiere compartir el sábado con nosotros, pero no debemos dejar que eso suceda. ¿Ha trabajado duro esta semana? Le voy a dar una buena noticia: en seis días o menos se librará de la rutina. Saber que no tenemos que soportarlo durante más de seis días ayuda a sobrevivir. Jesús invita a todos los que están cansados a descansar en él (Mat. 11:28).

> "Acontecerá en aquel tiempo que la raíz de Isaí, la cual estará puesta por pendón a los pueblos, será buscada por las gentes; y su habitación será gloriosa" (Isaías 11:10).

Un hombre vio que un profesor participaba en los juegos infantiles de unos niños. Se echó a reír y le preguntó al profesor por qué desperdiciaba su tiempo con una actividad tan frívola. El profesor respondió tomando un arco, soltando la cuerda y volviéndolo a poner en el suelo. Entonces dijo al criticón:

—Ahora resuelva el acertijo, si es que puede... Díganos qué implica que el arco no tenga cuerda.

El hombre lo miró unos instantes, pero no tenía ni idea de a qué se refería el profesor. El profesor explicó:

—Si mantiene un arco en tensión constante, llegará un momento en que se romperá; pero si suelta la cuerda y permite que se enderece, cuando lo necesite, estará en mejor condición.

Cuando Dios "reposó de toda su obra" (Gén. 2:3), estableció una pauta para nosotros. Deberíamos tomarnos su ejemplo muy en serio. Por tanto, reserve cada sábado como un tiempo especial para reposar físicamente y para renovarse espiritual y emocionalmente. Si dedica tiempo a "aflojar el arco", estará en las mejores condiciones para el Señor.

Solo Dios y usted

Basado en Mateo 12:8

LE EXPLICARÉ qué es, a mi juicio, una buena guía para la observancia del sábado. Recuerde que el sábado no tiene nada que ver con el reloj o el calendario, sino con nuestra relación con Dios. El aniversario de boda es importante porque celebra el matrimonio. Por tanto, si el sábado tiene algún significado, este surge del compromiso con Jesús.

Supongamos que se acerca nuestro aniversario de boda y mi esposa me pregunta:

—Cariño, ¿qué haremos el día de nuestro aniversario? ¿Qué te parece si comemos fuera?

Yo podría responder:

—Sí, vayamos.

Luego añade:

—Es que últimamente hemos trabajado mucho y creo que sería agradable que fuéramos solo nosotros dos.

—¿Qué dices? ¿Nosotros dos solos? —protesto—. Yo había pensado en llevar a alguien con nosotros.

—¿En quién pensabas?

—En Alice, una antigua novia de los días en que iba a la academia. Esta semana está en la ciudad.

Por suerte, la ilustración se acaba aquí.

> "Si retraes del sábado tu pie, de hacer tu voluntad en mi día santo, y lo llamas 'delicia', 'santo', 'glorioso de Jehová', y lo veneras, no andando en tus propios caminos ni buscando tu voluntad ni hablando tus propias palabras, entonces te deleitarás en Jehová" (Isaías 58:13-14).

Pero queda claro que sería algo muy inapropiado. Dejé de amar al mundo y las cosas que están relacionadas con él (1 Juan 2:15). Así, cuando pienso en lo que es apropiado hacer en este día tan especial, un buen principio a seguir es el siguiente: No traer a las antiguas parejas. Pertenecen a la vida antigua. Por eso no voy a la playa en sábado. La playa es para los otros días, para otras ocasiones, pero no para el aniversario del sábado. Tampoco voy al restaurante en sábado, porque el ambiente me distrae. Soy de la opinión que, en la medida de lo posible, deberíamos rodearnos de un ambiente y la compañía de quienes celebran el aniversario de manera parecida a la nuestra.

Si yo insistiera en llevar a mis antiguas novias al aniversario de mi boda, mi esposa empezaría a dudar si realmente siento algo por ella. De manera similar, si pasamos el sábado relacionándonos con el mundo y divirtiéndonos, no tarda en surgir la pregunta de si realmente valoramos nuestra relación con Dios.

Planifique el día

Basado en Mateo 12:8

EN CIERTA OCASIÓN, un escultor de renombre recibió la visita de un escritor famoso. El visitante vio un gran bloque de mármol en una esquina y preguntó para qué era.

—Aún no lo sé. Todavía no tengo un plan decidido.

El escritor quedó sorprendido.

—¿Quieres decir que planificas tu trabajo? ¿Por qué? Yo cambio de opinión varias veces al día.

—Eso está muy bien para un manuscrito que pesa poco más de un kilogramo —respondió el escultor—, pero no para un bloque de mármol de más de tres toneladas y media...

"Ahora, pues, Israel, ¿qué pide de ti Jehová, tu Dios, sino que temas a Jehová, tu Dios, que andes en todos sus caminos, que ames y sirvas a Jehová, tu Dios, con todo tu corazón y con toda tu alma" (Deuteronomio 10:12).

El sábado es como un bloque de mármol. Podemos echarlo a perder, podemos desperdiciarlo o podemos sacar lo mejor de él; bastará con que pensemos y planifiquemos un poco. Estoy convencido de que honrar las horas del sábado tiene mucho que ver con planificar por adelantado; no tanto criticando lo que no se debiera hacer, sino planeando cosas que sí podemos hacer. En los próximos días, le explicaré algunas de las cosas que nuestra familia hace para que el sábado tenga un significado. Tan pronto como empiece a pensar en ello, descubrirá que las posibilidades de honrar a Jesús en su día son infinitas.

Dios nos dio seis días para hacer nuestro trabajo y se reservó para sí el séptimo. Ese día tendría que ser una bendición para nosotros, un día en el que podamos poner a un lado todos los asuntos seculares y centrar el pensamiento en Dios y en el cielo.

Un día, un hombre desafió a otro para ver quién de los dos hacía más leña durante todo un día. El desafiador se esforzó mucho y solo hizo una corta pausa para almorzar. El otro tomó el almuerzo tranquilamente e hizo varias pausas a lo largo del día. Al final del día, el retador estaba sorprendido, y molesto, al comprobar que el otro había cortado mucha más madera que él.

—No lo entiendo —dijo—. Cada vez que yo comprobaba cómo iba el desafío, tú estabas descansando y, sin embargo, has cortado más madera que yo...

—Pero no te fijaste —dijo el ganador— en que yo me dedicaba a afilar el hacha cada vez que me sentaba a descansar.

El descanso del sábado es como afilar el hacha. El resto de la semana pasa de manera más agradable.

La preparación es la clave

Basado en Mateo 12:8

REPASANDO LA HISTORIA de los israelitas y el maná podemos sacar una gran lección sobre la preparación del sábado. En el sexto día se depositaba una cantidad doble de maná y el pueblo tenía que reunir doble ración. En la actualidad, el Señor es tan escrupuloso con respecto a su sábado como lo era en tiempos de los hijos de Israel.

¿Sabe usted cómo hacer que el sábado lo bendiga doblemente? Una de las bendiciones procede de las propias horas del sábado y la otra se obtiene con la preparación de su llegada. Dos de nuestros hijos viven en otro estado, por lo que se puede imaginar cuánto nos alegramos cuando nos visitan. Varios días antes de su llegada mi mujer se afana limpiando sus habitaciones y yendo a la tienda de comestibles. Hemos descubierto que la preparación es ya la mitad de la diversión.

Cuando yo era niño, el viernes era un día de preparación. Dábamos betún a los zapatos y preparábamos la ropa. Mi madre hacía limpieza general a la vez que se pasaba el día en la cocina, horneando y cocinando deliciosos manjares. Finalmente, cuando el sol estaba a punto de ponerse, nos llamaba y nos sentábamos para adorar juntos al Señor.

> "Él les dijo: Esto es lo que ha dicho Jehová: 'Mañana es sábado, el día de reposo consagrado a Jehová; lo que tengáis que cocer, cocedlo hoy, y lo que tengáis que cocinar, cocinadlo; y todo lo que os sobre, guardadlo para mañana'" (Éxodo 16:23).

En la actualidad, muchas mujeres trabajan fuera de casa y los esposos tienen un largo trayecto desde casa al trabajo. Es probable que ni siquiera puedan llegar antes de la puesta de sol. Si tenemos en cuenta esto, es imposible prepararse para el sábado como antes. Por tanto, en casa, la preparación para el sábado empieza ya el jueves con las compras semanales y también alguna que otra limpieza a fondo. El viernes por la tarde nos ocupamos de los asuntos de última hora. A mí me toca pasar la aspiradora y acabar las limpiezas que quedaron pendientes el jueves por la noche.

Sabemos a qué hora aproximada llegan nuestros hijos que viven fuera de la ciudad y nos aseguramos de estar en casa para encontrarnos con ellos. Con el sábado se aplica un principio similar. Si todavía no tiene la costumbre de orar y hablar con Jesús cuando empieza el sábado, insisto en que lo intente. Es algo que esperará toda la semana porque en ese momento se reunirá con todo el cielo en el descanso y la alabanza.

Tradiciones familiares

Basado en Mateo 12:8

DESDE HACE MUCHOS AÑOS, nuestra familia tiene la costumbre de reunirse en una cena especial todos los viernes por la noche. Ponemos la mejor vajilla y el mejor juego de cubiertos. Adornamos la mesa con velas. La noche del viernes me gusta que en casa haya velas. Después de todo, Jesús es la Luz del mundo y nos dice que tenemos que hacer que nuestra luz brille. Antes de comer, nos sentamos alrededor de la mesa y cantamos. Si solo estamos mi esposa y yo, el resultado es penoso; pero cuando nos acompaña alguno de nuestros hijos o algún otro invitado, de manera que se pueda hacer un poco de armonía, puede ser muy agradable. Después de cantar algunos himnos, seguimos una de las lecturas antifonales que se encuentran al final del himnario. Finalmente cantamos el himno "No te olvides nunca del día del Señor" (*Himnario adventista*, ed. 2010, nº 543).

Después de los cantos, recitamos el mandamiento del sábado, oramos y empezamos a comer. Nunca adivinará cuál es nuestra comida especial del viernes por la noche... ¡Pizza! Mi mujer la confecciona con una base precocinada o, a veces, con un pan de pita redondo. Cuando vivíamos en el extranjero, para prepararla, tenía que partir de cero. Pero ahora reúne cosas de aquí y de allí, nada extravagante, difícil o caro, y las junta. Cuando nuestros hijos vienen a casa de visita esperan que el viernes por la noche coman la "pizza de mamá". Por cierto, si se quiere, es posible hacer una pizza *vegana*. Después de la cena, nos sentamos juntos en la sala de estar y hablamos; algo para lo que, por lo general, no tenemos tiempo durante los otros días de la semana. Entonces celebramos un corto culto familiar y nos vamos a la cama. Así pasan la tarde y la noche del viernes para nosotros. Como ve, las tradiciones son agradables porque permiten que las ocasiones puedan ser muy especiales.

> "¿Quién como tú, Jehová, entre los dioses? ¿Quién como tú, magnífico en santidad, terrible en maravillosas hazañas, hacedor de prodigios?" (Éxodo 15:11).

Unas palabras para las familias con niños: Si los niños tienen edad suficiente, permítanles que participen en el culto familiar. Todos pueden tener una Biblia y leer un versículo o dos. Luego canten un himno y continúen con una oración. Sería bueno que animaran a los niños para que cada uno dijera una oración. Cuando llegue el turno de los mayores para orar, no se alarguen demasiado y pidan cosas con las que los niños puedan estar familiarizados. En casa siempre cerramos el tiempo de oración recitando el Padrenuestro juntos. El culto familiar tendría que ser un momento interesante y alegre.

Estar con la gente de Dios

Basado en Mateo 12:8

HONRAR A DIOS el sábado por la mañana no es nada difícil, siempre y cuando ese tiempo esté ocupado con la Escuela Sabática y el culto de adoración. Por desgracia, algunos descuidan la asistencia a la iglesia aunque las Escrituras nos digan que debemos ir (ver Heb. 10:25). He oído que algunos dicen que andar por el bosque o por la playa los llena más que ir la iglesia. Estoy seguro de que estar a solas con Dios en la naturaleza inspira y es una bendición, pero no debemos verlo como un sustituto de la reunión con el cuerpo de Cristo (ver Mat. 18:20).

Algunos miembros de la iglesia no se acercan a la Escuela Sabática. Puede ser por dos razones. En primer lugar, el sábado por la mañana, a la gente le gusta dormir hasta un poco más tarde; y, en segundo lugar, a veces, al programa de la Escuela Sabática le sobra tanta improvisación y le falta tanta preparación que no consigue captar el interés de los asistentes. En algunos lugares, los fieles dedican casi todo el día a la iglesia. Muchos llegan a la iglesia el sábado por la mañana y no regresan a casa hasta la noche. Para ellos, el día está lleno de adoración, comunión y actividades misioneras.

> "No dejando de congregarnos, como algunos tienen por costumbre, sino exhortándonos; y tanto más, cuanto veis que aquel día se acerca" (Hebreos 10:25).

Se lo recomiendo, no desprecie la experiencia de asistir a la iglesia. Cuando enfermamos físicamente, llamamos a una ambulancia para que nos lleve al hospital. Sin embargo, cuando enfermamos espiritualmente, en lugar de asistir a la iglesia, solemos alejarnos de ella. Si empieza a tener la sensación de que prefiere alejarse de la iglesia, ese es el momento de esforzarse por no dejar de asistir.

¿Qué sucede con la tarde del sábado? Recuerde el principio del aniversario y no busque antiguas parejas (1 Juan 2:15). Recuerde que hacer cosas con otros observadores del sábado puede ser una gran bendición. En la planificación está la clave.

Se preguntará qué pienso de dormir una siesta. Echar una cabezada estaría bien, pero tenemos que resistir a la tentación de dormir toda la tarde. Además del descanso físico, necesitamos un cambio de ritmo. La vida puede convertirse en una rutina aburrida. El sábado puede romper esa rutina y darnos una nueva perspectiva. Pero si nos quedamos en la cama todo el sábado, el viernes se mezcla con el domingo y nos habremos perdido el cambio que tanto necesitábamos.

¿Se imagina a Jesús durmiendo todos los sábados?

¿Quién es su familia?

Basado en Mateo 12:46

MI ESPOSA y yo damos gracias a Dios por la familia que tenemos: cuatro hijos y ocho nietos. Durante cinco años vivimos en Santiago de Chile, por lo que todos mis hijos hablan español. Debido a los muchos años que vivimos como misioneros, pasamos mucho tiempo juntos y somos una familia muy unida. Hace ya tiempo que volvimos a los Estados unidos, pero una cosa que echo de menos de otras culturas es que sus familias tienden a estar más unidas.

Con todo, una familia demasiado unida puede tender a cerrar las puertas a quienes no son parientes. Esto se hace evidente en algunas congregaciones, en las que las familias preeminentes ejercen el liderazgo como si la iglesia fuera su predio particular.

Jesús tenía una familia. Sabemos que tenía una madre, un padre y varios hermanos. Un día, mientras Jesús estaba enseñando a la gente, alguien lo interrumpió para decirle que su madre y sus hermanos estaban fuera y querían verlo. Estoy seguro de que la persona estaba convencida de que, dándole el recado a Jesús, le hacía un favor. Puede que la respuesta de Jesús sorprenda a algunos.

> "Y extendiendo su mano hacia sus discípulos, dijo: 'Estos son mi madre y mis hermanos'" (Mateo 12:49).

"Respondiendo él al que le decía esto, dijo: '¿Quién es mi madre y quiénes son mis hermanos?' Y extendiendo su mano hacia sus discípulos, dijo: 'Estos son mi madre y mis hermanos, pues todo aquel que hace la voluntad de mi Padre que está en los cielos, ese es mi hermano, mi hermana y mi madre'" (Mat. 12:48-50).

Jesús no era ni descortés ni desconsiderado. Recuerde que, mientras agonizaba en la cruz, una de las últimas cosas que hizo fue pedirle al apóstol Juan que se hiciera cargo de su madre. No, lo que Jesús decía ese día era que para ser miembro de su familia no es preciso que exista un vínculo de sangre. Cualquier persona que hace la voluntad del Padre celestial es miembro de la familia de Jesús. Esto significa que ser un miembro de la familia de Cristo es una relación espiritual.

Y eso también significa que, si usted es viudo, en Cristo usted tiene una familia. Si usted vive en una familia que no es creyente y sus parientes no lo aceptan como cristiano, en Cristo tiene una familia. El compositor Bill Gaither escribió estas palabras extraordinarias: "Soy feliz de tener la familia de Dios. / Me limpió en su sangre, me transformó. / Soy heredero con Jesús, el Señor, / porque soy su familia, familia de Dios".

Somos sembradores

Basado en Mateo 13:1-9

¿CÓMO SE GANA usted la vida? ¿Trabaja en una oficina? ¿Trabaja al aire libre? ¿Es maestro? ¿Se dedica a la carpintería o a la enfermería? Tal vez usted sea estudiante o ama de casa. Tengo una noticia para usted: Si ama al Señor y quiere que su reino crezca, también es agricultor.

Jesús dijo que aquellos que difunden el evangelio son como un sembrador que esparce semillas en un campo. El campo no es suyo, sino de su amo. El sembrador tampoco esparce su semilla, sino la de su Señor. Cuando acudimos a Jesús y le pedimos que nos enseñe su evangelio, él llena nuestro cesto con la buena semilla del reino. Luego podemos ir en nombre de nuestro Señor y esparcir la preciosa verdad.

El buen sembrador esparce mucha semilla en todas direcciones. Si apuntamos bajo, tendremos la certeza de dar en el blanco. Sin embargo, nuestro deber es apuntar alto y sembrar con generosidad, sin desanimarnos. No podemos seguir desaprovechando las oportunidades de sembrar que se nos presenten. Estamos rodeados de campos. No espere que Dios lo guíe, porque él ya lo hizo. No diga que está buscando una puerta abierta; la puerta está abierta de par en par; y estará así hasta el día no muy lejano en que Dios la cierre y entonces ya no será posible sembrar más.

"Irá andando y llorando el que lleva la preciosa semilla, pero al volver vendrá con regocijo trayendo sus gavillas" (Salmo 126:6).

¿Cómo tenemos que sembrar? Con generosidad. "Pero esto digo: El que siembra escasamente, también segará escasamente; y el que siembra generosamente, generosamente también segará" (2 Cor. 9:6).

Siembre apasionadamente. Aquí aparecen las lágrimas. "Irá andando y llorando el que lleva la preciosa semilla, pero al volver vendrá con regocijo trayendo sus gavillas" (Sal. 126:6). Si no las regamos con nuestras lágrimas, las semillas no germinan.

Siembre con paciencia. "No nos cansemos, pues, de hacer bien, porque a su tiempo segaremos, si no desmayamos" (Gál. 6:9). ¡No se rinda! El sembrador no siembra el lunes para segar el martes, ni aun la semana o el mes siguiente. Sencillamente, deposite la semilla y confíe los resultados a Dios.

Crecer en Cristo

Basado en Mateo 13:1-9

UNA VEZ PREGUNTÉ a unos "misioneros" de otra denominación a cuantas puertas tenían que llamar antes de que alguien les pidiera un estudio bíblico. Su respuesta fue: "Unas cien". Admiro su persistencia. No me queda más remedio que admitir que yo, tras cinco negativas seguidas, me desanimaría. Si en lugar de cinco, fueran diez, probablemente arrojaría la toalla.

Si damos crédito a nuestras percepciones, la siembra puede ser algo desalentador. Es una obra de fe. Nuestra responsabilidad consiste en esparcir la semilla, pero nosotros no segaremos la cosecha. Cuando el agricultor esparce las semillas, parece que las arroja al azar. Introduce la mano en la bolsa y extrae un puñado de semillas. Luego las echa al suelo y sigue avanzando. Ese es su trabajo, hace lo que se espera de él.

Transcurre el tiempo y, aparentemente, en el campo no sucede nada. Sale el sol, cae la lluvia y nada cambia. Un sembrador inexperto se desanima porque no ve nada que crezca de inmediato. Pero, lentamente, la semilla crece bajo la superficie: primero una brizna, luego la espiga y, finalmente, los granos.

"Los que sembraron con lágrimas, con regocijo segarán" (Salmo 126:5).

Cuando el agricultor siembra una semilla, no piensa que recolectará más semillas; piensa en la harina que obtendrá de los granos molidos. Cuando esparcimos la semilla de la verdad, no esperamos cosechar más semillas. Deseamos que el carácter de Cristo se desarrolle en los demás, de manera que el reino crezca y el granero de Dios se llene.

Sin embargo, no debemos olvidar que Satanás también busca almas. "Satanás trabaja ahora con todo su poder insinuante y engañoso, para desviar a los hombres de la obra del mensaje del tercer ángel, que ha de ser proclamado con gran poder. Cuando el enemigo vea que el Señor bendice a su pueblo, y lo prepara para discernir sus engaños, él trabajará con su poder magistral para introducir el fanatismo por una parte y el frío formalismo por la otra, a fin de que pueda recoger una cosecha de almas. Ahora es el tiempo de velar incesantemente. Vigilad el primer paso de avance que Satanás puede hacer entre nosotros" (*Servicio cristiano*, p. 51).

La semilla

Basado en Mateo 13:1-9

HACE UN TIEMPO, a mi nieto le compré una maceta, una bolsa de tierra y varias semillas de girasol. Lo ayudé a poner las semillas en la tierra y luego esperamos unas semanas; pero no creció nada. ¿Cuál era el problema? ¿Las semillas estaban mal? ¿O quizá tan magros resultados tenían que ver con que se le olvidara regarlas y ponerlas al sol?

Piense en el gran potencial contenido en una pequeña semilla. Con tan solo un puñado de pepitas de manzana ya se puede hablar de la posibilidad de un manzanar entero.

"Cada semilla tiene en sí un poder germinador. En ella está encerrada la vida de la planta. Así hay vida en la Palabra de Dios. Cristo dice: 'Las palabras que yo os he hablado, son espíritu, y son vida'. 'El que oye mi palabra, y cree al que me ha enviado, tiene vida eterna' (Juan 6:63; 5:24). En cada mandamiento y en cada promesa de la Palabra de Dios se halla el poder, la vida misma de Dios, por medio de los cuales pueden cumplirse el mandamiento y la promesa. Aquel que por la fe recibe la palabra, está recibiendo la misma vida y carácter de Dios. Cada semilla lleva fruto según su especie. Sembrad la semilla en las debidas condiciones, y desarrollará su propia vida en la planta. Recibid en el alma por la fe la incorruptible simiente de la Palabra, y producirá un carácter y una vida a la semejanza del carácter y la vida de Dios" (*Palabras de vida del gran Maestro*, pp. 19, 20).

> "Después dijo Dios: 'Produzca la tierra hierba verde, hierba que dé semilla; árbol que dé fruto según su especie, cuya semilla esté en él, sobre la tierra'. Y fue así" (Génesis 1:11).

Hace unos años, en las profundidades de una pirámide de Egipto, se encontró una semilla. Se calculó que tenía unos tres mil años de antigüedad. Los arqueólogos la plantaron para ver si crecía y se reproducía... ¡y lo hizo!

La semilla de la Palabra esconde un asombroso potencial. Dios dice: "Así será mi palabra que sale de mi boca: no volverá a mí vacía, sino que hará lo que yo quiero y será prosperada en aquello para lo cual la envié" (Isa. 55:11).

¿En su corazón vive y crece la semilla de la Palabra?

Siembre, nada más

Basado en Mateo 13:1-9

SOY UN HORTELANO IMPACIENTE. Una vez he terminado de sembrar, me quedo un rato de pie, mirando mi pequeño huerto. Luego, cada día, voy al huerto y vuelvo a mirar. Estoy ansioso por ver cómo salen de la tierra los primeros brotes.

Jesús relató la parábola de un agricultor que sembraba un campo de trigo. Primero preparó el suelo, pero después sembró y ya no pudo hacer nada más para que crecieran las semillas. Aquella noche se fue a dormir y, a la mañana siguiente, cuando se levantó, probablemente ya se había olvidado de las semillas que había esparcido o, si llegó a echar un vistazo al campo, se dedicó a otros asuntos. No obstante, las semillas germinaron y el trigo creció.

Jesús preparaba a sus discípulos para que predicaran el evangelio y no quería que se desanimaran en caso de no ver resultados inmediatos. Por eso se sirvió de esta parábola para ilustrar que ellos tenían que plantar la semilla, pero que quien la hacía crecer era Dios.

> "Y les dijo: 'La mies a la verdad es mucha, pero los obreros pocos; por tanto, rogad al Señor de la mies que envíe obreros a su mies" (Lucas 10:2).

Esta parábola también se nos aplica a nosotros. Somos como el agricultor. Podemos escoger el lugar donde sembraremos, reunir todos los materiales necesarios, preparar el suelo, abonar, sembrar y desbrozar. Pero no podemos hacer nada más que eso. No podemos hacer que las semillas crezcan.

Si se siembra la semilla, o la Palabra de Dios, con fe y se recibe con fe, Dios hace el resto. El Espíritu de Dios obra después de que nosotros nos hayamos marchado (ver Job 33:15, 16). Los profetas no viven para siempre, pero la Palabra que predicaron está haciendo su obra, aun cuando ellos estén en la tumba (ver Zac. 1:5, 6).

El suelo es el corazón del que oye. Quizá sea duro, rocoso y poco profundo; quizá esté lleno de maleza; o quizá sea suelo bueno (Mat. 13:4-8). Hacemos lo que podemos para preparar el suelo, pero después de eso, ya no está en nuestras manos hacer nada más.

Cristo quiso inculcar esta idea en sus discípulos. No se trataba de ellos, sino del poder milagroso de Dios, que da eficacia a su propia Palabra. Sencillamente, siga sembrando.

Un día para la madre

Basado en Juan 19:27

EL DÍA DE LA MADRE ha sido reconocido de manera especial durante muchos años. ¡Más de cuarenta países de todo el mundo lo celebran!

El Día de la Madre en España: Se celebra el primer domingo de mayo. Al igual que en otros lugares, en ese día se homenajea a todas las madres del país. Por toda España las tiendas hacen su agosto vendiendo bombones, flores y tarjetas de felicitación. A los niños les encanta hacer manualidades para regalarlas a sus madres.

El Día de la Madre en México: Se celebra el 10 de mayo. Es una fiesta muy popular en todo el país, con acontecimientos especiales patrocinados por las escuelas, las iglesias, los municipios y otros grupos cívicos. La tradición familiar establece que los hijos vayan a casa de sus madres la víspera del Día de la Madre (9 de mayo).

El Día de la Madre en Jamaica: Se celebra el 9 de mayo. Es una ocasión en la que las madres reciben muestras de agradecimiento y amor en forma de tarjetas y flores, así como en ocasiones especiales en las que se reúne toda la familia.

El Día de la Madre en los Estados Unidos: Se dice que la primera en sugerir el Día de la Madre fue Julia Ward en 1872. La fiesta ganó popularidad debido, principalmente, a los esfuerzos de Anna M. Jarvis, quien convenció a la iglesia de su madre, en Virginia Occidental, que celebrara el Día de la Madre en el segundo aniversario de la muerte de su madre, el segundo domingo de mayo. Hacia 1911, el Día de la Madre se celebraba en casi todos los estados y las flores no tardaron en convertirse en tradición casi obligada para expresar el amor hacia las madres.

> "Como aquel a quien consuela su madre, así os consolaré yo a vosotros, y en Jerusalén recibiréis consuelo" (Isaías 66:13).

Tal vez María, la madre de Jesús sea la madre más extraordinaria que jamás haya conocido el mundo. Aquel día en que estaba al pie de la cruz fue el más terrible. Su hijo Jesús agonizaba. Me emociona pensar que una de sus últimas preocupaciones fue pensar en su madre. "Cuando vio Jesús a su madre y al discípulo a quien él amaba, que estaba presente, dijo a su madre: 'Mujer, he ahí tu hijo'. Después dijo al discípulo: 'He ahí tu madre'. Y desde aquella hora el discípulo la recibió en su casa" (Juan 19:27).

Gracias, Jesús, por darnos las madres.

Corazones duros

Basado en Mateo 13:1-9

¿POR QUÉ los agricultores aran los campos antes de sembrar? Parece un trabajo excesivo. ¿Por qué no arrojan las semillas en el campo yermo y se conforman con lo que venga?

Los agricultores quieren buenas cosechas. Saben que la tierra tiene que ser roturada y ablandada para que las semillas, después de cubrirlas, puedan abrirse paso hacia la superficie y empiecen a crecer. Las semillas que caen en el sendero, donde la tierra ha sido compactada por el tránsito, no pueden echar raíces.

Los corazones pueden volverse indiferentes y endurecerse tanto como el polvo del camino. Es posible que alguien que asiste a la iglesia no busque la bendición. No quieren adorar a Dios ni para permitir que los cambie algo que escuchen.

Están ahí "porque toca" o, sencillamente, por costumbre. Su corazón se parece más a una carretera que a un campo de trigo.

Tienen el corazón apisonado por los camiones de la maldad de Satanás. Por ella circulan los automóviles del orgullo y los pies del codicioso materialismo, hasta el punto de volverla dura como el hormigón. No les queda tiempo para pensar en la religión. El camino de su corazón es como una carretera atascada en la que no queda espacio para que germine el trigo. Y, si empieza a crecer, unos pies ásperos ya se encargarán de aplastar la verde brizna antes de que pueda madurar.

"Porque así dice Jehová a todo hombre de Judá y de Jerusalén: Arad campo para vosotros y no sembréis entre espinos" (Jeremías 4:3).

La parábola nos dice que las aves bajaron y se comieron la semilla. Hay muchos malvados prestos a llevarse el evangelio del corazón. El diablo, el príncipe de las tinieblas, aprovecha cualquier oportunidad para arrebatarnos un buen pensamiento.

¿Cómo podemos evitar tener un corazón duro e indiferente? Dejando que el arado del Espíritu Santo lo roture y lo suavice, de modo que la semilla de la verdad pueda entrar en él y germinar.

"Debe cultivarse el jardín del corazón. Debe abrirse el terreno por medio de un profundo arrepentimiento del pecado [...]. Así también, solo se pueden vencer las malas tendencias del corazón humano por medio de esfuerzos fervientes en el nombre de Jesús y con su poder" (*Palabras de vida del gran Maestro*, p. 37). Si se lo permitimos, el Señor lo hará con nosotros.

Corazones poco profundos

Basado en Mateo 13:1-9

DURANTE ALGÚN TIEMPO estuve inscrito en un gimnasio. Quería ir tanto como fuese posible para hacer algo de ejercicio o nadar. Vi que cada mes de enero el gimnasio se llenaba de gente con el firme objetivo de nadar, hacer ejercicio y caminar. A medida que avanzaba el año, uno tras otro, iban desapareciendo; hasta que, hacia la mitad del año, solo quedaban los mismos de siempre.

Las personas que empiezan con fuerza pero abandonan a medio camino son como el pedregal. Cuando escuchan el evangelio, se entusiasman. Se los ve cada semana en la iglesia y cuentan a otros lo que el Señor ha hecho con su vida. Sin embargo, al cabo de un tiempo regresan las antiguas costumbres y algo los molesta; por lo que cada vez se les ve con menos frecuencia y acaban por desaparecer. Podríamos llamarlos cristianos Alka-seltzer: mucha espuma al principio y, luego, todo queda en nada. Son como un cohete defectuoso, que al principio arma mucho estrépito y escupe mucho fuego, pero nunca alcanzará a ponerse en órbita.

Bajo la superficie de su corazón se esconden graves rocas. La semilla de la verdad encuentra un poco de tierra y comienza a crecer. Pero entonces sale el sol de las circunstancias y el juicio; y la planta se marchita. El sol de verano que fortalece y madura las plantas sanas destruye a aquellos que no están bien enraizados. ¿Por qué se marchitan y mueren tan deprisa? No hubo una conversión real, nadie aró ni roturó el suelo. No hay arrepentimiento. Por eso el Espíritu Santo no los había impregnado.

> "Dame entendimiento, guardaré tu ley y la cumpliré de todo corazón" (Salmo 119:34).

"Muchos reciben el evangelio como una manera de escapar del sufrimiento, más bien que como una liberación del pecado. Se regocijan por un tiempo, porque piensan que la religión los libertará de las dificultades y las pruebas. Mientras todo marcha suavemente y viento en popa, parecen ser cristianos consecuentes. Pero desmayan en medio de la prueba fiera de la tentación. No pueden soportar el oprobio por la causa de Cristo. Cuando la Palabra de Dios señala algún pecado acariciado o pide algún sacrificio, ellos se ofenden. Les costaría demasiado esfuerzo hacer un cambio radical en su vida. Miran los actuales inconvenientes y pruebas, y olvidan las realidades eternas" (*Palabras de vida del gran Maestro*, p. 28).

Señor, ayúdame a quitar las rocas de mi corazón.

Corazones espinosos

Basado en Mateo 13:1-9

CUANDO VEO que los tallos de ciertas malas hierbas sobresalen del césped sé que ha llegado el momento de cortarlo. ¿Por qué, me pregunto, las malas hierbas crecen más rápido y con más fuerza que el césped? Es hora de esparcir algo de herbicida antes de que se adueñen del jardín.

La mundanalidad es como las espinas, los cardos y la maleza. La Biblia dice que, como las malas hierbas ahogan a las plantas beneficiosas, las preocupaciones, las riquezas y los placeres de la vida ahogan la Palabra de Dios en nuestros corazones. ¿Por qué no pueden crecer juntos y en paz? Porque el más fuerte ahoga al más débil. ¿Quién es el más fuerte? El que se alimenta más y mejor.

El terreno espinoso es un suelo fértil, porque está lleno de plantas sanas, aunque sean zarzas. Quizá conozcamos a alguien a quien no parece importarle demasiado todo lo que tiene que ver con la religión; que, aparentemente, está absorto en sus asuntos y las cosas del mundo. Pero nos equivocaríamos. El suelo que da una maleza lozana también puede dar abundante trigo.

> "Sobre toda cosa que guardes, guarda tu corazón, porque de él mana la vida" (Proverbios 4:23).

Supongamos que hemos permitido que algunas malas hierbas de mundanalidad crezcan en nuestro corazón y la semilla de la verdad cae en él. Al principio, la buena semilla germinará y comenzará a crecer; pero, al cabo de un tiempo, las plantas empiezan a prosperar juntas. Nosotros estamos contentos porque, en apariencia, tenemos lo mejor de ambos mundos y confiamos en que las plantas buenas acaben por ahogar a las malas sin demasiado esfuerzo por nuestra parte.

Si pensamos así, no comprendemos la fuerza del mal. Cuando menos lo esperemos, veremos que el trigo se encuentra en estado crítico; en cambio, las zarzas, los cardos y los espinos se habrán entrelazado de tal manera que el pobre trigo apenas si consigue captar un rayito de sol y la planta se muere.

Escuchamos la Palabra y la entendemos, pero nos apegamos a este mundo. Seguimos asistiendo a la iglesia y, mientras, la pobre y raquítica brizna de la religión sigue creciendo. Pero, poco a poco, Cristo y su iglesia van quedando fuera de nuestra vida porque la maleza del mundo los ha apartado. ¡No deje que le suceda! No seamos cristianos de suelo poco profundo.

El buen corazón

Basado en Mateo 13:1-9

¿EN QUÉ SE DISTINGUE una buena tierra? Un buen suelo debe proporcionar nutrición y apoyo a las raíces, además de permitir que tanto estas como el agua puedan moverse libremente. Sin sobreprecio alguno para usted, me permito darle algunos consejos para que pueda tener plantas sanas y lozanas: (1) No las riegue en demasía, (2) no las mueva, (3) ocúpese inmediatamente de los problemas y (4) recuerde las necesidades de la planta —un suelo óptimo, agua, una temperatura adecuada, luz y aire.

Si de la tierra del corazón se dice que es buena, no es porque lo sea por sí misma, sino porque la gracia ha hecho que así sea. Dios la aró. La removió con el arado de la convicción y ahora es un terreno fértil y mullido. Cuando se predica el evangelio, el corazón lo recibe.

Después de que la semilla ha sido sembrada en el corazón, germina y empieza a echar raíces. En consecuencia, al igual que la semilla que da ciento por uno, produce un amor ferviente, un corazón amable y un propósito consagrado. La persona se convierte en un poderoso siervo de Dios.

Otra semilla cae en un corazón con un carácter parecido. Esa persona no puede hacer tanto como otros, pero da lo que puede. Se entrega a sí misma a Dios y, en el trabajo, siempre habla de su Señor. Mientras da su paseo diario, tranquilamente, comparte el evangelio. Su fruto equivale a sesenta por uno.

> "Pero la que cayó en buena tierra son los que con corazón bueno y recto retienen la palabra oída, y dan fruto con perseverancia" (Lucas 8:15).

A continuación, la semilla cae en otro cuyas habilidades y talentos no son muchos. No puede hacer lo mismo que el mayor, pero siempre puede hacer algo, por humilde que sea. La semilla da un diez por uno, a lo sumo un veinte...

"'El corazón bueno y recto' mencionado en la parábola, no es un corazón sin pecado; pues se predica el evangelio a los perdidos. Cristo dijo: 'No he venido a llamar a los justos, sino a los pecadores'. Tiene corazón recto el que se rinde a la convicción del Espíritu Santo. Confiesa su pecado, y siente su necesidad de la misericordia y el amor de Dios. Tiene el deseo sincero de conocer la verdad para obedecerla. El 'corazón bueno' es el que cree y tiene fe en la palabra de Dios" (*Palabras de vida del gran Maestro*, p. 38).

¿Está su corazón preparado para recibir la semilla de la verdad?

La iglesia es el campo

Basado en Mateo 13:24-30

JESÚS RELATÓ una parábola que hablaba de un sembrador que sembraba cizaña a media noche. Tiene todo el aspecto de ser una historia apasionante y, de hecho, no decepciona. Un hombre sembró trigo en su campo, pero, durante la noche, un enemigo vino y también sembró cizaña. Al cabo de unas semanas, cuando se descubrió la treta, los siervos del hombre se ofrecieron para ir y arrancar la cizaña. Pero el hombre dijo que la dejaran porque, si la arrancaban, corrían el riesgo de arrancar el trigo con ella. Un relato corto, pero una lección importante.

El campo representa el mundo —o, en sentido más estricto, la iglesia—. En ella crecen y maduran las buenas semillas. Cristo es el sembrador de la buena semilla, los hijos de su reino. No cuesta adivinar quién es el enemigo que sembró la cizaña.

Además de ser inútil, la cizaña es dañina para las buenas semillas. Comparte la lluvia y el buen suelo con el trigo, pero no es buena para nada. Satanás, el enemigo de Dios y de los hombres, siempre siembra cizaña.

"No juzguéis, para que no seáis juzgados" (Mateo 7:1).

Quizá algunas iglesias de nuestro tiempo respondan a esta imagen. Suspiramos y lloramos porque deseamos que en la iglesia solo crezcan buenas plantas. Incluso podríamos llegar a desear la separación de aquellos que consideramos que son miembros inútiles y sin valor. Pero Jesús dice: "No, dejen que crezcan hasta el tiempo de la siega". Su amor y su compasión todavía trabajan para atraerlos a él. Si los arrancamos, no podrán crecer y madurar.

En cierta ocasión, un hombre se dirigía a Europa a bordo de un transatlántico. Cuando subió a bordo, descubrió que compartiría cabina con otro pasajero. Después de instalarse en el camarote, se acercó a la oficina del sobrecargo y preguntó si podía depositar su reloj de oro y otros objetos de valor en la caja fuerte del barco. Explicó que no tenía costumbre de hacerlo, pero que acababa de conocer al hombre con el que compartía cabina y, a juzgar por su apariencia, no le parecía muy de fiar. El sobrecargo aceptó la responsabilidad de guardar los objetos de valor y dijo: "De acuerdo, señor; estaré encantado de custodiarlos. El otro pasajero vino antes y me confió sus objetos de valor por la misma razón".

¿Trigo o cizaña?

Basado en Mateo 13:24-30

"QUIZÁ LAS MALAS HIERBAS no llaman la atención porque no tienen nada de espectacular", dice el experto Ricardo Labrada Romero. "Las sequías, los insectos y las enfermedades como la gripe aviar captan la atención porque sus efectos son aparatosos. Las malas hierbas son algo distinto. Causan estragos sin hacer ruido, mes tras mes y año tras año". Pero las cifras muestran claramente que las malas hierbas han de ser consideradas como el enemigo natural número uno de los agricultores.

"Si tenemos en cuenta que los agricultores dedican más de la mitad del tiempo que pasan en el campo a combatir las malas hierbas, las pérdidas económicas que estas ocasionan son cuantiosas", añade Labrada Romero. Si se quiere incrementar la productividad de las explotaciones agrícolas, uno de los primeros pasos a dar es mejorar la técnica para combatir las malas hierbas. En ningún lugar es tan importante como en África, continente en el que las malas hierbas son una de las principales causas del bajo rendimiento y la escasa productividad de la tierra. Puesto que no disponen de tecnología y solo tienen acceso a la fuerza de la mano de obra, los agricultores africanos se ven obligados a desbrozar a diario, lo que significa que una familia media no puede cultivar más de una hectárea o una hectárea y media.

"Dios, tú conoces mi insensatez, y mis pecados no te son ocultos" (Salmo 69:5).

Así como las malezas son el enemigo natural número uno de los agricultores, los miembros de iglesia inconversos hacen que Dios sea deshonrado, que la obra de salvación sea mal presentada y que las almas estén en peligro. Al principio, como las malas hierbas, no parecen perjudiciales. De hecho, es difícil diferenciar entre el trigo y la cizaña. Uno y otra brotan del suelo como pequeñas briznas verdes que buscan el sol. Ambos desarrollan tallos y sistemas de raíces. Ambos parecen sanos y robustos.

"Así como la cizaña tiene sus raíces estrechamente entrelazadas con las del buen grano, los falsos cristianos en la iglesia pueden estar estrechamente unidos con los verdaderos discípulos. El verdadero carácter de estos fingidos creyentes no es plenamente manifiesto" (*Palabras de vida del gran Maestro*, p. 51).

Ignoro si esta práctica persiste en la actualidad. En cierta ciudad, una vez al año, los lugareños celebraban una fiesta en la que, con el rostro oculto tras una máscara, iban por toda la población cometiendo actos que, de otra manera, no tendrían valor para cometer y entrando en lugares a los que, en condiciones normales, no se atreverían a entrar. Al ocultar la identidad tras una máscara se envalentonan. Un día, una congregación cristiana, preocupada por el abandono de la buena moral, esparció por toda la ciudad unos carteles en los que se leía: "Dios ve lo que hay detrás de la máscara". Es verdad. Él distingue el trigo de la cizaña incluso antes de que nosotros seamos capaces de apreciar alguna diferencia.

¿Qué es una mala hierba?

Basado en Mateo 13:24-30

¿CUÁL ES la diferencia entre una planta útil y una mala hierba? Dediqué algún tiempo a buscar la respuesta a esta pregunta, pero descubrí que no hay una regla de identificación definida. La mayoría de las fuentes bibliográficas definen las plantas que crecen de manera intencional en campos y jardines como plantas cultivadas. El resto de plantas que no se supone que deban estar y crecen de manera espontánea se definen como malas hierbas. Una mala hierba es, por tanto, una planta que crece en un lugar "equivocado".

Con esta definición en mente, si yo plantara una rosaleda y un grano de trigo cayera accidentalmente entre las flores, si llegase a germinar y a crecer hasta convertirse en una magnífica espiga de trigo, no quedaría más remedio que considerarla una mala hierba. No estoy del todo convencido de que esta sea la definición que Jesús quiso que entendiéramos cuando contó la historia del trigo y la cizaña (malezas). En la cizaña hay algo más siniestro que el hecho de ser una planta. Al final, encontré una definición de mala hierba que, según parece, se ajusta más a la intención de la parábola.

Algunas malas hierbas son dañinas porque:

- Son parásitos de los cultivos.
- Son venenosas para el ganado vacuno y ovino.
- Son desagradables al paladar o incluso pueden manchar la leche o la carne.
- Pueden causar problemas a los animales, por ejemplo, enredarse en la lana de las ovejas, por lo que su eliminación puede representar un sobrecosto.
- Dificultan la acción de la maquinaria agrícola al enredarse en las herramientas.
- Reducen el valor de la cosecha.
- Son portadoras de pestes o plagas.
- Taponan los canales de riego o de drenaje.
- Crecen en terrenos no agrícolas, como cunetas y terraplenes, y es necesario cortarlas.

> "Ciertamente, el bien y la misericordia me seguirán todos los días de mi vida, y en la casa de Jehová moraré por largos días" (Salmo 23:6).

Otro de los problemas causados por las malas hierbas es que interfieren en la absorción de la humedad y los nutrientes del terreno por parte de las plantas cultivadas. Asimismo, las malas hierbas pueden llegar a crecer más que las plantas beneficiosas y disputarles la luz del sol. A ello se añade que ocupan más terreno, por lo que las plantas beneficiosas no disponen de espacio suficiente para crecer. Cuando la mala hierba madura, sus tallos y sus raíces se entrelazan con los de las plantas beneficiosas y acaban por ahogarlas.

Señor, ayúdame a identificar las malas hierbas de mi vida.

¿Qué es el trigo?

Basado en Mateo 13:24-30

EL TRIGO ES una planta beneficiosa porque de él se obtiene la harina. La harina se utiliza para hacer pan, galletas, pasteles y todo tipo de comidas de sabor agradable. El pan, leudado o ázimo, es la base de la alimentación en muchas regiones del mundo. Las verduras y los condimentos se pueden recoger con trozos de pan, con lo que se evita la necesidad de usar cubiertos u otros objetos para comer. Cuando Jesús, en la colina, alimentó a la multitud, multiplicó panes y peces, una comida típica de la época (Mat. 14:19). En el desierto, el Señor proporcionó pan a los hijos de Israel (Éxo. 16:15). La Biblia menciona el pan y el agua en 32 ocasiones.

¿Es usted una semilla de buen trigo? Si está arraigado y cimentado en la verdad, creciendo y madurando cada día, usted es una buena semilla de trigo. Pero usted es más que buen trigo; a usted se le han asignado dos papeles. En la parábola, el hombre tenía siervos que lo ayudaban. Si ha colaborado en sembrar la semilla de la verdad en el corazón de otros —mediante su ejemplo, con obras de caridad cristiana o llevando a cabo una labor evangelizadora—, usted es también uno de los ayudantes de Cristo.

La responsabilidad de la buena semilla es crecer. Tenemos que utilizar toda la luz y la lluvia que podamos acumular para poder madurar más cada día. Las buenas semillas crecen poco a poco y sin pausa. No maduran durante la noche. No tenemos que impacientarnos con nosotros mismos o con los demás. Cuando no crecemos, quizá parezca que atravesamos un período de sequía. Se cuenta la historia de una joven que aceptó a Cristo como su Salvador y solicitó su admisión en una iglesia.

> "Antes bien, creced en la gracia y el conocimiento de nuestro Señor y Salvador Jesucristo. A él sea gloria ahora y hasta el día de la eternidad. Amén"
> (2 Pedro 3:18).

—¿Era usted pecadora antes de recibir al Señor Jesús? —preguntó un diácono ya entrado en años.

—Sí, señor —respondió ella.

—Bien. ¿Sigue siendo usted pecadora?

—A decir verdad, me siento más pecadora que nunca.

—Entonces, ¿qué cambio real ha experimentado usted?

—No sé muy bien cómo explicarlo —dijo—. Solo le diré que era una pecadora que buscaba el pecado y que ahora que Jesús me ha salvado soy una pecadora que huye del pecado.

Señor, gracias por dejarme ser uno de tus ayudantes.

Dios es el Juez

Basado en Mateo 13:24-30

LA PARÁBOLA de la cizaña encierra dos grandes lecciones. Una es que, excepto en caso de que el pecado sea abierto y persistente, los miembros de la iglesia no tienen que juzgar el carácter y los motivos de los que creen que son indignos. Jesús conoce nuestra naturaleza demasiado bien como para confiarnos esa tarea porque es seguro que cometeremos errores.

Pero hay otra lección, de extraordinaria tolerancia y tierno amor. Esta parábola ilustra el trato que Dios dispensa a los seres humanos y a los ángeles. Dios fue muy paciente con Satanás y no lo destruyó de inmediato. Si lo hubiera hecho, los demás ángeles no habrían entendido la justicia y el amor de Dios. A lo largo de los siglos, Dios ha permitido que Satanás vaya adelante con su obra de iniquidad. El Calvario disipó todas las dudas que los ángeles pudieran abrigar todavía al respecto del carácter de Satanás.

El mundo no tiene derecho a juzgar al cristianismo porque en la iglesia haya miembros indignos; y los cristianos tampoco debieran desalentarse a causa de esos falsos hermanos. Si Jesús fue paciente con Judas, el traidor, ¿no deberíamos sus seguidores ser igual de pacientes con aquellos que viven debatiéndose con el pecado? En la iglesia habrá malas hierbas hasta que se dicte la sentencia.

"Examíname, Dios, y conoce mi corazón; pruébame y conoce mis pensamientos. Ve si hay en mí camino de perversidad y guíame en el camino eterno" (Salmo 139:23-24).

¿Entonces por qué sembrar los campos con buena semilla, si al enemigo se le permite contaminarla con cizaña? Porque esa es la naturaleza de Dios. Él siembra para cosechar. Y esa tiene que ser, también, nuestra naturaleza.

Cierta mañana, un hombre se encontraba meditando bajo un árbol que extendía sus raíces hacia la orilla del río. Mientras meditaba, se dio cuenta de que el río crecía y estaba a punto de ahogar a un escorpión que había quedado atrapado entre ellas. Se arrastró por las raíces hasta llegar al lugar donde se encontraba el escorpión para liberarlo; pero, cada vez que lo intentaba, el animal lo aguijoneaba. Alguien que observaba la escena dijo al hombre:

—¿No ve que es un escorpión y que su naturaleza lo empuja a aguijonear?

El hombre respondió:

—No se lo discuto, pero la mía me empuja a querer salvarlo. ¿Por qué voy yo a cambiar mi naturaleza si él no va a cambiar la suya?

Señor, siembra la semilla del amor y la paciencia en mi corazón.

De lo pequeño sale lo grande

Basado en Mateo 13:31, 32

CUANDO MI ESPOSA todavía era adolescente, alguien le regaló un broche con un grano de mostaza encerrado en una cápsula de cristal. Ya no lo utiliza, pero sigue guardándolo dentro de un estuche, con otros recuerdos. Cada vez que lo veo, recuerdo la parábola que Jesús narró para explicar la diferencia entre su reino y los del mundo.

"Es tan pequeño como un grano de mostaza". Era una expresión muy común que en la época de Cristo se utilizaba para describir algo muy pequeño pero con un gran potencial. Hablando de cosas pequeñas, los fariseos estaban satisfechos de que muy pocos judíos reconociesen a Jesús como el Mesías. Antes que él, otros "cristos" y profetas habían pasado sin pena ni gloria y esperaban que ese también fuera su caso.

La lección de la parábola no era que la mostaza es la semilla más pequeña del mundo. Tampoco enseñaba Jesús que su árbol es el mayor de todos. Jesús no hablaba en términos de agricultura. Aunque pequeña, la semilla de mostaza no lo es más que una de zanahoria. Y, si lo comparamos con un roble o un cedro, el árbol de la mostaza no es especialmente alto; en realidad, no se trata de un árbol, sino de un arbusto.

> "Si permanecéis en mí y mis palabras permanecen en vosotros, pedid todo lo que queráis y os será hecho" (Juan 15:7).

Jesús ponía en contraste los principios de su estilo de vida con los principios del mundo. Son tan distintos que no había ningún reino temporal que le fuera útil, por lo que acudió a la naturaleza y se valió de la ilustración de una semilla. Como en el entorno los arbustos de mostaza eran habituales, al verlos, la gente podía recordar la lección.

Muchos de los enemigos de Cristo pensaban que el joven Maestro y sus discípulos acabarían cayendo en el olvido. Poco imaginaban que el mensaje que escuchaban se predicaría con poder, que por el Espíritu Santo en un día se convertirían miles y que antes del regreso de Jesús el evangelio llegaría a todos los rincones del mundo.

De las pequeñas bendiciones salen las grandes. Quizá a veces sienta que su vida espiritual es pequeña y carece de importancia para los demás; pero, al igual que la semilla de mostaza, Dios hará que crezca.

Señor, no tendré miedo de ser tan solo un grano de mostaza.

En la semilla está la vida

Basado en Mateo 13:31, 32

UN HOMBRE POSEÍA una pequeña parcela en la que decidió plantar maíz. A tal fin, fue y compró semillas. Aró el campo y quitó las malas hierbas y las piedras. Luego, mientras andaba por el campo, fue sembrando el maíz. No obstante, no se dio cuenta de que, mezcladas con el maíz, había semillas del arbusto de la mostaza que en esa región crece de manera espontánea. Nadie siembra mostaza a propósito, porque se trata de una planta silvestre.

El maíz brotó y, allí, en medio del campo, sobresaliendo por encima de él, se erguía un arbusto de mostaza. El arbusto creció lozano y vigoroso hasta alcanzar una altura superior a la estatura de un hombre. Durante la temporada de crecimiento, los pájaros volaban hacia el arbusto, que ahora ya parecía un árbol, y encontraban refugio y descanso en sus ramas.

De esta historia podemos extraer varias lecciones. El hombre hizo un buen uso de su campo. Algunas personas descuidan su campo de servicio. Les gustaría que el mundo entero fuera cultivado, pero nunca se involucran en la tarea. El primer lugar en el que tendríamos que sembrar la semilla del evangelio es nuestro propio jardín. Tenemos la obligación de trabajar para que aquellos a quien Dios nos ha confiado de manera específica, empezando por nuestra propia familia, se conviertan.

> "Mas la palabra del Señor permanece para siempre. Y esta es la palabra que por el evangelio os ha sido anunciada" (1 Pedro 1:25).

La semilla, aunque muy pequeña, es una cosa viva. Entre un grano de mostaza y un trozo de cera del mismo tamaño hay una gran diferencia. En la semilla hay vida, aunque no lleguemos a entenderlo. Es un misterio.

Dentro del grano de mostaza está toda la planta reproducida en miniatura. Todas las ramas, todas la hojas, todas las flores y todas las semillas están, en esencia, contenidas en la semilla. Todavía no se han desarrollado, pero están ahí. ¡En la semilla del evangelio se esconden tantas cosas! Mírela. Vea la regeneración, el arrepentimiento, la fe, la santidad, la consagración y la perfección. El cielo está escondido en el evangelio. Así como el Dios eterno estaba en el recién nacido de Belén, en la sencilla expresión: "Cree y vivirás", se encuentran todos los elementos de la justificación y la santificación.

Cuando sembremos y crezcamos con fe, obtendremos árboles de bendiciones.

Como la levadura

Basado en Mateo 13:33

CUANDO NUESTROS HIJOS eran pequeños, mi esposa solía hacer pan; no solo uno o dos panes a la vez, sino cinco o seis. También hacía pan dulce para el desayuno de los sábados.

Yo también intenté hacer pan. Aunque siempre seguí las instrucciones al pie de la letra, por lo general, el pan nunca me subía. El problema no era ni la harina de trigo ni la levadura, sino yo. Las instrucciones dicen que es preciso dejar que la levadura seca "crezca". Esto se consigue diluyéndola en un poco de agua tibia y añadiéndole algún azúcar como, por ejemplo, miel. Entonces, la levadura empieza a crecer y, cuando ya está lista, se vierte en la harina. Sigue el amasado. Mediante este proceso, la levadura se mezcla a conciencia con la harina. Cuanto más se amasa el pan, mejor se mezcla la levadura.

Luego la masa se reserva en un lugar cálido. Allí la levadura continúa creciendo, pero ahora leuda la masa. Cuando el proceso de leudado finaliza, se da forma de pan a la masa y se introduce en el horno. Esto debe hacerse con cuidado o la masa puede venirse abajo.

Jesús contó una parábola que habla de la fabricación de pan. "El reino de los cielos es semejante a la levadura que tomó una mujer, y escondió en tres medidas de harina, hasta que todo fue leudado".

Si se sabe cómo hacer pan, esta parábola no es difícil de entender. En primer lugar, la levadura no es pintada o rociada sobre la masa, se mezcla con ella. De la misma manera, para que el evangelio sea eficaz es preciso amasarlo con la vida. Otro aspecto obvio es que, así como la levadura hace que una masa aumente de volumen, la persona que tiene la levadura del evangelio crecerá y se expandirá espiritualmente; hasta el punto que los demás notarán la diferencia.

Antes he mencionado mi torpeza en la fabricación de pan. Creo que se debía a que la levadura no se había mezclado bien y, como resultado, mi pan parecía un ladrillo. Si se lo permitimos, el Espíritu Santo mezclará el evangelio con nuestras vidas. De lo contrario, nuestra vida parecerá un ladrillo.

Señor, haz que el Espíritu Santo no deje de mezclar el evangelio en mi vida.

> "El reino de los cielos es semejante a la levadura que tomó una mujer y escondió en tres medidas de harina, hasta que todo quedó leudado" (Mateo 13:33).

La levadura

Basado en Mateo 13:33

VARIOS AÑOS ATRÁS, mi esposa y yo compramos una panificadora eléctrica. Nos imaginamos el placer de comer pan fresco y bollos de canela. Tuvimos la máquina durante veinte y tantos años, hasta que, literalmente, se murió. A veces hacía hogazas de pan perfectas y otras el resultado no distaba mucho de un disco de hockey sobre hielo. El secreto para obtener un pan ligero y sabroso suele ser la levadura.

El hombre utilizó la levadura antes incluso de descubrir la escritura. Los jeroglíficos sugieren que, hace más de cinco mil años, las civilizaciones egipcias más antiguas ya usaban levadura viva y el proceso de fermentación para leudar el pan.

En realidad, la levadura es una especie de hongo. Como las plantas, los hongos, para crecer, necesitan humedad y algún tipo de alimento. El alimento preferido de las células de levadura es el azúcar, en sus distintas formas: sacarosa (azúcar de remolacha o de caña), fructosa y glucosa (que se encuentran en la melaza, la miel, el sirope de arce y las frutas) y la maltosa (derivada del almidón de la harina). A medida que la levadura va creciendo, las células liberan dióxido de carbono y alcohol etílico en el líquido que las rodea. Cuando la harina se mezcla (se amasa) con líquido, obtenemos la masa. El dióxido de carbono, que es un gas, queda atrapado en la masa y sigue creciendo, levantándola y haciendo que se vuelva suave y esponjosa.

> "En mi corazón he guardado tus dichos, para no pecar contra ti" (Salmo 119:11).

En una parábola Jesús habló de una mujer que horneaba pan. Sabemos cuánta harina usó —tres medidas— pero no cuánta masa amasó. En la actualidad, para hacer una hogaza de pan, mi esposa probablemente use una cucharada sopera de levadura seca granulada por cada tres tazas de harina. Así consigue una hogaza.

La gracia de Dios se esconde en el corazón (Sal. 119:11) porque ahí es donde hace su obra, en nuestra esencia misma. Tiene que trabajar en lo más profundo de nuestro ser. Tenemos que guardarla como María guardó las palabras de Jesús (Luc. 2:51). Cuanto más a conciencia amasemos la masa, más esponjoso será el pan. Así como es preciso amasar a conciencia el pan, es necesario que amasemos la Palabra de Dios con nuestra vida, de manera que el reino de los cielos nos cambie.

Señor, trabaja en mi corazón como la levadura leuda la masa.

Ayúdame a crecer para que pueda compartir con otros el Pan de vida.

La verdad transforma

Basado en Mateo 13:33

HE AQUÍ un dilema: Somos pecadores y necesitamos ser salvos. Sin embargo, no podemos cambiar por nosotros mismos, ni aun queriendo. Muchos sienten la necesidad de un cambio y por eso, con la esperanza de que pronto serán bastante buenos para poder entrar en el cielo, tratan de eliminar los malos hábitos. Si hacemos esto, nos hemos equivocado de punto de partida. El primer lugar en el que debemos trabajar es el corazón.

La mujer de la parábola de la levadura tenía harina suficiente para una hogaza, el alimento de una familia para un día. La harina representa el corazón. Ahí es donde tiene que producirse la acción. Para que el cambio alcance al individuo, el corazón, como la harina, tiene que haber sido molido y tamizado; solo así puede recibir la levadura.

Satanás también tiene su levadura. Esa misma levadura que produce pan, también produce el alcohol que arruina a millones. Al igual que la levadura del pecado obra en el corazón para condenarnos y hacernos ineptos para el cielo, la verdad de Dios nos santificará y hará de nosotros nuevas criaturas.

La levadura es la verdad del reino de los cielos tal como se encuentra en las Escrituras. Debemos atesorar esta levadura en nuestro corazón (Sal. 119:11). La levadura se amasa junto con la harina y el líquido y la masa comienza a subir. Es casi seguro que el apóstol Pablo sabía cómo se hace el pan. Observe las palabras que usa que describen la acción de la levadura: Dios *"nos dio vida* juntamente con Cristo (por gracia sois salvos). Juntamente con él *nos resucitó,* y asimismo nos hizo sentar en los lugares celestiales con Cristo Jesús" (Efe. 2:5, 6, la cursiva es nuestra).

> "Aun estando nosotros muertos en pecados, nos dio vida juntamente con Cristo (por gracia sois salvos). Juntamente con él nos resucitó, y asimismo nos hizo sentar en los lugares celestiales con Cristo Jesús"
> (Efesios 2:5, 6).

En Cristo somos nuevas criaturas. Ya no somos tan solo un pedazo de masa. Gracias al poder leudante de las Escrituras, los pensamientos, los sentimientos y los motivos son nuevos. "Así que la fe es por el oír, y el oír, por la palabra de Dios" (Rom. 10:17). Las Escrituras son el gran agente transformador del carácter. Cristo oró: "Santifícalos en tu verdad: tu palabra es verdad" (Juan 17:17).

Permita que la levadura de la Palabra lo eleve hasta alcanzar nuevas alturas.

¡Tesoro!

Basado en Mateo 13:44

¿QUÉ OPINIÓN le merecen los bancos? ¿Les deja su dinero en depósito? En otros tiempos solían pagar buenos intereses por el dinero que se depositaba en ellos. En la actualidad eso no es tan rentable, pero los bancos que participan en un fondo de garantía de depósitos son un lugar razonablemente seguro para guardar grandes sumas de dinero.

Tengo algunos ahorros de mi jubilación depositados en un banco de mi calle. Un día, no hace mucho, pasé por delante con mi automóvil y advertí que el nombre del banco era distinto. "¿Qué pasa?", me pregunté. Estacioné el vehículo ante el edificio y fui a investigar. De la noche a la mañana, mi banco había sido vendido a otra sociedad y ahora operaba con un nombre distinto. Aunque el personal me aseguró que mi dinero estaba seguro, no dejé de inquietarme.

En la antigüedad, la gente guardaba sus ahorros en un frasco o un cofre y luego los enterraba. No era raro que un agricultor, mientras araba, se topara con uno de esos recipientes que contenían viejas monedas y ornamentos de oro o plata. Quizá el dueño había olvidado dónde había escondido el tesoro o sus herederos desconocían su existencia.

> "Además el reino de los cielos es semejante a un tesoro escondido en un campo, el cual un hombre halla y lo esconde de nuevo; y gozoso por ello va y vende todo lo que tiene y compra aquel campo" (Mateo 13:44).

El tesoro enterrado es un tema lo bastante interesante como para enseñar una lección con él. Jesús pudo haberse limitado a decir: "La Biblia es muy importante, porque contiene la historia del evangelio, y por eso tienen que leerla". Sin embargo, no habría causado el mismo impacto que la historia de un tesoro enterrado.

La mayoría de los oyentes eran personas pobres y sencillas. La mayoría de ellos debió pensar: "Ojalá pudiera encontrar un tesoro escondido; así no tendría que trabajar tanto". Si el tesoro no hubiera sido de valor, no se lo habría ocultado para mantenerlo a buen recaudo. ¿Eran monedas antiguas? ¿O quizás adornos de oro o plata? ¿Acaso sabía ese Maestro dónde se encontraba ese tesoro?

Las historias de Jesús eran como enigmas que hay que resolver. Cada elemento de la historia representa algo. En esta historia, el tesoro es el evangelio y el campo donde se encontraban eran las Escrituras. ¿Considera usted que el evangelio es un tesoro? Si es así, usted tiene una fortuna.

Un evangelio valioso

Basado en Mateo 13:44

¿CONOCE USTED el valor de las piedras preciosas? Personalmente, soy incapaz de distinguir un diamante de un pedazo de vidrio.

Se cuenta la historia de un coleccionista de minerales que buscaba piedras y luego las vendía a otros coleccionistas. Durante una de sus excavaciones encontró un espécimen que describió como "grande y hermoso". Todos sus intentos de venderlo fracasaban; mientras, lo guardaba bajo la cama o en el armario. Suponía que aquel pedrusco azul le podía reportar unos beneficios de alrededor de quinientos dólares, pero estaba dispuesto a aceptar una suma inferior si se le presentaba un pago urgente, por ejemplo, la factura de la electricidad.

Así es como estuvo a punto de ser vendido por apenas unos cientos de dólares lo que era el mayor y más valioso zafiro jamás encontrado. Aquel pedrusco azul que había sido condenado a la oscuridad de un armario, conocido ahora como el zafiro "Estrella de David", pesa casi medio kilo y está valorado en 2.75 millones de dólares.

Jesús dijo que el evangelio es como un tesoro escondido. ¿Pero por qué oculta Dios el evangelio? La respuesta es que no lo hace. El problema es que muchos tienen ojos, pero no ven, tienen oídos pero no oyen, tienen inteligencia, pero no entienden el tesoro que contiene. El hombre de la parábola del tesoro vio el tesoro y en seguida supo que era valioso. Volvió a enterrar el cofre, fue a casa, vendió todo lo que tenía para reunir el dinero necesario para comprar el campo, de modo que el tesoro fuera suyo.

> "Pero si nuestro evangelio está aún encubierto, entre los que se pierden está encubierto; esto es, entre los incrédulos, a quienes el dios de este mundo les cegó el entendimiento, para que no les resplandezca la luz del evangelio de la gloria de Cristo, el cual es la imagen de Dios" (2 Corintios 4:3, 4).

Cuando David Livingstone, el famoso misionero, inició su viaje a través de África tenía 73 libros distribuidos en tres bultos, con un peso total de 82 kilos. Después de haber andado trescientas millas, Livingstone tuvo que deshacerse de algunos de los libros a causa de la fatiga de los porteadores. A medida que avanzaba, su biblioteca se iba reduciendo más y más, hasta que le quedó un solo libro: la Biblia.

Señor, ayúdame a apreciar la belleza de tu Palabra.

El padre de familia

Basado en Mateo 13:52

PERDIDA en el fondo de algún armario de mi casa hay una caja llena de cartas. En ella, mi esposa y yo guardamos las cartas que nos escribíamos durante nuestro noviazgo. Leyéndolas se puede ver cómo una amistad progresó hasta convertirse en un matrimonio que ha durado cincuenta años... y contando.

¿Al limpiar el armario encontró algo que pensaba que había perdido? Quizá oiga una canción que no había escuchado en años. ¿Quién no ha encontrado la tarjeta de un amigo que hacía tiempo que había olvidado o descubierto los detalles de un acontecimiento al que asistió y ha dicho: "Lo había olvidado por completo", o: "Esto es nuevo para mí"? Algo así son las cosas nuevas y viejas que el cabeza de familia sacó del tesoro.

> "Toda la Escritura es inspirada por Dios y útil para enseñar, para redargüir, para corregir, para instruir en justicia, a fin de que el hombre de Dios sea perfecto, enteramente preparado para toda buena obra" (2 Timoteo 3:16, 17).

Jesús pasó tres años preparando a sus discípulos para que llevaran a cabo su obra. Quería que entendieran el valioso tesoro que tenían en el evangelio y la Palabra de Dios. El evangelio es de aquella clase de tesoros que uno no puede quedarse para sí, sino que tiene que compartirlos.

Después de ilustrar sus enseñanzas con varias parábolas, "Jesús les preguntó: 'Habéis entendido todas estas cosas?' Ellos respondieron: 'Sí, Señor'" (Mat. 13:51). Tenemos razones para creer que lo que decían era cierto porque, cuando no lo entendían, solían pedirle una explicación. Entonces Jesús puso ante sus ojos la responsabilidad que tenían con respecto a las verdades que acababan de recibir. Los llamó "escribas doctos en el reino de los cielos". Aprendían para poder enseñar y, para los judíos, los maestros eran los escribas.

Los que comparten el evangelio son como un buen anfitrión. Un buen anfitrión quiere agasajar bien a su familia y a sus amigos. Por eso saca de su despensa cosas agradables, nuevas y viejas. Saca frutas y verduras frescas, de la cosecha del año, y conservas y salazones, de las cosechas de años anteriores. El buen obrero del evangelio presentará las verdades del Antiguo Testamento y las del Nuevo y las aplicará a situaciones actuales, haciendo que la verdad sea siempre nueva e importante.

Señor, ayúdame a servir a mis invitados con el buen alimento de tu Palabra.

Las cosas viejas y nuevas

Basado en Mateo 13:52

CUANDO VIVÍAMOS en el extranjero, llevábamos con nosotros algunos alimentos que sabíamos que no íbamos a encontrar en el lugar al que íbamos. Apreciábamos mucho esos sabores tan familiares y los guardábamos para ocasiones muy especiales. Sabíamos que, cuando se acabaran, no podríamos sustituirlos. Sin embargo, los que reciben el evangelio no lo acumulan para sí, sino que lo sacan y lo comparten con los demás. Y cuanto más lo comparten, más aumenta su tesoro.

El gran almacén de la verdad es la Palabra de Dios: la palabra escrita, el libro de la naturaleza y el libro de experiencias humanas. Pero allí donde el conocimiento de Dios se revela con más claridad es en la Palabra escrita. En las páginas de la Biblia podemos encontrar cosas preciosas, nuevas y viejas.

Cristo se presenta a sí mismo nuevo y viejo a la vez. Él es la riqueza del Antiguo Testamento: Aquel que habló a los patriarcas, que estaba simbolizado en el rito del sacrificio, que se dio a conocer en la ley y que fue revelado por los profetas. Él es el tesoro del Nuevo Testamento, con su vida, su muerte y su resurrección.

Algunos afirman que creen en el Antiguo Testamento, pero no en el Nuevo; mientras que otros creen en el Nuevo y no en el Antiguo. Y sin embargo, uno no está completo sin el otro. Cristo mismo instituyó los ritos del sistema judío. Y cuando Cristo develó a sus discípulos la verdad de su resurrección, comenzó "desde Moisés y siguiendo por todos los profetas" les declaró "en todas las Escrituras lo que de él decían" (Luc. 24:27). No se puede predicar la ley de Dios sin el evangelio, o el evangelio sin la ley. La ley es la raíz y el evangelio es la flor.

> "Fueron halladas tus palabras, y yo las comí. Tu palabra me fue por gozo y por alegría de mi corazón; porque tu nombre se invocó sobre mí, Jehová, Dios de los ejércitos" (Jeremías 15:16).

El tesoro no es nada aburrido, como tampoco lo es la Biblia. Cuanto más la estudiamos, más descubrimos. "La verdad en Cristo y por medio de Cristo es inconmensurable. El que estudia las Escrituras, mira, por así decirlo, dentro de una fuente que se profundiza y se amplía a medida que más se contemplan sus profundidades" (*Palabras de vida del gran Maestro*, p. 99).

En la Biblia aún hay verdades por descubrir. En el siglo XXI todavía tenemos un tesoro que no ha sido desenterrado. "En cada época hay un nuevo desarrollo de la verdad, un mensaje de Dios al pueblo de esa generación" (*Ibíd.*, p. 98).

¡Que disfrute buscando!

No mire hacia abajo

Basado en Mateo 14:22-32

MI ESPOSA Betty y yo habíamos pasado tres años y medio como misioneros en Pakistán. De regreso a casa, hicimos escala en Israel. Para nosotros fue muy inspirador conocer la región del mundo donde vivió Jesús de Galilea.

Un día nos inscribimos en una excursión que incluía la visita al Mar de Galilea. De pie, junto a la tranquila orilla, imaginábamos cómo andaban y hablaban Jesús y sus discípulos. Pero la apacible calma del Mar de Galilea puede tornarse rápidamente en una violenta tempestad.

Mientras estaba junto a la orilla, recordé la noche de la gran tormenta. Los discípulos estaban solos en la barca y, como no amainaba, en lo peor de la tempestad, temieron morir ahogados. En medio de la oscuridad de la tormenta vieron que alguien venía hacia ellos. Pensaron que era un fantasma. Pero Jesús dijo: "Soy yo, no temáis".

Cuando Pedro oyó esto, dijo: "Señor, si realmente eres tú, déjame caminar sobre el agua" ¡Craso error! Aunque Jesús les había dicho que era él, Pedro estaba diciendo: "¡Ah, no! Si no haces que yo ande sobre las aguas no creeré que eres quien dices que eres". Jesús no lo reprendió, sencillamente dijo: "Ven".

"Cree en el Señor Jesucristo, y serás salvo tú y tu casa" (Hechos 16:31).

"Mirando a Jesús, Pedro andaba con seguridad; pero cuando con satisfacción propia miró hacia atrás, a sus compañeros que estaban en el barco, sus ojos se apartaron del Salvador. El viento era borrascoso. Las olas se elevaban a gran altura... Durante un instante, Cristo quedó oculto de su vista, y su fe le abandonó. Empezó a hundirse. Pero mientras las ondas hablaban con la muerte, Pedro elevó sus ojos de las airadas aguas y fijándolos en Jesús, exclamó: 'Señor, sálvame'. Inmediatamente Jesús asió la mano extendida, diciéndole: 'Oh hombre de poca fe, ¿por qué dudaste?'" (*Conflicto y valor*, p. 310).

Muchas veces, cuando nos alcanzan los problemas, actuamos como Pedro. En lugar de mantener los ojos puestos en el Salvador, miramos a las olas. Dios nos enseña día a día. Con las situaciones de la vida diaria nos va preparando para que desempeñemos nuestro papel en la escena más amplia para la que nos ha escogido. El resultado de la prueba diaria determina la victoria o la derrota en la gran crisis de la vida.

La abnegación no es dolorosa

Basado en Mateo 16:24

LA ABNEGACIÓN no es dolorosa. Nuestra reticencia a practicarla sí es dolorosa. La abnegación trae gozo a la vida y nada es un sacrificio si se hace por amor de Jesús.

Hubo tiempos en los que los hombres pensaron que para negarse a sí mismos tenían que ir al desierto o recluirse en un monasterio. Sin embargo, la vida de Jesús nos muestra que el mejor lugar y momento para practicar la abnegación es la cotidianidad de cada uno. El apóstol Pablo lo dijo de este modo: "Los que somos fuertes debemos soportar las flaquezas de los débiles y no agradarnos a nosotros mismos. Cada uno de nosotros agrade a su prójimo en lo que es bueno, para edificación, porque ni aun Cristo se agradó a sí mismo [...]. Por tanto, recibíos los unos a los otros, como también Cristo nos recibió, para gloria de Dios" (Rom. 15:1-7).

Como seguidores de Cristo tendríamos que marcarnos el objetivo de complacer a los demás y ayudar a los débiles. La abnegación genuina se produce cuando, en la vida cotidiana, ponemos a los demás en el primer lugar y no a nosotros mismos.

"Si alguien quiere ser mi discípulo, tiene que negarse a sí mismo, tomar su cruz y seguirme" (Luc. 9:23, NVI). En estas palabras de Jesús, además de la voluntad de negarnos a nosotros mismos, encontramos la fuerza para hacerlo.

> "Entonces Jesús dijo a sus discípulos: 'Si alguien quiere venir en pos de mí, niéguese a sí mismo, tome su cruz y sígame'" (Mateo 16:24).

La persona abnegada no es así porque, sencillamente, quiere ir al cielo; vive una vida de abnegación por amor a Jesús. En su corazón él ocupa el lugar que antaño ocupó el yo. Cuando se vive una vida de abnegación, Jesús se convierte en el único centro y objetivo de la vida cotidiana.

La entrega absoluta a seguirlo va acompañada de extraordinarias bendiciones. Sobre nosotros se vierte el espíritu de amor abnegado de Cristo, por lo que la negación del yo es el mayor gozo del corazón y el medio por el que llegamos a una comunión más profunda con Dios. La abnegación deja de ser algo que queramos practicar en beneficio propio. No es algo que hagamos para mantener el control sobre nosotros mismos.

Cuando el yo sea crucificado, Cristo ocupará su lugar y de nosotros fluirán su amor, su ternura y su amabilidad. Cuando entendamos qué es negarnos a nosotros mismos, comprenderemos mejor qué hizo Jesús por nosotros. Oremos para que hoy Jesús nos utilice para mostrar su amor a los demás.

Oraciones cortocircuitadas

Basado en Mateo 18:21-35

EL AMOR DE DIOS es incondicional porque él es así; Dios es amor. Sin embargo, su relación, su interacción o su conexión, con los que ama sí es condicional. Muchos textos ilustran esta idea, pero los dos que nos resultan más familiares son:

Juan 1:12: "Mas a todos los que lo recibieron, a quienes creen en su nombre, les dio potestad de ser hechos hijos de Dios". El Señor desea intensamente llamar hijos suyos a todas las personas de la tierra, pero esa prontitud tiene un único límite: la elección humana. Solo aquellos que lo reciben pueden ser llamados así.

Apocalipsis 3:20: "Yo estoy a la puerta y llamo; si alguno oye mi voz y abre la puerta, entraré a él y cenaré con él y él conmigo". El único límite al ofrecimiento de Cristo para entrar en nuestro corazón procede de nuestra predisposición a escuchar su voz y abrirle la puerta. Es imposible mantener una relación con alguien que se niega a mantener un contacto.

> "Por tanto, si perdonáis a los hombres sus ofensas, os perdonará también a vosotros vuestro Padre celestial; pero si no perdonáis sus ofensas a los hombres, tampoco vuestro Padre os perdonará vuestras ofensas" (Mateo 6:14, 15).

La oración es nuestra conexión con Jesús e incluye tanto la interacción entre Jesús y nosotros como de unos con otros. Como cualquier cable eléctrico, la conexión se puede cortar. Por otra parte, si existe alguna circunstancia negativa, las oraciones pueden cortocircuitarse. ¿Cuál es esta circunstancia negativa? Es el pecado. "Pero vuestras iniquidades han hecho división entre vosotros y vuestro Dios y vuestros pecados han hecho que oculte de vosotros su rostro para no oíros" (Isa. 59:2).

¿Qué puede reparar esa conexión cortada? El perdón. Jesús ha prometido que si confesamos nuestros pecados, él es fiel y justo para perdonar (1 Juan 1:9). No obstante, también dijo: "Pero si no perdonáis sus ofensas a los hombres, tampoco vuestro Padre os perdonará vuestras ofensas" (Mat. 6:15).

Jesús dijo: "Si traes tu ofrenda al altar y allí te acuerdas de que tu hermano tiene algo contra ti, deja allí tu ofrenda delante del altar y ve, reconcíliate primero con tu hermano, y entonces vuelve y presenta tu ofrenda" (Mat. 5:23, 24).

Mantenga su conexión con Dios en buen estado. "Perdonad, y seréis perdonados" (Luc. 6:37).

Perdonar a los demás

Basado en Mateo 18:21-35

JESÚS CONTÓ la historia de un funcionario que le debía al rey una enorme cantidad de dinero: diez mil talentos. Un talento era una medida de peso, no una moneda, y su valor dependía de la pureza de los metales preciosos utilizados en su acuñación. Si tomásemos como referencia el talento de plata griego, diez mil talentos equivaldrían a unos siete millones y medio de dólares. Jesús estaba indicando que la cantidad debida estaba fuera del alcance de cualquier capacidad humana para pagarla. Además, en aquel tiempo, una persona no podía declararse en quiebra. El rey tenía potestad para ordenar que se liquidaran todos sus bienes y que tanto el deudor como su familia fueran vendidos como esclavos. Y eso es lo que pasó.

Pero entonces el rey cedió, reconociendo la magnitud de la deuda, y perdonó al siervo. Cuando el siervo perdonado salió, se encontró con un conocido que le debía una pequeña cantidad de dinero. A pesar de que el desdichado le aseguró al siervo que pagaría la suma, el ingrato hizo que lo encarcelaran.

Cuando el rey oyó lo que el siervo desagradecido había hecho, lo llamó de nuevo y dijo: "Siervo malvado, toda aquella deuda te perdoné, porque me rogaste. ¿No debías tú también tener misericordia de tu consiervo, como yo tuve misericordia de ti?" (Mat. 18:32, 33). Aquí el mensaje es que, para recibir el perdón de Dios, perdonar a los que nos han ofendido es condición indispensable.

> "Porque tú, Señor, eres bueno y perdonador, y grande en misericordia para con todos los que te invocan" (Salmo 86:5).

Un sábado, después que hube predicado un sermón sobre el perdón, una mujer se me acercó y dijo:

—Pastor, tuve algunos problemas con una amiga y la perdoné. Pero tengo la sensación de que ella no me perdonó.

La consolé:

—Eso está bien, hermana; al menos usted la perdonó. Ahora ya puede seguir adelante con la vida.

—Pero, pastor —insistió—, no me ha perdonado.

Lo intenté de nuevo:

—Está bien, entiendo. Pero me alegro de que al menos usted la haya perdonado a ella.

Ella insistió:

—Pero es que ella no me ha perdonado y se supone que tiene que hacerlo...

A estas alturas yo empezaba a sospechar que esa hermana solo estaba dispuesta a perdonar si la otra persona decía que lo sentía.

La Palabra de Dios nos ordena perdonar a pesar de la actitud de la otra persona. ¿Y qué pasa si la otra persona no nos perdona? Ese es su problema, no el nuestro.

Perdonar para que seamos perdonados

Basado en Mateo 18:21-35

QUIZÁ ALGUIEN pregunte: ¿Perdonar implica que tenemos que olvidar? La respuesta es: Sí... y no.

Sí, tenemos que olvidar en un sentido emocional. Cuando perdonamos desde el punto de vista de nuestras emociones, el resultado es que no habrá lugar para la venganza y el problema dejará de consumirnos.

Por otra parte, aunque Dios nos pide que perdonemos de manera unilateral, esto no significa necesariamente que queramos o debamos olvidar. Por ejemplo, cuando alguien es nominado para hacerse cargo de la tesorería de la iglesia y sabemos que en alguna ocasión tuvo problemas de honradez, informar de ello a la comisión de nombramientos no es actuar de forma vengativa.

Si alguien nos ha ofendido y nos negamos a perdonarlo, nos encontraremos con que el arrepentimiento de nuestros pecados se ve obstaculizado. Por tanto, en la medida en que nos sintamos justificados para no perdonar a los demás por lo que nos han hecho, dejaremos de reconocer nuestras propias faltas y racionalizaremos nuestros pecados.

> "Y no enseñará más ninguno a su prójimo, ni ninguno a su hermano, diciendo: 'Conoce a Jehová', porque todos me conocerán, desde el más pequeño de ellos hasta el más grande, dice Jehová. Porque perdonaré la maldad de ellos y no me acordaré más de su pecado"
> (Jeremías 31:34).

Sé muy bien qué es estar lleno de amargura y resentimiento. Una vez me encontré con unas personas a las que yo no les caía bien y ellas a mí tampoco. Sin embargo, yo detestaba mi situación. Me di cuenta de que eso estaba consumiendo mi espiritualidad y me estaba convirtiendo en una persona amargada y vengativa. Cuando la situación se hizo insoportable, la presenté al Señor en oración. Y Dios escuchó mis oraciones, sanó mi espíritu, me arrepentí y me perdonó.

Aunque mi amargura había desaparecido, la oración no pudo deshacer todo lo que me había sucedido. Todavía llevaba las cicatrices del conflicto. Mi vida había cambiado para siempre. Es preciso reconocer que el perdón no nos vuelve al punto de partida, sino que hará posible que avancemos desde el lugar en que estemos.

Jesús quiere que recordemos que todos tenemos acumulada una deuda de pecado mayor de lo que nunca podremos pagar. Hemos sido detenidos, juzgados y declarados culpables. Merecemos morir la muerte del pecador. Pero Jesús nos ha perdonado por misericordia y nos ha devuelto la libertad. ¿No deberíamos hacer lo mismo con nuestros semejantes?

Banco de pruebas: la vida familiar

Basado en Mateo 18:21-35

¿CÓMO TIENEN que ser nuestras palabras al orar por nuestros enemigos? David fue un hombre conforme al corazón de Dios en cuanto a que no vacilaba en pedir perdón. Sin embargo, a veces mostraba su débil humanidad. Pero cuando Jesús fue tratado injustamente, oró: "Padre, perdónalos, porque no saben lo que hacen" (Luc. 23:34). ¿Cuál de los dos ejemplos piensa usted que tenemos que seguir?

He aquí una sugerencia basada en mi propia experiencia. Cuando oro por los que creo que me han hecho algún daño, sencillamente, pido a Dios que haga por ellos y sus hijos exactamente lo mismo que le pido que haga para mí y los míos.

Cuando Jacob luchó con el Señor en el río Jaboc (ver Gén. 32:24), temía encontrarse con su hermano Esaú. Al fin y al cabo, había engañado a su padre y le había robado a su hermano la primogenitura. Sin embargo, después de su encuentro con el Señor ya no sentía ningún temor porque el Señor había despertado, en ambos, el espíritu de arrepentimiento y perdón. Cuando más adelante, después de años de distanciamiento, Esaú y Jacob se encontraron lloraron y se fundieron en un abrazo.

> "Así también mi Padre celestial hará con vosotros, si no perdonáis de todo corazón cada uno a su hermano sus ofensas" (Mateo 18:35).

Después de ese encuentro, no nos ha llegado ninguna información sobre cómo fue su relación. En cambio, sí sabemos que cada uno siguió su camino, pero más felices y más bondadosos. Quizá sus respectivas formas de vida eran tan diferentes que nunca más volvieron a encontrarse. Tenga presente que el perdón no garantiza que las relaciones vuelvan a ser tan estrechas como antes. Las diferencias en la forma de vida afectan indefectiblemente a las relaciones.

A menudo es más fácil orar por enemigos que se encuentran en países lejanos que perdonar a aquellos con quienes vivimos y trabajamos y orar por ellos. No es extraño que con quienes estamos más resentidos y amargados son aquellos que están más cercanos a nosotros. El auténtico banco de pruebas de la vida cristiana es la familia. Ahí es donde tenemos que mostrar un espíritu perdonador y hacer todo lo que esté en nuestra mano para llevarnos bien, independientemente de la actitud de los demás.

Cuando todavía éramos sus enemigos, nuestro Padre celestial envió a su Hijo para que muriera por nosotros. Si en su corazón usted está resentido y amargado con alguien, ¿por qué no permite que Jesús repare ese cortocircuito y así el Espíritu Santo pueda iluminar su vida?

Enriquecerse con la iglesia

Basado en Mateo 21:12-16

A LO LARGO DE TODA SU VIDA, George Müller (1805 - 1898), un predicador cristiano y coordinador de varios orfanatos en Bristol, Inglaterra, se ocupó de 10,024 huérfanos. Se hizo famoso por administrar los orfanatos únicamente por fe. Una de las reglas que su organización tenía que seguir era que jamás se pediría dinero a nadie. Los datos y las cifras relativas a las necesidades jamás tenían que ser reveladas a nadie, solo se podían manifestar a Dios en oración. Se escribieron muchos libros sobre su vida y su obra. En ellos se recogen testimonios de respuestas directas a sus peticiones verdaderamente increíbles e inspiradoras.

Por desgracia, algunos han llegado a la conclusión de que la oración puede ser una excelente herramienta para acumular riqueza. El término "apoyo de la oración" puede ser un eufemismo para hablar del apoyo financiero, ya sea un ministerio de radio o televisión o un proyecto de jóvenes de la iglesia. Seguro que ha escuchado estas palabras (o algunas similares): "Como todos ustedes saben, nos encontramos ante una empresa que solo se puede llevar adelante por fe. Para suplir todas nuestras necesidades, solo confiamos en Dios; porque ustedes, su pueblo, son generosos para prestar su apoyo a un proyecto que permite que, con una inversión de cincuenta mil dólares a la semana en nuestro programa, el evangelio alcance a millones de personas".

> "Una cosa he demandado a Jehová, esta buscaré: que esté yo en la casa de Jehová todos los días de mi vida, para contemplar la hermosura de Jehová y para buscarlo en su templo" (Salmo 27:4).

Evidentemente, pedir dinero no es nada malo. Sin embargo, pretender que el ministerio se sostenga únicamente por la fe en Dios al tiempo que se emplea una descarada estrategia publicitaria es, cuando menos, una contradicción.

Además de que la casa de oración de Dios es utilizada con fines económicos, de manera implícita, se les dice a las masas que pueden enriquecerse con la oración. Me hablaron de un empresario cristiano que pedía dinero para construir un rascacielos de oficinas y estudios de televisión. Prometió a sus oyentes que sus "bendiciones" se multiplicarían por treinta si oraban; por sesenta si oraban y daban dinero; y por cien si oraban, daban dinero y lo hacían rápido.

Se pide a la gente que ore: "Señor, bendíceme... haz que prospere... dame..." Algunos de estos maestros sugieren que Jesús vestía con ropa de diseño. ¿Por qué, si no, los soldados se repartieron su ropa a suertes?

Debemos poner sumo cuidado en no tratar de usar la oración para satisfacer nuestros deseos egoístas.

Pedir con fe en la oración

Basado en Mateo 21:18-22

UNA ANCIANA se ganaba modestamente la vida vendiendo sus productos por las calles de su aldea. Cuando llegaba a un cruce de calles, lanzaba un palo al aire. La dirección en la que cayera el palo sería la que ella tomaría. En una ocasión se la vio lanzar el palo al aire no una vez, sino tres. A la pregunta de por qué lo había hecho, ella respondió: "Porque las dos primeras veces cayó en la dirección hacia la que no quería ir".

Quizá usted no lance palos al aire, pero, ¿verdad que en algunas ocasiones le pide a Dios que le muestre una señal? Si es así, usted no es el único. Dios obra de manera misteriosa y, si no vemos los resultados que queremos y cuando los queremos, en ocasiones podemos angustiarnos y atemorizarnos. Eliseo, viendo que el enemigo los rodeaba a él y a su sirviente, oró para que su asustado siervo recibiera la promesa de que el Señor los protegería. Por ese motivo el siervo pudo ver con sus propios ojos que las colinas estaban cubiertas con un ejército de caballos y carros de fuego (ver 2 Rey. 6:17).

Gedeón puso a prueba a Dios al pedirle que le diera una señal específica como condición para obedecer un mandamiento divino. Al exigírsela, es seguro que estaba consciente de que estaba provocando a Dios porque su oración incluyó estas palabras: "No se encienda tu ira contra mí si hablo de nuevo" (Jue. 6:39).

"Respondiendo Jesús, les dijo: De cierto os digo que si tenéis fe y no dudáis, no solo haréis esto de la higuera, sino que si a este monte le decís: '¡Quítate y arrójate al mar!', será hecho"
(Mateo 21:21).

Las Escrituras nos exhortan a caminar por fe y no por vista (ver 2 Cor. 5:7). Pedir una señal puede ser una forma de exigir que Dios revele su plan para que nosotros podamos aprobarlo o rechazarlo. Además, si su plan no es de nuestro agrado, nos sentimos con el derecho de introducir los cambios que nos parezca para conseguir un resultado más acorde con nuestra conveniencia. Una cosa es suplicar a Dios, o incluso quejarnos, y otra muy distinta, intentar controlarlo.

Mejor sería que, en lugar de pedir señales a Dios, le pidiéramos fe para ver cómo ahora mismo él está actuando en nuestra vida. "Encomienda a Jehová tu camino, confía en él y él hará" (Sal. 37:5).

Piedras pulidas

Basado en Mateo 21:42

DEL TAN ESPERADO Mesías, los profetas habían escrito: "Por eso, Jehová, el Señor, dice así: 'He aquí que yo he puesto en Sión por fundamento una piedra, piedra probada, angular, preciosa, de cimiento estable. El que crea, no se apresure'" (Isa. 28:16).

David profetizó que esa piedra angular sería rechazada. "La piedra que desecharon los edificadores ha venido a ser la cabeza del ángulo" (Sal. 118:22).

En el versículo para memorizar, Jesús declara de sí mismo que él es esa piedra angular. El apóstol Pedro lo entendió y añadió: "Acercándoos a él, piedra viva, desechada ciertamente por los hombres, pero para Dios escogida y preciosa, vosotros también, como piedras vivas, sed edificados como casa espiritual y sacerdocio santo, para ofrecer sacrificios espirituales aceptables a Dios por medio de Jesucristo" (1 Ped. 2:4, 5).

> "Jesús les preguntó: ¿Nunca leísteis en las Escrituras: 'La piedra que desecharon los edificadores ha venido a ser cabeza del ángulo. El Señor ha hecho esto, y es cosa maravillosa a nuestros ojos'?" (Mateo 21:42).

¿Se ha fijado en que los miembros de la iglesia son piedras vivas que, juntas, forman la iglesia de Cristo? Pero no hay dos iguales, ¿verdad? Somos personas distintas, con estaturas, teces y edades diferentes. ¿Cómo colabora con las otras "piedras" para construir la iglesia en la tierra? ¿Es usted manso, paciente y respetuoso?

Según una antigua fábula hebrea, una tarde, mientras estaba sentado ante su tienda, Abraham vio acercarse a un anciano cansado por los años y el viaje. Abraham salió, lo saludó y luego lo invitó a su tienda. Allí lavó los pies del anciano y le dio comida y bebida. De inmediato, el caminante empezó a comer sin antes decir una oración. Abraham le preguntó:

—¿No adoras a Dios?

El viajero de edad respondió:

—A ningún otro dios adoro, sino al fuego.

Al escuchar esto, Abraham se enfureció, agarró al hombre por los hombros y lo arrojó fuera de la tienda, a la intemperie de la noche. Cuando el anciano se hubo ido, Dios llamó a su amigo Abraham y le preguntó dónde estaba el desconocido. Abraham respondió:

—Lo eché fuera porque no te adoraba.

Dios respondió:

—Yo lo he soportado durante ochenta años aunque no me honre. ¿No podías tú aguantarlo tan solo durante una noche?

¿Lo ha soportado el Señor a usted durante mucho tiempo? A mí sí.

Piedras vivas

Basado en Mateo 21:42

TODOS SOMOS piedras vivas de la casa de Dios. Asimismo, ninguno de nosotros es igual a nadie más. Con todo, ¿no deberíamos relacionarnos unos con otros como hijos del mismo Padre? A veces las piedras olvidamos que formamos parte de la iglesia de Cristo en la tierra.

- A algunas piedras les disgusta que no tengamos la misma forma, la misma medida o, lo que es peor aún, el mismo color. Están convencidos de que todas las piedras tienen que ser iguales, es decir, "como yo"...
- Hay a quienes les parece que están demasiado cerca unas de otras. No quieren que ninguna otra piedra llegue a tocarlos porque, si eso sucede, se sienten incómodos y se vuelven hipersensibles. Prefieren mantener la distancia.
- Otras piedras se consideran mejores que el resto.
- A algunas no les gusta el lugar que ocupan en el muro. Hace ya tiempo que son miembros y opinan que merecen un lugar mejor y más importante.
- Otras se vuelven frágiles y se quiebran con la menor tensión.
- Aún otras creen que el edificio ya es bastante grande y no ven la necesidad de añadir ninguna más.
- A algunas piedras no les gusta el diseño del edificio. Creen que está pasado de moda y se empeñan en ponerlo al día.
- Otras piedras no tolerarán el lijado y la limpieza que necesitan para encajar, por lo que se deslizan por la pared y se van del edificio por la puerta trasera. Son los "fugitivos".

"Vosotros también, como piedras vivas, sed edificados como casa espiritual y sacerdocio santo, para ofrecer sacrificios espirituales aceptables a Dios por medio de Jesucristo" (1 Pedro 2:5).

Como ve, hay muchos tipos de piedras. Y yo me pregunto: ¿Qué tipo de piedra debo ser? ¿Qué tipo de piedra es usted? ¿Somos piedras útiles para el Señor? ¿Ocuparemos alegremente nuestro lugar en su templo?

Dos mujeres se encontraban en el mismo centro de convalecencia. Ambas habían sufrido una embolia cerebral que las paralizó. A Margaret la embolia le paralizó el lado izquierdo, mientras que a Ruth le afectó el lado derecho. Ambas eran excelentes pianistas pero habían arrojado la toalla porque estaban convencidas de que jamás volverían a tocar. El director del centro las sentó ante un piano y les sugirió que tocaran cada una un pentagrama. Así lo hicieron y, en consecuencia, surgió una hermosa amistad. ¡Qué ilustración más adecuada para presentar la necesidad de cooperación en la iglesia! Lo que resulta imposible para un solo miembro, si trabajan con armonía, quizá sea posible para dos o más.

Termitas en la vida

Basado en Mateo 23:23-28

VIVIR EN una región subtropical tiene sus ventajas. Por supuesto, también tiene sus inconvenientes. Una de las ventajas es que los inviernos suelen ser suaves. Un inconveniente es que suele haber animalitos. Mi hijo vive a unos tres kilómetros de casa, por lo que suele venir a visitarnos con frecuencia. Incluso viene cuando hemos salido. Tiene las llaves de nuestra casa. A menudo me llama y dice: "Papá, hoy fui a tu casa y te tomé prestada la remachadora. No te importa, ¿verdad?".

Un día llamó por teléfono y dijo: "Papá, me parece que tienes termitas en casa". Luego siguió explicándome que cuando iba a introducir la llave para abrir la puerta del garaje vio un agujerito muy pequeño en una de las molduras. No le faltaba experiencia en el asunto; hacía tan solo seis meses las termitas habían infestado su casa. Yo lo había ayudado a resolver el problema, pero nunca se me ocurrió que a mí me podía suceder lo mismo.

"Pero si así no lo hacéis, entonces habréis pecado ante Jehová, y sabed que vuestro pecado os alcanzará" (Números 32:23).

Ese mismo día, cuando llegué del trabajo, tomé una barra de hierro y levanté la moldura en la que había visto el agujero. El diagnóstico era correcto. Las termitas habían causado severos y extensos daños. Seguí levantando la moldura y cuanto más levantaba, más daño descubría. Las termitas se habían comido prácticamente todo el marco de la puerta de unos quince centímetros de grueso por treinta de ancho. Me dispuse a comprobar la pared que está junto al marco. Levanté el revestimiento de madera y descubrí que, hasta una distancia de más de dos metros, toda la estructura interior de la misma había quedado reducida a algo que tenía aspecto de papel. Por suerte, no encontré una sola termita viva, pero los daños eran considerables.

Satanás trabaja como una termita. Si estamos atentos, nos daremos cuenta de donde trabaja. Pero, como las termitas, sus mejores obras son lentas y secretas. El agujerito en la moldura del marco de la puerta del garaje apenas si se veía. Sin embargo, el daño que se escondía detrás era considerable. Muchas veces sabemos que hay cosas en nuestras vidas que no deberían estar ahí, pero parecen tan pequeñas que no les damos importancia. Albergar el pecado en la vida es como tener termitas en las paredes de casa. Si no se trata, el daño crece y crece hasta que las consecuencias son graves.

Cuando descubrí que tenía termitas, llamé a la compañía de saneamiento. Si usted hoy sabe que tiene termitas espirituales en su vida permita que Jesús las extermine y repare el daño que hayan causado.

Comienza el sufrimiento

Basado en Mateo 24:6-8

TERREMOTOS: El 12 de enero de 2010, un terremoto catastrófico de magnitud 7.0 en la escala Richter, sacudió Haití. El 24 de ese mismo mes se habían registrado al menos 52 réplicas de magnitud 4.5 o superior. Se calcula que el terremoto afectó a tres millones de personas. Según datos facilitados por el gobierno, el balance de víctimas mortales alcanzó cifras entre 217,000 y 230,000 personas, mientras que los heridos ascendieron a 300,000, a la par que 1,000,000 de haitianos perdieron sus casas. Siempre según cálculos oficiales, las residencias particulares y edificios comerciales que se derrumbaron o quedaron gravemente dañados ascienden a 250,000 y 30,000 respectivamente.

No hubo transcurrido un mes que un terremoto de intensidad aún mayor sacudió Chile. Por fortuna el balance de víctimas mortales fue reducido. En lo que va de siglo XXI, más de medio millón de personas ha perdido la vida a causa de un terremoto.

Pestes: En 2008, al menos 38 millones de personas estaban infectadas con VIH (sida). En África, cada 13 minutos esa enfermedad se lleva por delante a una persona. En ese continente millones de personas están infectadas con malaria, mientras que cada año mueren 800,000 niños.

Hambre: Cada día mueren alrededor de 16,000 niños por causas relacionadas con el hambre y la malnutrición.

> "Se levantará nación contra nación y reino contra reino; y habrá pestes, hambres y terremotos en diferentes lugares. Pero todo esto es solo principio de dolores" (Mateo 24:7, 8).

Cuando se goza de buena salud y se dispone de dinero suficiente para suplir las necesidades cotidianas, olvidar la gran cantidad de sufrimiento que hay en el mundo es relativamente fácil. Muchos se preguntan: "¿Por qué lo permite Dios?". En estos momentos se libra la batalla final entre el bien y el mal, entre Cristo y Satanás. Las enfermedades, la muerte, el hambre y las catástrofes naturales son obra del enemigo. Vivimos los últimos días. ¿Cuánto durarán? No lo sabemos ni debemos intentar saberlo. Jesús dijo a los discípulos —y a nosotros—: "Porque habrá entonces gran tribulación, cual no la ha habido desde el principio del mundo hasta ahora, ni la habrá. Y si aquellos días no fueran acortados, nadie sería salvo; pero por causa de los escogidos, aquellos días serán acortados" (Mat. 24:21, 22).

Probablemente, empezar el día leyendo cosas como estas no le resulte agradable. A mí tampoco. Siempre hemos hablado de cómo sería vivir los últimos días. ¡Ahora lo descubrimos! Nos ha tocado un momento grandioso y terrible, pero esto no ha hecho más que empezar. No obstante, suceda lo que suceda, tenemos su promesa: "No te desampararé ni te dejaré" (Heb. 13:5).

Fiel hasta la muerte

Basado en Mateo 24:9-10

EL LUGAR ERA Roma, la capital del mundo. La ocasión, el gran incendio del año 64 d.C.; un incendio que se decía que había sido provocado por el propio emperador Nerón. Para desviar sospechas, Nerón acusó a los cristianos con el cargo de incendio premeditado.

El historiador romano Tácito escribió que, por más que la acusación quedó sin probar, muchos fueron condenados como reos de odio hacia la humanidad. Tácito continúa: "Añadiose [...] la burla y escarnio con que se les daba la muerte. A unos vestían de pellejos de fieras, para que de esta manera los despedazasen los perros; a otros ponían en cruces; a otros echaban sobre grandes rimeros de leña, a los que, en faltando el día, pegaban fuego, para que ardiendo con ellos sirviesen para alumbrar en las tinieblas de la noche" (*Anales*, 15.44)

"Entonces os entregarán a tribulación, os matarán y seréis odiados por todos por causa de mi nombre" (Mateo 24:9).

El abogado romano Tertuliano se convirtió al cristianismo. Se burló de los paganos en los siguientes términos: "Fatigadnos, atormentadnos, condenadnos, desmenuzadnos, que vuestra maldad es la prueba de nuestra inocencia y enseñanza. Por eso permite Dios que suframos, para que lo probemos. [...] No medra vuestra crueldad por ingeniar tormentos exquisitos, que para nosotros la mayor pena es caricia más sabrosa para morir más gustosos. Segando nos sembráis: más somos cuanto derramáis más sangre; que la sangre de los cristianos es semilla" (*Apología*, 50).

No solo en los primeros días de la iglesia, también durante la Edad Media, decenas de miles sacrificaron la vida. Incluso hoy en día, en muchas regiones del mundo los que han optado por ser fieles al Señor sufren por su fe.

El rey Salomón escribió: "No menosprecies, hijo mío, el castigo de Jehová, no te canses de que él te corrija, porque Jehová al que ama castiga, como el padre al hijo a quien quiere" (Prov. 3:11, 12). Las palabras de Salomón se repiten en Hebreos 12:5-11, con una exhortación añadida: "Es verdad que ninguna disciplina al presente parece ser causa de gozo, sino de tristeza; pero después da fruto apacible de justicia a los que por medio de ella han sido ejercitados".

Asimismo, Pablo escribió a los cristianos de Roma: "También nos gloriamos en las tribulaciones, sabiendo que la tribulación produce paciencia; y la paciencia, prueba; y la prueba, esperanza" (Rom. 5:3, 4).

No tenemos que preguntarnos qué nos va a suceder en el futuro. Solo podemos vivir un día a la vez. Nuestra misión es ser fieles ahora. "El que es fiel en lo muy poco, también en lo más es fiel" (Luc. 16:10).

Esperanza que purifica

Basado en Mateo 24:42-50

EL CAPÍTULO 24 de Mateo habla de los acontecimientos de los últimos días y la venida de Jesús. Una de las cosas que más me impresionan es que Jesús dijo que su venida será una sorpresa para la mayoría de la gente y que tenemos que estar preparados todo el tiempo. Luego les contó una historia que ilustra qué sucede cuando Jesús no hace algo en el momento en que nosotros pensamos que tendría que hacerlo.

La conclusión de la historia es como sigue: "Pero si aquel siervo malo dice en su corazón: 'Mi señor tarda en venir', y comienza a golpear a sus consiervos, y aun a comer y a beber con los borrachos, vendrá el señor de aquel siervo en día que este no espera, y a la hora que no sabe" (Mat. 24:48-50).

Cuando leí esta historia, me hizo pensar en lo que puede suceder tanto en nuestros hogares como en nuestras iglesias. Vuelva a leer los versículos. Tenga en cuenta que los que piensan que Jesús no va a venir empiezan a "golpear" a los demás. No creo que Jesús quisiera decir que en realidad empecemos a golpearnos, sino a cómo nos tratamos unos a otros. Preste atención a algo más: Cuando alguien deja de sentir que Jesús no está cerca le resulta fácil volver al mundo. Eso es lo que significa "comer y beber con los borrachos".

> "Y todo aquel que tiene esta esperanza en él, se purifica a sí mismo, así como él es puro" (1 Juan 3:3).

La forma que algunos miembros de iglesia tienen de tratar a los demás demuestra que creen que el Señor no va a regresar pronto y, por eso, sus acciones y sus palabras se vuelven descuidadas. La crítica y los celos hacen acto de presencia. A veces, incluso el pastor es objeto de malos tratos.

¿Qué pasaría si usted y yo supiésemos que Jesús iba a venir el próximo año? ¿Cuándo empezaríamos a pensar en cómo prepararnos? Si yo sé que mi hijo viene a verme mañana, me preparo desde hoy mismo. Pero si creo que no vendrá hasta dentro de un año, no hay razón para que me apresure a pensar en ello.

Por eso, Jesús nos recuerda: "Velad, pues, porque no sabéis a qué hora ha de venir vuestro Señor" (Mat. 24:42).

"También vosotros estad preparados"

Basado en Mateo 24:42-50

PERMITA QUE le haga una pregunta. Supongamos que la Biblia dice que Jesús volverá el 16 de enero de 2014. Si supiera que Jesús va a venir en un día preciso de un año determinado, ¿qué haría al respecto?

Es necesario hacer dos consideraciones. La primera es que no tenemos garantía de que el 2014 sigamos vivos. La segunda es que, si supiera que todavía le quedan dos años más para prepararse para la venida de Jesús, ¿para usted el presente tendría la misma urgencia? Conociendo un poco la naturaleza humana, la respuesta es clara: no. La experiencia nos enseña que tendemos a posponerlo todo tanto como podemos.

Durante ciertas épocas del año, el lugar donde vivo está bajo la amenaza de huracanes. Si algo hemos aprendido es que cuando llega el huracán ya es demasiado tarde para prepararse.

Una vez confeccioné un cuestionario para que los miembros de una congregación me respondieran cómo se sentían ante la venida de Jesús. La primera pregunta era: "¿Quiere usted que Jesús venga?". Prácticamente todo el mundo respondió afirmativamente. La siguiente pregunta era: "Si pudiera elegir la fecha, ¿cuándo sería?". La mayoría respondieron que querían que viniera, pero en algún momento del futuro. La última pregunta era: "Cuando Jesús venga, ¿estará usted preparado?". La mayoría de las respuestas fueron: "No sé" o: "Espero que sí".

"Por tanto, también vosotros estad preparados, porque el Hijo del hombre vendrá a la hora que no pensáis" (Mateo 24:44).

¿Cómo respondería usted a esa pregunta? El apóstol Pablo responde: "Sí, estaré listo, "porque yo sé a quién he creído y estoy seguro de que es poderoso para guardar mi depósito para aquel día" (2 Tim. 1:12). Y: "Estando persuadido de esto, que el que comenzó en vosotros la buena obra la perfeccionará hasta el día de Jesucristo" (Fil. 1:6).

Por fortuna, no sabemos cuándo vendrá Cristo. Digo "por fortuna", porque ya que no lo sabemos, no vamos a caer en la tentación de posponer nuestra preparación. Jesús dijo: "Pero del día y la hora nadie sabe" (Mat. 24:36). Es mejor así. Por eso declaró: "Por tanto, también vosotros estad preparados, porque el Hijo del hombre vendrá a la hora que no pensáis" (Mat. 24:44).

No sabemos cuándo

Basado en Mateo 24:42-50

¿CUÁNTAS VECES hemos escuchado que Jesús viene pronto? La palabra "pronto" es difícil de definir. Si le digo que cenaremos pronto, probablemente no me refiera al mes o al año que viene... Al menos eso espera usted.

Aunque no estemos dispuestos a aceptarlo, nos cuesta entender que la segunda venida de Jesús será pronto si "pronto" significa el año próximo o dentro de cinco años. Cuando los discípulos preguntaron a Jesús por el momento de su regreso, él les respondió que solo su Padre conoce el día y la hora; luego añadió: "Por tanto, también vosotros estad preparados, porque el Hijo del hombre vendrá a la hora que no pensáis" (Mat. 24:44).

Hay quienes insisten en saber lo que solo sabe el Padre. Fijan una fecha para su venida, sus seguidores se excitan, el día llega y pasa sin que Jesús haya venido. Entonces, ¿qué hacen? En lugar de avergonzarse y desaparecer, fijan otra fecha y vuelta a empezar.

¿Recuerda la fábula del joven pastor que gritaba: "¡Que viene el lobo!"? El oficio de pastor puede llegar a ser muy solitario y aburrido porque se pasan todo el día en el campo, entre ovejas y sin nadie con quien hablar. El pastor quería un poco de diversión y por eso quiso fingir que un lobo estaba atacando a sus ovejas. Luego, cuando los hombres del pueblo acudieran en su ayuda, les diría que era una broma.

> "Bienaventurado aquel siervo al cual, cuando su señor venga, lo halle haciendo así" (Mateo 24:46).

Y así lo hizo. Con todas sus fuerzas, gritó: "¡Que viene el lobo! ¡Que viene el lobo!". Tal como había supuesto, los hombres del pueblo acudieron corriendo a la colina armados con varas y azadas. Cuando descubrieron que solo se trataba de una broma, rieron y volvieron a bajar de la colina.

Pero un día, un lobo de verdad atacó a las ovejas. Los hombres escucharon que el joven pastor gritaba: "¡Que viene el lobo!". Pero esa tarde estaban demasiado ocupados para participar en una broma y por eso no fueron corriendo. Como resultado, el lobo se llevó parte del rebaño.

Jesús viene pronto. No sabemos cuánto tiempo falta. Pero no nos corresponde adivinar el día ni la hora. Al contrario, Jesús nos dice que tenemos que estar preparados.

La importancia
de mantenerse despierto

Basado en Mateo 25:1-13

QUE UNA de las parábolas de Cristo sobre las condiciones en que se encontrará el mundo en los últimos días se desarrolle en el contexto de una boda es un detalle interesante. En la creación quedaron establecidas dos instituciones; una es, por supuesto, el sábado y la otra, la familia. Jesús obró su primer milagro en las bodas de Caná de Galilea. Días atrás hablamos de ese milagro.

En Mateo 24 y 25 Jesús explicó a sus discípulos algunos de los acontecimientos y condiciones que precederían a su venida. De todo ello se desprende el abrumador mensaje de que tenemos que estar alerta y preparados.

Siempre me pregunté por qué Jesús utilizó el ejemplo de diez vírgenes —nosotros quizá las llamaríamos "damas de honor"— que esperaban al novio. En la cultura occidental, las damas de honor no esperan al novio, sino a la novia.

Durante más de diez años, Betty y yo ejercimos el ministerio en el sur de Asia. Allí nos enteramos de que en aquella región, el novio, y no la novia, es el protagonista de la boda. Por supuesto, la novia también se engalana. No es extraño que el sari de la boda esté bordado con oro y plata. Pero la verdadera estrella del acontecimiento es el novio.

> "Como en los días de Noé, así será la venida del Hijo del hombre" (Mateo 24:37).

A menudo, todo el pueblo acude a la boda y la fiesta puede durar varios días. Recordamos las luces de colores en el *shamiana*, la tienda donde se llevan a cabo las fiestas. Es especialmente interesante la costumbre de que los padres decidan con quién se casarán sus hijos. Es un matrimonio convenido. Aunque a veces se hace un mal uso de esa costumbre, no deja de ser cierto que un matrimonio no es solo la unión de dos personas, sino de dos familias.

Jesús usó el matrimonio entre un hombre y una mujer para representar nuestra relación con él. La tasa de divorcios en algunos países occidentales es casi del 50%. Pero que la cifra de los que están rompiendo su pacto con Jesús sea mayor es todavía peor.

Esta parábola es importante porque enseña que incluso aquellos que han esperado la segunda venida también se cansan de esperar. Cuando hablo de las diez vírgenes suelo preguntar cuántas de ellas se durmieron. Algunos dicen que cinco. Pero la verdad es que todas se durmieron. Durante los próximos días veremos la importancia de mantenerse despierto.

Sabios y necios

Basado en Mateo 25:1-13

SI HUBIÉRAMOS visto las damas de honor, habríamos dicho que eran iguales. Probablemente, sus vestidos eran idénticos y llevaban la misma clase de lámpara. Por fuera se parecían, pero sus corazones eran distintos.

Las damas de honor sabias representan a los cristianos sinceros que están listos y a la espera de la venida de Cristo. Por su parte, las damas de honor necias simbolizan a quienes, aun sabiendo que viene y queriendo que venga, todavía no han preparado el corazón para recibirlo. Son como la gente que quiere tomar unas vacaciones. Saben dónde quieren ir, qué leer sobre cosas que hacer cuando lleguen a su destino, les dicen a todos que van, pero, cuando llega el día de la partida se dan cuenta de que no han comprado el boleto ni hecho las maletas.

¿Qué distingue a las damas de honor necias? En primer lugar, son necias porque no preparan sus recipientes (corazones) con aceite de recambio (Espíritu Santo). En las lámparas solo tienen aceite suficiente para iluminar el camino hasta el punto de encuentro, para fingir que quieren encontrarse con el novio. Pero no traen aceite de más y por eso no consiguen su objetivo.

> "Velad, pues, porque no sabéis el día ni la hora en que el Hijo del hombre ha de venir" (Mateo 25:13).

En segundo lugar, son necias porque no tienen ninguna convicción específica o sentimiento de urgencia alguno. Parecen damas de honor esperando con una lámpara en las manos pero, en realidad, su corazón está en otra parte. Hacen lo que se les dice, pero carecen de vida espiritual.

En tercer lugar, no piensan en el futuro ni hacen planes. Esto las lleva a ser descuidadas y presuntuosas. Creen que la seguridad está en la muchedumbre. Están convencidas de que, si están con otras damas de compañía que también tienen lámparas, podrán participar tal como van, con tan solo una lámpara. No prevén cualquier eventualidad. Muchos cristianos cometen este mismo error. Su vida no es más que un espectáculo en su propio beneficio.

Jesús dijo que nuestra luz tiene que brillar. Pero esto no sucederá durante mucho tiempo a menos que pidamos que el Espíritu Santo llene con aceite el recipiente del corazón. Además de conocer el destino, es preciso que, por fe, hagamos los preparativos necesarios. Ahora es tiempo de acumular todo el aceite del Espíritu Santo que podamos, porque el Novio está a punto de llegar.

Encended las lámparas

Basado en Mateo 25:1-13

MI ESPOSA creció en una familia con cuatro hijas y sin ningún hermano. Cuenta que cuando todas eran adolescentes tenían una talla similar y solían intercambiarse la ropa. Por lo general, la cosa iba bien excepto cuando todas querían el mismo vestido. Llegaron a la conclusión de que los intercambios se tenían que reservar para las emergencias.

Cuando las damas de honor necias se dieron cuenta de que se les había acabado el aceite, pidieron a las sabias que les dieran un poco de su aceite, pero estas no accedieron. En realidad, las damas de honor sabias sentían compasión por ellas y querían ayudarlas en el mal paso, pero respondieron: "No podemos compartir el aceite porque entonces nosotras tampoco tendremos suficiente". Luego sugieren: "¿Por qué no van y compran más?".

Los que quieren ser salvados tienen que prepararse; esto es, necesitan un corazón arrepentido para poder recibir la gracia y el perdón de Dios. Aunque nos rodeen buenos amigos y familiares que oran por nosotros a diario, la preparación personal es una necesidad vital para la salvación. El justo vivirá por *su* fe. Cada uno tiene que dar cuenta de sí mismo y, por lo tanto, debe preparar su propio corazón. Ese día nadie podrá responder por nosotros.

> "¡Buscad a Jehová mientras puede ser hallado, llamadle en tanto que está cercano!"
> (Isaías 55:6).

El aceite del Espíritu Santo nos lleva al arrepentimiento para que podamos recibir la gracia de Dios. Esta se aplica solo a aquellos pecados de los que nos hemos arrepentido. Por eso no podemos compartir el aceite. Por mucha gracia de que se disponga, nunca se tiene de sobra. Dios da gracia a cada uno según su arrepentimiento. Algunos creen que pueden beneficiarse de las buenas obras y la justicia de los santos. Pero los sabios entienden que solo tienen aceite para ellos mismos y nadie más.

Pero nótese que las damas de honor sabias no reprenden a las necias por no estar preparadas y no se envanecen por el hecho de que ellas han sido previsoras. En su lugar, les dan el mejor consejo que pueden en tales circunstancias. Quienes cometen errores necios en los asuntos del alma son más objeto de compasión que de insulto.

¿Qué hacemos para animar a otros a prepararse para la llegada del Novio?

Los vendedores de aceite

Basado en Mateo 25:1-13

DE VEZ EN CUANDO, en Florida, durante una tormenta, se interrumpe el suministro eléctrico. Cuando esto sucede, una simple vela me pone más contento que unas pascuas. He visto fotos de los tipos de lámparas que se utilizaban en los tiempos bíblicos. Para las damas de honor, sus lámparas eran algo tan cotidiano como en la actualidad son las linternas para nosotros. No es lógico que las cinco damas de honor necias se olvidaran de llevar aceite de más. Lo más probable es que no quisieran cargar con el recipiente.

Imagino que todas las diez jovencitas habían pasado la mayor parte del día preparándose para la fiesta de la boda. Preparon los vestidos, se bañaron, se lavaron el pelo y se peinaron. Luego echaron un último vistazo al espejo y corrieron hacia el lugar donde tenían que esperar a los invitados a la boda.

Cuánto tiempo esperaron no lo sabemos. Pero sí sabemos que todas se durmieron y sus lámparas se apagaron. Mientras que las damas de honor sabias pudieron rellenar sus lámparas con el aceite de más que habían traído, el pánico cundió entre las cinco necias. Se dieron cuenta de que no podían echar la culpa a nadie que no fueran ellas mismas. Tuvieron que ir a toda prisa a la tienda y comprar más aceite (Espíritu Santo).

> "Pues si vosotros, siendo malos, sabéis dar buenas dádivas a vuestros hijos, ¿cuánto más vuestro Padre celestial dará el Espíritu Santo a los que se lo pidan?".
> (Lucas 11:13).

Para quien hoy quiere comprar el Espíritu Santo el mundo es un verdadero mercado. El aceite está a la venta por todas partes; tanto al por mayor, en las iglesias o en cualquier otra organización; como al por menor, en los detallistas individuales. Seguro que ha escuchado sus anuncios: "¿Quiere que lo sanen? ¿Le gustaría tener más dinero? ¿Busca usted bendiciones? ¿Y poder? Venga y cómpreme Espíritu Santo. ¡Yo tengo y lo vendo a buen precio!".

Los comerciantes de aceite solo son felices si venden. ¿No resulta curioso que, aunque las damas de honor necias no llevaran aceite de más, sí tomaran consigo dinero (o una tarjeta de crédito)? Hay quienes otorgan un gran valor a sus propios recursos. El peligro está en ser tan autosuficiente, tan orgulloso, que se piense que cualquier dificultad se resuelve comprando. El resultado es que tienen que quedarse en la oscuridad.

El aceite que el mundo ofrece se puede comprar, el verdadero aceite del Espíritu Santo es un don de Dios para los que se arrepienten.

No son para nosotros

Basado en Mateo 25:14-30

EN CIERTA OCASIÓN, una niña le preguntó a su mamá si creía que Jesús va a volver. Su mamá le respondió que sí. La niña le preguntó si creía que podría venir hoy mismo, en pocos minutos. Sin prestar demasiada atención a lo que le preguntaba su hijita, ella respondió mecánicamente: "Sí". Entonces la niña replicó: "¿Me peinas?".

Si realmente creemos que Jesús viene pronto, ¿no deberíamos prepararnos? Los discípulos le preguntaron a Jesús cuándo regresaría y cuáles serían las señales que tendrían que buscar. Jesús les dijo muchas de las cosas que iban a pasar, pero, acto seguido, les advirtió que lo realmente importante para ellos era *velar, velar y velar.*

"No nos atrevemos a contarnos ni a compararnos con algunos que se alaban a sí mismos; pero ellos manifiestan su falta de juicio al medirse con su propia medida y al compararse consigo mismos" (2 Corintios 10:12).

Jesús también dijo que tenían que *estar preparados.* Estar preparado quiere decir ser puro, amable, humilde, paciente y estar dispuesto a perdonar; en otras palabras, tener el fruto del Espíritu.

Luego Jesús agregó un elemento más a velar y estar preparado, añadió *el trabajo.* Para ayudarlos a entender qué significa trabajar, les contó varias parábolas. La primera era la parábola de los talentos. A veces, conversando sobre los talentos que el Señor nos ha dado, alguien dice: "Eso está muy bien para los demás, pero yo no tengo ningún talento...". Esta idea procede de una mala comprensión de qué es un talento. Mucha gente piensa que un talento es una habilidad, una aptitud o una facultad natural que está por encima del promedio general. Se dice que las personas nacen con talentos o sin ellos.

Esta comprensión es incompleta y, de hecho, pone de manifiesto la inclinación egoísta de la mente y el corazón humanos. En la antigüedad, un talento era a la vez una medida de peso y una moneda; esa era la idea que tenía en mente cuando les explicó la parábola. Los talentos usados correctamente son el tesoro que Dios nos presta para servirlo. Los dones del Espíritu no se dan al nacer, no se adquieren a través de los genes de los padres. No tenemos ningún derecho personal sobre ellos. Al emplear los dones del Espíritu con fines personales les estamos dando un uso inadecuado. No son para nosotros.

Usted tiene un talento

Basado en Mateo 25:14-30

¿ES USTED una persona con talentos? Si hace inventario de sus habilidades y descubre que, claramente, no sabe cantar ni tocar el piano, si sus incursiones en la cocina son más bien desastrosas, si no se entiende con las computadoras y le disgusta hablar en público, es probable que llegue a la conclusión de que a usted no lo adorna ningún talento en absoluto.

Pues fíjese que le traigo buenas noticias: De hecho, usted sí tiene talentos. Según dijo Jesús, un talento es un don de Dios o una bendición para su pueblo. El hombre de la parábola de los talentos tenía que hacer un largo viaje y antes de irse llamó a sus siervos y a cada uno le dio una parte de su fortuna.

El propio Jesús es el hombre que se fue de viaje a un país lejano o, lo que es lo mismo, se ausentaría durante mucho tiempo. Tenía que regresar al cielo, con su Padre, para completar los planes establecidos para su retorno. Antes de irse, proveyó a su iglesia con todo lo que necesitaría durante su ausencia. Encomendó a la iglesia sus verdades, sus leyes, sus promesas y sus poderes. Asimismo, envió a su Espíritu para que sus siervos pudieran vivir y enseñar esas verdades y esas promesas, a la par que usaban esos poderes. De este modo, Cristo, en el momento de la ascensión, confió sus bienes a la iglesia.

"Confía en Jehová con todo tu corazón y no te apoyes en tu propia prudencia. Reconócelo en todos tus caminos y él hará derechas tus veredas" (Proverbios 3:5, 6).

"No fue recibido el derramamiento del Espíritu hasta que, mediante la fe y la oración, los discípulos se consagraron plenamente para efectuar la obra de Cristo. Entonces, en un sentido especial, los bienes del cielo fueron entregados a los seguidores de Cristo. [...] Los dones ya son nuestros en Cristo, pero su posesión verdadera depende de nuestra recepción del Espíritu de Dios" (*Palabras de vida del gran Maestro*, p. 263).

"Cristo confía 'sus bienes' a sus siervos: algo que puedan usar para él. Da 'a cada uno su obra'. Cada uno tiene su lugar en el plan eterno del cielo. Cada uno ha de trabajar en cooperación con Cristo para la salvación de las almas" (*Ibíd.*, p. 262).

¿Cómo puede descubrir sus talentos? (1) Lea la lista de los dones espirituales en 1 Corintios 12 y Efesios 4 y observe qué lo conmueve. (2) Tome nota de sus talentos naturales. (3) Descubra sus más profundas pasiones, qué le gusta más hacer. (4) Estudie su personalidad; no hay nadie que pueda hacerlo todo. (5) Revise las experiencias pasadas. Y (6) Ore, ore y no deje de orar.

Dios es generoso

Basado en Mateo 25:14-30

EL GRAN VIOLINISTA Niccolò Paganini legó su extraordinario violín a Génova, su ciudad natal, con la única condición de que nadie más volviera a tocar el instrumento. Aquella condición se reveló catastrófica. La madera presenta la peculiaridad de que mientras se usa y se maneja apenas se deteriora. Sin embargo, tan pronto como deja de utilizarse, empieza a degradarse. En consecuencia, el que en manos del gran Paganini fuera un extraordinario violín de sonido aterciopelado y exquisito, encerrado en su hermoso estuche, cayó pasto de la carcoma y vio su valor reducido al de mera reliquia. Aquel instrumento roído es para mí recordatorio de que los talentos, sin usar, pierden su razón de ser.

Cristo dio talentos a su iglesia con el fin de que fueran una bendición para los demás. "Los seguidores de Cristo han sido redimidos para servir. Nuestro Señor enseña que el verdadero objeto de la vida es el ministerio. Cristo mismo fue obrero, y a todos sus seguidores les presenta la ley del servicio, el servicio a Dios y a sus semejantes" (*Palabras de vida del gran Maestro*, p. 262).

"¿Qué pagaré a Jehová por todos sus beneficios para conmigo?"
(Salmo 116:12).

Algunos de los talentos que Dios pone a disposición de todos son el carácter, la voluntad, la capacidad de pensar, el habla, la influencia, tiempo, la salud, el dinero, la fuerza y los impulsos y afectos amables. Todos, en mayor o menor medida, disponemos de estos talentos. Si creemos que no, tendremos que orar fervientemente y pedir el fruto del Espíritu.

Nótese que en la lista anterior no se incluyen cosas como una buena voz canora, virtuosismo al piano, habilidad para confeccionar platos de alta cocina, conocimientos contables, aptitudes mecánicas o una buena memoria. Esas habilidades están bien, pero no tienen por qué ser talentos.

En la parábola, el empresario esperaba que sus siervos mejoraran los dones que recibieron. "Los talentos que se usan son talentos que se multiplican. El éxito no es el resultado de la casualidad o del destino; es la operación de la providencia de Dios, la recompensa de la fe y la discreción, de la virtud y el esfuerzo perseverante. El Señor desea que usemos cada don que poseemos; y si lo hacemos, tendremos mayores dones para usar" (*Ibíd.*, p. 288). Dios quiere que usemos todos los dones que nos otorgó para bendecir a otros. Si no los usamos, los perderemos.

Dios nos entrega sus tesoros. A algunos da cinco; a otros, dos; y aun a otros, uno solo. Tengamos los que tengamos, nuestro deber es usarlos. La pregunta no es: "¿Cuántos talentos he recibido?", sino: "¿Qué hago con los que ya tengo?".

Pequeñas cosas

Basado en Mateo 25:14-30

¿QUÉ PASA con la persona que solo tiene un talento? ¿Es lícito que piense que, ya que su acción no es muy determinante, no pasa nada si no lo intenta? No hay que menospreciar el poder de las cosas pequeñas, aun de un único talento, ni su influencia.

El evangelio entró en Japón gracias a una pequeña porción de las Escrituras que llegó a la costa flotando y que un caballero japonés recogió de la arena. Más adelante pidió que se le enviara una Biblia completa y los misioneros lo instruyeron.

Cuando la muerte le arrebató su hijito a la reina de Corea, una sirvienta de palacio le habló del cielo y de un Salvador que la llevaría allí para que estuviera con él. De este modo, una doncella cautiva introdujo el evangelio en Corea.

El éxito de la misión de Telugu, en el estado de Andhra Pradesh, en la India, dependía del hecho de que John Cloud había estudiado ingeniería de caminos, canales y puertos en la universidad. Por lo tanto pudo firmar un contrato para la construcción de un canal que empleaba a miles de obreros a los que predicaba todos los días sobre el texto de Juan 3:16. El resultado de este trabajo fue el bautismo de 10,000 conversos en un año.

"Quizá haga algo Jehová por nosotros, pues no es difícil para Jehová dar la victoria, sea con muchos o con pocos" (1 Samuel 14:6).

El hambre del hijo de Colón lo llevó a parar en un monasterio de Andalucía y pedir pan. El prior del monasterio, que había sido el confesor de la reina Isabel, escuchó la historia del navegante aventurero y consiguió una audiencia con la reina que dio lugar al viaje de Colón y su descubrimiento de América. Y todo a causa del hambre del niño.

Robert Bruce, uno de los grandes reyes de Escocia, se refugió en una cueva del perseguidor que quería matarlo. De repente, una araña tejió una tela ante la boca de la cueva y cuando los perseguidores pasaron por allí vieron la telaraña y quedaron convencidos de que nadie había entrado en la cueva. El destino de millones de personas dependió de una simple telaraña.

"Por pequeño que sea vuestro talento, Dios tiene un lugar para él" (Palabras de vida del gran Maestro, p. 294).

"De doble ánimo"

Basado en Mateo 26:6-13

DOS DÍAS ANTES de la Pascua, Jesús fue el invitado de honor en una cena en casa de Simón el leproso. Jesús había sanado a Simón y este, para mostrar su gratitud, preparó una concurrida fiesta. Simón era tío de María, Marta y Lázaro, los amigos íntimos de Jesús. A pesar de que creía que Jesús era el Mesías, nunca se había convertido y no había recibido un corazón nuevo. De hecho, Simón fue quien arrastró a su sobrina María a la vida de pecado de la cual Jesús la había liberado (ver nota al pie de página en *Hijas de Dios*, "Mujeres notables del Nuevo Testamento", p. 56).

Hay personas que son malas hasta la médula. Saben qué es lo mejor, pero prefieren hacer lo malo. Jamás tienen palabras de disculpa o excusa, jamás son amables y consideradas (a no ser que ello les reporte algún beneficio o contribuya a conseguir algún fin, y entonces es puro fingimiento). Jamás se las ve por la iglesia, nunca leen la Biblia y no tienen idea de qué es orar.

Hay otras que parecen buenas de pies a cabeza. Son corteses, amables, reflexivas, mansas y espirituales. Asisten fielmente a la iglesia, son amantes miembros de la familia y buenos ciudadanos. Jamás tienen problemas y parece que les encanta ayudar a los demás.

> "Acercaos a Dios, y él se acercará a vosotros. Pecadores, limpiad las manos; y vosotros los de doble ánimo, purificad vuestros corazones" (Santiago 4:8).

Y luego están quienes llevan una doble vida. Aparentan ser religiosos. Devuelven el diezmo, dan ofrendas, visitan a los enfermos, socorren a los pobres, estudian la lección de la Escuela Sabática, nunca faltan a la iglesia y hasta pueden llegar a ser directores de algún departamento. Sin embargo, en casa siempre están de mal humor y son bruscos, desconsiderados y egoístas con los demás miembros de la familia. Exigen hacer las cosas a su manera, se divierten con actividades inadecuadas y contaminan a los demás con su influencia. Simón era un ejemplo perfecto de alguien que lleva una doble vida.

En Apocalipsis 3:16 Jesús dijo que prefiere que seamos calientes o fríos. Esto no significa que quiere que seamos malos. Significa que, para nuestro propio bien, no debemos llevar una doble vida. La conversión es más probable en una persona realmente mala que en aquella que, siendo mala, pretende ser buena. Esa persona no siente la necesidad de convertirse.

Señor, haz que mi vida sea tuya al cien por cien.

Con los ojos de Dios

Basado en Mateo 26:6-13

LA BIBLIA LO LLAMA Simón el leproso, a pesar de que su enfermedad fue curada. Tengo un nieto que tiene una hermana un año mayor que él. Dado que las niñas a veces parecen crecer más rápido que los niños, pronto fue un poco más alta que él. Por supuesto, esto molestó al "pequeño Michael" y comenzó a preocuparse por su estatura. Sucedió hace unos años. Ahora eso ya no lo preocupa porque el "pequeño Michael" ha crecido tanto que es uno de los muchachos más altos de su clase. Ahora todos lo llaman "el grandulón Michael".

Tendemos a poner motes a las personas según lo que pensamos de ellas. Esto se conoce como colgar el sambenito. La gente pone una etiqueta en las latas y en las botellas con el fin de indicar cuál es su contenido. Pero cuando colgamos el sambenito a las personas no decimos cómo es su interior. A veces describimos a las personas con etiquetas: está gordo, es tonto, es estúpido, es vanidoso, etcétera. Pero no podemos ver su corazón y eso es lo que dice quién es realmente esa persona.

Satanás fue el primero en colgarle un sambenito a alguien. Cuando todavía era un ángel, en el cielo, a Dios le colgó la etiqueta de "desleal". La siguiente etiqueta fue la de "mentiroso" porque le dijo a Eva que no moriría por comer del fruto. Entonces él llamó a Dios "mentiroso" cuando le dijo a Eva que no moriría si comía la fruta. Durante los largos años de persecución, calificó a los cristianos de "herejes". Incluso hoy en día alienta a sus seguidores para que etiqueten a los pobres como "indeseables", a las personas con alguna discapacidad como "molestia", a alguien de otra raza como "poco atractivo" e incluso a los no nacidos como "no deseados".

> "Pero Jehová respondió a Samuel: 'No mires a su parecer, ni a lo grande de su estatura, porque yo lo desecho; porque Jehová no mira lo que mira el hombre, pues el hombre mira lo que está delante de sus ojos, pero Jehová mira el corazón'" (1 Samuel 16:7).

Cierta mañana estaba en un aeropuerto esperando mi vuelo. A un lado vi a un joven que también esperaba. Tenía el pelo teñido de azul, llevaba unos anillos en las cejas e iba vestido con unos vaqueros rotos y raídos. Aparté la mirada. Francamente, para mí tenía un aspecto extraño. Entonces sentí la necesidad de hablar con él. Descubrí que era un joven estupendo y hablamos de las cosas de la vida que preocupaban al joven. Sencillamente, necesitaba alguien con quien hablar.

Jesús no mira a las personas de la manera como nos miramos unos a otros. Me gustaría ser como él.

Solo lo mejor

Basado en Mateo 26:6-13

POCAS VECES en una fiesta se reunió tal cantidad de personajes variopintos e interesantes como en aquella de Simón. Allí estaba Jesús, el invitado de honor, sentado a la cabeza de la mesa; Simón, por supuesto, estaba sentado junto a él, así como Lázaro. También estaba Marta, atareada sirviendo a los invitados; y María, como siempre, merodeando por la sala y pendiente de todas y cada una de las palabras que decía Jesús. También había otros invitados, muchos de los cuales eran fariseos y colegas de Simón. La gente estaba asombrada de que Jesús asistiera a una fiesta en la que muchos de los presentes se oponían abiertamente a él. Sin embargo, su Padre lo llevó allí; él sabía que era por voluntad divina.

Por un instante, los focos se apartan de Jesús y se centran en María, que se apoya en la pared, ansiosa por no perderse ninguna de las palabras de Jesús. En un acto de misericordia, Jesús había perdonado sus pecados y luego había sacado a su querido hermano de la tumba; el corazón de María estaba lleno de gratitud. Hacía algún tiempo había escuchado cómo Jesús mencionaba que se acercaba el momento de su muerte. Aunque no entendía cómo podía suceder, quería mostrar su profundo amor y tristeza. Si tenía que morir, porque ella creía sus palabras, siguiendo la costumbre de la época, tendría que ungir su cuerpo para honrarlo.

"Dad a Jehová la gloria debida a su nombre; adorad a Jehová en la hermosura de la santidad" (Salmo 29:2).

Pero el ungüento habitual en las unciones mortuorias no era lo bastante bueno para ese Amigo tan especial. Tenía que darle el mejor. Por eso, con un gran sacrificio personal, había comprado un frasco de alabastro con un "perfume muy costoso" y lo escondió en su alcoba.

Para Jesús, solo lo mejor... Una actitud admirable. ¿Limpia la casa? Límpiela a fondo para Jesús. ¿Trabaja en una oficina? Trabaje bien para Jesús. ¿Estudia? Estudie mucho para Jesús. ¿Canta? Que sus mejores notas sean para Jesús. ¿Visita a los enfermos y a los presos? Dé lo mejor para Jesús. Esto significará un gran sacrificio personal para usted. Dar lo mejor de nosotros mismos siempre lo es. Para el corazón que está lleno de verdadero amor por Jesucristo nada es lo bastante bueno, y aún menos demasiado, para dárselo. Ni más ni menos.

Un corazón nuevo

Basado en Mateo 26:6-13

IMAGINE el torrente de emociones que María debió sentir cuando fue a comprar tan caro perfume. Allí estaba, dispuesta a comprar el más caro que sus recursos le permitieran para ungir el cuerpo de Jesús después de su muerte. No lo entendía, pero creía lo que el Señor dijo.

Todos en Betania conocían a María. La habían visto crecer, a ella y a su hermana Marta y su hermano Lázaro. Sabían que los niños eran familiares de Simón, un fariseo prominente y que María parecía ser la preferida de Simón. Se apercibieron de las diferencias que había entre las hermanas. Marta era resuelta, responsable y fiel. María, en cambio, parecía temperamental, frívola e irresponsable. Parece ser que, cuando se convirtió en mujer, María decidió ganarse la vida con prácticas inmorales.

Sin embargo, en su corazón, María detestaba su forma de vida y ansiaba cambiarla. Las enseñanzas de Jesús que escuchaba de vez en cuando empezaron a transformarla. Con el tiempo, un día confesó sus pecados a Jesús quien la sanó, la transformó y le dio un corazón nuevo.

Pero los habitantes de Betania no reconocieron de inmediato el corazón renovado de María. Ya me la imagino acercándose al vendedor de ungüentos y a este pensando que compraba el perfume para ser más atractiva para sus clientes. ¡Qué reputación la suya!

"De modo que si alguno está en Cristo, nueva criatura es: las cosas viejas pasaron, todas son hechas nuevas" (2 Corintios 5:17).

Me pregunto cómo se enfrentaría día tras día a las miradas y a las murmuraciones de los aldeanos: "Miren, por ahí viene María, la hermana de los buenos de Marta y Lázaro. Ah, pero hoy tiene un aspecto distinto, más limpio y dulce. Me pregunto por qué vivirá en casa con sus hermanos. No veo por qué Lázaro y Marta tendrían que aceptarla de vuelta... ¿Estará enferma? Claro, con la vida que lleva... no sería extraño. Pero no se comporta igual... Hasta se viste con más modestia. ¡Si hasta dicen que cada semana va a la sinagoga!".

María buscó en su bolsa y sacó todo el dinero que había ahorrado. Después de eso, no le quedaría mucho; pero eso no importaba. Hacía lo que tenía que hacer. Compró el mejor perfume. No se gastaba el dinero para sí misma, sino para Otro. ¡Vaya un cambio se había operado en ella! Era una nueva criatura, totalmente diferente. Tenía un corazón nuevo.

El Señor devolverá

Basado en Mateo 26:6-13

SE SUPONÍA QUE María tenía que ayudar a su hermana Marta en el servicio de la fiesta en casa de Simón. Pero entre viaje y viaje a la cocina se entretenía, cada vez durante más rato, en el salón para estar más tiempo con Jesús. Ella tenía un secreto que, a la vez, la alegraba y la entristecía. Había comprado un poco de ungüento muy caro para ungir a Jesús cuando muriera. Por supuesto, nadie de los presentes conocía el secreto.

Pero últimamente había oído que la gente hablaba de coronar rey a Jesús. No hablaban de su muerte. Incluso allí, en la fiesta, escuchó rumores sobre forzar la coronación de Jesús. Pensó en el ungüento que había comprado, aquel tan caro que guardaba en el frasco de alabastro. "Bueno", pensó, "si no voy a usarlo con su cuerpo muerto, puedo usarlo para honrarlo mientras viva". Recordó la costumbre judía de honrar a los sacerdotes y los reyes vertiendo aceite sobre su cabeza. "¿Por qué no hacerlo ahora?", se preguntó. "¿Por qué no ser la primera en honrar a Jesús?".

> "A Jehová presta el que da al pobre; el bien que ha hecho se lo devolverá" (Proverbios 19:17).

María corrió a su cuarto y tomó el vaso de alabastro. Tímida, volvió a entrar en el comedor y se acercó donde estaba Jesús, sentado a la cabeza de la mesa. Nadie prestó atención cuando se acercó a él, porque su función era la de atender a las necesidades de los invitados. Se oyó un suave tintineo de cristales rotos. Luego, un invitado levantó la cabeza y empezó a olisquear el ambiente; luego otro y otro y otro... ¿Qué era ese perfume? ¿De dónde venía? Pronto todas las miradas se volvieron hacia la mesa presidencial.

María había roto el frasco de alabastro y había vaciado el aceite sobre la cabeza del Salvador. "Es como el buen óleo sobre la cabeza, el cual desciende sobre la barba, la barba de Aarón, y baja hasta el borde de sus vestiduras" (Salmo 133:2). El caro ungüento corría por la cabeza de Jesús, siguiendo por la barba, hasta el borde de sus vestiduras y hasta los pies. Había más ungüento del que había calculado y fluía más rápidamente de lo que pensaba. Instintivamente, María se arrodilló a los pies de Jesús y, como no tenía nada a mano con que enjugar el exceso, secó sus pies con su larga y ondulada melena, mezclando sus lágrimas con el caro perfume.

¿Le gustaría dar algo de valor al Salvador? Memorice el texto de hoy; mejor aún, póngalo en práctica.

Nada se desperdicia

Basado en Mateo 26:6-13

CUANDO ESCOGIÓ a los doce discípulos, Jesús entregó a Judas el poco dinero que recaudaban. De vez en cuando los seguidores agradecidos entregaban dinero a los discípulos y todo lo que se recogía se guardaba en una bolsa que llevaba Judas. En ocasiones, con esos fondos compraban comida para sí mismos y en otras los usaban para aliviar el sufrimiento de los pobres y los hambrientos. Aunque nunca fue mucho, a veces Judas echaba mano de algún dinero para su uso personal. Como Simón, era otro que vivía una doble vida. Los otros discípulos admiraban a Judas por su buen aspecto y su educación. Pero, desde el principio, Jesús sabía qué clase de persona era y, a pesar de todo, trabajó con él durante tres años, dedicándole un tiempo especial, con la esperanza de que en su corazón se produjera un cambio que nunca llegó.

A Judas le gustaban los placeres de la vida y, sin duda alguna, mientras andaba con los discípulos, los echaba de menos. De inmediato reconoció que no se trataba de un perfume común, sino de uno muy caro, el mejor. Judas fue el primero que susurró con la fuerza necesaria para que todos lo oyeran: "¿Qué propósito tiene este derroche? Ese ungüento se podría haber vendido a buen precio y dar el producto de la venta a los pobres". Si se hubiera vendido el perfume y el dinero hubiera sido dado a los discípulos, con toda seguridad, una buena cantidad habría ido a parar directamente al bolsillo de Judas.

"Dad y se os dará; medida buena, apretada, remecida y rebosando darán en vuestro regazo, porque con la misma medida con que medís, os volverán a medir" (Lucas 6:38).

La pregunta fue pasando de mesa en mesa: "¿Por qué se habrá gastado tanto dinero?". Aquí se revela el hecho de que los asistentes de la fiesta no conocían el corazón de María. Quizá conocían las ideas, pero no el corazón. Juzgaban las acciones sin comprender los motivos. Ellos interpretaron la extravagancia de María como despilfarro, mientras que Jesús la aceptó como prueba de amor abundante. No digamos que los demás hacen demasiado porque hagan más que nosotros mismos. En su lugar, tendríamos que esforzarnos para intentar igualarlos.

Con la queja por el regalo de María mostraban falta de respeto por Jesús. Eran lo bastante audaces como para decir públicamente que un regalo tan precioso como aquel se malgastaba con Jesús. ¿Se lo imagina? Nada de lo que se da a Jesús se despilfarra: ni el dinero, ni el tiempo, ni los talentos, nada.

En el nombre de Jesús

Basado en Mateo 26:6-13

"¿POR QUÉ tuvo que despilfarrar todo ese dinero?", murmuraban todos. Sin embargo, el murmullo era lo suficientemente alto como para que María pudiera escuchar lo que se decía. Su corazón se vino abajo y se sonrojó avergonzada. Aquel viejo temor, el miedo a no responder a las expectativas, había vuelto a apoderarse de ella. La había perseguido toda su vida. Nunca fue lo suficientemente buena para Marta, quien había llegado a quejarse de ella a Jesús, diciéndole que no ayudaba como es debido en casa. Ahora tenía miedo de que Marta la criticara por gastarse una pequeña fortuna en aquel ungüento. Y también Jesús, podría pensar que era una extravagancia.

Carente de toda disculpa o excusa, estaba a punto de encogerse, cuando se escuchó la voz del Señor: "¡Déjenla! ¿Por qué la molestan?". Vio que estaba avergonzada e inquieta. Sabía que las acciones de María procedían de su gratitud por haber sido perdonada y puso de relieve sus intenciones.

"Defended al débil y al huérfano; haced justicia al afligido y al menesteroso" (Salmo 82:3).

Levantando la voz por encima del murmullo de críticas, dijo: "María hizo conmigo una buena obra. Ustedes hablan de los pobres. Pero ustedes siempre tendrán pobres con ustedes y siempre que lo deseen podrán hacer buenas obras con ellos. En cambio, a mí no me tendrán siempre. Ella hizo lo mejor que pudo hacer. De hecho, ha sido la primera en ungir mi cuerpo para el sepulcro".

Los que tienen un corazón inclinado a hacer el bien, no tienen necesidad de quejarse porque les falta la oportunidad. Jesús nos dice: "Quizá no puedas honrarme en persona, pero lo que hagas por los demás, a mí me lo haces". Cristo no iba a estar constantemente en cuerpo en este mundo. Dijo que era conveniente que él se fuera. Decir que en el Servicio de Comunión su presencia es real contradice lo que él mismo dijo: "A mí no siempre me tendréis".

De aquí tenemos que aprender la lección de que todo lo que hagamos o planeemos hacer algún día en nombre de Jesús no tiene que ser pospuesto. Si tiene que escribir una nota de agradecimiento, hágalo hoy mismo. Si tiene que hacer una llamada telefónica amable, no la deje para mañana. Si quiere visitar algún enfermo, no espere a mañana. Si quiere decirle a su cónyuge cuánto lo ama, dígaselo hoy mismo. Si quiere jugar con sus hijos, no lo demore hasta mañana. Hágalo todo hoy en nombre de Jesús.

¿Cuánto debe?

Basado en Mateo 26:6-13

AHORA LOS FOCOS se centran en Simón, el leproso. Simón que vive una doble vida, Simón el fariseo, Simón el inconverso. Simón abrigaba la esperanza de que aquella fiesta para honrar a Jesús mejoraría la opinión que los demás tenían de él y fuera más fácil coronarlo rey. Puesto que la familia de Simón había sido bendecida con varios milagros, era natural que esperara disfrutar de una posición destacada en el nuevo reino terrenal de Cristo.

Pero el festejo tomó un giro inesperado y catastrófico cuando María se puso en evidencia. Insensata e impulsiva María... De carácter ingenuo y complaciente, María había cedido a las sugerencias inmorales de su tío Simón hasta el punto de casi arruinar su vida. Si Jesús no la hubiera encontrado y perdonado, ¿quién sabe dónde habría llegado?

Si había otra cosa que desagradara tanto a Simón era que Jesús no la hubiera echado fuera ni la hubiera reprendido. Simón estaba tentado a pensar que tal vez Jesús no era un profeta. No dijo nada, pero pensó para sus adentros: "Si este Jesús fuera un profeta habría sabido qué clase de mujer es la que lo toca, porque es una pecadora".

Simón no se dio cuenta de que en tales ocasiones el Hijo de Dios actúa a la manera de Dios: con compasión, ternura y misericordia. "Leyendo sus pensamientos, Cristo le respondió antes de que Simón hablara, demostrándole que era el Profeta de los profetas: 'Simón, una cosa tengo que decirte [...]. Un acreedor tenía dos deudores: uno le debía quinientos denarios y el otro, cincuenta. No teniendo ellos con qué pagar, perdonó a ambos. Di, pues, ¿cuál de ellos lo amará más?' Respondiendo Simón, dijo: 'Pienso que aquel a quien perdonó más'. Él le dijo: 'Rectamente has juzgado'" (*Hijas de Dios*, Apéndice A, p. 235).

> "Por lo cual te digo que sus muchos pecados le son perdonados, porque amó mucho; pero aquel a quien se le perdona poco, poco ama" (Lucas 7:47).

Estimado lector, ¿le ha sido perdonado mucho? ¿El Señor lo ha bendecido con el deseo de tener un corazón nuevo? ¿Se ha librado de un accidente mortal? ¿Se ha recuperado de una enfermedad? ¿Disfruta de paz interior? ¿El Señor ha enviado su Espíritu para ayudarlo a desarrollar todos sus frutos? Entonces, ¿cuánto le debe al Señor?

Un buen ejemplo

Basado en Mateo 26:6-13

EL ORGULLO ES uno de los pecados que más cuestan de erradicar. Justo cuando pensamos que está muerto y nos dirigimos hacia la multitud para aceptar sus felicitaciones, se levanta y nos apuñala por la espalda. Se dice que Dios, sabiamente, diseñó el cuerpo humano para que nosotros mismos no pudiéramos darnos palmaditas en la espalda ni tampoco patadas con demasiada facilidad.

El orgullo se había apoderado del corazón de Simón el leproso. Era rico, influyente y, gracias al milagro de la curación, gozaba de salud. Pero su corazón estaba enfermo de la lepra del pecado. Había juzgado mal a María, su sobrina, ante los invitados que asistían a su fiesta en honor de Cristo. Jesús le había contado una breve parábola que lo ayudó a verse a sí mismo tal como era.

Los dos deudores de la parábola representaban a Simón y a María. Se demostró que el pecado de Simón era diez veces más grave que el de María. Vio que Jesús había leído tanto en su corazón como en el de María y se avergonzó. Sabía que estaba en presencia de un Ser superior.

"Pues somos hechura suya, creados en Cristo Jesús para buenas obras, las cuales Dios preparó de antemano para que anduviéramos en ellas" (Efesios 2:10).

"Entré en tu casa", continuó Cristo, "y no me diste agua para mis pies; pero ella ha regado mis pies con lágrimas y los ha secado con sus cabellos. No me diste beso; pero ella, desde que entré, no ha cesado de besar mis pies" (Luc. 7:44, 45).

Y entonces Cristo hizo una promesa que ha traído consuelo y aliento a todos los que en su nombre sirven callada y abnegadamente a los demás. Dijo: "De cierto os digo que dondequiera que se predique este evangelio, en todo el mundo, también se contará lo que esta ha hecho, para memoria de ella" (Mat. 26:13).

Los actos de María se recordarían no con la dedicación de una iglesia o celebrando una fiesta anual en su honor, o conservando un pedazo de su sagrado frasco como una reliquia, sino mencionando su fe y su piedad como ejemplo para los demás en la predicación del evangelio. Todos hemos sido María la pecadora, María la frívola o María la impulsiva. Pero, por la gracia de Dios, ahora podemos ser María la generosa, María la reflexiva o María la agradecida.

No se puede hacer de dos maneras

Basado en Mateo 26:41

NO ES NADA extraño que en la vida cristiana nos pasemos más tiempo llamando a la grúa que aprendiendo a conducir el automóvil de la vida. Es como si en todos nosotros hubiera algo que se empeña en echarnos fuera de la carretera. Incluso cuando una persona nace de nuevo, esta atracción fatal sigue siendo un problema.

Un texto lo explica: "Cada uno es tentado, cuando de su propia pasión es atraído y seducido. Entonces la pasión, después que ha concebido, da a luz el pecado; y el pecado, siendo consumado, da a luz la muerte" (Sant. 1:14, 15). Cuando nos ponemos en peligro sufrimos innecesariamente y eso nos hace aún más vulnerables a los ataques de Satanás.

Mi trabajo como evangelista me hace viajar mucho. Los viajes se me difuminan unos con otros y llega un momento en que me cuesta recordar dónde estoy en un momento determinado. Sin embargo, recuerdo una ocasión en que, después de haber predicado el sermón, por la noche, mis colegas me llevaron de vuelta al motel. Para mí, viajar es algo agradable hasta que llega la noche; entonces quisiera estar en casa.

> "Antes bien, como está escrito:
> 'Cosas que ojo no vio ni oído oyó ni
> han subido al corazón
> del hombre, son las que Dios ha
> preparado para los que lo aman'"
> (1 Corintios 2:9).

En aquella ocasión tomé una cena ligera y, como todavía era pronto para ir a dormir, decidí pasar las siguientes horas viendo la televisión. Cuando llegó la hora de ir a la cama, tomé una ducha y, siguiendo mi costumbre, me arrodillé para orar.

Escuchar nuestras oraciones puede ser muy revelador. Aquella noche oré como de costumbre antes de acostarme. Pero a media oración pensé en lo que decía y me detuve en aquel justo momento. Me di cuenta de que me estaba contradiciendo y no pude continuar. Me oí a mí mismo pidiendo al Señor que me hiciera como Jesús y que perdonara mi orgullo, mi egoísmo, mi amargura, mis ansias desmesuradas y mi falta de dominio propio. Pero los programas de televisión que acababa de ver estaban imbuidos de esas características negativas. De buen grado me había entretenido viendo a los actores que simulaban los mismos pecados por los que Cristo murió. ¿Hay algo más incoherente? Aquella noche aprendí que tenía que vivir de la misma manera que oraba. No podía hacer las dos cosas a la vez. Era claro que en la oración decía una cosa y con la vida hacía otra.

¿Soy el único que tiene ese problema?

Dígalo tal cual es

Basado en Mateo 26:41

SUPONGA QUE LO invito a visitarnos a mí y a mi esposa en Florida y que le menciono que estoy seguro de que disfrutará de la estancia si le gustan los animalitos peludos que rondan por los alrededores de la casa. Usted podría pensar: "Ah, el pastor tiene gatitos. Fantástico, porque me gustan los gatitos". Pero yo le digo: "No, no. Gatitos no... ¡Ratas!". Sabiendo eso, ¿cómo se sentiría si tuviera que venir a visitarnos?

Es un hecho demostrado que las personas tienden a evitar todo aquello que tiene una imagen negativa. Y cuanto mayor es la negatividad de la imagen, más se quiere evitar. Según *Science Daily* (16 de diciembre de 2009), la capacidad de una persona para resistir, por ejemplo, a una tentadora galleta depende de la gravedad de la amenaza que se perciba tras ella.

"¿Cuántas son mis iniquidades y pecados? Hazme entender mi transgresión y mi pecado" (Job 13:23).

Varios científicos estudiaron las técnicas que permiten que la gente se resista a los alimentos y otras tentaciones. Descubrieron que cuando las personas se enfrentan a tentaciones que amenazan sus objetivos a largo plazo (ya sea la dieta, el control del humor, el gasto de dinero, etc.), un método para ayudar a resistir la tentación es hacer hincapié en la negatividad del resultado de caer en ella.

Por ejemplo, en cierto estudio, a los participantes se les pidió que estimaran las calorías de una galleta en particular que se les ofrecía. Los participantes que tenían un claro objetivo de adelgazamiento pensaron que la galleta tenía más calorías y era más perjudicial para alcanzar su objetivo a largo plazo de perder peso. Por tanto, resistirse a tomar la galleta les resultaba más fácil.

Cuando nos enfrentamos a una tentación, no solo debemos pensar, sino también destacar las consecuencias negativas de ceder a ella. Es preciso que veamos el pecado con toda su repugnancia, todo su horror y toda su desfachatez. No hay "mentirillas inocentes". "Los labios mentirosos son abominables para Jehová, pero le complacen quienes actúan con verdad" (Prov. 12:22). Fornicar no es solo mantener una "relación íntima". "¿Cómo, pues, haría yo este gran mal, y pecaría contra Dios?" (Gén. 39:9). El adulterio no es tan solo "una aventura". "Porque yo reconozco mis rebeliones, y mi pecado está siempre delante de mí" (Sal. 51:3). Comer y beber lo que el Señor ha prohibido no es una simple "convención social". "Daniel propuso en su corazón no contaminarse con la porción de la comida del rey ni con el vino que él bebía" (Dan. 1:8).

Así como las ratas no son simplemente "animalitos peludos", el pecado no es tan solo "otra manera de hacer las cosas".

Estamos infectados

Basado en Mateo 26:41

A VECES, cuando los noticieros informan de un crimen repulsivo, pienso: "¡Ojalá no existiera el diablo!". No está mal la idea, pero, ¿resolvería los problemas del mundo?

La triste realidad es que, si bien es verdad que el diablo tiene declarada la guerra al pueblo de Dios y que anda como león rugiente buscando a quien devorar, el mal está tan arraigado en los corazones de los seres humanos que, incluso si desapareciera, el mal seguiría prosperando.

Cuando el pecado entró en el mundo, toda la humanidad quedó infectada. Por desgracia, todos padecemos la enfermedad. La Biblia cuenta la triste historia: "Por tanto, como el pecado entró en el mundo por un hombre y por el pecado la muerte, así la muerte pasó a todos los hombres, por cuanto todos pecaron" (Rom. 5:12). Y lo más frustrante es que, a pesar de que la vacuna se compró a un precio altísimo, seguimos obstinados en reinfectarnos.

Somos nuestro peor enemigo. La Biblia suele describir nuestra naturaleza como "la carne": "Digo, pues: Andad en el Espíritu, y no satisfagáis los deseos de la carne, porque el deseo de la carne es contra el Espíritu y el del Espíritu es contra la carne; y estos se oponen entre sí, para que no hagáis lo que quisierais. Pero si sois guiados por el Espíritu, no estáis bajo la ley. Manifiestas son las obras de la carne, que son: adulterio, fornicación, inmundicia, lujuria [...]. Pero los que son de Cristo han crucificado la carne con sus pasiones y deseos" (Gál. 5:16-24).

"Les dijo: 'Yo veía a Satanás caer del cielo como un rayo'" (Lucas 10:18).

Aunque Satanás es un enemigo implacable, haríamos bien en dedicar menos tiempo a combatirlo y más a enterrar el yo y resistir los pecados que proceden de nuestro interior. Job es un ejemplo de cómo hacer frente a la tentación. La cuestión no era si iba a exorcizar el demonio de su vida (su esposa le sugirió que maldijera a Dios y muriera), sino si se mantendría fiel a su Dios. Al final, "Jehová bendijo el postrer estado de Job más que el primero" (Job 42:12).

Estamos en lucha con las fuerzas del mal. Jesús tiene que ser el centro de nuestras emociones. "Aquellos que comprenden su debilidad confían en un poder más elevado que el yo, y mientras contemplan a Dios, Satanás no tiene poder contra ellos" (*Nuestra elevada vocación*, p. 309)

Lejos pero cerca

Basado en Mateo 28:20

CUANDO VIVÍAMOS en América del Sur, un empresario estadounidense que estaba en el país vino durante varios meses a mi casa porque había oído que teníamos una radio de onda corta. Le había prometido a su esposa que en el vigésimo aniversario de boda renovarían los votos en público. La fecha se acercaba y, mientras uno estaba en Sudamérica, la otra estaba en California. Por eso me preguntó si lo ayudaría a renovar sus votos permitiéndole usar la radio. Hizo los arreglos oportunos para que ella sintonizara la radio a una frecuencia determinada en un momento preciso. De modo que, cuando llegó el día, renovaron los votos tal y como habían prometido. Fue algo muy íntimo: solo ellos dos, yo... y vaya usted a saber cuántos cientos de radioaficionados más que en aquel momento estaban en sintonía.

> "Y yo estoy con vosotros todos los días, hasta el fin del mundo" (Mateo 28:20).

Cuando hablamos con Dios solemos decir que estamos en su presencia. ¿Qué significa estar en presencia de Dios? No lo podemos ver, no podemos escucharlo y tampoco podemos tocarlo. En resumen, a Dios no se lo percibe con los sentidos físicos. ¿Cómo podemos percibir la presencia de Dios sin usar los cinco sentidos?

Ahora más que nunca antes es posible disfrutar de la presencia de alguien aunque no esté con nosotros. Solemos utilizar el teléfono, el vídeo o, aún mejor, las imágenes transmitidas por Internet. (¿Ha usado Skype?) También sentimos una presencia especial cuando recibimos una carta de alguien a quien amamos. Antes de casarnos, Betty vivía en Florida y yo en Ohio. Procurábamos escribirnos a diario. De ese modo yo podía sentir su presencia por medio de las cartas que ella me escribía.

Jesús dijo que siempre estaría con nosotros. Las limitaciones físicas no impiden que podamos disfrutar de su presencia. Cuando estoy rodeado de naturaleza, en particular en una noche estrellada, me siento cerca de Dios. Trabajar en el huerto o en el jardín también me pone en contacto con el cielo. Y orar es como hablar con un amigo muy querido.

"Toda alma débil que, rodeada de dudas y luchas, se entrega completamente al Señor, se coloca en contacto directo con agentes que la capacitan para vencer. El cielo está cerca de ella, y tiene el apoyo y la ayuda de los ángeles misericordiosos en todo tiempo de prueba y necesidad" (*Los hechos de los apóstoles*, cap. 29, p. 224).

Dios está a tan solo una oración de distancia.

Un corazón roto

Basado en Mateo 28:20

HACE VARIOS AÑOS, mientras me encontraba en Puerto Rico celebrando unas reuniones, recibí una llamada telefónica de un amigo muy querido al que le habían diagnosticado un cáncer de huesos. Su pastor quería ungirlo inmediatamente y mi amigo quería que yo participara en el rito. ¿Se imagina cómo lo hicimos? Por teléfono. Fue una experiencia extraordinaria que recordaré por mucho tiempo.

A fin de cuentas, ¿no será que sentir la presencia de alguien es una experiencia interior? Cuando estamos con un amigo, gran parte del gozo e incluso la importancia de su compañía va más allá de su presencia física y tiene lugar en el corazón. Puede que el amigo se encuentre en el otro lado del mundo o en la misma habitación, pero sentimos su presencia con nuestra conciencia.

Jesús le dijo a la mujer del pozo: "Dios es Espíritu, y los que lo adoran, en espíritu y en verdad es necesario que lo adoren" (Juan 4:24). En otra ocasión Jesús dijo: "Yo lo amaré y me manifestaré a él. [...] Mi Padre lo amará, y vendremos a él y haremos morada con él" (Juan 14:21-23). De manera que, aunque no puedo comprenderlo del todo, podemos sentir la presencia de Dios en lo más profundo de la conciencia aunque no lo percibamos con los cinco sentidos. Como dicen las Escrituras: "Vosotros [...] lo amáis sin haberlo visto" (1 Ped. 1:8).

> "Cercano está Jehová a los quebrantados de corazón y salva a los contritos de espíritu" (Salmo 34:18).

En un momento u otro puede haber pensado que bastaría con que Jesús estuviera aquí en persona para que su vida devocional tuviera más sentido. Usted se sentaría a su lado y conversaría con él. Sin embargo, ¿*realmente* dedicaría usted más tiempo a su vida devocional si Jesús estuviera entre nosotros? Hubo un tiempo en el que estuvo en persona entre los seres humanos y su presencia apenas influyó sobre las personas con las que estaba. Algunos lo amaban y otros lo detestaban. Para algunos no era más que una persona corriente, mientras que para otros era una decepción.

Sin embargo, para unos pocos era el Hijo de Dios. No podían demostrarlo, no podían verlo, pero lo sabían en el fondo de sus corazones. Eso mismo sucede en la actualidad. No amamos a las personas porque las veamos. Jesús dijo: "Bienaventurados los que no vieron y creyeron" (Juan 20:29).

¿Ve usted al Señor en todas partes?

No confíe en usted mismo

Basado en Mateo 28:20

UN DÍA, en mi época de estudiante en la universidad, me sentí desalentado con respecto a la vida en general. Apoyé la cabeza en el escritorio y oré: "Señor, ¿dónde estás cuando te necesito?". Al abrir los ojos vi que una pila de libros me impedía ver un cuadro de Cristo que colgaba en la pared de la habitación que estaba enfrente de mí. Entonces supe que había permitido que mis estudios fueran más importantes que el tiempo que pasaba con Dios. ¡Y yo que pensaba que era él quien me rehuía!

A pesar de que la distancia no puede separarnos de Dios, hay algo que sí puede impedirnos sentir su presencia: el pecado. El pecado no impide que Dios nos vea pero hace que nosotros no podamos verlo a él (ver Isa. 59:2). Si queremos que Dios esté presente en nuestra vida, tenemos que echar fuera el pecado.

> "'Porque mis pensamientos no son vuestros pensamientos ni vuestros caminos mis caminos', dice Jehová" (Isaías 55:8).

La base para toda comunicación de Dios con nosotros es la Biblia. En ella se cuenta la historia de Dios en busca del ser humano perdido. En ella está contenida la verdad sobre quién es Dios y lo mucho que nos ama. El Espíritu Santo conmueve los corazones con la verdad, pero siempre en armonía con la Biblia.

En el mundo se usan millones de relojes para saber la hora, pero el tiempo se mide y calcula con el movimiento de los astros. Quizá usted y yo dispongamos de un reloj que nos indica qué hora es, pero no será jamás la hora precisa. Los relojes no controlan la esencia del tiempo. Eso es asunto del Dios de las estrellas.

Así como las estrellas son la única referencia fiable para calcular el tiempo, la Palabra de Dios es para nosotros la única referencia fiable de la voz de Dios. Siempre que pensemos que Dios habla al corazón o a la conciencia tendremos que contrastar esa voz con lo que dice la Biblia. Así como los relojes adelantan, atrasan o incluso se detienen, nosotros tampoco podemos dejar que la única guía para discernir entre lo correcto y lo incorrecto sea la voz interior.

La Biblia es la única guía segura. No confíe en usted mismo.

Pasar el día con Dios

Basado en Mateo 28:20

¿LE GUSTARÍA pasar más tiempo en presencia de Dios? ¿Le gustaría sentirse más cerca de él y sentir su consuelo y fortaleza? Hay una manera: mantener la línea abierta. Es como llamar a alguien por teléfono y dejar el auricular descolgado, de manera que la persona que está al otro lado de la línea pueda escuchar todo lo que usted hace.

He aquí una idea para pasar el día con Dios. Veamos si le funciona. Comience por arrodillarse junto a la cama nada más despertarse. Agradezca a Dios por el sueño nocturno y entréguele el corazón. Luego siga pensando en él. Piense en el cielo y en Jesús como en un amigo mientras se viste y se arregla el cabello (quizá influya en la ropa que use). Cuando se siente para desayunar dele gracias por los alimentos que va a disfrutar.

Cuando suba al automóvil para ir al trabajo o a la escuela, pídale al Señor que envíe a sus ángeles para que lo acompañen, no solo para hacer que llegue sano y salvo, sino para que hagan de usted mejor conductor.

Al llegar al trabajo, pídale al Señor que lo ayude a ser un buen testigo fiel. Pida el fruto del Espíritu. Si se queda en casa con los niños, probablemente necesite grandes dosis de paciencia, amabilidad y amor; el Espíritu se las dará si se lo pide.

A lo largo del día mantenga los pensamientos por encima de las cosas de este mundo. Asegúrese de reservar un tiempo especial durante el día para dedicarlo a alimentar el alma con la lectura de la Biblia y el estudio de la lección de la Escuela Sabática. En la medida de lo posible, salga y disfrute de la contemplación de la naturaleza. Dios nos habla a través de las cosas que hizo.

> "Que por la misericordia de Jehová no hemos sido consumidos, porque nunca decayeron sus misericordias; nuevas son cada mañana. ¡Grande es tu fidelidad!"
> (Lamentaciones 3:22, 23).

Los primeros africanos convertidos al cristianismo eran sinceros y regulares en la adoración privada. Parece ser que cada uno de ellos había escogido un lugar apartado en la selva donde podía abrir el corazón a Dios. Con el tiempo, los senderos que llevaban a esos lugares quedaron bien trillados. El resultado fue que, si uno de esos creyentes empezaba a descuidar la oración, los demás pronto lo notaban. Amablemente le recordaban la negligencia: "Hermano, en tu camino empieza a crecer la hierba". No permita que la hierba crezca en el suyo.

Ejemplo de humildad

Basado en Marcos 1:9-11

CUANTO MÁS ENVEJEZCO, más joven me parece todo el mundo. Me parece que el pastor de mi iglesia es un niño y que mi médico acaba de salir de la escuela primaria. Intento imaginarme a Jesús, con treinta años, a punto de asumir la misión más importante y peligrosa que el mundo jamás haya conocido. Todo depende de él: la salvación de la raza humana, el honor del gobierno del cielo y la destrucción final del pecado.

Durante casi treinta años Jesús vivió tranquilamente en Galilea. A lo largo de esos años, "Jesús crecía en sabiduría, en estatura y en gracia para con Dios y los hombres" (Luc. 2:52). Pero había llegado el momento de que el Sol de justicia se diera a conocer. Para empezar su ministerio no eligió Jerusalén, sino el desierto en el que bautizaba Juan.

La vida de Jesús fue un ejemplo de humildad. Esto fue evidente en el hecho de que acudiera a Juan para que lo bautizara. El Soberano del mundo salió al desierto y pidió a alguien que se había proclamado a sí mismo predicador que lo bautizara. (¿Cuántos en la actualidad presupondrían que era un gran pecador?) Ante la oposición de Juan, Jesús dijo firme pero amablemente: "Permítelo ahora, porque así conviene que cumplamos toda justicia" (Mat. 3:15). Jesús otorgó a Juan el gran honor de bautizarlo por la fidelidad del Bautista al anunciarlo como el "Cordero de Dios que quita el pecado del mundo" (Juan 1:29). Como dijo el Señor por boca del profeta: "Yo honro a los que me honran" (1 Sam. 2:30).

> "Igualmente, jóvenes, estad sujetos a los ancianos; y todos, sumisos unos a otros, revestíos de humildad, porque 'Dios resiste a los soberbios, y da gracia a los humildes'"
> (1 Pedro 5:5).

Dios aborrece el pecado de orgullo. Al querer ser como el Altísimo, Lucifer fue dominado por el orgullo. Satanás jugó con el orgullo de Eva al sugerirle que podía decidir por sí misma. El orgullo está detrás de cualquier pecado. "Cuando llega la soberbia, llega también la deshonra; pero con los humildes está la sabiduría" (Prov. 11:2).

La vida de Jesús comenzó en un humilde establo como hijo de una pareja judía humilde. Creció en una casa humilde, su formación en las rodillas de su madre fue humilde y ayudó a su padre como humilde carpintero. Luego un humilde predicador lo bautizó junto con los pecadores. Todo esto lo hizo con el fin de ser ejemplo para todos nosotros.

Para cumplir toda justicia

Basado en Marcos 1:9-11

"CUANDO JESÚS VINO para ser bautizado, Juan reconoció en él una pureza de carácter que nunca había percibido en nadie. La misma atmósfera de su presencia era santa e inspiraba reverencia" (*El Deseado de todas las gentes*, cap. 11, p. 88). Es interesante notar que Juan viera en Jesús algo que la multitud era incapaz de percibir. Para ellos Jesús era un joven normal. Hasta donde ellos sabían, tan solo se trataba de una persona más en busca de la gracia de Dios. La gente que estaba a orillas del río solo vio a un hombre que pedía ser bautizado; Juan, en cambio, reconoció a Dios.

El Espíritu había hablado al corazón de Juan y lo había advertido de que el Mesías vendría para pedirle que lo bautizara. Ahora estaba seguro de que la Persona que se encontraba ante él era el Prometido. ¿Cómo podía él, un pecador, bautizar al que era sin pecado? Por eso exclamó: "Yo necesito ser bautizado por ti, ¿y tú acudes a mí?" (Mat. 3:14).

Aunque Juan estaba henchido del Espíritu Santo (ver Luc. 1:15), junto a Cristo sentía que él era quien necesitaba ser bautizado. Cuanto más tengamos el Espíritu de Dios, más sentiremos nuestra necesidad. El mejor y más santo de entre los seres humanos necesita a Cristo. De hecho, cuanto mejor es, más siente esa necesidad. Incluso los ministros, los cuales predican y bautizan a los demás, tienen que darse cuenta de que también predican para sí mismos y necesitan ser bautizados con el Espíritu Santo.

"Todo lo que te venga a mano para hacer, hazlo según tus fuerzas, porque en el seol, adonde vas, no hay obra, ni trabajo ni ciencia ni sabiduría" (Eclesiastés 9:10).

El ministerio de Juan crecía cada vez más; él mismo tenía discípulos. Era necesario que Jesús se humillara a sí mismo y permitiera que Juan lo bautizara. Pronto llegaría el momento en que Juan menguara para que Cristo creciera. Cuando ese momento llegó, Juan menguó con la mayor dignidad y resignación. Reconoció que su tiempo había pasado y que había cumplido con su misión.

Dios lo ha llamado a hacer un trabajo para él. Pregúntele qué quiere que haga. A continuación, ore para que el Espíritu Santo lo llene de sabiduría y capacidad para hacer la tarea encomendada.

Señor, bautízame cada día con tu Espíritu Santo.

Reconozco que tú tienes que crecer y yo debo menguar.

Dios está más cerca de lo que pensamos

Basado en Marcos 1:9-11

CUANDO A NAZARET llegó la noticia de que el predicador del desierto bautizaba cerca, en el Jordán, Jesús colgó su ropa de carpintero por última vez y se unió a la multitud que se dirigía apresurada para verlo.

Cuando tengo presente que, como hombre, Jesús aprendió quién era y cuál era su misión por el estudio de las Escrituras, no puedo menos que conmoverme. Él había leído las profecías y ahora reconocía su misión. Seguía al pie de la letra, y con todo esmero, un plan que había sido dispuesto para nosotros antes de la creación del mundo. No podía saltarse ni un paso. Tenía que cumplir todas y cada una de las profecías.

Decir que Jesús vivió por fe no es ningún disparate. Él mismo dijo que hacía lo que su Padre le había dicho que hiciera. Su preocupación diaria era procurar que nada de lo que hiciera fuese su propia iniciativa. Jamás entenderemos del todo cómo es posible que Dios y el hombre estuvieran unidos en una Persona. Pero Jesús vivió el día a día como un hombre cuya misión era revelar el carácter del Padre al cumplir su voluntad.

"En mi angustia invoqué a Jehová y clamé a mi Dios. Él oyó mi voz desde su templo y mi clamor llegó hasta sus oídos" (Salmo 18:6).

Su vida cotidiana no estaba programada; de otro modo, no habría pasado noches enteras en oración. La oración era el medio que Jesús tenía para estar en contacto con su Padre. La oración le proporcionó fuerzas para cumplir la misión profetizada para el Mesías.

Con frecuencia nos preguntamos por qué fallamos tan a menudo y, en consecuencia, estamos destituidos de la gloria de Dios. Esto se debe a dos cosas, indispensables para Jesús. Una de ellas es que a menudo no conocemos la voluntad de nuestro Padre celestial; no acudimos a su Palabra, a través de la cual, por medio del Espíritu Santo, habla con nosotros. La otra razón es que no oramos, no hablamos con él, como debiéramos.

Estoy seguro de que a veces Jesús pudo haber tenido la sensación de que su Padre estaba muy lejos. A veces nos sucede lo mismo. La vida de Jesús nos enseña que, aunque pueda parecer que Dios está lejos, en realidad está cerca. Está tan cerca como lo están su Palabra y nuestras oraciones.

El cielo abierto

Basado en Marcos 1:9-11

CUANDO, YA EN la orilla del río, Jesús se arrodilló para orar, "vio abrirse los cielos y al Espíritu como paloma que descendía sobre él" (Mar. 1:10). Era como si Dios mismo hubiera separado el cielo y se hubiera inclinado para escuchar a su Hijo.

Jesús levantó la mirada hacia ese espacio abierto y pronunció una de las oraciones más conmovedoras de su vida. Lástima que no hubiera discípulos presentes que pudieran escucharla y escribirla. Sin embargo, el Espíritu de Profecía nos explica que vertió su alma a Dios. Sabía hasta qué punto el pecado había endurecido el corazón humano y lo difícil que para ellos sería entender su misión y aceptar el don de la salvación. Suplicó al Padre que le diera el poder para vencer su incredulidad, para romper las cadenas con que Satanás los había encadenado y, en su nombre, aniquilar al destructor. Pidió una señal de que Dios aceptaba a la humanidad en la persona de su Hijo.

No oró como nosotros solemos. No pidió poder para sanar, ni que no lo alcanzaran el dolor o los peligros; tampoco reclamó llegar sano y salvo de regreso a Nazaret, o que todos lo amaran; y, aún menos, ser popular. Oró por la misión de su vida. Pidió la ayuda del cielo en la tarea de salvar las almas.

"Nunca antes habían escuchado los ángeles semejante oración. Ellos anhelaban llevar a su amado Comandante un mensaje de seguridad y consuelo. Pero no; el Padre mismo contestará la petición de su Hijo. Salen directamente del trono los rayos de su gloria. Los cielos se abren, y sobre la cabeza del Salvador desciende una forma de paloma de la luz más pura, emblema adecuado del Manso y Humilde" (*El Deseado de todas las gentes*, cap. 11, p. 89).

> "No puedo yo hacer nada por mí mismo; según oigo, así juzgo, y mi juicio es justo, porque no busco mi voluntad, sino la voluntad del Padre, que me envió" (Juan 5:30).

Nosotros podemos desear que todas nuestras oraciones sean respondidas con la apertura del cielo y un baño de luz procedente del trono, pero probablemente esta no sea la voluntad de Dios para nosotros en este momento. Sin embargo, sabemos que Dios nos escucha y que nos contestará según su voluntad.

Señor, ayúdame a orar más por mi misión en la tierra y para que,
así como el ministerio de Jesús te glorificó, mi misión también te glorifique.

Precisa tiempo

Basado en Marcos 4:28, 29

MI ESPOSA y yo vivimos en el centro de Florida, donde es fácil tener un jardín. Aunque yo plante flores, no soy yo quien las hace crecer, sino Dios. Sin embargo, el modo en que me ocupo de ellas es un factor determinante en su crecimiento y su supervivencia.

Algunos dicen que cuando entregamos el corazón a Jesús ya no tenemos que preocuparnos por nada más. Sin embargo, eso sería como decir que si queremos que las petunias crezcan, basta con que las clavemos en el suelo y no hagamos nada más. Eso no es así... Mientras el Espíritu Santo obra en nuestra vida nosotros tenemos que cooperar con él. No obstante, hay quienes quieren ir más deprisa que el Espíritu Santo.

"Porque de por sí lleva fruto la tierra: primero hierba, luego espiga, después grano lleno en la espiga" (Marcos 4:28).

En cierta ocasión, un hombre que se había convertido al cristianismo hacía apenas seis meses me llamó por teléfono. Estaba lleno de celo. Por fortuna, en aquella experiencia de nuevo nacimiento, gozaba del apoyo de su familia. Había oído decir que es mejor vivir en el campo, por lo que su pregunta era si era conveniente que renunciara a su trabajo para abandonar la ciudad. Estaba completamente inmerso en su nueva fe y ansiaba vivirla hasta sus últimas consecuencias.

Quizá usted no esté de acuerdo con mi consejo, pero le sugerí que levantara el pie del acelerador y permitiera que su nueva vida en Cristo alcanzara a su corazón y sus pensamientos. No debemos olvidar que es preciso alimentar la nueva vida en Cristo. Para que crezca sana, una planta debe disponer de unas buenas raíces. No es extraño que los nuevos cristianos no hayan desarrollado todavía unas raíces espirituales sanas porque para ello se precisa tiempo.

Un bebé nace en un día, pero necesita muchos más para madurar. La Palabra de Dios nos dice que debemos crecer en la gracia (2 Ped. 3:18). En la parte de atrás de mi casa cultivo un pequeño huerto. Planté espinacas. La semilla es muy pequeña y cuando las plantas brotan del suelo son como cabellos. Tengo que asegurarme de que disponen de agua y abono suficientes. Al cabo de seis semanas, si me ocupo de ellas, ya estarán maduras. Del mismo modo, si cooperamos con el Espíritu Santo, nuestra vida espiritual crecerá y se desarrollará.

El misterio del crecimiento

Basado en Marcos 4:26-29

¿ALGUNA VEZ HA VISTO una semilla de zanahoria? Al verla quedará maravillado ante el milagro de que, de una semilla tan pequeña, pueda salir una gran zanahoria. ¿Cómo puede ser?

¿Y cómo es posible que una persona que no conoce a Dios, que está imbuida de paganismo y quebranta la ley sin mediar un pensamiento, se convierta en un cristiano feliz e íntegro que comparte su fe con los demás?

Para responder a esta pregunta, Jesús contó la parábola de un agricultor que sembraba trigo. Explicó que él mismo es a la vez el agricultor y el propietario del campo. Los que siembran la semilla son sus ayudantes. La semilla representa la Palabra de Dios y el campo es el corazón de una persona. La maduración de la semilla ilustra la forma en que el reino de Dios crece en el corazón.

Poco después de que el campo ha sido sembrado empiezan a producirse cambios. La tierra que antes era marrón se cubre con un manto verde. No podemos describir cómo sucede, es uno de los misterios de la naturaleza. Nadie sabe cómo el Espíritu, mediante la Palabra, opera un cambio en el corazón; como tampoco podemos explicar el viento, cuyos efectos podemos sentir, pero del cual no podemos decir ni de dónde viene ni a dónde va.

Una vez que se siembra la semilla, el Espíritu Santo comienza a trabajar. La persona que recibe la semilla ni siquiera se da cuenta de que la semilla ha sido plantada. Pero si no se resiste, la semilla va creciendo poco a poco. Finalmente, la persona piensa y siente de manera distinta. Empieza a detestar lo que antes le gustó y a querer lo que antes detestó. Tampoco esto se puede explicar. Así es el poder milagroso de Dios que da vida a su propia Palabra.

Cuando éramos misioneros en la otra punta del mundo aprendí algo que, aunque parezca de escasa importancia, es muy interesante. Nos llevamos algunas semillas de maíz y las plantamos en aquel suelo extranjero. Y, mire por donde, las semillas germinaron, las plantas crecieron y el maíz tenía el mismo sabor que en América. Algunas semillas no crecen si hace demasiado frío o demasiado calor, si llueve muy poco o hay demasiada humedad. Sin embargo, la Palabra de Dios crece en todas partes.

> "Porque como la tierra produce su renuevo y como el huerto hace brotar su semilla, así Jehová, el Señor, hará brotar justicia y alabanza delante de todas las naciones" (Isaías 61:11).

El grano lleno en la espiga

Basado en Marcos 4:26-29

LO RECONOZCO, soy un hortelano impaciente. Después de plantar semillas en mi pequeño huerto, me quedo un rato, mirando. Luego, cada día, vuelvo al huerto y vuelvo a mirar durante un rato. Quiero ver salir los primeros brotes verdes.

Jesús contó una historia sobre un agricultor que sembró un gran campo de trigo. Como es natural, tuvo que arar y preparar el suelo; pero después que lo hubo sembrado, ya no podía hacer nada más para que las semillas crecieran. Quedarse de pie, mirando, sería de muy poca ayuda. Por la noche se fue a dormir y, a la mañana siguiente, cuando se levantó, ni siquiera pensó en la siembra del día anterior, se fue a hacer otras tareas. Con todo, las semillas germinaron y el trigo creció por el poder del Dios de la naturaleza.

¿Por qué contó Jesús esta historia? No quería que sus discípulos se desanimaran si veían que su predicción no obtenía resultados inmediatos. Tampoco quiere que nadie se atribuya el mérito de que las personas acepten la verdad. Esta parábola iba destinada, no solamente a sus discípulos, sino a todos y cada uno de los obreros de Cristo, tanto del pasado como de la actualidad.

"Mientras la tierra permanezca no cesarán la sementera y la siega, el frío y el calor, el verano y el invierno, el día y la noche" (Génesis 8:22).

Los que trabajan por Jesús escogen dónde sembrar, reúnen los materiales necesarios, preparan la tierra, la abonan y plantan la semilla. Pero no pueden hacer que las semillas crezcan.

La semilla es el evangelio. Sembrar y recibir la Palabra de Dios con fe es obra de la gracia. El Espíritu de Dios hace que crezca mientras dormimos, cuando estamos despiertos y cuando nos ocupamos de otros asuntos (ver Job 33:15, 16). Aunque los profetas ya han muerto y reposan en la tumba, la Palabra que predicaron todavía lleva a cabo su obra (ver Zac. 1:5, 6).

Que la semilla crezca depende del corazón del que escucha. Nuestro trabajo como obreros de Cristo es sembrar la semilla en todos los corazones. No podemos discernir si los corazones serán o no receptivos; no es nuestra responsabilidad.

Nosotros solo tenemos que sembrar. Dios ya recogerá la cosecha.

En busca de la cosecha

Basado en Marcos 4:26-29

TENGO UN AMIGO que vendía sistemas de seguridad de puerta en puerta. Era un trabajo duro y tuvo que aceptar más rechazos que ventas. Sin embargo, el proceso lo llevó a desarrollar una buena actitud. En lugar de desanimarse por la negativa, pensaba: "Quizá llamé a la puerta equivocada. Aquí no hay nadie que necesite un sistema de seguridad. Probaré en otra casa".

Todos los obreros del Señor tendrían que saber que la suya es una obra de fe. Son responsables de la siembra, no de la cosecha. El sembrador introduce la mano en el cesto y extrae un puñado de semillas. Luego, con un movimiento de su muñeca, esparce las semillas por el suelo y sigue adelante. Su trabajo es ese y hace lo que se espera de él. Planta la semilla en el suelo y tiene que dejar a Dios los resultados (ver Ecl. 11:6).

Transcurre el tiempo y, aparentemente, en el campo no sucede nada. Sale el sol, cae la lluvia y nada cambia. La buena semilla crece poco a poco: primero una brizna, luego la espiga y, finalmente, el grano lleno en la espiga (Marcos 4:28).

"El Agricultor divino espera una cosecha como premio de su labor y sacrificio. [...] El objeto de la vida cristiana es llevar fruto, la reproducción del carácter de Cristo en el creyente, para que ese mismo carácter pueda reproducirse en otros" (*Palabras de vida del gran Maestro*, p. 46).

> "Por la mañana siembra tu semilla, y a la tarde no dejes reposar tus manos; pues no sabes qué es lo mejor, si esto o aquello, o si lo uno y lo otro es igualmente bueno" (Eclesiastés 11:6).

Adoniram Judson, nacido en 1788, fue el primer misionero protestante enviado desde América del Norte a Birmania, donde trabajó durante casi cuarenta años. Un día, cuando su esposa le dijo que un artículo de prensa lo comparaba con algunos de los apóstoles, Judson respondió: "No quiero ser como Pablo... o cualquier otro hombre. Quiero ser como Cristo. Solo quiero seguirlo a él, copiar sus enseñanzas, beber de su Espíritu y poner mis pies en sus huellas...Ser más semejante a Cristo".

Parece un buen motivo de oración, ¿verdad?

Nada es demasiado difícil para Dios

Basado en Marcos 5:25-34

HE OÍDO QUE algunas personas hablaban de la fe como si se tratase de una excavadora capaz de empujar a Dios. Una vez escuché a un famoso curandero que decía: "Si se tiene fe, se le puede decir a Dios qué tiene que hacer".

Y en el otro extremo del espectro, ¿cuántas veces habremos oído decir: "Oramos y no sucedió nada; será que no teníamos suficiente fe"? ¿Es posible que unos tengan tanta fe y otros tan poca?

Luego leemos las palabras de Jesús: "De cierto os digo que si tenéis fe y no dudáis, [...] si a este monte le decís: '¡Quítate y arrójate al mar!', será hecho" (Mat. 21:21). ¿Cómo podríamos tener tanta fe?

Una historia nos ayuda a entender el significado de la fe. Se trata de una mujer que durante doce largos años sufrió hemorragias. Ella había ido a todos los médicos que había podido encontrar y ninguno había sido capaz de ayudarla. De hecho, gastó todo su dinero tratando de encontrar una solución.

"Pero Jesús, volviéndose y mirándola, dijo: 'Ten ánimo, hija; tu fe te ha salvado'" (Mateo 9:22).

Oyó que Jesús estaba en su pueblo, sanando a los enfermos, y se convenció de que él podía ayudarla. Había tanta gente alrededor del Señor que no podía acercarse. Pero pensó que, para sanarse, bastaría con tocar el borde de su manto. Seguramente se trataba de una persona tímida porque no quería que nadie supiese lo que iba a hacer.

Así que se acercó, tocó el manto de Jesús y, al instante, quedó curada. Estaba a punto de escabullirse entre la multitud cuando Jesús preguntó quién lo había tocado. Nerviosa, se adelantó y le contó todo lo que le había sucedido.

Jesús dijo: "Tu fe te ha sanado" (Mar. 5:34, NVI). Pero la fe no la había sanado, sino Jesús. Entonces, ¿qué quiso decir cuando dijo que su fe la había sanado? Quería decir que su fe *en él* trajo su curación. Si hubiera tenido fe en una pata de conejo o un amuleto de la suerte, no habría sido sanada.

La fe es creer que no hay límites para lo que Dios puede hacer.

"Dejad a los niños…"

Basado en Marcos 10:13-16

ALGUNAS PERSONAS creen en el bautismo de los niños. Si, con la ayuda de una concordancia, busca los términos "bautizar" y "bautismo" tal como se usan en la Biblia, descubrirá que el bautismo siempre va acompañado de una enseñanza, de arrepentimiento y de una decisión, cosas estas que ningún niño es capaz de hacer.

Sin embargo, se anima a los padres para que, al igual que hicieron los padres de Jesús cuando habían transcurrido ocho días desde su nacimiento, dediquen sus hijos al Señor. En realidad, la dedicación de un niño es a la vez la dedicación de los padres y del hijo, de modo que los padres piden sabiduría para educar a su hijo en el conocimiento y el amor del Señor.

Las madres llevaban a sus hijos a Jesús para que les impusiera las manos y los bendijera. En la actualidad, ¿cómo pueden los padres traer sus hijos a Jesús?

Una sugerencia es presentarlos a Dios en oración. Deseo fervientemente que los padres y madres que lean este libro oren, o hayan orado, sinceramente por sus hijos y se esfuercen por educarlos para que prefieran morir antes que disgustar al Dios de sus padres. No pidan que sean ricos o famosos, sino que sus nombres estén escritos en el Libro de la vida del Cordero.

"Dejad a los niños venir a mí, y no se lo impidáis, porque de los tales es el reino de Dios" (Marcos 10:14).

Enseñarles la verdad. Haga todo lo posible para que sus hijos asistan a una escuela cristiana, acudan fielmente a la iglesia y, en casa, sean educados en las verdades de la Biblia. Ponga ante su hijo la vida y la muerte, el cielo y el infierno, el juicio y la misericordia, su pecado y la preciosa sangre de Cristo.

Hay quienes dicen: "No hables de Dios a los hijos. Cuando llegue el momento, ya se convertirán a Dios, si tal es su propósito". Es lo mismo que decir: "Si la voluntad de Dios es que ese pedazo de tierra produzca una cosecha, así será. Déjalo y que sea lo que Dios quiera".

Acudir a Cristo es aferrarse a él con las manos y con la fe, mirarlo para obtener vida, perdón, salvación, todo. Con el apóstol podemos ciertamente decir: "No tengo yo mayor gozo que oír que mis hijos andan en la verdad" (3 Juan 4).

Escuche al Espíritu Santo

Basado en Mateo 12:31

EL 27 DE NOVIEMBRE DE 1983, el vuelo 11, que cubría la línea París-Madrid-Bogotá, se estrelló en los montes próximos al aeropuerto de la capital española. Uno de los primeros puntos en que fijan su atención los investigadores del accidente es la localización de las "cajas negras"; las cuales, por cierto, no son negras, sino de un color amarillo o naranja chillón para facilitar su identificación. Cuando las encontraron y pudieron reproducir las grabaciones en ellas contenidas, los investigadores hicieron un descubrimiento escalofriante. La cinta reveló que durante los minutos que precedieron al impacto, una voz sintética procedente del sistema de alarma automático del avión avisó repetidamente, en inglés, a la tripulación: "Arriba, arriba".

"Por tanto os digo: Todo pecado y blasfemia será perdonado a los hombres, pero la blasfemia contra el Espíritu no les será perdonada" (Mateo 12:31).

El piloto debió pensar que el sistema estaba averiado. La caja grabó su voz diciendo: "¡Cállate, gringo!". Luego, según parece, desconectó el sistema. Minutos más tarde, el avión se estrellaba contra la ladera de una montaña y 181 de los 190 ocupantes murieron. Es una historia trágica, aunque una perfecta parábola para ejemplificar la manera en que muchas personas reaccionan ante los mensajes de advertencia que les envía su respectiva conciencia. Porque el Espíritu Santo nos habla a través de la conciencia.

Jesús prometió que después de regresar al cielo enviaría al Espíritu Santo. "Y cuando él venga, convencerá al mundo de pecado, de justicia y de juicio" (Juan 16:8). ¿Cómo convence de pecado el Espíritu Santo? Por medio de la conciencia.

El Espíritu Santo habla a nuestra conciencia advirtiéndonos que pecamos. Pero a muchos no les gusta sentirse culpables. No les gusta que les digan qué pueden o no pueden hacer. Tampoco les gusta que se los haga sentir culpables. Por tanto, sencillamente, hacen lo que hizo el piloto de Avianca: dejan de escuchar las advertencias.

El piloto pensó que él tenía razón y que el sistema de alarma estaba averiado. La voz del sistema de alarma se había diseñado para señalar su error y, así, poder corregirlo. Esa es exactamente la función del Espíritu Santo. Sin embargo, el piloto no quería que lo corrigieran. Estaba convencido de que sabía como pilotar el avión. No había nadie que le dijera que iba de cabeza a la catástrofe. Dios nos dio la conciencia para convencernos de nuestros pecados.

Asegúrese de que su conciencia está funcionando y está alerta, para que usted pueda escuchar la voz del Espíritu Santo.

¡No se rinda!

Basado en Marcos 14:61-72

NO HACE MUCHO, en la ciudad donde vivo, un hombre regresó a la oficina donde había trabajado y disparó su arma, matando a uno de los empleados e hiriendo a varios otros. Más tarde, cuando la policía lo detuvo, dijo que había hecho lo que había hecho porque había perdido el empleo y, por lo tanto, "me obligaron a hacerlo".

El asesinato y la violencia no son cosa nueva en este mundo. Hace aproximadamente dos mil años, al Hijo de Dios lo golpearon, lo escupieron y ciñeron su cabeza con una corona de espinas. Sus enemigos se felicitaban de tenerlo en su poder y condenarlo a muerte. De haber estado aquella noche con los discípulos, usted y yo habríamos temido que la muerte nos arrebatara a Jesús, nuestra única esperanza. Pero, más allá de la tumba, tenía que haber algo más. Puesto que vive, más allá de la resurrección, hay aún algo más: Jesús regresará con poder y gloria.

A veces parece como si el mal terminará imponiéndose. Pero, amigo, no se desanime. Tan cierto como que Jesús resucitó, regresará. En palabras del himno: "Amanece ya la mañana de oro, pronto el Rey vendrá; y su pueblo a la mansión del cielo Cristo llevará" (*Himnario adventista*, ed. 1962, n° 161).

> "Jesús le dijo: 'Yo soy. Y veréis al Hijo del hombre sentado a la diestra del poder de Dios y viniendo en las nubes del cielo'" (Marcos 14:62).

Jesús vio más allá de la tortura y la crucifixión. A veces, el dolor y el sufrimiento que padecemos parecen no tener fin. Pero llegará un día mejor. Como Abraham, nosotros también buscamos "la ciudad que tiene fundamentos, cuyo arquitecto y constructor es Dios" (Heb. 11:10).

Por tanto, amigo mío, levante la vista. Recuerde a aquellos dos hombres que se asomaron a los barrotes de la misma celda y, donde uno solo veía barro, otro veía las estrellas. Las estrellas nos recuerdan que un poco más allá de Orión empieza el camino a la Canaán celestial. Ya casi estamos en casa. Casi podemos escuchar el canto de los ángeles. Casi podemos ver el árbol de la vida. Casi podemos oler las flores inmarcesibles. No se rinda, levante la vista. Pronto diremos: "¡He aquí, este es nuestro Dios! Le hemos esperado, y nos salvará" (Isa. 25:9).

Los negocios de nuestro Padre

Basado en Lucas 2:41-49

INTENTE IMAGINARSE cómo se debieron sentir María y José cuando, después de un extenuante viaje para celebrar la Pascua en Jerusalén, no encontraban a su hijo Jesús de doce años. Como habían viajado con muchos parientes, no lo habían echado de menos hasta que, al cabo de un día, habían llegado a Nazaret. Por lo tanto, tuvieron que volver sobre sus pasos con el único motivo de pasar tres días buscando a Jesús en Jerusalén. Finalmente, lo hallaron en el templo, sentado entre los maestros de la ley, a los cuales escuchaba y planteaba preguntas que los dejaban atónitos.

"Su madre le dijo: 'Hijo, ¿por qué nos has hecho esto? Tu padre y yo te hemos buscado con angustia'. Entonces él les dijo: '¿Por qué me buscabais? ¿No sabíais que en los negocios de mi Padre me es necesario estar?'" (Lucas 2:48, 49).

Han transcurrido dos mil años y ha llegado nuestro turno de llevar a cabo la misión que Dios nos ha encomendado. Nos ha llegado el momento de "estar en los negocios del Padre". Al dedicar la vida a Jesús adquirimos la responsabilidad de estar en los negocios de nuestro Padre en casa, en la iglesia y allí donde vivimos. El diablo intenta distraernos. Nos tienta para que nos ocupemos de cualquier otro negocio que no sea el más importante de todos, el de nuestro Padre.

> "Entonces él les dijo: '¿Por qué me buscabais? ¿No sabíais que en los negocios de mi Padre me es necesario estar?'" (Lucas 2:49).

Durante la Pascua Jesús, que tenía doce años, empezó a darse cuenta de quién era y para qué había venido al mundo. Evidentemente, nosotros tenemos más de doce años; pero es importante que nos demos cuenta de que, cuando nos puso en el mundo, Dios tenía un propósito. A menudo oímos sermones inspiradores. Vemos que en la iglesia hay quienes están dotados de talentos extraordinarios y pensamos que ese no será nuestro caso. La verdad es que no podemos ser como los demás. Dios nos ha hecho irrepetibles. Para cada uno de nosotros tiene una misión que nadie más puede desempeñar.

Habrá notado que en este libro he dicho ya varias veces que tengo razón al decir que nuestra primera misión está en el hogar, con los miembros de la familia. Esto significa que no es preciso ir muy lejos para empezar a cumplir con ella porque ya estamos en el lugar adecuado.

Nadie dijo que sería fácil

Basado en Lucas 2:41-49

LA VIDA es corta; por tanto, no disponemos de tiempo para desperdiciarlo. No podemos pasar el tiempo que dure este corto viaje ocupándonos de cosas que nos aparten de los negocios de nuestro Padre. A veces cuesta ver más allá del rechazo que la vida pone ante nosotros. Como cristianos debemos aceptar tales cosas como obstáculos temporales porque sabemos que el Padre tiene sus propios planes para nosotros. Confiamos en él. Tenemos que hacer todo lo que esté en nuestra mano mientras haya tiempo, mientras nos quede aliento, compartiendo lo que Dios nos dio y sabiendo que el Padre nos bendecirá con su gracia extraordinaria para que lleguemos sanos y salvos al fin del viaje.

Cristo encomendó una misión a todos los que creen en él. Los discípulos de nuestro Señor Jesucristo, también hoy en día, tenemos que ocuparnos de los asuntos de nuestro Padre diciendo: "Heme aquí, Señor; envíame".

Nadie dijo que ser cristiano sea cosa fácil. Muchos de nosotros hemos pasado por el puente de la incertidumbre y la duda. Hemos estado divididos entre el ahora de esta tierra y la eternidad prometida. En ocasiones nos fatigamos y en muchas más no entendemos por qué nos salen al encuentro tantas adversidades, sobre todo cuando nos esforzamos lo indecible por ser como Jesús. Creemos que alcanzar el nivel de obediencia que Dios nos exige es una cima absolutamente inalcanzable. Con todo, Dios nos entiende y por eso nos perdona y asciende la montaña junto a nosotros.

> "Me es necesario hacer las obras del que me envió, mientras dura el día; la noche viene, cuando nadie puede trabajar" (Juan 9:4).

A veces, en oración, nos mostramos fatigados y desanimados porque no parece que obtengamos una respuesta. Nos sentimos abandonados y temerosos, a la deriva en medio de un océano de pecado que asola el mundo. Y sí, a veces sentimos la tentación de renunciar a la misión de guardar la Palabra de Dios y seguir nuestro propio camino. Luego descubrimos que, sin Dios, la paz jamás alcanzará al alma y, tras darnos cuenta de que el único bien es el que procede de sus manos, volvemos a él con un espíritu humilde y contrito. Lo vemos claro cuando nos damos cuenta de que en Dios tenemos nuestra fortaleza y, por lo tanto, las cosas solo irán bien si él tiene el control.

Nadie dijo que sería fácil, pero con él es posible.

Confiar y obedecer

Basado en Lucas 6:46

ACTUALMENTE, LA PALABRA "obediencia" no pasa por sus mejores momentos. Casi se ha convertido en un concepto anticuado. Evidentemente, la palabra hace que la gente piense en la esclavitud y la opresión, en la violencia y el castigo. La gente del siglo XXI es tan autosuficiente que no tolera la idea de que nada ni nadie pueda ser dominado.

Cuando, hace cincuenta años, mi esposa y yo nos casamos, prometimos amarnos, querernos y obedecernos mutuamente el resto de nuestras vidas. Los votos tradicionales han cedido el paso a expresiones más poéticas. De modo que la palabra "obedecer" ya casi no se usa. Nadie quiere que lo obliguen a obedecer a nada ni a nadie; ni a la ley, ni al maestro, ni al predicador y aún menos al padre o a la madre. No obstante, si queremos ser capaces de dar nuestro mejor potencial, la obediencia es necesaria.

> "Enséñame a hacer tu voluntad, porque tú eres mi Dios; tu buen espíritu me guíe a tierra de rectitud" (Salmo 143:10).

Un caza F-16 es un avión extraordinario con capacidades increíbles. No obstante, hay algo que el piloto exige por encima de las demás: que el aparato responda de manera total a su control. Si tuviera "voluntad propia", por destacable que ello pudiera parecer, no volaría mejor que el tope de una puerta. Del mismo modo, por más que estemos dotados de todos los dones posibles, la única manera de que Dios pueda hacer cosas extraordinarias e inauditas como "piloto" de nuestra vida es poniéndonos totalmente bajo su control. Si, vez tras vez, insistimos en tomar el control de nuestra vida en nuestras manos, descubriremos que no lo lograremos en absoluto; de manera que aquellos que estén dotados de menos talentos serán los elegidos para ocupar nuestro lugar. La obediencia es la llave de oro para una vida de alegría y de excelencia.

La obediencia es una actitud. Puede ser forzada o salir del corazón. Una persona puede mostrar una apariencia de obediencia y, en cambio, ser rebelde y traidora. Es posible que, a la vez que hacemos lo que se nos dice que tenemos que hacer, lo odiemos a cada minuto. Jesús no quiere esa clase de obediencia. Nuestra obediencia hacia él tiene que estar basada en el amor. Cuando nuestro amor proceda del corazón nos deleitaremos en hacer su voluntad. "Si me amáis, guardad mis mandamientos" (Juan 14:15).

Obedezca al Señor con todo su corazón.

"El hacer tu voluntad, Dios mío, me ha agradado"

Basado en Lucas 6:46

TODOS LOS PADRES responsables reconocen la dificultad de ejercer la autoridad que Dios les otorgó sobre sus hijos. El delicado equilibrio que se requiere para ser a la vez duro y tierno es difícil de mantener. Muchos padres refuerzan el espíritu rebelde de sus hijos por ser demasiado autoritarios y rigurosos. Otros ceden ante el niño cuando este pone a prueba su autoridad.

Cuando un niño rebelde se resiste, la presión para ceder en aras de la convivencia pacífica y la armonía puede llegar a ser sobrehumana. Todavía recuerdo a aquella madre que quería tener siempre la última palabra pero no conseguía controlar la reyerta que estallaba cada vez que le decía *no* a su hijo. Después de un día especialmente difícil, levantando las manos al aire, gritó: "¡Sí, hijo, sí, haz lo que quieras! ¡A ver si ahora también me desobedeces!".

¿Alguna vez se ha comportado como ese niño? A veces no queremos obedecer de ningún modo. Peor aún, excusamos nuestra desobediencia diciéndonos que no somos más que seres humanos.

Quizá algunos se sorprendan, pero la desobediencia es imperdonable. Mire, si Dios tolerara la desobediencia de cualquier forma o en cualquier momento, el resultado sería la anarquía. Dios no tolera la desobediencia y tampoco entra en componendas con ella. Sin embargo, es misericordioso con los que desobedecen... de momento. No obstante, según se desprende de lo que sucedió antes del Diluvio, en palabras del propio Dios leemos: "No contenderá mi espíritu con el hombre para siempre" (Gén. 6:3).

"Bienaventurados los que lavan sus ropas para tener derecho al árbol de la vida y para entrar por las puertas en la ciudad" (Apocalipsis 22:14).

La desobediencia es la raíz de todo pecado y miseria. El objetivo de la salvación es arrancar esta raíz del pecado y devolvernos a nuestro destino original; es decir, a una vida de obediencia.

La obediencia era la condición para vivir en el Edén. Y, por cierto, también es la condición que deberán cumplir aquellos que quieren vivir en el paraíso restaurado. Apocalipsis 22:14 dice: "Bienaventurados los que lavan sus ropas para que puedan tener derecho al árbol de la vida".

La obediencia a su Padre fue el motivo recurrente de la vida de Jesús en la tierra. Se refirió a la obediencia de manera extraordinaria. Él dijo: "Padre, quiero hacer lo que tú quieras que haga" (ver Heb. 10:9). Este es el modelo de obediencia que debemos seguir. ¿Por qué no se decide a vivir siguiendo la voluntad de Dios?

Escuchen mi voz

Basado en Lucas 6:46

¿ALGUNA VEZ ALGUIEN que disfrutaba de una posición de autoridad le ha dicho: "Espero que haga lo que yo le digo y no lo que yo hago"? Esto es lo que decimos cuando alguien cuestiona nuestro propio comportamiento.

En cierta ocasión Jesús hablaba a "una multitud", lo que significa que debía estar rodeado de muchas personas. A menudo recurría a objetos cotidianos para ilustrar sus enseñanzas; por eso, cuando vio que algunos de los gobernantes del templo estaban junto al borde de la multitud, pensó que serían una buena ilustración para que la recordara el pueblo.

Seguro que la manera en que empezó la lección satisfizo a los sacerdotes. Jesús dijo que los escribas y los fariseos están sentados en la cátedra de Moisés y que el pueblo tenía que hacer todo cuanto le pidieran. En realidad, Jesús defendía su autoridad. Pero luego añadió: "Pero no hagan lo que ellos hacen, porque les dicen que hagan ciertas cosas que ellos mismos no hacen" (ver Luc. 6:46). Con toda seguridad, esto avergonzó a los gobernantes, a la vez que les demostró que los conocía muy bien.

> "Ahora, pues, si dais oído a mi voz y guardáis mi pacto, vosotros seréis mi especial tesoro sobre todos los pueblos, porque mía es toda la tierra" (Éxodo 19:5).

Desde el Génesis hasta el Apocalipsis, la Biblia describe la relación que se establece entre la redención y la obediencia. El paraíso, el Calvario y el propio cielo declaran que lo primero y lo último que Dios nos pide es, sencillamente, una obediencia absoluta y decidida.

El Génesis menciona cuatro veces la obediencia de Noé. En Éxodo 19:5, Dios dijo a Israel: "Si dais oído a mi voz y guardáis mi pacto, vosotros seréis mi especial tesoro sobre todos los pueblos". El apóstol Pablo dice que a él le fue encomendada la tarea de hacer que los gentiles obedecieran (ver Rom. 15:18). En Santiago 1:22 se nos llama a poner en práctica la Palabra y no limitarnos a escucharla. En 1 Pedro 1:2 se declara que la santificación que obra el Espíritu Santo lleva a la obediencia. Los versículos 14 y 15 nos llaman a rechazar la desobediencia antigua para hacernos obedientes.

Aunque en el evangelio haya una provisión para la desobediencia, la salvación no tiene que ver con desobedecer y salirnos con la nuestra, sino con el modo en que somos restaurados a una relación de obediencia a Dios y cómo mantenerla.

Jesús se ha comprometido a impedir que caigamos (ver Jud. 24). Tómele la palabra.

Obedecer es amar

Basado en Lucas 6:46

TODO EL MUNDO admira la obediencia de los perros hacia sus amos. Un día un caballero conoció a un hombre cuyo perro acababa de morir en un incendio forestal. Afligido, el hombre explicó cómo había sucedido. Como trabajaba al aire libre, solía llevar al perro consigo. Aquella mañana, dejó al animal en un claro y le ordenó que se quedara a vigilar la bolsa donde llevaba el almuerzo mientras él entraba en el bosque. Entonces se declaró un incendio y pronto el fuego se extendió al lugar donde estaba el perro, pero él no se movió. Se quedó donde estaba, en perfecta obediencia a la palabra de su amo. Con ojos llorosos, el dueño del perro dijo: "Tendría que haber ido con cuidado al darle la orden, porque sabía que la obedecería al pie de la letra".

La obediencia es característica de los que aman a Dios y el punto de partida de la verdadera santidad. "Al obedecer a la verdad, mediante el Espíritu, habéis purificado vuestras almas para el amor fraternal no fingido. Amaos unos a otros entrañablemente, de corazón puro" (1 Ped. 1:22).

"Hijitos míos, no amemos de palabra ni de lengua, sino de hecho y en verdad" (1 Juan 3:18).

Las personas que dicen que han recibido a Cristo como su Salvador y, sin embargo, persisten a sabiendas en la desobediencia, de hecho, no lo han recibido en absoluto. Cuando Jesús nos perdona, también nos da el espíritu de obediencia.

¿Es posible que la obediencia a Dios llegue a ser excesiva? ¡De ningún modo! Las Escrituras dicen: "El que es fiel en lo muy poco, también en lo más es fiel" (Luc. 16:10). Esto es así porque el todo es la suma de sus partes. La persona que es obediente en las cosas pequeñas es obediente; y no hay más que decir. La persona que es desobediente en las cosas pequeñas, sencillamente es desobediente.

¿Se salvarán los desobedientes? La respuesta es sí y no. Dios salvará a quienes vivieron según la luz que recibieron, pero no puede salvar a quienes desobedecen deliberadamente. En realidad, quien persiste en la desobediencia, combate lo que Jesús intenta hacer con su vida, porque con él siempre se siente el deseo de obedecer.

Usted sabrá si tiene a Jesús y si quiere obedecerlo.

La obediencia es un don

Basado en Lucas 6:46

A MENOS que tengamos el propósito de obedecer sus mandamientos, jamás sabremos de verdad qué es amar a Dios. En última instancia, el amor no se identifica por lo que es, porque es un misterio. Sin embargo, sí podemos identificarlo por lo que hace, porque siempre obedece según el conocimiento que tiene.

Decir que nos salva la fe y no la obediencia es cierto. Desde que el pecado entró en el mundo, jamás ha sido posible salvarse mediante la obediencia. La obediencia no tiene nada que ver con el cómo, sino con el qué. En lugar de hablar de la obediencia cuando discutimos sobre cómo ser salvos, tenemos que referirnos a ella como algo que la salvación trae a la vida del cristiano.

Seguro que ha oído decir que la obediencia es nuestra respuesta al amor de Jesús. A primera vista, puede parecer correcto y bueno. Pero, por más que lo intente, cometo errores y no siempre soy todo lo obediente que debiera. Aunque amo a Jesús con todo mi corazón, a veces hago lo que no tengo hacer y otras no hago lo que tengo que hacer. ¿Cómo responder a este dilema?

> "Y cualquiera cosa que pidamos la recibiremos de él, porque guardamos sus mandamientos y hacemos las cosas que son agradables delante de él" (1 Juan 3:22).

La obediencia no es algo que yo le dé a Dios, sino que él me da a mí. La obediencia es, a la vez, un don de Dios y perdón para los pecados. ¿Quiere eso decir que Dios hace su parte perdonándome y yo hago la mía obedeciendo? No, todo cuanto interviene en nuestra salvación es para alabanza y gloria de Jesucristo, nuestro Dios y Salvador.

Quien base su salvación en la fe en Jesús recibirá dos cosas: (1) perdón para sus pecados y (2) el deseo de obedecer. La salvación *es* y *hace* esto como resultado de la fe en Jesús.

En la vida cristiana, la fe y la obediencia tienen la misma relación que en el corazón se establece entre las aurículas y los ventrículos: son inseparables. Jamás pueden trabajar de manera independiente. Una persona perdonada siempre orará pidiendo obedecer.

Obedecer de corazón la voluntad de Dios no es legalismo. Es un don maravilloso que Dios otorga a quienes aceptan a Jesús como su Señor y Salvador.

¿Ha aceptado el don de la obediencia que Dios le otorga?

La obediencia es pedagogía

Basado en Lucas 6:46

UN ADOLESCENTE echó mano de un tabaco. Se dirigió a un callejón donde nadie lo viera y lo encendió. Sabía a rayos pero hacía que se sintiera mayor, hasta que vio a su padre. Rápidamente, el joven se llevó el cigarrillo a la espalda y trató de ser lo más natural que pudo. Durante un momento, padre e hijo bromearon. Luego, tratando de desviar cuanto fuera posible la atención de su padre, el muchacho vio una valla publicitaria que anunciaba un circo.

—¿Puedo ir, papá? —preguntó—. ¿Puedo ir al circo cuando llegue a la ciudad? Por favor, papá!

La respuesta de su padre fue tal que jamás la olvidaría (y nosotros haremos bien en recordarla).

—Hijo —respondió tranquilamente, pero con firmeza—, una de las primeras lecciones que tienes que aprender de la vida es que jamás puedes pedir nada mientras, al mismo tiempo, intentas ocultar una desobediencia humeante detrás de la espalda.

Los caballos árabes pasan por un riguroso proceso de doma en los desiertos del Próximo Oriente. El domador les exige obediencia absoluta y los pone a prueba para ver si están completamente formados. La prueba final casi supera la capacidad de resistencia de cualquier ser vivo. El domador obliga a los caballos a pasar varios días sin agua. Luego los suelta y, como es de esperar, empiezan a galopar hacia el agua. Pero justo en el momento en que llegan al abrevadero, antes de que puedan hundir el hocico y beber, el domador hace sonar el silbato. Los caballos que están completamente domados y han aprendido a ser absolutamente obedientes, se detienen, dan media vuelta y regresan al paso junto al domador. Tiemblan porque desean, ansían, beber; pero, perfectamente obedientes, esperan. Cuando el domador está seguro de que tiene su obediencia, les hace una señal para que regresen a beber. Quizá pueda parecer duro, pero cuando se está en el desierto de Arabia, donde no hay caminos y la vida depende de un caballo, es mejor que esté domado y sea obediente.

Tendremos la seguridad de ser salvos cuando hayamos aprendido a obedecer plenamente a nuestro Padre celestial.

"El que guarda sus mandamientos permanece en Dios, y Dios en él. Y en esto sabemos que él permanece en nosotros, por el Espíritu que nos ha dado" (1 Juan 3:24).

Acciones, no palabras

Basado en Lucas 6:46

EN SU PALABRA, el Señor nos ha dado todo lo que necesitamos para vivir una vida de obediencia hacia él. Pero tenemos que leer y buscar la verdad por nosotros mismos. Y luego hay que aplicarlo a nuestra vida; es decir, es preciso que obedezcamos y vivamos según los principios que hayamos encontrado.

Charles Swindoll presenta la siguiente ilustración hipotética: Imagínese, por ejemplo, que trabaja para una empresa cuyo presidente necesita salir del país y pasar una larga temporada en el extranjero. Por ese motivo, a usted y otros empleados de confianza los reúne y les dice:

—Me marcho. Mientras esté fuera quiero que le dediquen mucha atención al negocio. Mientras esté ausente, ustedes se encargarán de la dirección. Recibirán noticias mías con regularidad y les daré instrucciones al respecto de lo que tienen que hacer hasta que regrese.

Todos están de acuerdo.

El empresario se va y no regresa hasta al cabo de dos años. Durante ese tiempo, escribe con frecuencia y comunica sus deseos y preocupaciones. Finalmente, regresa. Se acerca a la puerta principal de la empresa y descubre que todo está hecho un desastre: los jardines están llenos de maleza, las ventanas de la fachada están rotas, el recepcionista duerme una siesta, en algunas oficinas se escucha música a un volumen excesivo, dos o tres personas juegan a las cartas en el comedor...

> "No todo el que me dice: '¡Señor, Señor!', entrará en el reino de los cielos, sino el que hace la voluntad de mi Padre que está en los cielos" (Mateo 7:21).

En lugar de obtener beneficios, el negocio ha sufrido pérdidas considerables. Sin vacilar, los reúne a todos y, frunciendo el ceño, pregunta:

—¿Qué sucedió? ¿No recibieron mis cartas?

Usted responde:

—Por supuesto que sí. Recibimos todas sus cartas. Incluso llegamos a encuadernarlas. Algunos hasta nos las hemos aprendido de memoria. De hecho, cada sábado tenemos "estudio de las cartas". ¿Sabe?, ¡son realmente estupendas!

Entonces probablemente el presidente pregunte:

—¿Pero qué hicieron con las instrucciones que les di?

Con toda seguridad, los empleados responderían:

—Hacer, lo que se dice hacer... no hicimos nada. Eso sí, nos las leímos todas.

Y aquí se acaba la ilustración.

Usted sabe quién es el "Presidente". Además, estoy seguro de que también tiene el libro de sus "cartas". Pero además de leer las cartas tenemos que hacer lo que dicen. La Escuela Sabática tiene que ser algo más que un mero "estudio de las cartas"; es preciso que sigamos las instrucciones del "Presidente".

Paredes maestras

Basado en Lucas 6:49

DESDE QUE ERA joven me ha interesado la arquitectura. No me refiero a los rascacielos y los puentes, sino a las casas. A menudo explico a los miembros de iglesia que a pesar de que tengamos mucho que agradecer porque entre nosotros se cuenten médicos y personas con una buena formación, no tenemos que olvidar que Jesús era un sencillo carpintero y que sus discípulos no pasaban de humildes trabajadores.

Cuando tenía dieciséis años trabajé para una empresa que se dedicaba a poner los acabados en las paredes del interior de las casas. Estoy convencido de que Dios me llamó al ministerio, pero desde aquel tiempo jamás he dejado de reconocer el trabajo de los albañiles, los carpinteros, los electricistas y otros obreros cuyas habilidades hacen posible que existan las casas.

La casa en la que ahora vivimos fue construida en 1977. De vez en cuando las casas necesitan trabajos de mantenimiento y hasta alguna rehabilitación. A medida que pasan los años procuro mantener mi casa en buen estado de conservación. Doy gracias por los años que pasé en la construcción.

Mi hija y su esposo viven cerca y, como puede imaginar, a menudo vienen a visitarnos. No hace mucho, mientras discutíamos sobre qué hacer para reformar el salón, mi yerno, apuntando hacia una dirección, dijo:

—Papá, creo que tendrías que derribar ese tabique. Así el salón será más amplio.

—Hijo —dije—, no puedo hacerlo. Esa es una de las paredes sobre las que se sustenta toda la casa. Es una pared maestra.

Jesús dijo que quien oye sus palabras, y no las obedece, "semejante es al hombre que edificó su casa sobre tierra, sin fundamento; contra la cual el río dio con ímpetu, y luego cayó y fue grande la ruina de aquella casa" (Luc. 6:49). Todas las casas tienen unan pared maestra. En nuestra vida, Jesús es esa pared. "Ciertamente llevó él nuestras enfermedades y sufrió nuestros dolores, ¡pero nosotros lo tuvimos por azotado, como herido y afligido por Dios!" (Isa. 53:4). Jesús lleva la carga por nosotros y nos mantiene de pie en los rápidos del río de la vida. Por más que las olas nos azoten, no caeremos.

"A cualquiera, pues, que me oye estas palabras y las pone en práctica, lo compararé a un hombre prudente que edificó su casa sobre la roca" (Mateo 7:24).

El cristiano y la ropa

Basado en Lucas 8:27-35

ES INTERESANTE OBSERVAR que la primera consecuencia del pecado fuera que Adán y Eva se sintieran desnudos (Gén. 3:4) y que el primer acto de redención de Dios consistiera en la confección de unas sencillas vestiduras. En cierta ocasión, Jesús y sus discípulos cruzaron el Mar de Galilea para dirigirse al país de los gadarenos. Cuando pusieron pie en tierra, un hombre que estaba poseído y andaba desnudo, corrió hacia ellos. Jesús sanó de inmediato al hombre y, cuando la gente vino a ver lo que había sucedido, lo encontraron sentado a los pies de Jesús, vestido y en su sano juicio (Luc. 8:27-35).

Como bien puede ver, esta historia y la de Adán y Eva tienen que ver con la desnudez. En ambos casos, cuando se presentaron ante Dios, volvieron a estar vestidos.

"Vuestro atavío no sea el externo [...], sino el interno, el del corazón, en el incorruptible adorno de un espíritu afable y apacible, que es de grande estima delante de Dios" (1 Pedro 3:3, 4).

Parece que últimamente ha aumentado la tendencia a la indecencia y la falta de modestia, tanto en la ropa femenina como en la masculina. Incluso se hace evidente en la ropa infantil. Lo que en un niño pequeño se podría considerar "gracioso", en un adolescente resulta falta de modestia. Los seguidores de Cristo tendrían que escoger el vestuario como si estuvieran ante Dios, cosa que, no olvidemos, es así.

Nuestra indumentaria nos identifica. Las fuerzas armadas de cualquier país tienen uniformes, así como las industrias y los negocios. Con ellos identificamos a las personas con el trabajo que desempeñan. Nuestra forma de vestir puede indicar nuestra ocupación; por eso el cristiano no debe vestirse imitando a quienes se les atribuye una baja condición moral. Aunque las estrellas de cine o los grupos de rock tengan el derecho a vestirse como les parezca, los que hemos aceptado el compromiso de Cristo no nos debemos identificar con ellos permitiendo que nos indiquen nuestra forma de vestir.

En resumen, los cristianos no adornamos un cuerpo que, tarde o temprano, envejecerá, sino que oramos para que nos adorne un carácter hermoso que jamás perecerá.

¿Ha hablado de su fe?

Basado en Lucas 8:27-39

¿CUÁNTAS VECES hemos oído decir que debemos hablar de nuestra fe? Pero ¿qué significa hablar de nuestra fe? Por favor, no malinterprete lo que le diré. No digo que no debamos dar estudios bíblicos o dirigir reuniones de evangelización, más bien añado una dimensión que tal vez usted no había considerado antes.

Cuando pensamos en hablar de nuestra fe, es probable que pensemos en dar una serie de estudios bíblicos. Nos imaginamos que tenemos que ser expertos en la doctrina de la Biblia y haber memorizado docenas de textos. No todo el mundo se siente cómodo con ese método.

Jesús y sus discípulos tuvieron una experiencia que pone de manifiesto que hablar de nuestra fe incluye algo más que dar estudios bíblicos o la celebración de reuniones de evangelización. Cierto día, un hombre poseído por los demonios salió corriendo de entre las tumbas para atacar a Jesús y sus discípulos. Por favor, dedique unos minutos a leer la historia completa. Se encuentra en Lucas 8:27-39. Me gustaría que centrara su atención en el versículo 39. Después de ser curado, el hombre quería ir con Jesús y dar testimonio en su favor; en otras palabras, quería hablar de su fe. Entonces Jesús le indicó cómo. Le dijo: "Vuélvete a tu casa y cuenta cuán grandes cosas ha hecho Dios contigo". Jesús no dijo: "Vete a tu casa y cuéntales que los cerdos se arrojaron al lago o que sus dueños estaban asustados". Al contrario, le dijo al hombre que fuera a su gente y que les explicara lo que Dios había hecho por él.

> "Vuélvete a tu casa y cuenta cuán grandes cosas ha hecho Dios contigo" (Lucas 8:39).

Lo ve, ¿verdad? Hablar de nuestra fe incluye algo más que la celebración de reuniones de evangelización o dar estudios bíblicos. Incluye decir a otros lo que Jesús ha hecho por nosotros. Es importante conocer la verdad y hablar de ella a los demás, pero es igualmente necesario que digamos no solo lo que Jesús ha hecho, sino lo que está haciendo ahora en nuestras vidas.

Si alguien le preguntara hoy lo que Jesús ha hecho por usted, ¿qué le diría? Piense en ello y, siempre que pueda, hable de su fe. Diga a otros qué hace Jesús por usted.

Para la gloria de Dios

Basado en Lucas 9:1, 2

DESDE SUS INICIOS, una de las primeras características de nuestra iglesia ha sido la vida saludable. El estudio de las Escrituras no deja lugar a dudas al expresar que los cristianos deben vivir de manera saludable. La Palabra de Dios es absolutamente clara en cuanto a que no somos dueños de nuestro cuerpo y, si insistimos en maltratarlo, no vamos a salvarnos (1 Cor. 6:10, 19). Aunque el versículo diez se refiere a la sentencia definitiva, no cabe duda de que aquellos que violan constantemente su salud, tarde o temprano se destruyen, por no hablar de que, por el camino, causan dolor y sufrimiento a los miembros de sus familias.

He llegado a la conclusión de que, después de Dios, mi esposa es la dueña de mi cuerpo. Cuando digo esto, no me refiero a la intimidad, sino al hecho de que, en caso de que un día sufra un percance, ¿quién se imagina que me levantará del suelo? ¿Adivina quién verá su vida arruinada por mi descuidado estilo de vida? Cuando el día de nuestra boda estamos ante el pastor oficiante prometemos amarnos, respetarnos y cuidarnos mutuamente hasta que la muerte nos separe. Me parece que en ello va implícita la promesa de que viviremos de manera tan saludable como sea posible para que nuestro cónyuge no tenga que sufrir innecesariamente a causa de nuestras indiscreciones en nuestra manera de vivir.

> "Si, pues, coméis o bebéis o hacéis otra cosa, hacedlo todo para la gloria de Dios" (1 Corintios 10:31).

Desde su fundación, la Iglesia Adventista del Séptimo Día incorporó ciertos principios de salud a su lista de normas. A menudo, los no adventistas son más sensibles a la importancia de vivir de manera saludable que muchos que dicen haber abrazado el adventismo. Reconozco que en el cielo habrá gente que jamás ha practicado el vegetarianismo; pero, en un momento en que la sociedad en general se convence más y más de los beneficios de seguir ciertos principios de salud, resulta difícil entender por qué hay tantos que parecen ir en la dirección opuesta.

Entre usted y yo, no nos salvamos *por* ni *a causa* del mensaje de salud. Pero el llamado a vivir una vida cristiana es también un llamado a llevar una vida saludable. "Amado, yo deseo que tú seas prosperado en todas las cosas y que tengas salud, así como prospera tu alma" (3 Juan 2).

Los pobres
que están con vosotros

Basado en Lucas 9:58

ME ENCONTRABA en Manila, asistiendo a algunas reuniones. Ya habían terminado y había ido al mercado para comprar algunos recuerdos. Tras parar un taxi, le dije al conductor que quería volver al hotel. De camino, me fijé en la camisa que llevaba el taxista. Estaba limpia y bien planchada; aún recuerdo su color: era gris. Pero era la camisa más remendada que jamás había visto. Al parecer, con los años, las costuras se habían roto. Pero alguien, obviamente a mano, las había recosido usando hilo blanco.

Durante el trayecto hablé con el conductor. Era muy amable y agradable. Sin embargo, me era imposible apartar los ojos de la camisa. Me pareció que era de mi talla. Cuando llegamos al hotel, me quité la camisa y se la di al conductor.

—Espero que no le importe —le dije.

Él respondió:

—Nunca lo olvidaré.

Yo tampoco lo olvidaré. Me hace pensar en aquel sabio griego que se quejaba por tener que comer raíces hasta que vio a otro que lo seguía recogiendo las que él dejaba.

Jesús era pobre. A algunos de sus discípulos les dijo: "Las zorras tienen guaridas, y las aves del cielo, nidos; pero el Hijo del hombre no tiene donde recostar su cabeza" (Mat. 8:20). Cuando lo crucificaron todas sus posesiones eran la ropa que llevaba puesta.

"Hermanos míos amados, oíd: ¿No ha elegido Dios a los pobres de este mundo, para que sean ricos en fe y herederos del reino que ha prometido a los que lo aman?" (Santiago 2:5).

La mayoría de la población mundial es pobre. La experiencia demuestra que cuanto más tiene una persona, más tiende a olvidar al Señor. El sabio lo dijo bien: "No me des pobreza ni riquezas, sino susténtame con el pan necesario, no sea que, una vez saciado, te niegue y diga: '¿Quién es Jehová?', o que, siendo pobre, robe y blasfeme contra el nombre de mi Dios" (Prov. 30:8, 9).

Me gustaría poder ver la cara de aquel taxista entrando por las perlinas puertas de la nueva Jerusalén. Yo quiero estar allí cuando vea las calles de oro y la gran mesa del banquete con todo tipo de buena comida. Vale la pena esperar.

"No os regocijéis"

Basado en Lucas 10:1-24

CUANDO PENSAMOS en los discípulos de Jesús, nos vienen a la mente los doce que escogió y, más específicamente, tres: Pedro Santiago y Juan. Sin embargo, muchos otros lo seguían como discípulos de un lugar a otro y a ellos también les dio una instrucción específica.

Jesús estableció a doce, pero también designó a otros setenta (ver Luc. 10:1) y los envió de dos en dos a todas las ciudades y los lugares que estaba a punto de visitar. Tenían que prepararle el camino para que pudiera llegar como maestro y ministro. A los setenta les dio instrucciones específicas sobre cómo abordar a la gente. No quería que sus representantes molestasen o fueran donde no eran bien recibidos. Les advirtió que no siempre serían bienvenidos y que no tenían que desanimarse por ello.

Los setenta también recibieron dones sobrenaturales para sanar y ministrar como señal de que eran enviados de Jesús. Su éxito fue clamoroso. Enseñaron y sanaron, de manera que la mayor parte del pueblo los escuchaba y respondía favorablemente. Aquellos primeros misioneros estaban eufóricos. Cuando hubieron acabado su misión, corrieron de vuelta a Jesús llenos de gozo, entusiasmados y gritando: "¡Señor, hasta los demonios se nos sujetan en tu nombre!" (Luc. 10:17).

"Pero no os regocijéis de que los espíritus se os sujetan, sino regocijaos de que vuestros nombres están escritos en los cielos" (Lucas 10:20).

En medio de tanto entusiasmo, Jesús hizo una declaración extraña. Les dijo que no se alegraran al respecto. Es más que probable que ese consejo les cayera como un jarro de agua fría. Pero Jesús terminó su declaración: "Pero no os regocijéis de que los espíritus se os sujetan, sino regocijaos de que vuestros nombres están escritos en los cielos" (Luc. 10:20).

"No os gocéis por el hecho de que poseéis poder, no sea que perdáis de vista vuestra dependencia de Dios. Tened cuidado, no sea que os creáis suficientes y obréis por vuestra propia fuerza, en lugar de hacerlo por el espíritu y la fuerza de vuestro Señor. El yo está siempre listo para atribuirse el mérito por cualquier éxito alcanzado. Se lisonjea y se exalta al yo y no se graba en otras mentes la verdad de que Dios es todo y en todos. [...] Por lo tanto, gozaos de que mediante Cristo habéis sido puestos en comunión con Dios, como miembros de la familia celestial" (*El Deseado de todas las gentes*, cap. 53, pp. 465, 466).

He aquí una razón para sentirse feliz: usted forma parte de la familia de Dios.

Jesús, lleno de alegría

Basado en Lucas 10:1-24

DE JESÚS SE HABÍA profetizado que sería "despreciado y desechado entre los hombres, varón de dolores, experimentado en sufrimiento" (Isa. 53:3). Así fue exactamente. Los malentendidos, las críticas, las acusaciones, el vilipendio y el rechazo eran constantes. Con todo, no lo envolvía una atmósfera de tristeza. Si así hubiera sido, no habría atraído a los niños.

"Jesús trabajaba con alegría y tacto. [...] A menudo expresaba su alegría cantando salmos e himnos celestiales. A menudo los moradores de Nazaret oían su voz que se elevaba en alabanza y agradecimiento a Dios. Mantenía comunión con el cielo mediante el canto; y cuando sus compañeros se quejaban por el cansancio, eran alegrados por la dulce melodía que brotaba de sus labios. Sus alabanzas parecían ahuyentar a los malos ángeles, y como incienso, llenaban el lugar de fragancia" (*El Deseado de todas las gentes*, cap. 7, p. 56).

Dice la Biblia que un incidente en particular llenó a Jesús de santa alegría. De hecho, de haber estado allí, habríamos podido escuchar que Jesús se reía con regocijo. Los setenta misioneros que había designado acababan de regresar y estaban llenos de excitación. "En aquel momento Jesús, lleno de alegría por el Espíritu Santo, dijo: 'Te alabo, Padre, Señor del cielo y de la tierra, porque habiendo escondido estas cosas de los sabios e instruidos, se las has revelado a los que son como niños. Sí, Padre, porque esa fue tu buena voluntad'" (Luc. 10:21, NVI).

> "En aquella misma hora Jesús se regocijó en el Espíritu, y dijo: 'Yo te alabo, Padre, Señor del cielo y de la tierra, porque escondiste estas cosas de los sabios y entendidos y las has revelado a los niños. Sí, Padre, porque así te agradó'" (Lucas 10:21).

¿A quién no le gustaría haber estado allí para ver a Jesús tan lleno de alegría? Otra pregunta: ¿A quién no le gustaría tener un poco de su alegría? Usted puede y sabe cómo. Jesús oró a su Padre para que sus hijos se amaran unos a otros, guardaran sus mandamientos y se mantuvieran alejados del mal del mundo, "para que tengan mi gozo completo en sí mismos" (Juan 17:13). A pesar de que sus enemigos lo odiaban, él estaba alegre.

Cuando era niño, en la Escuela Sabática solíamos cantar: "Yo tengo gozo, gozo, en mi corazón" (*Himnario adventista*, ed. 1962, n° 458). Ahora soy mucho más viejo, pero sigo teniendo esa alegría.

Cómo pedir

Basado en Lucas 11:5-8

PARA ALGUNAS PERSONAS, mendigar es la forma más fácil de suplir sus necesidades. Pedir es más fácil que trabajar. De tener oportunidad, la mayoría de la gente prefiere trabajar.

Pero no podemos trabajar para ganarnos el favor de Dios. Jesús enseñó que, si tenemos una necesidad, debemos pedirle que la supla. Lucas 11 registra que, después que les hubo enseñado el Padrenuestro, Jesús los exhortó a que, además de pedir, rogasen. Para ello les contó una parábola que hablaba de un hombre que, a medianoche, iba a la casa de su amigo y le rogaba que le diera tres hogazas de pan. Su amigo le dijo que la familia ya se había ido a la cama. Pero, como el hombre le rogaba con tanta urgencia, el amigo se levantó y le dio tantos panes como necesitaba. De esto podemos aprender tres cosas:

Debemos pedir con urgencia. Es preciso que reconozcamos nuestra necesidad extrema. No es habitual que alguien dé dinero a los pobres sin que antes se lo pidan. Un médico no prescribe un medicamento para alguien que no está enfermo. Jesús no sanó al ciego hasta que este acudió a él y se lo pidió. Los fariseos no admitían que estaban ciegos, por lo que "Jesús les respondió: 'Si fuerais ciegos no tendríais pecado, pero ahora, porque decís: 'Vemos', vuestro pecado permanece'" (Juan 9:41). Jesús abre los ojos del ciego que confiesa su ceguera.

> "Yo estoy afligido y menesteroso; apresúrate a mí, oh Dios. Ayuda mía y mi libertador eres tú; ¡Jehová, no te detengas!"
> (Salmo 70:5).

Es necesario que pidamos con sinceridad. Nuestra confesión ante Dios tiene que ser franca, sincera y explícita. No tenemos que ocultarle nada, porque nada podemos ocultarle. Él conoce nuestra culpa, pero quiere que nosotros también la conozcamos. Es preciso que confesemos todos y cada uno de los detalles de nuestro pecado, despojándonos de excusas y sin disculparnos. Para salvarnos de los efectos de ese preciso pecado Cristo tuvo que morir; por lo que, si no somos perdonados, sufriremos la muerte eterna.

Tenemos que rogar con sinceridad. "Apresúrate a mí, oh Dios. [...] ¡Jehová, no te detengas!" (Sal. 70:5). Cuando no podamos vivir por más tiempo sin el Salvador, él vendrá a nosotros.

Jesús, mi oración es: "No te dejaré, si no me bendices" (Gén. 32:26).

Trabajar con Jesús

Basado en Lucas 11:14-23

JESÚS VINO a este mundo con un propósito: destruir las obras del diablo. Por eso dedicó tanto tiempo a la curación. Se dio cuenta de que el diablo hace que la humanidad viva bajo el peso del dolor y la miseria y quería que el pueblo viera que estos no pueden existir en su santa presencia. Los que fueron sanados alababan a Dios y eran testimonio viviente de que el Salvador desea y es capaz de destruir los efectos del pecado.

Cierto día trajeron ante Jesús a un hombre para que lo sanara (ver Mat. 12:22). Jesús sabía que la causa de los problemas físicos de este hombre era la posesión demoníaca, por eso echó el demonio del hombre. Algunos de los espectadores "se maravillaron y admiraron del poder de Dios". Pero los fariseos se mostraron escépticos. Siempre que intentaban echar fuera demonios lo convertían en un espectáculo. A veces, hasta parecían tener éxito. Pero en tales casos, la "curación" era temporal y el demonio acababa regresando. Los demonios no obedecen a los que no se han convertido.

Jesús leyó sus pensamientos y dijo que, puesto que los demonios habían sido expulsados del hombre, el diablo había sido completamente derrotado porque el diablo no puede expulsarse a sí mismo permanentemente. Entonces Jesús dio la vuelta al argumento y preguntó: "Si yo echo fuera demonios en nombre de Belzebú, ¿en nombre de quién los echan ustedes?". Luego, con tono admonitorio, añadió: "A mí me ha bastado el dedo de Dios para echar fuera ese demonio; en cambio ustedes combaten contra el reino de Dios".

> "El que no es conmigo, contra mí es; y el que conmigo no recoge, desparrama" (Lucas 11:23).

Hay personas que se jactan de que pueden superar cualquier defecto de su carácter únicamente con fuerza de voluntad. Quizá sea así. Sin embargo, el resultado no será permanente. Si uno solo busca ayuda en sí mismo, llegará el día en que será impotente. "Alzaré mis ojos a los montes. ¿De dónde vendrá mi socorro? Mi socorro viene de Jehová, que hizo los cielos y la tierra" (Sal. 121:1, 2).

Señor, sin ti nada puedo. Perdóname cuando trato de vivir por mis propias fuerzas. Tengo la voluntad, pero no el poder.

Las leyes del vuelo

Basado en Lucas 11:28

A MENUDO VIAJO en avión. Lo reconozco, que los aviones levanten el vuelo me desconcierta. Sin embargo, no es magia. La aerodinámica tiene sus leyes. Jamás nadie ha volado si no es conforme a las leyes de la aerodinámica. Nadie las establece de propia cosecha ni pregunta a sus amigos qué significan.

Los científicos han aprendido que, hagan lo que hagan en su campo de estudio, deberá ser de acuerdo con los principios que lo gobiernan. Pero, por alguna razón, muchos creen que son libres de adaptar las leyes de la fe y la moral a su gusto.

No inventamos ni reescribimos las leyes de la Física, sino que las descubrimos y las acatamos. De hecho, las tenemos que obedecer tanto si las hemos descubierto como si no. Sin embargo, cada vez más, hay quienes creen que, en lo que al comportamiento humano se refiere, todo depende de las preferencias personales.

Quizá pueda engañar a alguien durante un tiempo. Quizá se engañe usted mismo constantemente. Pero jamás conseguirá engañar a Dios. La razón por la cual seguimos desafiando y haciendo caso omiso de las leyes de Dios es que la retribución ha sido pospuesta. Si pilotamos un avión y quebrantamos las leyes de la aerodinámica, pagamos el precio inmediatamente. Pero en los asuntos que tienen que ver con la fe y la moral, pueden pasar generaciones antes de que se noten las consecuencias. Y, sin embargo, son igual de ciertas.

"Hay camino que al hombre le parece derecho, pero es camino que lleva a la muerte" (Proverbios 16:25).

Aunque algunos podrían desear que no fuera así, es preciso que en la vida del cristiano la Biblia tenga tanto la primera como la última palabra. Mi automóvil es un Buick Century del 2000. Cuando compramos el coche, en la guantera había un manual del propietario. A la hora de hacer el mantenimiento, puedo elegir si sigo las instrucciones o bien me las salto a la torera. Pero no está en mi mano decidir si las instrucciones son correctas o erróneas o si puedo reescribirlas. Son normas establecidas por el fabricante del vehículo, que es quien mejor sabe cómo mantenerlo en perfecto estado de funcionamiento. Desobedecerlas no va a mi favor.

No nos corresponde a nosotros decidir cómo debemos vivir. Dios nos creó y estableció las reglas. Sería prudente que, por su gracia, vivamos según sus reglas.

La señal de Jonás

Basado en Lucas 11:29-36

UNA GRAN MULTITUD rodeaba a Jesús. Si hubieran sido admiradores y creyentes, habría sido alentador, pero no eran más que curiosos. Jesús sabía qué hacía que un grupo tan grande de gente se mantuviera junto: buscaban una señal. Por eso les reveló que conocía sus pensamientos. "Esta generación es mala; demanda señal, pero señal no le será dada, sino la señal de Jonás" (Luc. 11:29).

¿Cuál era la señal de Jonás? Jonás fue arrojado al mar y permaneció en él durante tres días, tras los cuales salió vivo y predicó al pueblo de Nínive para que se arrepintiera. La experiencia de Jonás era la señal que hizo que se apartaran de sus caminos de maldad. De la misma manera, la muerte y la resurrección de Jesús, así como la predicación del evangelio a los gentiles, sería la última advertencia a la nación judía.

En el juicio, los ninivitas los condenarán porque, al fin, se arrepintieron después de escuchar la predicación de Jonás. Incluso la reina de Saba los condenará porque acudió a escuchar las palabras sabias de Salomón; no para satisfacer la curiosidad que tenía la multitud, sino para recibir información sobre el Dios verdadero y su culto.

El evangelio de Cristo es como una vela que se coloca sobre el candelero para que todos puedan verla y encuentren el camino. La vela estaba en medio de aquella generación, pero ellos estaban ciegos. Sin vista, la vela no nos hace ningún bien.

> "La lámpara del cuerpo es el ojo. Cuando tu ojo es bueno, también todo tu cuerpo está lleno de luz; pero cuando tu ojo es maligno, también tu cuerpo está en tinieblas"
> (Lucas 11:34).

Si el ojo ve correctamente, toda la mente está llena de luz. Tenga cuidado. Jesús advirtió que los ojos de la mente no deben quedar cegados por el prejuicio y el pecado. No sea como aquellos que nunca desearon sinceramente conocer o hacer la voluntad de Dios y, por tanto, andan en tinieblas.

¿Qué otra señal necesitamos que el propio hecho de que Jesús muriera y resucitara para salvarnos del pecado? La pregunta que tarde o temprano todo el mundo debe formularse no es si Jesús murió para salvar a su pueblo de sus pecados, sino qué haremos al respecto.

Señor, abre mis ojos para que pueda ver
las muchas evidencias de lo que has hecho por mí.

Qué es preciso temer

Basado en Lucas 12:3-5

¿DE QUÉ TIENE MIEDO? ¿De los huracanes? ¿De los tsunamis? ¿De los ladrones? ¿Tiene miedo a alguna enfermedad? ¿Tiene miedo de morir? Los investigadores de la Universidad Johns Hopkins informaron que, hace treinta años, lo que más temían los escolares de primaria era: (1) los animales, (2) estar a oscuras en una habitación, (3) los lugares altos, (4) los desconocidos y (5) los ruidos fuertes. En la actualidad, los niños tienen miedo de lo siguiente: (1) del divorcio, (2) de la guerra nuclear, (3) del cáncer, (4) de la polución atmosférica y (5) de ser víctima de un atraco.

Los tiempos han cambiado. ¿No ve ninguna tendencia? El mundo es cada vez más violento y los miedos son más graves y generales. ¿Qué decir de promesas como: "En el amor no hay temor, sino que el perfecto amor echa fuera el temor, porque el temor lleva en sí castigo. De donde el que teme, no ha sido perfeccionado en el amor" (1 Juan 4:18)? La lectura de los versículos que preceden y siguen a esta promesa explica que el temor mencionado se refiere al juicio. Esto no quiere decir que si usted tiene el perfecto amor no debe temer a las serpientes. Para eso hay otras promesas.

> "Os digo, amigos míos: No temáis a los que matan el cuerpo, pero después nada más pueden hacer. Os enseñaré a quién debéis temer: Temed a aquel que, después de haber quitado la vida, tiene poder de echar en el infierno. Sí, os digo, a este temed" (Lucas 12:4, 5).

Jesús nos dijo qué tenemos que temer. ¡Imagine! El Príncipe de paz nos dice que tenemos que temer algo. Y, por cierto, no es el diablo. Aquí tiene una traducción al lenguaje moderno del texto para memorizar de hoy: "A ustedes, amigos míos, les digo que no deben tener miedo de los que matan el cuerpo, pero después no pueden hacer más. Yo les voy a decir a quién deben tenerle miedo: ténganle miedo al que, después de quitar la vida, tiene autoridad para echar en el infierno. Sí, ténganle miedo a él" (Luc. 12:4, 5, DHH). Jesús advertía contra la hipocresía. A Dios no podemos ocultarle nada.

Para el cristiano que quiere ser como Jesús, esta es una buena noticia, no es mala. Dios nos ve y lo sabe todo sobre nosotros. Por tanto, si lo amamos y lo obedecemos, nos llevará al cielo, a ningún otro lugar...

Dar testimonio

Basado en Lucas 12:8, 9

A ALGUNOS, la petición de dar testimonio los incomoda. Piensan que para dar testimonio tendrán que dirigir estudios bíblicos, repartir volantes u organizar un seminario sobre Apocalipsis. Son cosas de cierta trascendencia y no todo el mundo se siente capacitado para llevarlas a cabo. Sin embargo, el texto para memorizar de hoy nos recuerda que tenemos la responsabilidad de hablar de nuestra fe.

Permita que le sugiera que, antes de "arrojar la toalla", considere el hecho de que el programa testimonial empieza con el hecho de reconocer a Cristo como Señor de nuestra vida. No es preciso que nos pongamos una pegatina en la frente ni que lo gritemos en las esquinas. Basta con que lo vivamos. Los demás notarán cuándo las elecciones y las decisiones que tomamos en la vida se ajustan a su voluntad. No tendremos que decir nada. Eso se llama "dejar brillar la luz".

> "Os digo que todo aquel que me confiese delante de los hombres, también el Hijo del hombre lo confesará delante de los ángeles de Dios; pero el que me niegue delante de los hombres, será negado delante de los ángeles de Dios" (Lucas 12:8, 9).

En cierta ocasión, en un crucero, un hombre acabó completamente mareado. Si alguna ocasión hay en que alguien se siente incapaz de trabajar por el Señor, es esa. Mientras ese hombre estaba postrado se enteró de que alguien había caído por la borda. Se preguntaba si podía hacer algo para ayudar a salvarlo. Tomó una lámpara de sobremesa y la acercó al ojo de buey de su camarote. El accidentado se salvó. Unos días después, cuando se hubo recuperado del mareo, el hombre estaba en cubierta, hablando con el rescatado, el cual dio su testimonio. Dijo que, tras haberse hundido por segunda vez, cuando ya estaba a punto de volver a hundirse por última vez, levantó la mano. Justo en ese instante, alguien sostuvo una luz delante de un ojo de buey y un rayo de luz iluminó la mano en alto. Entonces un hombre lo agarró y tiró de él, poniéndolo a salvo en el bote salvavidas.

Aquí había dos testigos. Uno le decía al otro cómo había sido salvado y el otro le contaba cómo había levantado la luz. Usted y yo tenemos una historia que contar. En primer lugar, podemos vivir una vida que muestre que Jesús es nuestro Señor. Luego, cuando se presente la oportunidad, podemos contar la historia.

Señales

Basado en Lucas 12:8, 9

MUCHOS MIEMBROS DE IGLESIA piensan que, dado que el pastor recibió una formación específica para ganar almas, es mejor que se aparten de su camino y le dejen a él esa tarea. Pero el plan del Señor para el crecimiento de su iglesia no es ese. Todos los miembros tienen que desempeñar una función.

No se cierre a las nuevas ideas y maneras de dar testimonio. Todavía hay métodos por descubrir. En cierta ocasión, una hermana de la iglesia le dijo al pastor que no le gustaba el método de evangelización que él usaba. " ¿Y cuál es el suyo?", le preguntó el pastor. Ella respondió que no tenía ninguno. Entonces el pastor le contestó: "Me gusta más el mío que el suyo".

¿Dónde podemos empezar a dar testimonio? Cristo se reunía con los infieles allí donde se encontraban. Se dio cuenta de algo que muchos cristianos de hoy en día parecen no haber entendido. El agricultor tiene que ir al campo. Según se ha podido contar a partir del registro de los evangelios, Jesús habló o actuó directamente en la vida de 132 personas. Seis de ellas estaban en el templo, cuatro en la sinagoga y el resto fueron ocasiones de la vida ordinaria. Quizá el mejor lugar para empezar sea en casa...

"Pero recibiréis poder cuando haya venido sobre vosotros el Espíritu Santo, y me seréis testigos en Jerusalén, en toda Judea, en Samaria y hasta lo último de la tierra" (Hechos 1:8).

Hay una razón por la cual a veces dar testimonio puede parecer difícil. Pero, si queremos, podemos hacer algo al respecto. "Nadie puede confesar verdaderamente a Cristo delante del mundo, a menos que viva en él la mente y el espíritu de Cristo. Es imposible comunicar lo que no poseemos. La conversación y la conducta deben ser una expresión verdadera y visible de la gracia y verdad interiores. Si el corazón está santificado, será sumiso y humilde, los frutos se verán exteriormente, y ello será una muy eficaz confesión de Cristo" (*Consejos para la iglesia*, cap. 11, p. 146).

Podemos confesar al Señor nuestros miedos o carencias. Podemos orar para que haga que el Espíritu Santo more en el corazón. Un buen testimonio no es como un vendedor que está tratando de vender algo. Un buen testimonio es como una señal de tráfico. No importa si es vieja o nueva, basta con que esté en el lugar adecuado y señale cuál es la dirección correcta. Somos testigos de Cristo y señalamos hacia él.

Señor, ayúdame para que los demás vean en mí una señal que los guíe a ti.

Muchas maneras de dar testimonio

Basado en Lucas 12:8, 9

HAY MUCHAS MANERAS de confesar a Cristo. Algunas no son públicas, sino personales. "¿Confesáis a Cristo en la manera como gastáis los medios que él os ha confiado? [...] Si Cristo recibiera lo que le pertenece en diezmos y ofrendas, no quedaría tanto para ser empleado en egoísmo, en baratijas y adornos. Ni se gastaría en vestidos, en excursiones de placer, en fiestas o en banquetes. Podemos confesar a Cristo al no realizar preparativos extraordinarios para las visitas; podemos negarlo haciendo una preparación más que común, que toma un tiempo que en verdad pertenece al Señor. [...] Antes de iniciar una diversión para la gratificación del yo, preguntaos lo siguiente: ¿No es este el tiempo que le pertenece a Dios, y su dinero, el que yo estoy gastando sin necesidad? Abrid vuestro libro de cuentas y ved cómo están vuestras cuentas con Dios, con vuestra casa y con el mundo" (*Nuestra elevada vocación*, p. 194).

"Todo lo que se oponga al fruto del Espíritu, o a la obra de Dios que separa a su pueblo del mundo, es una negación de Cristo, cuyas palabras son: 'Todo aquel que me niegue delante de los hombres, será negado delante de los ángeles de Dios'" (*Testimonios para la iglesia*, tomo 5, "El espíritu del mundo es una trampa", p. 413).

Si confesamos a Cristo ante los hombres, él nos confesará ante Dios y los ángeles. Además de que sufrió por nosotros y que tenemos que beneficiarnos de su sufrimiento, confesará que nosotros hemos sufrido por él y que su reino y sus intereses en la tierra avanzaron con nuestro sufrimiento.

"Cristo está pronto a venir en gloria; y cuando su majestad se revele, el mundo deseará haber tenido su favor. En ese momento, todos desearemos un lugar en las mansiones celestiales. Pero los que no confiesen a Cristo ahora en palabra, en vida, en carácter, no podrán esperar que él los reconozca delante de su Padre y de sus ángeles santos" (*En los lugares celestiales*, p. 287).

Señor, haz que pueda ser testigo tuyo en cada momento de mi vida.

> "Tuya es, Jehová, la magnificencia y el poder, la gloria, la victoria y el honor; porque todas las cosas que están en los cielos y en la tierra son tuyas. Tuyo, Jehová, es el reino, y tú eres excelso sobre todos" (1 Crónicas 29:11).

Ganancia que es pérdida

Basado en Lucas 12:13-15

¿QUÉ ESTARÍA DISPUESTO usted a hacer a cambio de diez mil dólares? Dos tercios de un grupo de encuestados estarían de acuerdo con al menos una, si no varias, de las posibilidades siguientes:
- abandonaría a toda su familia (25%),
- abandonaría su iglesia (25%),
- se prostituirían durante una semana o más tiempo (23%),
- renunciarían a la nacionalidad (16%),
- se separarían de su cónyuge (16%),
- dejarían en libertad a un asesino por no testificar en un juicio (10%),
- matarían a un desconocido (7%) o darían a sus hijos en adopción (3%).

Aquí tiene el resultado de la codicia. La codicia es el deseo excesivo de adquirir o poseer más de lo que se necesita o se merece, en particular referido a las riquezas materiales. Otra palabra para hablar de avaricia es "egoísmo".

> "Sean vuestras costumbres sin avaricia, contentos con lo que tenéis ahora, pues él dijo: 'No te desampararé ni te dejaré'" (Hebreos 13:5).

Por cierto, no piense que solo los ricos son codiciosos. La codicia es una actitud. Uno de los problemas a los que se enfrentan los que deben acudir a los refugios para gente sin hogar es que tienen que vigilar constantemente lo poco que poseen para que ningún otro se lo robe.

Cierto día, uno de los que escuchaban a Jesús le planteó una pregunta que era a la vez egoísta y trivial. Después de una concienzuda discusión sobre las graves dificultades que les deparaba el futuro, "le dijo uno de la multitud: 'Maestro, di a mi hermano que parta conmigo la herencia'" (Luc. 12:13).

Ese personaje acababa de oír a Jesús predicando a la multitud y su rotunda represión a los escribas y los fariseos y se dio cuenta de que hablaba con tal autoridad que nadie se atrevía a discutir con él. Pensó que, con toda seguridad, Jesús avergonzaría a su hermano para que fuera más generoso con él.

Jesús debió decepcionarse mucho al ver que las solemnes verdades espirituales que les había enseñado no habían calado en la mente ni en el corazón de ese hombre. Su único pensamiento era obtener la herencia. Eso es codicia.

Estimado lector, ¿qué ocupa su mente y su corazón?

Abundancia de bienes

Basado en Lucas 12:13-15

AL PEDIRLE que resolviera una disputa entre un hombre y su hermano en relación a una herencia, Jesús pudo haber dado la respuesta correcta. Conocía la ley y sabía qué era lo correcto en ese caso; pero los hermanos discutían porque ambos eran codiciosos. Sin embargo, respondió cortés pero firmemente: "Hombre, ¿quién me ha puesto sobre vosotros como juez o partidor?" (Luc. 12:14). En otras palabras: "No me ocupo de resolver disputas de esta clase".

Entonces, dirigiéndose a los que lo rodeaban, dijo: "Mirad, guardaos de toda avaricia, porque la vida del hombre no consiste en la abundancia de los bienes que posee" (Luc. 12:15). Aquí se nos presenta la naturaleza y la forma del reino de Cristo. No es un reino de este mundo porque es espiritual. No interviene en los poderes civiles ni toma el poder de las manos de los príncipes. No se vale de la religión para fomentar nuestras esperanzas en el provecho mundano.

Cristo contó esta parábola para mostrar la necedad de quienes ponen todas sus esperanzas en el mundo. El hombre "vivía como si no hubiese Dios, ni cielo, ni vida futura; como si todo lo que poseía fuese suyo propio, y no debiese nada a Dios ni al hombre" (*Palabras de vida del gran Maestro*, cap. 20, p. 202).

> "Porque nada hemos traído a este mundo y, sin duda, nada podremos sacar"
> (1 Timoteo 6:7).

Cada día mi esposa y yo damos algunos frutos secos a las ardillas que, cruzando el patio, se acercan a la puerta trasera de nuestra casa. Si vienen de una en una, comen tranquilamente. Pero si vienen varias a la vez, se comportan más como niños egoístas que como ardillas. A veces se persiguen unas a otras entre los muebles del patio, riñendo con violencia y agitando sus tupidas colas. Me gustaría poder enseñarles a compartir con los demás, pero eso no es natural en esos animales salvajes.

En cierta ocasión, alguien dijo: "La avaricia es el resultado lógico de la creencia de que la muerte es un punto final. Tomamos lo que podemos, mientras podemos, como podemos y nos aferramos a ello".

"Vivir para sí es perecer. La codicia, el deseo de beneficiarse a sí mismo, separa al alma de la vida. El espíritu de Satanás es conseguir, atraer hacia sí. El espíritu de Cristo es dar, sacrificarse para bien de los demás" (*Palabras de vida del gran Maestro*, cap. 20, p. 202).

El rico necio (Parte 1)

Basado en Lucas 12:16-21

UN DÍA un hombre se acercó a Jesús. Estaba enojado porque su hermano no le daba su parte de la herencia. Jesús se negó a participar en la disputa, pero aprovechó la situación para contar una parábola sobre un hombre rico que tenía mucha tierra. Cada año la cosecha era más grande, hasta el punto de que acabó faltándole espacio para almacenarla. De modo que decidió derribar los graneros y construir otros más grandes. "Luego", dijo, "me retiraré a comer y beber y a hacer lo que me plazca". Pero esa misma noche Dios le dijo: "Siento que fueras tan necio y solo pensaras en ti mismo. Esta noche morirás; ¿quién disfrutará de todo eso por lo que tanto te esforzaste?".

Si no queremos cometer sus mismos errores, es preciso que reconozcamos que lo que hizo el hombre era absurdo. De ello podemos aprender algunas lecciones:

Es absurdo atribuirse el mérito de las abundantes bendiciones del Señor. Si nuestra única preocupación es acumular para nosotros mismos de las cosas buenas que proporciona la vida, hemos olvidado que no son nuestras, que nosotros no somos más que mayordomos de los bienes del Señor.

> "Así ha dicho Jehová: 'No se alabe el sabio en su sabiduría, ni en su valentía se alabe el valiente, ni el rico se alabe en sus riquezas. Mas alábese en esto el que haya de alabarse: en entenderme y conocerme, que yo soy Jehová, que hago misericordia, juicio y justicia en la tierra, porque estas cosas me agradan', dice Jehová" (Jeremías 9:23, 24).

Es absurdo que acumulemos posesiones. Tenemos que estar dispuestos a usar los recursos de que disponemos para ayudar a los demás —a los pobres, los forasteros, los huérfanos y las viudas— en lugar de pensar solo en nosotros mismos.

Es absurdo suponer que tendremos un futuro próspero y libre de problemas. El mañana es incierto. Está en manos de Dios.

Mañana veremos más formas de caer en la trampa de ser como el rico insensato.

Señor, ayúdame a compartir tus bendiciones con los demás.

El rico necio (Parte 2)

Basado en Lucas 12:16-21

ES ABSURDO PENSAR que encontrar espacio para nuestras riquezas terrenales resolverá el problema de la avaricia. Cuanto más tenemos, más nos preocupamos por ello.

Es absurdo tomar una decisión precipitada, sobre todo si tiene que ver con algo grande y costoso, sin añadir un: "Si el Señor quiere" (ver Sant. 4:13-15). El tiempo está en manos de Dios, no en las nuestras, y no sabemos qué nos depara el futuro.

Es absurdo posponer el disfrute de la abundancia para el momento en que pensemos que hemos alcanzado la cima. Es posible que desaprovechemos la bendición que el Señor quiere darnos aquí y ahora.

Es absurdo confiar en que nuestros tesoros están a salvo de cualquier eventualidad. En una hora podrían quedar reducidos a cenizas; caer pasto de la polilla y el moho; o ser objeto del pillaje de los ladrones.

Es absurdo pensar que cuanto más tengamos, más felices seremos. Los ricos también tienen problemas. Por ricos que seamos, el dolor y la enfermedad, los problemas familiares y, sobre todo, un sentimiento de culpa pueden robarnos la tranquilidad.

"Las riquezas del rico son su ciudad fortificada; como un muro defensivo se las imagina" (Proverbios 18:11).

Es absurdo utilizar nuestra riqueza sobre todo para *comer* y *beber* y *ser felices*, para disfrutar de la carne y satisfacer el apetito sensual, sin pensar en hacer el bien a los demás.

Mañana llegaremos a la conclusión de las lecciones de la parábola del rico necio.

Señor, sé que mis instintos no son de fiar. Soy de naturaleza egoísta.
Cámbiame, te lo ruego. Dame tu sabiduría.

El rico necio (Parte 3)

Basado en Lucas 12:16-21

TODAVÍA PODEMOS EXTRAER una última lección de la parábola del rico necio. Jesús continuó la parábola, colocándose en lugar del hombre: "Y diré a mi alma: 'Alma, muchos bienes tienes guardados para muchos años; descansa, come, bebe y regocíjate'".

Imaginar que comiendo, bebiendo y siendo felices le hacemos un bien al alma es la mayor de las insensateces. Decir: "Cuerpo, no te impacientes, porque tienes todo lo que necesitas para muchos años", sería mucho más sensato. Pero el alma no se alimenta de cosas materiales. Pensar que la felicidad está en las cosas es causa de una gran parte de nuestros problemas.

Cuando alguien ama tanto las cosas terrenales que le es imposible vivir sin ellas, abre la puerta al sufrimiento, tanto físico como mental. Por ejemplo, algunos han asumido riesgos innecesarios para mantener intactas sus riquezas. Murieron porque entraron en casas incendiadas o se obstinaron en oponer resistencia a ladrones armados. Al parecer, tenían la sensación de que sin sus posesiones materiales la vida no merecía la pena.

> "El temor del Señor es la sabiduría,
> y el apartarse del mal,
> la inteligencia"
> (Job 28:28).

Otros, cuando se ven obligados a desprenderse de sus riquezas, caen en una desesperación agónica, hasta el punto de suicidarse. Una vez, seis hombres armados irrumpieron en la caja fuerte de un banco de Londres y robaron objetos de valor tasados en más de siete millones de dólares. Una señora, cuyas joyas estaban valoradas en medio millón de dólares, se lamentó: "Todo lo que tenía estaba ahí. Mi vida entera estaba en esa caja". ¡Qué triste comentario sobre sus objetos de valor!

El rico era insensato porque no tenía puesto el corazón en el lugar correcto. Estaba en las cosas terrenales, no en las celestiales. Colosenses 3:2 nos aconseja: "Poned la mira en las cosas de arriba, no en las de la tierra". Este consejo no va destinado solo a los ricos. Se puede ser muy pobre y, a la vez, vivir según los valores del mundo: acumular, acumular y acumular. La mala noticia es que "el Seol y el Abadón nunca se sacian" (Prov. 27:20). Solo hay dos maneras de conseguir lo suficiente: acumular cada vez más o desear menos.

Señor, dame lo suficiente para que no caiga en la tentación de robar pero no tanto que acabe olvidándome de ti.

El lirio de los valles

Basado en Lucas 12:27

POCAS FLORES hay que sean tan delicadas y bellas como el lirio de los valles. A los fotógrafos les encanta captar su imagen. Su uso como adorno en las bodas está muy extendido. Es especialmente popular en Europa, donde aparece en varios escudos de armas. En Francia es tradición venderla por las calles el primero de mayo.

Desde antiguo, millares han apreciado la belleza de los lirios en todas sus variantes. Cuando el rey Salomón dio instrucciones para construir el templo, ordenó que las dos columnas de la entrada estuvieran coronadas por sendos capiteles de dos metros de altura en forma de lirio (ver 1 Rey. 7:19). A la columna de la derecha la llamó Jaquín y a la de la izquierda Boaz (vers. 21).

Un día Jesús tenía que enseñar una lección importante al pueblo y a sus discípulos en particular. Quería ponerlos en guardia ante un pecado específico, el de la distracción y la preocupación desconfiada por los asuntos de la vida; porque la preocupación es señal de que tanto el tesoro como, por consiguiente, el corazón, están puestos en cosas terrenales.

"Yo soy la rosa de Sarón, el lirio de los valles" (Cantar de los Cantares 2:1).

Dijo: "¿Por qué preocuparse por tantas cosas?". Luego hizo que la atención se centrara en las flores que salpicaban la ladera de la colina: "Y por el vestido, ¿por qué os angustiáis? Considerad los lirios del campo, cómo crecen: no trabajan ni hilan; pero os digo que ni aun Salomón con toda su gloria se vistió como uno de ellos. Y si a la hierba del campo, que hoy es y mañana se quema en el horno, Dios la viste así, ¿no hará mucho más por vosotros, hombres de poca fe?" (Mat. 6:28-30).

El lirio de Palestina al cual se refería Jesús no es la pequeña flor blanca en que solemos pensar; es una flor silvestre común, que crece en el camino. Es, por lo tanto, una flor accesible a todos. De la misma manera, Jesús quiere que todos sepan que él es humilde y es fácil acceder a él. Él nos invita a tomarlo, llevarlo con nosotros a casa y permitir que el perfume de su vida nos dé alegría y consuelo. Vino para todos: ricos y pobres, jóvenes y viejos. También vino para usted.

El mejor entre diez mil

Basado en Lucas 12:27

A VECES ENCARGO flores por Internet. He descubierto que cuando encargo lirios del Perú, por la misma cantidad de dinero obtengo más flores y mayor colorido. Procure echarles un vistazo alguna vez. Son una verdadera oferta. Además, son flores alegres. Bueno, no es que estén felices, sino que verlos me alegra. Son delicados, coloridos y huelen bien.

Los lirios, como todas las flores del campo, nos recuerdan que Jesús es generoso. Nos bendice con abundancia. Mire cualquier ladera que esté cubierta de flores. ¿Quién las puso ahí? A veces, miro mi propio patio y, entre el césped, cerca del suelo, veo que crecen unas florecillas pequeñas y delicadas que, probablemente, son malas hierbas. Algunas son amarillas y otras de color añil, pero todas son perfectas.

> "Considerad los lirios, cómo crecen: no trabajan ni hilan, pero os digo que ni aun Salomón con toda su gloria se vistió como uno de ellos" (Lucas 12:27).

Los lirios nos recuerdan que Jesús hace algo más que tan solo cubrir las necesidades. Además de ofrecernos la vida, nos ofrece la felicidad. Además de querer salvarnos, desea rodearnos de belleza. Quiere que respiremos un aire puro y, además, perfumado con el suave olor de las flores.

Al igual que el lirio de los valles, la fragancia de la justicia de Cristo está disponible para todo ser humano. Es como si el Salvador hubiese dicho: "Yo soy como el lirio de los valles. Podrán encontrarme en el campo y en la colina, creciendo aquí y allá, por todas partes. Mi fragancia es abundante, accesible y fácil de encontrar". El Señor se coloca junto al camino de la vida para que todos los que pasen y quieran, puedan tomarlo. Incluso los que no creen y, apresurados, van a través del campo, no pueden evitar toparse con él y respirar su dulce fragancia. Es un "olor de vida para vida" (2 Cor. 2:16).

Jesús quiere que usted hoy vea su belleza y permita que el perfume de su vida lo inspire.

Dios espera fruto

Basado en Lucas 13:6-9

UNA DE LAS ventajas de vivir en un clima tropical es que casi todo el año podemos cultivar un huerto. A menos que se produzca una helada, el invierno es un buen momento para trabajar en el huerto. El clima es más agradable y las malas hierbas no son tan abundantes.

Hace años compré un toronjero. ¡Ojalá hubiésemos comprado uno cuando, veinticinco años atrás, nos mudamos a esta casa; ahora ya habría madurado completamente y daría una buena cosecha. Pero mi pequeño toronjero crece muy bien. Cada año nos da unas cuantas toronjas más que el anterior. Yo lo riego y procuro que las raíces estén libres de malas hierbas. Espero que la próxima temporada, cuando estén maduras, podré recoger varias docenas de toronjas.

Para ilustrar la misericordia que Dios tenía con aquella generación de israelitas, Jesús contó una historia que hablaba de una higuera que no daba fruto. "El Hijo del hombre no ha venido para perder las almas de los hombres, sino para salvarlas" (Luc. 9:56), dijo. Y también: "Dios no envió a su Hijo al mundo para condenar al mundo, sino para que el mundo sea salvo por él" (Juan 3:17).

"Condujiste en tu misericordia a este pueblo que redimiste. Lo llevaste con tu poder a tu santa morada" (Éxodo 15:13).

En la viña de cierto hombre, entre las vides, se erguía una higuera. Aquel árbol tenía ciertos privilegios sobre el resto de la propiedad. Estaba en la viña, lo que significaba que el suelo era excelente y recibiría más cuidados que las demás higueras.

La iglesia de Dios es su viña y está apartada de las demás plantas por medio de una valla (ver Isa. 5:1, 2). Usted y yo somos higueras y fuimos plantados en esa viña por el bautismo. Cierto día, el dueño fue a buscar frutos pero no encontró ninguno; aunque razón no le faltaba para esperarlo. Cristo vino a los suyos de este mundo, los judíos, en busca de fruto. Tiene el ojo puesto en los que se benefician del evangelio para ver si viven según sus preceptos. Espera que den fruto.

No basta con las hojas y tampoco es suficiente con que florezcamos. Tenemos que dar fruto. Nuestros pensamientos, nuestras acciones y nuestras palabras tienen que ser las adecuadas al evangelio que el Señor Jesús nos comunicó.

"Según sea su obra"

Basado en Lucas 13:6-9

A CAUSA DE LA CRISIS que nos azota, no es extraño ver una casa o un edificio de oficinas que están prácticamente acabados pero abandonados por falta de dinero. Estoy seguro de que, detrás de cada edificio vacío podríamos encontrar una historia de esperanzas y sueños truncados. Todo proyecto abandonado representa una derrota.

Hay muchas sinfonías inconclusas o inacabadas, pero la más común es la nº 8 en sí menor, (1822, D759), de Schubert: "la Sinfonía Inconclusa". Nadie sabe por qué motivo la 8ª sinfonía de Schubert quedó por terminar (completó dos movimientos y dejó esbozos para el *scherzo*). Se han imaginado razones románticas para explicarlo, pero lo más probable es que Schubert o bien la olvidara o bien la abandonara.

Que la historia de la higuera estéril esté inconclusa tiene un motivo. El propietario esperó tres años a que la higuera estéril le diera frutos, pero no consiguió ni uno, ni un solo higo... Muchos disfrutan de los privilegios del evangelio y no hacen nada en absoluto para honrar a Dios o agradecerle que se los otorgara.

"¡Vengo pronto!, y mi galardón conmigo, para recompensar a cada uno según sea su obra" (Apocalipsis 22:12).

Los tres años de ministerio público de Cristo tocaban a su fin y la paciencia de Dios con los muchos que disfrutaban del evangelio pero no daban su fruto se había extendido hasta la agonía. ¡Cuántas veces ha venido Dios a nosotros en busca de fruto y no ha encontrado nada, casi nada o menos que nada! Además de no dar fruto, aquella higuera desaprovechaba un suelo precioso, le robaba el espacio a un árbol fértil y era una molestia para todos los que se encontraban a su alrededor. A menudo, los que no hacen el bien causan daño con su influencia o su mal ejemplo. Además, cuanto mayor es y más se extiende el árbol, mayor es el daño que puede causar.

El veredicto del propietario fue: "Córtenla". Cuando de un árbol estéril se trata, no se puede esperar ningún otro veredicto que no sea cortarlo y echarlo al fuego como leña. Con toda razón, ¿por qué ocupaba un pedazo de suelo? ¿Por qué debería ocupar un lugar en la viña? Aquí tiene la pregunta sin responder. Usted tiene la respuesta.

Otra oportunidad

Basado en Lucas 13:6-9

EL HORTELANO INTERCEDÍA por la higuera. ¿Cuál era su ruego? Se trataba de un indulto: "Señor, déjala aún este año". Su ruego no era : "Señor, no permitas nunca que la corten", sino: "Todavía no, Señor". El indulto es una bendición para los árboles estériles. Algunos todavía no se han arrepentido. Dios es misericordioso y les da más tiempo para que se arrepientan; por eso dio un plazo de ciento veinte años a los antediluvianos para que se arrepintieran e hicieran las paces con él. A Cristo, el gran Intercesor, le debemos que los árboles estériles no hayan sido cortados de inmediato. Si no hubiera sido por su intervención, cuando Adán pecó, el mundo entero habría sido cortado. Sin embargo, él dijo: "Señor, déjalo".

Como colaboradores de Cristo, se nos anima a orar para que Dios tenga misericordia de las higueras estériles: "Señor, déjalos; deja que su tiempo de gracia se alargue un poco más; ten un poco de paciencia con ellos, ten misericordia de ellos y espera". Así podremos interponernos y alejar la ira. Podemos orar para que los demás sean indultados, pero no perdonados. A ellos corresponde poner en acción su propia fe y su arrepentimiento; de otro modo, no puede haber perdón.

> "Por eso puede también salvar perpetuamente a los que por él se acercan a Dios, viviendo siempre para interceder por ellos" (Hebreos 7:25).

El hortelano se comprometió a hacer todo lo posible para obtener un indulto: "Hasta que cave a su alrededor y la abone". Las obras tienen que acompañar siempre a nuestras oraciones. Parecía como si el hortelano dijese: "Señor, quizá no he hecho todo lo que era preciso por ese árbol; deja que pase este año y haré más de lo que he hecho hasta ahora". Del mismo modo, en nuestras oraciones debemos pedir la gracia de Dios, acompañando la petición con la humilde promesa de cumplir con el deber.

"Pero", añade el hortelano, "si no es así, córtala". Aunque Dios es paciente, no siempre tolerará los árboles estériles. Su paciencia se acabará y, con toda certeza, los árboles sin fruto serán cortados y arrojados al fuego. Aunque sea necesaria, talar los árboles no es tarea que a Dios plazca.

Quiero ser un árbol fructífero que sirva de ejemplo para otros.

La oveja perdida

Basado en Lucas 15:4-7

EN ALGUNA PARTE LEÍ que los objetos no se pierden, sencillamente, están donde la gente no los busca. Quizá sea cierto con los objetos inanimados; pero los seres vivos, cuando se alejan un trecho de donde se supone que tienen que estar, pueden perderse. Estar perdido es estar fuera de alcance, sin poder encontrar el camino.

A veces, las ovejas se alejan del pastor. Para un pastor que ama su rebaño, la idea de perder una oveja es dolorosa. Cuando está sola, una oveja es un ser totalmente indefenso. Si un animal salvaje la encuentra, podría despedazarla en un instante. Una y otra vez el pastor se pregunta: "¿Qué le sucederá a la oveja?".

De todas las criaturas, las ovejas son las más torpes. Un perro perdido puede encontrar el camino de vuelta a casa. Probablemente, un caballo sea capaz de regresar al establo. Pero una oveja vagará y vagará, adentrándose cada vez más en el desierto. Cuando una oveja se pierde, se ha perdido para siempre.

> "¿A dónde me iré de tu espíritu?
> ¿Y a dónde huiré de tu presencia?"
> (Salmo 139:7)

Una oveja está indefensa, no sabe cómo cuidar de sí misma. El camello puede oler el agua a grandes distancias y el buitre puede ver la comida desde muy lejos. Sin embargo, las ovejas son incapaces de encontrar nada por sí mismas. De todas las criaturas desdichadas, la oveja perdida se lleva la peor parte.

Suponga que nos cruzamos con un pastor que acaba de descubrir que ha perdido una de sus ovejas. Le preguntamos:

—¿Qué sucede? Parece terriblemente alterado.

—Es verdad, estoy muy alterado; una de mis ovejas se ha perdido.

—No se preocupe, se trata de una sola, todavía le quedan noventa y nueve.

—¿Y le parece poco haber perdido una? Si usted fuera pastor no pensaría así. Mire, en lo único que puedo pensar es en la que se ha perdido, no en las noventa y nueve que están a salvo.

Jesús contó la hermosa historia de un pastor y una oveja perdida porque quiere que sepamos cómo se siente cuando nos apartamos de él. Él no nos ha perdido; sabe dónde estamos. Pero podemos llegar a pernernos. ¿Ha oído al Buen Pastor que lo llama?

El valor de una sola

Basado en Lucas 15:4-7

¿QUIÉN NO SE HA PERDIDO en un momento u otro? El otro día regresaba a casa de una cita que distaba varias horas y me pasé de salida en la autopista. Tomé la salida siguiente, pero estaba tan perdido que tuve que llamar a mi esposa por teléfono para que me indicara cómo volver a casa. Ella creció aquí y conoce mejor la ciudad.

Jesús es el Buen Pastor y algunas de sus ovejas se han perdido. En un momento u otro todos nos hemos perdido, porque la Biblia dice: "Todos nosotros nos descarriamos como ovejas, cada cual se apartó por su camino" (Isa. 53:6).

Somos las ovejas de Cristo, porque él nos escogió desde antes de la fundación del mundo: "No me elegisteis vosotros a mí, sino que yo os elegí a vosotros" (Juan 15:16). Y nosotros somos suyos porque el Padre nos dio a su Hijo: "Tuyos eran, y me los diste". "Padre, aquellos que me has dado, quiero que donde yo esté, también ellos estén conmigo" (Juan 17:6, 24).

Quizá vaguemos durante un tiempo, pero el Buen Pastor no dejará que nos perdamos para siempre. "Porque así ha dicho Jehová, el Señor: 'Yo, yo mismo, iré a buscar a mis ovejas, y las reconoceré. Como reconoce su rebaño el pastor el día que está en medio de sus ovejas esparcidas, así reconoceré yo a mis ovejas y las libraré de todos los lugares en que fueron esparcidas el día del nublado y de la oscuridad'" (Eze. 34:12).

"En la parábola, el pastor va en busca de una oveja, la más pequeñita de todas. Así también, si solo hubiera habido una alma perdida, Cristo habría muerto por esa sola" (*Palabras de vida del gran Maestro*, cap. 15, p. 146). Martín Lutero dijo una vez: "He tenido muchas cosas en la mano y las he perdido todas. Pero todavía poseo todo lo que puse en manos de Dios".

Si usted se pone en manos de Dios estará seguro.

> "No me elegisteis vosotros a mí, sino que yo os elegí a vosotros y os he puesto para que vayáis y llevéis fruto, y vuestro fruto permanezca; para que todo lo que pidáis al Padre en mi nombre, él os lo dé" (Juan 15:16).

Un corazón de amor

Basado en Lucas 15:4-7

¿POR QUÉ tenía que preocuparse el pastor por una sola oveja perdida y desobediente, cuando en el redil todavía le quedaban otras noventa y nueve? Una de las razones es que la oveja perdida le pertenecía. Otra es que amaba tanto a la oveja que no podía soportar la idea de que pudiera correr peligro alguno.

Nuestro Pastor nos ama tanto que no descansará mientras una sola de sus ovejas esté bajo el poder de Satanás. Jesús siente una profunda simpatía por todos los pecadores errantes. Conoce el dolor que trae el pecado y las cicatrices que deja. Por eso se aflige por cada oveja perdida.

Si alguna vez ha estado en casa de un niño que se ha extraviado jamás olvidará la ansiedad de los miembros de la familia. El padre corre a la comisaría y llama a la puerta de todas las casas del barrio. Si no encuentra a su hijo, el corazón se le partirá en dos. La madre, desesperada, no puede descansar hasta saber algo del niño. Ahora está usted en condiciones de entender qué siente Jesús por los que ama. Su corazón no descansará hasta encontrar a la oveja perdida.

> "No es la voluntad de vuestro Padre que está en los cielos que se pierda uno de estos pequeños" (Mateo 18:14).

Otro motivo para que el pastor se preocupe por la oveja perdida es que estaba bajo su responsabilidad. Perder una de sus ovejas significaría que no ha hecho bien su trabajo. ¿Se perdió la oveja porque no hizo algo que tenía que hacer, porque se descuidó, porque no vigilaba con suficiente atención?

Nada de esto se puede decir del Buen Pastor. Mientras estuvo en la tierra hizo todo lo posible para vigilar, cuidar y enseñar a sus discípulos. Al final de su ministerio le dijo a su Padre celestial: "Cuando estaba con ellos en el mundo, yo los guardaba en tu nombre; a los que me diste, yo los guardé y ninguno de ellos se perdió, sino el hijo de perdición, para que la Escritura se cumpliera" (Juan 17:12).

Así se siente por sus ovejas. Se alegra por las que están a salvo en el redil, pero no descansará hasta que encuentre a la perdida. ¡Qué extraordinario y amante Pastor!

Buscando la descarriada

Basado en Lucas 15:4-7

EN CIERTA OCASIÓN, una familia se encontraba de compras en un gran centro comercial. En medio de la agitación y la diversión, uno de ellos se dio cuenta de que Mateo, el pequeño de tres años y medio, había desaparecido. El terror se apoderó de inmediato de su corazón. Habían escuchado las terroríficas historias según las cuales, en los centros comerciales, se raptaban niños que eran llevados a los aseos, donde los vestían con ropa diferente y les cambiaban el peinado para luego dedicarlos al tráfico de menores, y nunca más se volvía a saber de ellos.

A cada miembro se le asignó un lugar distinto para iniciar la búsqueda y se separaron. Al padre se le asignó el estacionamiento. Dice que nunca olvidará esa noche, dando patadas en la nieve recién caída, llamando a Mateo a todo pulmón. Aunque se sentía como un estúpido, su preocupación por la seguridad de su hijo superaba todos los demás sentimientos.

No tuvo éxito y regresó al punto de encuentro. La esposa no lo había encontrado. Y tampoco la abuela. Y entonces apareció el abuelo, con el pequeño Mateo agarrado de la mano. El corazón les saltó de alegría. Curiosamente, Mateo no estaba preocupado. Ni tan siquiera había llorado. Para él, no había ningún problema. El abuelo les comunicó que lo había encontrado en la tienda de caramelos. Allí estaba, contemplando tranquilamente todas esas deliciosas opciones. Mateo no parecía perdido. No sabía que se había perdido. No era consciente del terrible peligro en que se encontraba.

> "¡Cuán preciosos, Dios, me son tus pensamientos! ¡Cuán grande es la suma de ellos!" (Salmo 139:17).

La nuestra es una cultura de tienda de caramelos, en la que la gente no parece perdida y no sabe que se ha extraviado, viviendo por el placer y los sabores del mundo. Quizá alguien que usted conoce no piense en absoluto en el Señor Jesús. Ni siquiera quiere buscarlo. Sin embargo, aunque esa persona no lo busque, el Señor sí la busca a ella. Sabe que se ha perdido y corre un gran peligro. Si no hubiera un Pastor celestial que piensa en ella, el suyo sería un caso desesperado.

No obstante, podemos hacer algo por los que amamos y están perdidos. Podemos presentarlos cada día en oración al Señor. Esto es la intercesión. También podemos consagrarnos al Señor para hacer todo lo que nos empuje a dar testimonio a esa persona. Dar testimonio no siempre implica decir algo. A veces basta con callar y mostrar paciencia cuando se nos rechaza. Ore para que el Señor lo ayude a ser paciente y amoroso.

Problemas con las ovejas

Basado en Lucas 15:4-7

EL DE PASTOR no es un oficio fácil. Puede parecer que no haga nada; pero un buen pastor tiene que saber cómo se comportan las ovejas y cuáles son sus instintos para dirigirlas con éxito. Estos son algunos de los retos a los que un pastor debe hacer frente:

Las ovejas pasan el día comiendo hierba. Comen horas y más horas sin levantar la vista. Por tanto, puede que no se den cuenta de que han perdido de vista al resto del rebaño. No tardan en perderse, deambulando como sonámbulas, balando y sin dejar de pastar.

Es preciso encontrarlas rápidamente. Las ovejas no pueden digerir todo lo que pastan hasta que se tienden en el suelo. Pero las ovejas no tienen el suficiente sentido común para tenderse cuando tienen el estómago lleno y les duele. El pastor tiene que hacer que se tiendan por su propio bien.

Por naturaleza, las ovejas tienden a seguir a alguien. La vida de las ovejas es un largo juego de seguir al que manda. Si la oveja dominante se acerca al borde de un precipicio, todo el rebaño irá tras ella.

"Examíname, Dios, y conoce mi corazón; pruébame y conoce mis pensamientos. Ve si hay en mí camino de perversidad y guíame en el camino eterno" (Salmo 139:23, 24).

Las ovejas están indefensas ante los depredadores. Si un lobo consigue entrar en el redil, las ovejas no se defenderán. No tratarán de escapar. No se dispersarán. Todo lo que harán será apelotonarse.

Si las ovejas caen en una corriente, se ahogan. Su tupido pelaje absorbe el agua rápidamente y no pueden nadar.

En definitiva, las ovejas están indefensas ante los peligros. No es de extrañar que la Biblia diga que somos como ovejas, sobre todo cuando estamos perdidos.

He aquí algunas palabras de consuelo para reflexionar: "Alma desalentada, anímate aunque hayas obrado impíamente. No pienses que quizá Dios perdonará tus transgresiones y permitirá que vayas a su presencia. Dios ha dado el primer paso. Aunque te habías rebelado contra él, salió a buscarte. Con el tierno corazón del pastor, dejó las noventa y nueve y salió al desierto a buscar la que se había perdido. Toma en sus brazos de amor al alma lastimada, herida y a punto de morir, y gozosamente la lleva al aprisco de la seguridad" (*Palabras de vida del gran Maestro*, cap. 15, p. 147).

El rescate de la oveja

Basado en Lucas 15:4-7

EN LOS HIGHLANDS, en Escocia, es frecuente que una oveja, deambulando por las rocas, entre en lugares de los que luego no puede salir. Los pastos de esas montañas son muy dulces y gustan mucho a las ovejas que, para comerlos, saltan a barrancos de tres o cuatro metros de profundidad. Luego, cuando se ven atrapadas porque no pueden saltar tan alto, balan para que las oiga el pastor.

Pueden estar así durante días, hasta haberse comido todo el pasto. El pastor espera que estén tan débiles que no puedan oponer resistencia. Entonces, sus compañeros le atan una soga a la cintura para que pueda bajar y sacar a la oveja del atolladero. ¿Por qué el pastor no baja justo después de que la oveja haya saltado? Como las ovejas son tan tontas, asustadas, correrían hacia el precipicio y se matarían.

En la historia de Jesús, el pastor sale de noche, antes de cenar. Sale a pesar del cansancio acumulado de todo el día llevando el rebaño. Se asegura de que las noventa y nueve pasarán la noche en lugar seguro y sale, haga viento o llueva. Por más que sus pies resbalen, por más que tenga las manos desgarradas por los espinos y la voz ronca de tanto llamar, busca sin cesar. Su única preocupación es encontrar a la oveja. Pensar que el Señor está decidido a rescatar a las almas perdidas reconforta.

"No dejes que se incline mi corazón a cosa mala, para hacer obras impías con los que hacen maldad; y no coma yo de sus deleites" (Salmo 141:4).

Para el pastor es una búsqueda personal. No dice a uno de sus ayudantes: "Ve, sal a buscar la oveja perdida y tráela a casa". No, sale él en persona. Si alguna vez se salva un alma del pecado, no será únicamente a causa de nuestro testimonio, del predicador o de los libros, sino a causa del Señor Jesús que sale a buscar sus ovejas. A pesar de que huyen, él va tras ellas.

Hay muchas ovejas perdidas que ni usted ni yo llegaremos a encontrar jamás. Nos damos por vencidos con demasiada facilidad. El cansancio y el desánimo se apoderan de nosotros. Nos precipitamos y damos la causa por perdida. En cambio, cuando Jesús busca sus propias ovejas, téngalo por seguro, las lleva de vuelta con él.

¿Ora por alguien? No se desanime.

Lo que se perdió es encontrado

Basado en Lucas 15:4-7

¿LE GUSTA echar a volar la imaginación? ¿Puede hacer que a su mente acudan imágenes de cosas? A algunas personas les resulta más fácil que a otras. Son capaces de recordar los detalles de acontecimientos que sucedieron mucho tiempo atrás porque parece como si, mentalmente, tomaran una instantánea que les queda grabada en la memoria. Son capaces de recordar olores, colores, conversaciones y sonidos del pasado como si se hubieran producido ayer mismo.

Si puede, trate de imaginar lo sucedido en la historia del Buen Pastor. Es una de las imágenes bíblicas más alegres, emotivas y conmovedoras

El pastor sale de noche en busca de la oveja. La llama una y otra vez hasta que queda ronco de tanto llamar. Está tan oscuro que apenas si ve algo unos pasos más adelante. Luego, suspirando de alivio, oye un débil gemido en la distancia. Siguiendo el sonido, y arriesgando la propia vida, trepa hasta el borde mismo del precipicio. Mientras busca aquí y allá, se da cuenta de que el gemido es cada vez más débil. La oveja está a punto de morir. Pero al final su esfuerzo se ve recompensado: encuentra a la extraviada.

¿Se imagina la alegría y el alivio que siente el pastor cuando encuentra a su oveja perdida? Ríe y llora a la vez. Con cuidado, examina a la oveja para ver si tiene algún rasguño o un hueso roto. ¿Piensa que regaña a la oveja o la castiga golpeándola con la vara por haberse alejado? No, al contrario; con alegría, la toma en brazos. Seca el pelaje lanoso con el manto mientras le habla como quien habla a un bebé. Se lleva la oveja a los hombros y, cantando, la trae de regreso al redil. Entonces el pastor llama a sus amigos y vecinos, diciendo: "Gozaos conmigo, porque he encontrado mi oveja que se había perdido" (Luc. 15:6).

Quiero recordar siempre esta imagen de Jesús, el Buen Pastor, porque todos hemos sido como esa oveja: estuvimos perdidos, nos encontró y nos llevó en hombros.

> "Jehová está en medio de ti; ¡él es poderoso y te salvará! Se gozará por ti con alegría, callará de amor, se regocijará por ti con cánticos" (Sofonías 3:17).

Él lo llevará

Basado en Lucas 15:4-7

TRAS LEVANTAR la oveja que se había extraviado y cargarla a hombros, el pastor adoptó un nuevo papel. Ahora él servía a la oveja en lugar de servirse de ella. A nadie, por mucho que le gusten las ovejas, se le ocurriría tener un rebaño de ovejas con el solo propósito de servirlas. En todo caso, es al revés. El pastor cuida las ovejas para que lo sirvan proveyéndole lana, carne y leche. De hecho, la riqueza de un pastor se determina por el número de ovejas que posee. Si lo sirven bien, no tarda en enriquecerse. Si enferman o se retrasan en el crecimiento, lo sirven mal.

Pero en la parábola, el peso de la oveja recae sobre el pastor. Ahora la oveja va descansada y el pastor soporta la carga. La oveja descansa mientras el pastor trabaja. Jesús dijo: "Yo estoy entre vosotros como el que sirve" (Luc. 22:27). "Hallándose en la condición de hombre, se humilló a sí mismo, haciéndose obediente hasta la muerte, y muerte de cruz" (Fil. 2:8). En la cruz cargó con el peso de nuestros pecados. "Jehová cargó en él el pecado de todos nosotros" (Isa. 53:6). Nos cuesta pensar que el Hijo de Dios se hiciera subordinado de los hijos de los hombres. El Creador del cielo y la tierra llevó sobre sus hombros el peso de los pecadores.

> "En toda angustia de ellos él fue angustiado, y el ángel de su faz los salvó; en su amor y en su clemencia los redimió, los trajo y los levantó todos los días de la antigüedad" (Isaías 63:9).

Al llevarla en hombros, el pastor hace un acto de misericordia. Probablemente, la oveja no podía caminar; por eso, amablemente, la lleva sobre sus hombros de vuelta al redil. ¡Qué bendición saber que vamos a hombros del Señor Jesucristo! "El amado de Jehová habitará confiado cerca de él; lo cubrirá siempre, y entre sus hombros morará" (Deut. 33:12).

Cristo nos dice: "Yo, el que hice, yo os llevaré, os sostendré y os guardaré" (Isa. 46:4). No tenemos que tener miedo de tropezar y mucho menos de caer. Los pies del Pastor van por el camino con paso seguro. Ningún peligro debiera hacernos temer porque él puede llevarnos a hombros hasta su casa en el cielo.

Se alegrará por usted

Basado en Lucas 15:4-7

CUANDO LEEMOS la parábola de la oveja perdida, una de las sensaciones más atractivas que distinguimos es la profunda alegría que el pastor experimenta al encontrar a la oveja. Aquel hombre que había perdido una oveja ahora está lleno de gozo por una única razón: la ha encontrado. Mientras que antes era el objeto de su preocupación, ahora es el objeto de su alegría. "Cuando la encuentra, la pone sobre sus hombros gozoso" (Luc. 15:5).

Si alguien le dice: "Pastor, pesada es la carga para ti...", alegre, responde: "Estoy contento de llevarla a hombros". Cuando encontró al hijo extraviado, la madre no dijo: "Es una carga dura de llevar". Al contrario, lo abrazó de todo corazón. No le importó si era o no pesada, para ella era una carga preciosa. Se sentía feliz de volverla a cargar.

"El gozo de Jehová es vuestra fuerza" (Nehemías 8:10).

¿Recuerda el texto: "El cual por el gozo puesto delante de él sufrió la cruz, menospreciando el oprobio, [...] se sentó a la diestra del trono de Dios" (Heb. 12:2)? Cuando Cristo cargó con nuestros pecados, lo embargó una gran tristeza; pero, cuando vio que habíamos sido salvados de nuestra condición perdida, lo invadió un gozo aún mayor. Dijo para sí: "Los he cargado a hombros y ahora nadie puede hacerles daño y tampoco pueden alejarse de mí. Cargo con el castigo de su pecado para que ellos no tengan que cargar con él nunca más. Soy su sustituto. Cargo con la justa ira de mi Padre para que ellos no tengan que hacerlo jamás".

Estimado lector, salvarlo a usted fue para Jesús una gran alegría. Aunque estaba feliz con el Padre, disfrutando de la adoración de los ángeles, quiso tomar sobre sí nuestra naturaleza y sufrir en nuestro lugar para traernos de vuelta a la santidad y a Dios.

Ese día el pastor solo tenía una alegría: había encontrado su oveja. Asimismo, el peso del animal sobre sus hombros aligeró su corazón; porque sabía que el objeto de sus preocupaciones estaba a salvo de manera incuestionable.

Usted también está a salvo en los brazos de Jesús.

El amor de Dios por los pecadores

Basado en Lucas 15:11-32

SEGÚN UN MÉDICO, un estudio descubrió que el absentismo laboral por enfermedad en los que cada mañana besan a su esposa es menor que en los que no la besan. También sufren menos accidentes de automóvil cuando van de camino al trabajo. Su sueldo es entre un 20 y un 30% superior y viven alrededor de cinco años más que aquellas parejas que ni siquiera se acarician la mejilla.

La razón, dice el doctor, es que los besucones empiezan el día con una actitud positiva. Un beso significa una especie de sello de aprobación; por lo que se cree que los que, por las razones que sean, no lo reciben cruzan la puerta con una cierta sensación de malestar consigo mismos. Tanto si usted da crédito a este estudio, como si no, un beso de despedida cada mañana no le hará daño.

Uno de los más tiernos y conmovedores besos que registra la Biblia es el beso que el padre dio a su hijo pródigo cuando este regresó a casa. La parábola se registra en Lucas 15. En el versículo 20 leemos: "Entonces se levantó y fue a su padre. Cuando aún estaba lejos, lo vio su padre y fue movido a misericordia, y corrió y se echó sobre su cuello y lo besó". Ese beso era el sello de la aprobación del padre, la evidencia de que lo amaba.

"Cuando aún estaba lejos, lo vio su padre y fue movido a misericordia, y corrió y se echó sobre su cuello y lo besó" (Lucas 15:20).

¿Acaso duda de que Dios lo ama tanto como el padre de la parábola amaba a su hijo? ¿Acaso no lo despertó esta mañana? ¿Acaso no escuchó el canto de un pájaro y vio un árbol cargado de hojas verdes? ¿Acaso de noche no ve las estrellas y de día no siente los cálidos rayos del Sol? ¿Todavía necesita más pruebas? Si es así, contemple las últimas escenas de la vida de Cristo en la tierra.

Cierto monje medieval anunció que iba a predicar sobre "El amor de Dios". Cuando cayeron las sombras y la luz dejó de entrar por los ventanales de la catedral la congregación se reunió. En la oscuridad del presbiterio, el monje encendió un cirio y lo llevó al crucifijo. Primero iluminó la corona de espinas, luego las dos manos heridas y finalmente la herida en el costado causada por la lanza. En medio del profundo silencio de la congregación, apagó el cirio y abandonó el lugar. No había nada más que decir.

Me levantaré

Basado en Lucas 15:11-32

EN UNA REGIÓN remota de Canadá hay un pueblo que, durante cierto tiempo, estuvo aislado. Un día abrieron un camino de tierra para llegar hasta él. Ese pequeño pueblo ahora tiene un camino de entrada y salida. Si alguien llega a ese pueblo, solo tiene una manera de salir de él: dando la vuelta. Esa es la definición de arrepentimiento: darse la vuelta y andar en la dirección opuesta.

Todos nosotros hemos nacido en un pueblo que se llama Pecado y solo hay una manera de salir de él: el camino que construyó Dios. Hasta que Dios no intervino, no había manera de abandonarlo. Ese camino es su Hijo. Jesús dijo: "Yo soy el camino" (Juan 14:6). La Biblia llama arrepentimiento a la decisión de tomar el camino que nos llevará fuera del pueblo del Pecado.

> "¡Mirad por vosotros mismos! Si tu hermano peca contra ti, repréndelo; y si se arrepiente, perdónalo. Y si siete veces al día peca contra ti, y siete veces al día vuelve a ti, diciendo: 'Me arrepiento', perdónalo" (Lucas 17:3, 4).

Mientras todavía estaba en un país lejano, el hijo pródigo tomó la decisión: "Me levantaré e iré a mi padre". No se limitó a decirlo, lo hizo: "Entonces se levantó y fue a su padre". La decisión de regresar a casa era buena, pero su vida solo empezó a cambiar cuando se puso en marcha.

Mientras el joven perdido todavía iba de regreso a casa, su padre salió a buscarlo. No dice que el hijo pródigo viera a su padre, sino que fue este quien lo vio a él. Los ojos de la misericordia son más rápidos que los ojos del arrepentimiento. Los ojos de nuestra fe son débiles comparados con los ojos del amor de Dios. Él ve al pecador mucho antes de que el pecador lo vea a él.

Allí estaba el hijo, dispuesto a confesar su pecado. Cuanto más ansiamos confesar nuestro pecado, tanto más desea Dios perdonarnos. Tan pronto como reconocemos nuestros pecados, Dios se afana en borrarlos del libro. Eliminará cualquier pecado que, de corazón, reconozcamos y confesemos ante él. Para él no hay pecado demasiado grande o demasiado pequeño que no pueda perdonar.

Tú, Señor, me ves

Basado en Lucas 15:11-32

IMAGINE POR UN momento que usted es testigo de la reunión del hijo pródigo con su padre. "Cuando aún estaba lejos, lo vio su padre" (Juan 15:20). La palabra "vio" está muy cargada de significado. Vio quién era, vio de dónde venía, vio las vestiduras harapientas, vio la inmundicia de los cerdos en sus manos y pies, vio su aspecto penitente. Dios ve a las personas de una manera que usted y yo jamás entenderemos. Ve a través de nosotros, a simple vista, como si fuéramos de cristal; ve todo nuestro pasado, nuestro presente y nuestro futuro.

Cuando el padre vio al hijo, "fue movido a misericordia". Su corazón no sentía ira hacia su hijo; solo sentía compasión por aquel pobre muchacho que se había causado tanto daño a sí mismo. Cierto que era culpa del muchacho, pero en aquel momento no lo pensó. El estado en que se encontraba, su miseria, su vergüenza y su rostro, pálido por el hambre, conmovieron el corazón de su padre. También Dios se compadece de nuestros sufrimientos y miserias. Aunque nosotros mismos seamos la causa de nuestros problemas, Dios se compadece de nosotros. "Por la misericordia de Jehová no hemos sido consumidos, porque nunca decayeron sus misericordias" (Lam. 3:22).

> "Mi pecado te declaré y no encubrí mi iniquidad. Dije: 'Confesaré mis rebeliones a Jehová', y tú perdonaste la maldad de mi pecado" (Salmo 32:5).

Se cuenta una historia más moderna, de un padre y un hijo que habían discutido. El hijo huyó, y el padre partió en su busca. Lo buscó durante meses, pero sin éxito. Finalmente, en un último esfuerzo desesperado por encontrarlo, el padre puso un anuncio en el periódico. El anuncio decía: "Querido hijo, reúnete conmigo delante de la redacción de este periódico el lunes al mediodía. Todo está perdonado. Te quiero. Tu padre". El lunes se presentaron ochocientos "hijos"; todos buscaban el perdón y el amor de sus padres.

Todos nosotros necesitamos que nuestro Padre celestial nos perdone. ¿Cree usted que él está demasiado ocupado para que pueda escuchar su confesión? ¿Tiene miedo de que no le haga caso y lo rechace? Recuerde la historia del hijo pródigo. Nuestro Padre celestial nos busca.

"Mirad cuál amor"

Basado en Lucas 15:11-32

ESTOY SEGURO de que ha habido ocasiones en que un hijo, o una hija, descarriado ha regresado a casa y sus padres no han dicho nada. Eso sí, estaban molestos porque su hijo les había causado tanto dolor y, cuando empezaron a hablar, le recordaron todos los errores que había cometido en la vida.

Sin embargo, cuando los pecadores acuden a Dios, él los recibe amoroso y, alegre, les da la bienvenida. Esta no es una bonita historia que Jesús contó para entretener a la gente. Quería que aquellos que acuden a Dios en busca de perdón tuvieran la certeza de que es misericordioso a causa del gran sacrificio de Cristo.

Cuando Dios dice que nos ama, siempre es así. En él no hay doblez. Quienes se arrepientan y acudan a él descubrirán lo mucho que los ama. Estimado lector, usted es incapaz de medir el amor que él tiene por usted. Lo amó desde antes de la fundación del mundo y lo amará cuando el tiempo ya no sea.

> "Mirad cuál amor nos ha dado el Padre, para que seamos llamados hijos de Dios" (1 Juan 3:1).

No siempre somos conscientes de su inmenso amor. Entonces el Espíritu Santo nos conmueve con el amor del Padre. Cuando eso sucede, sentimos que el corazón nos estalla. Es como si un torrente de amor irrumpiera en el corazón, llevándose por delante todo cuanto encuentra a su paso. Así recibe Dios a los que piden ser salvados. "Con amor eterno te he amado; por eso, te prolongué mi misericordia" (Jer. 31:3).

Cuando su padre lo recibió, el desdichado pródigo supo como nunca antes que su padre lo amaba. No le quedó ninguna duda al respecto. En el momento en que un pecador cree en Jesús recibe un torrente de amor. ¿Se ha fijado en el rostro de los que acaban de ser bautizados? Dios no siempre reserva el buen vino para el final.

He aquí una promesa: "Deje el impío su camino y el hombre inicuo sus pensamientos, y vuélvase a Jehová, el cual tendrá de él misericordia, al Dios nuestro, el cual será amplio en perdonar" (Isa. 55:7).

"Cuanto está lejos el oriente del occidente"

Basado en Lucas 15:11-32

EL HIJO PRÓDIGO tenía muchos pecados que confesar. Por eso llegó a sugerir un castigo para sí: no merecía ser llamado hijo y, por tanto, estaba dispuesto a ser considerado un siervo. Sin embargo, antes de que pudiera terminar de contar su triste historia, su padre ya lo había perdonado. Así de dispuesto está nuestro Padre celestial para perdonarnos cuando demos el primer paso hacia la confesión, por pequeño que sea.

Todos los que regresan a Dios pasan por la misma experiencia del hijo pródigo. Su padre lo había perdonado a cambio de nada. Sin embargo, después de todo, el joven siguió diciendo: "Padre, he pecado contra el cielo y contra ti, y ya no soy digno de ser llamado tu hijo" (Luc. 15:21). Aunque Cristo lo haya perdonado, no dude en reconocer su pecado ante Dios.

El abrazo del padre significaba, básicamente: "Tu pecado ha desaparecido y no se hablará más de él. Nunca más te acusaré. Jamás será causa de que te ame menos. Jamás te trataré como alguien indigno y que no merece mi confianza". Cristo dice que se olvidará de nuestros pecados.

> "Porque, como la altura de los cielos sobre la tierra, engrandeció su misericordia sobre los que lo temen. Cuanto está lejos el oriente del occidente, hizo alejar de nosotros nuestras rebeliones" (Salmo 103:11, 12).

Se cuenta una fábula que habla de un cura que gozaba de mucho aprecio entre sus feligreses pero que cargaba con un pecado secreto cometido muchos años atrás. Aunque se había arrepentido, no tenía paz porque no había sentido el perdón de Dios. En su parroquia había una mujer que amaba profundamente a Dios y afirmaba tener visiones en las que conversaba con Cristo. Sin embargo, el cura se mostraba escéptico. Para ponerla a prueba, dijo:

—La próxima vez que hable con Cristo quiero que le pregunte qué pecado cometió el cura de su parroquia cuando todavía estaba en el seminario.

La mujer accedió. Unos días más tarde, el capellán le preguntó:

—Y bien, ¿la visitó Cristo en sueños?

—Sí, me visitó —respondió ella.

—¿Y le preguntó qué pecado cometí en el seminario?

—Sí.

—¿Y qué le dijo?

—Respondió: "No me acuerdo".

Esta es la extraordinaria manera que tiene Dios de tratar a los que regresan a él. Ha arrojado sus pecados tan lejos que ya ni se acuerda de ellos.

Restaura mi alma

Basado en Lucas 15:11-32

CUANDO TODAVÍA ESTABA en el país lejano, el hijo pródigo tomó la decisión de decirle a su padre: "Hazme como a uno de tus jornaleros" (Luc. 15:19). Me imagino que, mientras andaba el largo camino de regreso a casa, mentalmente, una y otra vez, ensayó el discursito. Pero su padre lo detuvo antes de que pudiera terminar.

¿Como un jornalero? ¡No, jamás! En ese momento el feliz padre empezó a restaurar a su hijo al estado de miembro de la familia. Ordenó que le dieran vestidos nuevos y que se celebrara un banquete en su honor.

Si alguna vez su hijo o su hija se han escapado de casa estará en condiciones de entender cómo se sentía aquel padre. Su hijo se marchó de casa y usted no supo nada de él durante años. Para remachar el clavo, llevó una vida llena de pecado. Cuando tuvo noticias de él, el corazón casi se le rompió. ¿Recuerda cómo lo acogió? Usted habría deseado que fuera aquel jovencito o jovencita que solía sentarse en su regazo; pero había crecido hasta convertirse en un pecador y un adulto hecho y derecho. No obstante, le dio un abrazo y le repitió tantas veces las palabras de bienvenida que quedaron grabadas para siempre en su memoria. Entenderá, pues, que ese arrollador saludo se pareciera al del padre: "Muchacho, tú eres mi hijo. A pesar de todo lo que hayas hecho, eres mío. Por lejos que te hayan llevado el pecado y la locura, no dudo en reclamarte para mí. Eres hueso de mis huesos y carne de mi carne".

"Devuélveme el gozo de tu salvación y espíritu noble me sustente" (Salmo 51:12).

En esta parábola, Cristo quiere que usted sepa que Dios lo reclamará si acude a él confesando sus pecados por medio de Jesucristo. Estará encantado de recibirlo. Ha ordenado que lo aseen, que le den ropas limpias y que se celebre un banquete en su honor.

El padre recibió a su hijo con tanto amor porque sabía que sus oraciones habían sido respondidas. De hecho, el padre escuchó la oración de su hijo antes incluso de que él la llegara a pronunciar. El joven recibió la misericordia antes de que la oración hubiera terminado. Dios, nuestro Padre, escucha el clamor de nuestro corazón antes de que lleguemos a terminar nuestra oración.

Renueva un espíritu recto

Basado en Lucas 15:11-32

UN CONVERSO le confesó a su pastor:

—Por más que oro, por más que me esfuerzo, sencillamente, no puedo ser fiel al Señor. Creo que no me salvaré.

A lo que el pastor respondió:

—¿Ve mi perro? Está educado, nunca rompe nada y es obediente; es una pura delicia. En la cocina tengo a mi hijo, un bebé. Lo rompe todo, arroja la comida al suelo, ensucia el pañal y es un completo desastre. Pero, ¿quién va a heredar mis cosas? Mi heredero no es el perro, sino mi hijo. Usted es heredero de Jesucristo porque él murió por usted.

Cuando el hijo pródigo regresó a casa de su padre, este le restauró sus privilegios de heredero. Lo vistió con las ropas de un hijo, le puso el anillo familiar en el dedo y en los pies le puso los zapatos de andar por casa. Nunca más volvió a comer comida de cerdos, sino los mejores manjares de la casa. Así será para todos los que vuelvan a Dios. Cuando nos mira, Dios no ve la mancha ni huele el estiércol. Nos reconoce como sus hijos y nos devuelve todos los privilegios de la familia.

> "¡Crea en mí, Dios, un corazón limpio, y renueva un espíritu recto dentro de mí!"
> (Salmo 51:10).

Hace ya algunos años, un hombre cruzó corriendo el Rijks Museum de Amsterdam hasta que llegó al famoso cuadro "Ronda nocturna" de Rembrandt. Luego sacó un cuchillo y lo cortó varias veces antes de que lo detuvieran. Poco tiempo después, en Roma, un hombre angustiado y desequilibrado, pertrechado con un martillo, se deslizó en la Catedral de San Pedro y empezó a destrozar el hermoso grupo escultórico de la Piedad de Miguel Ángel. Dos obras de arte muy apreciadas fueron gravemente dañadas. Pero, ¿qué hicieron los responsables? ¿Desecharon las obras dañadas y se olvidaron completamente de ellas? En absoluto. Recurrieron a los mejores expertos, los cuales trabajaron con el máximo cuidado y precisión, e hicieron todo cuanto fue posible para restaurar esos tesoros.

Esto es lo que nuestro Padre celestial tiene para todo aquel que, manchado por el pecado, acuda a él: "Cristo restaurará la imagen moral de Dios en el hombre. Pero esto solo es posible con el consentimiento del hombre y su cooperación con Cristo. La transformación que se hace evidente en la vida de los miembros de la iglesia testifica que Cristo es el Hijo de Dios" (Elena G. de White, *Manuscript Releases*, tomo 20, carta 108, p. 362).

La niña de sus ojos

Basado en Lucas 15:11-32

CUANDO NACIÓ NUESTRA hija mayor, mi esposa y yo quedamos fascinados. Ya habíamos visto otros bebés, pero ese era diferente, era nuestro. ¡Qué criatura tan cautivadora! Podíamos pasarnos horas mirándola. Todo lo que hacía, todas sus muecas, eran aún más graciosas que las anteriores. Estábamos seguros de que ningún otro niño era tan inteligente para su edad. Ningún bebé fue más amado que ella.

¿Ha pensado alguna vez en el Padre celestial expresando alegría y placer? Téngalo por seguro, él también lo expresa. En el Nuevo Testamento leemos que en cinco ocasiones Dios el Padre habló desde el cielo declarando que estaba complacido en su "Hijo amado" (Mat. 3:17; 17:5; Mar. 1:11; Luc. 3:22; 2 Ped. 1:17).

> "Así ha dicho Jehová de los ejércitos: 'Tras la gloria me enviará él a las naciones que os despojaron, porque el que os toca, toca a la niña de mi ojo'"
> (Zacarías 2:8).

Con todo eso, el Padre permitió que fuese herido. Si esto no hubiera sucedido, ninguno de nosotros se podría salvar. Pero Jesús aseguró a su "manada pequeña: [...] a vuestro Padre le ha placido daros el reino" (Luc. 12:32). Así, no solo fuimos creados "por tu voluntad" (Apoc. 4:11), sino que también "nos predestinó para ser adoptados hijos suyos por medio de Jesucristo, según el puro afecto de su voluntad" (Efe. 1:5). Sabemos que "se complace Jehová en los que lo temen y en los que esperan en su misericordia" (Sal. 147:11).

Es extraordinario que usted y yo, aun siendo pecadores, podamos hacer feliz a Dios. Él es el Dios feliz, fuente y manantial de toda felicidad. ¿Cómo podríamos aumentar su placer? Sin embargo, hablando en términos humanos, la mayor de las alegrías de Dios es ver que un pecador regresa a él. Esto es lo que el profeta quiso decir cuando escribió: "Jehová está en medio de ti; ¡él es poderoso y te salvará! Se gozará por ti con alegría, callará de amor, se regocijará por ti con cánticos" (Sof. 3:17). Piense en el Dios eterno cantando y recuerde que lo hace porque usted ha vuelto a él.

Ayer, hoy, mañana

Basado en Lucas 15:11-32

SIN DUDA ALGUNA, pensando en los años perdidos, el hijo pródigo se lamentó: "¡Ay, padre! ¡Qué pasado tan desdichado!". Pero, tan pronto lo hubo dicho, su padre le respondió: "No te preocupes por el pasado; yo ya lo he olvidado". El pasado está oculto bajo la sangre de la expiación. El Señor dijo por su siervo Jeremías: "La maldad de Israel será buscada, y no aparecerá; y los pecados de Judá, y no se hallarán; porque perdonaré a los que yo haya dejado" (Jer. 50:20).

Quizá entonces el joven, mirando sus ropas sucias, dijera: "Y ahora, padre; mira mi triste condición". A lo cual el padre habría respondido: "No te preocupes por el presente, hijo. Yo me encargo de eso. Te limpiaré y te daré los mejores vestidos y zapatos nuevos". Estas, también, son las palabras de Dios a aquellos que son "aceptos en el Amado" (Efe. 1:6). A pesar de todas nuestras inmundicias, en Cristo somos puros y sin mancha. Por lo tanto, aunque usted pueda sentirse indigno, "por causa de mi Hijo amado, eres bienvenido a mi casa".

Pero el joven podría replicar: "¿Qué sucederá ahora? ¿Qué será de mí? ¿Qué pensarás si alguna vez vuelvo a extraviarme?". Entonces el padre diría: "Haré provisiones para el futuro, hijo mío; haré que nuestra casa sea un lugar tan feliz que nunca más querrás irte".

> "Haré con ellos un pacto eterno: que no desistiré de hacerles bien, y pondré mi temor en el corazón de ellos, para que no se aparten de mí" (Jeremías 32:40).

Cuando volvemos a Dios, además de colmarnos con muestras de su amor, nos dice: "Os daré un corazón nuevo y pondré un espíritu nuevo dentro de vosotros. Quitaré de vosotros el corazón de piedra y os daré un corazón de carne. Pondré dentro de vosotros mi espíritu, y haré que andéis en mis estatutos y que guardéis mis preceptos y los pongáis por obra" (Eze. 36:26, 27).

Dios se ocupa del pasado, del presente y del futuro.

Celebre su filiación

Basado en Lucas 15:11-32

DE REGRESO A CASA, el hijo pródigo debió pensar: "Es demasiado bueno para ser cierto. No es posible que me esté sucediendo. ¿Dónde está la trampa? ¿Acaso estoy soñando?". Por esa razón, después de recibir a su hijo en privado, el padre llamó a los sirvientes y decretó una celebración pública para que a nadie le cupieran dudas de que su hijo había sido restaurado.

A veces el diablo nos susurra: "Tú no eres hijo de Dios". Entonces es preciso recordar el momento en que usted le entregó su corazón al Señor, dónde se encontraba, el amor y la aceptación que sintió en aquella ocasión, el gozo y cómo fue cambiado. El diablo no puede responder a este argumento, porque no puede hacerle creer que tales cosas no sucedieron.

"Dando siempre gracias por todo al Dios y Padre, en el nombre de nuestro Señor Jesucristo" (Efesios 5:20).

Fuera lo que fuera que preocupaba al hijo, el padre lo había enmendado. Del mismo modo, nuestro Dios tiene una prueba de amor para nosotros en cada ocasión en que dudemos y desmayemos. Tal vez usted piense: "Aunque confiese mis pecados y pida a Dios su misericordia, he arruinado mi vida y he despilfarrado todo mi dinero". El Señor le dice: "Tienes el pan y el agua asegurados". "Si hasta he hecho que la enfermedad caiga sobre mí a causa de mis pecados", dice otro. "Yo soy Jehová-Rophi, el Señor que te sana, que perdona todas tus iniquidades, el que sana todas tus enfermedades". "Pero estoy tan desanimado...", dice otro. El Señor responde: "Te levantaré y haré provisión para todas tus necesidades. Nada bueno escatimaré a aquellos que andan en justicia". Todas las promesas del Libro pertenecen a todo pecador arrepentido que vuelve a Dios creyendo en Jesucristo, su Hijo.[258]

"Jesús nos confirma que todo el ejército de los cielos se alistó para combatir por nosotros nuestras batallas, para conseguir para nosotros una gloriosa victoria y que él es el Capitán de nuestra salvación" (Elena G. de White, *Review and Herald*, 11 de octubre de 1892).

Comunión con Dios

Basado en Lucas 15:11-32

EL REENCUENTRO entre el hijo pródigo y su padre tuvo lugar antes de la celebración familiar. Antes de que los siervos hubieran preparado la comida, antes de que se escuchara la música o hubiera celebración alguna en la familia, padre e hijo se saludaron y se reconciliaron. Poco le habría importado la música y los saludos de los sirvientes si, antes, no hubiese recibido el perdón de su padre.

Lo mismo ocurre con nosotros. Antes de pensar en el compañerismo con nuestros hermanos, es preciso que recuperemos la comunión con Dios. Antes de unirme a una iglesia tengo que unirme a mi Padre. Antes de que el pastor me tienda la mano de la comunión, quiero que la mano de mi Padre celestial me dé la bienvenida. Antes de que el pueblo de Dios me reconozca aquí quiero el reconocimiento privado del Padre que está en los cielos. Él da este reconocimiento a todos los que acuden a él como el hijo pródigo cuando acudió a su padre.

El perdón del padre vino antes que la fiesta. Sabemos que el hijo pródigo sería el invitado de honor, se sentaría a la mesa de su padre y comería el banquete que había sido preparado. Antes de todo eso, su padre lo perdonó. Sentarse en el lugar de honor sin antes haber sido perdonado lo habría incomodado.

> "Entonces el Rey dirá a los de su derecha: 'Venid, benditos de mi Padre, heredad el Reino preparado para vosotros desde la fundación del mundo'"
> (Mateo 25:34).

Para los que hemos sido invitados a celebrar la salvación de Jesús, la Cena del Señor es dulce. Comer la carne de Cristo y beber su sangre de manera simbólica en la Cena del Señor es una bendición. Con todo, quiero tener comunión con el Señor antes de acceder a ella. Quiero saber que, entre mi Padre y yo, todo está en orden.

Jermaine Washington y Michelle Stevens se reúnen tres veces al mes para celebrar lo que ellas llaman un "almuerzo de acción de gracias". ¡Y con razón! Washington donó un riñón a Stevens, a quien describió como "nada más que una amiga". Se conocieron en el trabajo donde solían almorzar juntas. Un día, Michelle, llorando, comentó que estaba en una lista de espera para un trasplante de riñón y que tendría que esperar, al menos, once meses. Como Washington no soportaba la idea de ver morir a su amiga, le donó uno de sus riñones.

Jesús quiere darle, no un riñón, sino un corazón nuevo, un corazón que sea como el suyo.

Paciencia
con los hermanos mayores

Basado en Lucas 15:11-32

SI EL HIJO PRÓDIGO hubiera escuchado la conversación entre su padre y su hermano mayor, es probable que hubiera huido de nuevo. Sin embargo, esa conversación tuvo lugar después de que su padre lo perdonara.

Cuando usted y yo acudimos al Salvador quizá nos sintamos como si los demás nos mirasen con frialdad. Es probable que oigamos críticas y reproches. Pero cuando obtengamos el perdón de nuestro Padre, no nos importará que nuestros "hermanos mayores" puedan decirnos palabras duras.

De vez en cuando sucede que una persona que deseaba unirse a la iglesia diga: "Yo ya vine a la iglesia, pero uno de los miembros fue desagradable conmigo. Por tanto, no pienso volver nunca más". Es muy lamentable que alguien se sienta así. ¿Acaso un solo miembro representa con propiedad a todo el cuerpo de Cristo? Si se siente menospreciado, acuda al Padre celestial y él le otorgará perdón y aceptación, de manera que no le importará lo que diga su hermano mayor. El perdón del Padre le hará olvidar el desdén de sus hermanos.

"Les daré un corazón para que me conozcan que yo soy Jehová; y ellos serán mi pueblo y yo seré su Dios, porque se volverán a mí de todo corazón" (Jeremías 24:7).

Si piensa que en la familia de la fe todos son siempre amables y están dispuestos a ayudarlo, se equivoca completamente. A veces, los miembros de iglesia se desaniman porque se cruzan con otros que, por la razón que sea, los reciben fríamente. Si tal es su caso, no le importe la actitud de esos hermanos mayores; permanezca aún más cerca del Padre. Cerca de él usted se sentirá perdonado y aceptado. Puesto que él es el Padre, usted es su hijo. Es un miembro de la familia, haya los hermanos mayores que haya. Él lo lavó y lo limpió. Él le dio ropa nueva y lo calzó con zapatos nuevos. Una vez estuvo muerto y ahora vive, estuvo perdido y fue hallado. Únase a la celebración. Coma de lo mejor que le pueda ofrecer su Padre. ¡Alégrese!

Luego, salga y ayude a encontrar a otros pródigos. Hábleles del amor del Padre y del perdón. Asimismo, no olvide que el Padre también ama a los hermanos mayores. Con nuestro ejemplo podemos restaurar los lazos familiares rotos. Nuestro Padre celestial quiere que todos sus hijos se reconcilien unos con otros. Somos sus hijos.

"Siervos de la justicia"

Basado en Lucas 16:13

NADA DE LO QUE hay en la creación existe de manera estrictamente autónoma. Todo lo que Dios creó está sujeto a un poder mayor. Por ejemplo, en nuestro planeta, todo está sujeto a la fuerza de gravedad y a la influencia del Sol. Cuando Dios creó los animales, los puso bajo el dominio o el poder del hombre. Asimismo, cuando Dios creó al hombre, lo puso directamente bajo su propio dominio. Por aquí entró el pecado en el mundo. Ya sabe, la serpiente le dijo a Eva que si comía del fruto no tendría que hacer lo que Dios quería que hiciese, sino que podría decidir por sí misma qué estaba bien y qué estaba mal.

Como todo el mundo quiere decidir por sí mismo, Adán se unió a la rebelión de Eva. Llegados a este punto, ambos pensaban que se habían liberado del dominio de Dios; pero, al desobedecer, en lugar de quedar libres, de inmediato se convirtieron en esclavos del diablo.

Recuerde esto, porque es importante: Cuando alguien que es esclavo de Satanás comete un pecado, lo disfruta. Sin embargo, si el pecado lo comete un siervo de la justicia, lo detesta y se arrepiente. Como siervos de Dios, nos encanta hacer su voluntad. A medida que nuestra vida se va llenando del Espíritu Santo, empezamos a tener hambre y sed de justicia, empezamos a detestar todo lo que no está en armonía con la vida cristiana práctica.

"Libertados del pecado, vinisteis a ser siervos de la justicia" (Romanos 6:18).

A medida que nuestro compromiso con Cristo se va profundizando y su extraordinaria obra de transformación avanza, no debería sorprendernos que todavía sintamos la tentación de hacer el mal. (Además de ser tentado en el desierto, Jesús fue tentado a lo largo de toda su vida y su ministerio.) Sin embargo, a medida que crecemos en la gracia, el pecado va perdiendo su anterior atractivo. En lugar de decirnos a nosotros mismos: "Ojalá pudiera hacer esto o aquello", descubrimos que el pecado nos produce repulsión.

A veces siento la tentación de hacer el mal. Pero qué alegría me da que, muy dentro de mí, soy capaz de decir: "¡No!". Para un siervo de la justicia, la tentación se vuelve cada vez más y más repulsiva. Comenzamos a reconocerla como un insulto a todo lo que Jesús hace en nuestra vida. Recuerde: "Ningún siervo puede servir a dos señores, porque odiará al uno y amará al otro, o estimará al uno y menospreciará al otro. No podéis servir a Dios y a las riquezas" (Luc. 16:13).

Hombre rico, hombre pobre

Basado en Lucas 16:19-31

¿RECUERDA A QUÉ JUEGOS jugaba de niño? El jugador que obtenía más puntos ganaba. Desde la niñez no se nos enseña a conseguir lo que podamos según nuestras fuerzas, sino a tomar de los demás lo que se pueda. Aprendemos a acumular, pero no a compartir. Por cierto, muchos nunca superan esa manera de pensar.

Parece como si hubiéramos olvidado lo que está escrito en Deuteronomio 8:18: "Acuérdate de Jehová, tu Dios, porque él es quien te da el poder para adquirir las riquezas, a fin de confirmar el pacto que juró a tus padres, como lo hace hoy". Dios ha confiado a todas y cada una de las personas ciertos talentos y recursos. Incluso los pobres tienen algo para compartir: si no bienes materiales, una tierna disposición, la paciencia, la fe y la honradez. Por eso Dios exige que compartamos con los demás según lo que se nos ha dado.

En la naturaleza nada vive para sí. El árbol da sombra, el río proporciona agua, el Sol da calor, la semilla da una cosecha. Únicamente el corazón del hombre es egoísta. Si miramos a nuestro alrededor, veremos muchas necesidades que podríamos ayudar a suplir. Dios espera que compartamos lo que nos dio.

"Con arrogancia, el malo persigue al pobre; será atrapado en las trampas que ha preparado" (Salmo 10:2).

¿Qué le dio el Señor susceptible de ser mejorado y compartido con los demás? Quizá no sea mucho, la cantidad no es importante. El hombre rico tenía la "obligación de usar esos dones para la elevación de la humanidad, era proporcional a esa abundancia" (*Palabras de vida del gran Maestro*, cap. 21, p. 205). Al dar, no lo hacemos en nuestro propio nombre, sino en el de Jesús, quien dio su vida por nosotros.

Se cuenta la historia de un mendigo que, un día, estando Alejandro Magno de camino, le pidió una limosna. El hombre era pobre y miserable, por lo que no tenía derecho a pedir nada. Sin embargo, el emperador le arrojó varias monedas de oro. Un cortesano quedó atónito ante tanta generosidad y comentó:

—Señor, unas monedas de cobre habrían sido adecuadas para suplir las necesidades del mendigo. ¿Por qué le diste oro?

A lo que Alejandro respondió de manera mayestática:

—Las monedas de cobre habrían sido adecuadas para las necesidades del mendigo, pero las de oro son adecuadas a la generosidad de Alejandro.

Como hijos del Rey celestial, tenemos el privilegio de dar con la generosidad de un rey. "Dad y se os dará; medida buena, apretada, remecida y rebosando darán en vuestro regazo, porque con la misma medida con que medís, os volverán a medir" (Luc. 6:38).

La gran sima

Basado en Lucas 16:19-31

HAY QUIENES TIENEN la creencia errónea de que los ricos lo son porque gozan del favor de Dios y los pobres no son dignos de recibir tales bendiciones. Sin embargo, ¿son las cosas materiales una bendición que procede de Dios? ¿No podría ser también que Satanás las hubiera puesto ahí para alimentar nuestra naturaleza egoísta?

Entre los contemporáneos de Jesús se había extendido un mito que enseñaba que entre la muerte y la resurrección es posible un estado de existencia consciente. Muchos de los que escuchaban a Cristo creían esa falsa doctrina. Jesús conocía esas ideas, pero en lugar de atacar el error, se valió de algunos detalles de la fábula para presentar una gran verdad.

En la parábola de Jesús, los destinos de un hombre rico y de otro pobre se invertían. El pobre iba al cielo y el rico, al peor de los lugares. Mientras vivía, el hombre rico pensaba que era mejor y más digno que el pobre que pedía a su puerta. Pero el cielo, para determinar el carácter, no se fija en las cuentas bancarias ni en las ropas lujosas.

"Porque los que viven saben que han de morir, pero los muertos nada saben, ni tienen más recompensa. Su memoria cae en el olvido" (Eclesiastés 9:5).

Los ricos no están condenados por el solo hecho de poseer riquezas, sino que se los considera responsables por cómo administran los bienes que se les confían. Los que atesoran posesiones para sí mismos no pueden llevárselas al cielo. Pero al usarlas para ayudar a los demás y hacer el bien se hacen un tesoro en el cielo.

Desterrar el orgullo y el egoísmo es difícil. Aun encontrándose en medio de las llamas, el rico era tan soberbio que, incapaz de hablar al pobre, llamaba al "Padre Abraham". Sin embargo, este le dijo: "Una gran sima está puesta entre nosotros y vosotros, de manera que los que quieran pasar de aquí a vosotros no pueden, ni de allá pasar acá" (Luc. 16:26).

El gran abismo que no se podía cruzar era consecuencia de la desobediencia y el egoísmo. El pecado y la autocomplacencia nos separan unos de otros y, finalmente, de Dios. Jesús dio su vida por nosotros cuando todavía éramos pecadores. Él es nuestro ejemplo de obediencia y abnegación. Dando, conservamos. Acumulando, perdemos.

Hay esperanza para nosotros

Basado en Lucas 17:11-19

CIERTO DÍA, Jesús y sus discípulos andaban por Samaria y Galilea. Al llegar a una aldea, diez leprosos vinieron a su encuentro, pero se mantuvieron a distancia. En aquella época, la lepra era la enfermedad más temida. En la actualidad, el equivalente emocional más cercano sería el sida. La lepra era, y es, una enfermedad dolorosa, pero el dolor físico no era su única consecuencia. Quien recibía un diagnóstico positivo se enfrentaba al aislamiento. Los enfermos eran expulsados de la familia. Sus amigos no querían nada con ellos. Incluso eran apartados de Dios, en el sentido de que tenían prohibido entrar a adorar en el templo. Los leprosos eran enviados a colonias aisladas y, cosa humillante, obligados a gritar: "¡Inmundo, inmundo!" (ver Lev. 13:45, 46).

"¿Por qué te abates, alma mía, y por qué te turbas dentro de mí? Espera en Dios, porque aún he de alabarlo, ¡salvación mía y Dios mío!" (Salmo 42:11).

Padecer lepra equivalía a humillación. ¿Se imagina que los niños lo señalasen con el dedo o huyeran de usted despavoridos? ¿Se figura qué sensación producía que, al verlo, todos volvieran la cabeza con gesto de repugnancia? ¿Cómo sería depender de la misericordia de las personas para conseguir suficiente comida? La lepra era una enfermedad humillante porque se pensaba era consecuencia de los pecados cometidos por quienes la padecían. En la mente de la gente se había arraigado la idea de que los leprosos eran impuros y, por tanto, incapaces de mantener una relación adecuada con Dios.

Al mismo tiempo, la lepra significaba la pérdida del medio de ganarse la vida. El leproso era abandonado a su suerte. Lo que nos lleva al efecto final de un diagnóstico de lepra: una muerte lenta y horrible.

La lepra es una ilustración excelente de los efectos del pecado. Cuando Adán y Eva pecaron fueron expulsados del Edén. La relación directa y cara a cara que tenían con Dios se interrumpió. El resultado del pecado es la muerte.

Pero al igual que los diez leprosos vinieron a Jesús para que los sanara, nosotros tenemos que acudir a él para recibir la curación de nuestros pecados. Del mismo modo que Jesús sanó a los diez leprosos, también nos sanará a nosotros, si reconocemos nuestros pecados. Si se siente aislado, humillado y desesperado, no olvide que Jesús conoce sus necesidades y lo limpiará de toda maldad (ver 1 Juan 1:9).

Todo es posible

Basado en Lucas 17:11-19

¿QUÉ ES PRIMERO, la fe o la obediencia?

Los diez leprosos que salieron al encuentro de Jesús y sus discípulos ese día se mantuvieron a distancia. De acuerdo con la ley, era su obligación. Sin embargo, en absoluto guardaron silencio. Para aquellos hombres solo había una esperanza: Jesús y su misericordia. Sin duda alguna habían escuchado historias de otras personas que habían sido sanadas de todo tipo de enfermedades, y allí estaba el Sanador milagroso, a un tiro de piedra. "Y alzaron la voz, diciendo: '¡Jesús, Maestro, ten misericordia de nosotros!'" (Luc. 17:13). No le pidieron lo que merecían, sino clemencia. La misericordia no es solo el levantamiento de la pena, sino que, además, es el acto de ayudar o tener compasión de alguien que está afligido.

Jesús tuvo compasión y los sanó, pero no de la forma que ellos esperaban. No puso las manos sobre ellos al tiempo que les decía: "Estás sanado". En su lugar, les dijo que fueran y se presentaran al sacerdote. La ley del Antiguo Testamento exigía que la persona que pensaba haberse curado de la lepra tenía que presentarse ante un sacerdote para que la examinara y proclamara que, en efecto, estaba sana.

> "El ojo de Jehová está sobre los que lo temen, sobre los que esperan en su misericordia" (Salmo 33:18).

Aunque no pronunció ninguna fórmula de sanación, parece ser que los leprosos entendieron que en las palabras de Jesús —"Id, mostraos a los sacerdotes" (Luc. 17:14)— estaba implícito que serían sanados. Imagine la escena: diez hombres vestidos con harapos y cubiertos de llagas; Jesús ordenándoles que fueran a mostrarse a los sacerdotes y ellos obedeciendo la orden, todavía vestidos con harapos y cubiertos de llagas.

No sabemos cuánto trecho anduvieron, pero de pronto descubrieron que su piel era como la de un niño. "Y aconteció que, mientras iban, quedaron limpios" (Luc. 17:14). Al ir, obedientes, al sacerdote, los leprosos demostraron que tenían fe en las palabras de Jesús. Otros podrían haber dicho: "Maestro, sánanos primero y luego iremos al sacerdote para que confirme que estamos curados".

A veces los creyentes esperan que Dios les dé fe para obedecer cuando, de hecho la fe se expresa con obediencia. "Y habiendo sido perfeccionado, vino a ser autor de eterna salvación para todos los que lo obedecen" (Heb. 5:9). Obedezca primero y luego vea cómo crece su fe.

"Dad a conocer sus obras"

Basado en Lucas 17:11-19

CUESTA IMAGINAR que aquellos diez hombres que habían estado enfermos juntos y habían sido sanados juntos no hubieran mostrado su agradecimiento juntos. Al darles la bienvenida a casa, sus familiares les debieron preguntar cómo fueron sanados, a lo que los hombres debieron responder que Jesús era el autor de su sanación. ¿Se acordarían entonces de que ni siquiera le habían dado las gracias?

Jesús mismo debió entristecerse por su negligencia, porque preguntó: "¿No son diez los que han quedado limpios? Y los nueve, ¿dónde están? ¿No hubo quien volviera y diera gloria a Dios sino este extranjero?" (Luc. 17:17, 18). Puedo percibir un tono de decepción en su voz. No cabe duda de que nuestro desagradecimiento apena al Señor. Ante lo que Jesús ha hecho por nosotros, nada que no sea el agradecimiento y la alabanza de todo corazón es adecuado.

> *"¡Alabad a Jehová, invocad su nombre, ¡dad a conocer sus obras entre los pueblos!"* (Salmo 105:1).

En cierta ocasión, una mujer que deseaba estar bien con Dios le dijo a Charles Spurgeon, el famoso predicador del siglo XIX: "Si Jesús me salva, jamás oirá el final". Lo que quería decir era que ella nunca dejaría de dar las gracias a Jesús por lo que había hecho. Todos tendríamos que sentirnos así.

En cierta ocasión, dos viejos amigos se cruzaron por la calle. Uno de ellos parecía apenado, casi al borde del llanto. Su amigo le preguntó:

—¿Qué te ha hecho el mundo?

El que estaba triste le respondió:

—Deja que te cuente. Hace tres semanas, mi tía abuela, a quien apenas conocía, falleció. Me dejó casi cien millones de dólares en herencia.

Su amigo le respondió:

—Eso es mucho dinero.

El amigo triste continuó

—Luego, hace dos semanas, falleció un primo al que ni siquiera conocía y me dejó ochenta y cinco mil dólares libres de impuestos.

—Es una bendición.

—No me entiendes —lo interrumpió—. La semana pasada murió un tío y me dejó cuarenta mil dólares.

Llegados a este punto, el otro amigo estaba completamente confundido.

—Entonces, ¿por qué estás tan triste?

El amigo triste respondió:

—¡Esta semana no ha caído nada de nada, ni un centavo!

"Bueno es alabarte, Jehová, y cantar salmos a tu nombre, oh Altísimo" (Sal. 92:1).

"¿No son diez los que han quedado limpios?"

Basado en Lucas 17:11-19

JESÚS ORDENÓ a los diez leprosos curados que se presentasen ante los sacerdotes. Cuando se dieron cuenta de que habían sido sanados, nueve de ellos siguieron su camino. Solo un hombre, un samaritano, regresó sobre sus pasos para dar gracias a Jesús por lo que había hecho. ¿Alguna vez intentó adivinar las razones por las que los otros nueve no regresaron para mostrar su agradecimiento a Jesús? Imaginemos nueve razones:

—Uno esperó para ver si la cura era real.

—Uno esperó para ver si duraba.

—Uno dijo que iría a ver a Jesús más adelante.

—Uno se convenció de que lo que había padecido no era la lepra.

—Uno dijo que, de todos modos, se habría sanado.

—Uno atribuyó la gloria a los sacerdotes.

—Uno dijo: "Bueno... Al fin y al cabo, Jesús no hizo nada".

—Uno adujo: "Cualquier rabino podría haberlo hecho..."

—Uno declaró: "Yo ya estaba mucho mejor".

¿Cuántas veces hemos dado por sentadas las bendiciones que recibimos? ¿Ha notado que cuando nosotros, o un ser querido, enfermamos, oramos e incluso pedimos a otros que oren por nosotros? Entonces nos curamos. Al cabo de un tiempo, un amigo se cruza con nosotros y nos comenta:

> "Alabad a Jehová, porque él es bueno, porque para siempre es su misericordia" (Salmo 136:1).

—Oí que estabas enfermo. Oramos para que el Señor te sanara.

—Gracias —respondemos nosotros—. Pero, ¿sabes?, conocí a un médico muy bueno que me recetó un nuevo medicamento. Es maravilloso lo que son capaces de hacer hoy en día.

En otra ocasión podríamos perder el empleo. Pedimos a Dios que Jesús nos encuentre otro, de manera que podamos seguir manteniendo a la familia. También pedimos a nuestros amigos que oren por nosotros. Al cabo de un tiempo, volvemos a tener un empleo. Más adelante, al encontrarnos con un amigo, este nos pregunta si todavía no hemos encontrado trabajo.

—Sí, ayer. Leí en el periódico que una empresa necesitaba algunos empleados más. Pedí una cita, me entrevistaron y me contrataron. Era justo lo que necesitaba. Supongo que tuve suerte.

¿No nos olvidamos de algo? "Acuérdate de Jehová, tu Dios, porque él es quien te da el poder para adquirir las riquezas, a fin de confirmar el pacto que juró a tus padres, como lo hace hoy" (Deut. 8:18).

Desagradecidos

Basado en Lucas 17:11-19

LA INGRATITUD es uno de los pecados cardinales de nuestro tiempo. "Habrá hombres amadores de sí mismos, avaros, vanidosos, soberbios, blasfemos, desobedientes a los padres, ingratos, impíos" (2 Tim. 3:2). En el tiempo en que se formaba para el ministerio en Evanston, Illinois, Edward Spencer pertenecía a un equipo de rescate. Un barco encalló en la costa del Lago Míchigan, cerca de Evanston, y Edward se metió una y otra vez en las gélidas aguas para rescatar a 17 pasajeros. Como consecuencia, su salud se resintió de forma permanente. Años más tarde, en su funeral, se comentó que ninguno de los que rescató jamás le dio las gracias.

Jesús sabía lo que se siente al ayudar a alguien sin recibir muestras de agradecimiento. Acababa de sanar a diez leprosos de su terrible enfermedad, pero solo uno regresó para darle las gracias. Cuando aquel único leproso regresó para mostrarle su agradecimiento, Jesús le hizo tres preguntas: (1) "¿No eran diez los limpiados?", (2) "¿Dónde están los otros nueve?" y (3) "¿No hubo quien volviese y diese gloria a Dios sino este extranjero?". ¿Se imagina el tono de decepción de la voz de Jesús al formular esta última pregunta?

"Y todo lo que hacéis, sea de palabra o de hecho, hacedlo todo en el nombre del Señor Jesús, dando gracias a Dios Padre por medio de él" (Colosenses 3:17).

Quizá la gente sea ingrata porque tiene demasiado y está convencida de que lo merece. La pequeña Cristina, de ocho años de edad, padecía un cáncer del sistema nervioso. Cuando le preguntaron qué quería para su cumpleaños, tras una larga y ardua reflexión, respondió:

—No sé... Tengo dos libros de pegatinas y una muñeca de Cabbage Patch. ¡Ya lo tengo todo!

Ante lo que Jesús ha hecho por nosotros, nada que no sea el agradecimiento y la alabanza de todo corazón es adecuado. Tenemos mucho que agradecerle, tanto cuando las cosas van bien como cuando andan mal. Siempre hay algo que agradecer al Señor. El ministro escocés Alexander Whyte era conocido por sus oraciones desde el púlpito. Siempre encontraba algo por lo que estar agradecido. Un domingo por la mañana el clima era tan sombrío que un miembro de la iglesia pensó para sí: "Seguro que el predicador no será capaz de encontrar nada por lo que dar las gracias al Señor en un día tan aciago como este". Sin embargo, para su sorpresa, Whyte empezó a orar diciendo: "Te damos gracias, Señor, porque los días no siempre son así".

Piense en cinco cosas por las que ahora mismo tendría que estar agradecido. Luego, no lo dude y dé las gracias al Señor.

Habla por ti mismo

Basado en Lucas 17:11-19

DURANTE VARIOS DÍAS aprenderemos lecciones espirituales de la historia de los diez leprosos. Mientras las preparo, estas lecturas son una bendición para mí. El propósito de este libro de meditaciones matinales es acercarnos a Jesús, por lo que sé que el Espíritu Santo me está ayudando.

Lucas continúa la historia: "Y se postró rostro en tierra a sus pies dándole gracias. Este era samaritano. Jesús le preguntó: '¿No son diez los que han quedado limpios? Y los nueve, ¿dónde están? ¿No hubo quien volviera y diera gloria a Dios sino este extranjero?'" (Luc. 17:16-18).

El hombre agradecido no levantó la vista para decir: "Señor, todos fueron a presentarse a los sacerdotes. No puedo creer que no volvieran a alabarte. Son de lo más ingrato que he visto". No, el hombre no contestó la pregunta. No quería ser su juez. Estaba más ocupado en dar las gracias a Dios por lo que había hecho por él que en descubrir los errores ajenos. ¿Se ha fijado que, cuando queremos destacar, a veces intentamos hacerlo sacando a relucir las faltas de los demás? Quien está verdaderamente agradecido por las bendiciones que Dios le prodiga no encuentra tiempo para criticar y condenar a los demás.

"El yo siempre albergará una gran estima por sí mismo. Cuando los hombres abandonan su primer amor, dejan de guardar los mandatos de Dios, y comienzan a criticarse unos a otros. Este espíritu seguirá luchando por la supremacía hasta el fin del tiempo. Satanás está tratando de fomentarlo de manera que los hermanos en su ignorancia intenten devorarse mutuamente. Esto no glorifica a Dios; por el contrario, lo deshonra muchísimo y contrista al Espíritu Santo" (*Mente, carácter y personalidad*, tomo 2, cap. 70, p. 663).

Cuando entendamos cómo obra la gracia de Dios en nuestro corazón no tendremos tiempo para criticar a los demás. Todos hemos sido sanados por el Gran Médico. Centremos nuestra atención en lo que Jesús ha hecho, y hace, por nosotros.

> "No juzguéis y no seréis juzgados; no condenéis y no seréis condenados; perdonad y seréis perdonados" (Lucas 6:37).

¿Agradecer a ratos o siempre?

Basado en Lucas 17:11-19

HACE MUCHOS AÑOS mi esposa y yo fuimos llamados para ser misioneros en el sur de Asia. Vivíamos en Pakistán. En aquel tiempo la sede de la Iglesia Adventista del Séptimo Día en aquella región del mundo estaba en la India. Mientras estaba en una de las reuniones de la iglesia, sucedió algo que nunca podré olvidar. Como la asistencia era tan nutrida, se decidió que a los asistentes se les serviría la comida en unas largas mesas puestas en el exterior. Tenía el aspecto de una gran fiesta campestre.

Al lado de la zona de servicio había varios contenedores de basura de gran tamaño en los que, después de la comida, podíamos depositar los restos de nuestros platos y otros desperdicios. Cuando abandonábamos las mesas para regresar a la reunión, vi que la gente de la calle se acercaba a los contenedores de basura e introducían en ellos sus manos desnudas para sacar los restos de comida y comerlos allí mismo o llevarlos a sus casas para dárselos a sus familias.

"Pero vosotros sois linaje escogido, real sacerdocio, nación santa, pueblo adquirido por Dios, para que anunciéis las virtudes de aquel que os llamó de las tinieblas a su luz admirable" (1 Pedro 2:9).

En esa misma región del mundo he visto personas que vivían junto a los basureros y obtenían su sustento andando sobre los montones de basura en busca de algo que, aunque hubiese sido desechado, fuera susceptible de ser vendido por unas pocas rupias.

¡Me avergüenza pensar en los alimentos y las otras cosas que tiramos! Cocinamos más de lo que podemos comer. Compramos más de lo que podemos usar. Ya no reparamos las cosas estropeadas; sencillamente, vamos y las compramos nuevas. Estoy convencido de que tengo que cuidar más lo que tengo y estar más agradecido por lo que Dios, en su bondad, me ha dado. ¿Y usted?

Muchos países cuentan con un día nacional de acción de gracias. Me temo que la familia media no aprovecha ese día para dar gracias a Dios por sus bendiciones. Por desgracia, esos días de acción de gracias se han convertido en un día nacional de asueto. Por lo general, comemos demasiado y nos sentimos tan culpables que tomamos la decisión de seguir una dieta para perder peso.

¿No cree usted que cada día tendría que ser de acción de gracias, y no de vez en cuando?

Una cuestión de vida o muerte

Basado en Lucas 18:1-8

A TODO EL MUNDO le encantan los bebés; bueno, a casi todo el mundo. Nacen indefensos. Alguien tiene que suplir sus necesidades. Y, sin embargo, eso es parte de su atractivo.

No obstante, aunque los demás tienen que hacer mucho para que vivan sanos, los bebés tienen que hacer ciertas cosas por sí mismos. Una de ellas es respirar. Es posible que, durante un corto espacio de tiempo, una máquina bombee oxígeno en sus pequeños pulmones, pero, tarde o temprano, el bebé tendrá que empezar a respirar por sí mismo.

"La oración es el aliento del alma. Es el secreto del poder espiritual. No puede ser sustituida por ningún otro medio de gracia, y conservar, sin embargo, la salud del alma. La oración pone al corazón en inmediato contacto con la Fuente de la vida, y fortalece los tendones y músculos de la experiencia religiosa. Descuídese el ejercicio de la oración, u órese espasmódicamente, de vez en cuando, según parezca propio, y se perderá la relación con Dios. Las facultades espirituales perderán su vitalidad, la experiencia religiosa carecerá de salud y vigor" (*La oración*, cap. 1, pp. 12, 13).

> "Levantándose muy de mañana, siendo aún muy oscuro, salió y se fue a un lugar desierto, y allí oraba" (Marcos 1:35).

Nuestra vida espiritual es como un bebé. Aunque el pastor puede estimularnos, los demás miembros de nuestra familia pueden orar por nosotros y los amigos pueden animarnos, si queremos seguir vivos espiritualmente, hay una cosa que tenemos que hacer por nosotros mismos: respirar; en definitiva, orar.

Un cristiano sano es un cristiano que siempre ora. El descuido de la oración lleva inevitablemente a la decadencia espiritual. Quizá al principio sea difícil de observar pero, al final, los síntomas serán inequívocos:

- La oración sincera pronto se convierte en un acto formal lleno de palabras vacías.
- Los valores de la persona se asemejan a los del mundo.
- Cada vez habla menos de Dios y de asuntos espirituales.
- Cada vez pasa menos tiempo a solas con Dios hasta que, al final, ya no pasa ni un minuto con él.
- La resistencia al pecado pierde importancia de manera paulatina y solo se produce cuando sus consecuencias podrían ser muy graves.

La oración es asunto de vida o muerte. No contenga la respiración.

La religión de la carga

Basado en Lucas 18:1-8

DURANTE LA SEGUNDA GUERRA MUNDIAL, en el frente del Pacífico, los aliados utilizaban las pequeñas islas de las que casi nada se sabía como bases de aprovisionamiento para sus ejércitos en su travesía del océano. Los isleños, que nunca antes habían conocido la civilización, de repente, vieron que el cielo se llenaba de máquinas voladoras cargadas con personas de razas que les resultaban totalmente desconocidas. Aquellos "dioses" del cielo trajeron consigo jeeps, frigoríficos, encendedores Zippo, ventiladores y armas. Construyeron edificios, torres de control y aeródromos.

Luego, tan repentinamente como habían venido, se fueron. Los isleños estaban desconcertados. Supusieron que toda esa gente procedía del cielo. Como resultado, la población local desarrolló una nueva religión llamada la religión de "la carga". Por supuesto, la carga eran los objetos que trajeron los que venían del cielo. El culto a la carga enseñaba que, algún día, en el futuro, los dioses de la carga regresarían y que era necesario estar preparados construyendo modelos de aviones y torres de control con cañas de bambú para su segunda venida.

"Y a Aquel que es poderoso para hacer todas las cosas mucho más abundantemente de lo que pedimos o entendemos, según el poder que actúa en nosotros" (Efesios 3:20).

Poco después los misioneros llegaron a las islas. Al principio, los adoradores del culto a la carga los recibieron con alegría porque pensaban que era la segunda venida de los dioses de la carga. Como es obvio, los misioneros habían ido a predicar el evangelio, pero cuando la población local vio que el mensaje no iba acompañado de una carga, pronto perdió el interés por lo que intentaban hacer los misioneros.

En el siglo XXI tenemos que estar en guardia para no desarrollar un culto a la carga. Jesús dijo que lo importante en la vida de una persona no son las posesiones materiales. "Y les dijo: 'Mirad, guardaos de toda avaricia, porque la vida del hombre no consiste en la abundancia de los bienes que posee'" (Luc. 12:15).

¿Acaso usted ora por lo que puede *obtener* en lugar de hacerlo por lo que puede *llegar a ser*? Lo reto a que en su próxima oración no haga ninguna referencia a sus necesidades y deseos físicos (no es para siempre, se trata solo de un experimento). Reclame la promesa de que, si usted busca primero el reino de Dios y su justicia, él le dará todo lo que usted necesite. Si durante un tiempo usted ora así, descubrirá que las cosas de la carne ya no le interesan tanto.

Vale la pena ser perseverante

Basado en Lucas 18:1-8

JESÚS CONTÓ la historia de una viuda que estaba sola en el mundo y de alguien que se aprovechaba de ella porque pensaba que era una presa fácil. Sin embargo, esa mujer sabía que, para encontrar ayuda, bastaba con que el juez le hiciera caso.

Y así comenzó a comparecer ante él, una y otra vez, pidiendo que castigara a su enemigo. El caso caía dentro de la jurisdicción del juez, pero este consideraba que era muy poco importante como para merecer su atención.

Pero la viuda volvía una y otra vez. Cada día el juez la veía sentada a su puerta. Cuando lo veía, ella corría hacia él y se arrojaba a sus pies, suplicando: "Véngame de mi adversario".

El juez, que no era hombre especialmente religioso o de moral particularmente estricta, apartaba a la viuda y se dedicaba a otros casos. Pero la viuda no se dejaba intimidar. Tan pronto como resolvía un caso y el acusado salía por la puerta, la mujer regresaba y permanecía de pie ante el juez, con mirada suplicante y los brazos extendidos.

"También les refirió Jesús una parábola sobre la necesidad de orar siempre y no desmayar" (Lucas 18:1).

Después de un tiempo, el acosado juez pensó para sí: "No sé quién está molestando a esta mujer o cuál es el problema legal. Además, tampoco tengo miedo de lo que me pueda hacer Dios, y aún menos los hombres. ¡Esta mujer me está volviendo loco! No creo que pueda soportarla ni un día más. Dictaré sentencia a su favor y así me la quitaré de encima de una vez por todas. ¡No quiero verla nunca más!".

Jesús concluyó diciendo: "¿Oyeron lo que dijo ese juez sin escrúpulos? ¿Creen ustedes que Dios es como ese juez? ¿Creen que Dios no hará nada por su pueblo hasta que le rueguen y le supliquen con tanta insistencia que no tenga más remedio que hacer algo para que dejen de molestarlo? No, Dios no es como el juez. Quizá parezca que Dios a veces tarde en responder, pero está dispuesto a escuchar a su pueblo y responderá tan rápidamente como sea posible y se hará justicia. Pero la verdadera cuestión es: Cuando Dios venga a establecer su reino en la tierra, ¿cuántos habrá que todavía tengan fe en él?".

Sean cuales sean sus problemas, Dios lo ayudará a superarlos.

Poder en el nombre de Jesús

Basado en Lucas 18:1-8

"ORAR ES EL ACTO de abrir nuestro corazón a Dios como a un amigo. No es que se necesite esto para que Dios sepa lo que somos, sino a fin de capacitarnos para recibirlo. La oración no baja a Dios hasta nosotros, antes bien nos eleva a él" (*La oración*, cap. 1, p. 8).

Suponga que usted necesita conseguir algo o ver a alguien que es muy importante para usted pero sus gestiones no consiguen llegar a buen puerto. Parece que todas las puertas están cerradas para usted. Entonces se encuentra con un buen amigo suyo. Siente la necesidad de hablarle de su necesidad y, nervioso, le abre el corazón entre lágrimas y sollozos.

Su amigo escucha su historia, le pone la mano en el hombro y le dice: "¿Eso es todo? Tengo buenas noticias: te puedo ayudar. Resulta que la persona a quien necesitas ver es muy amiga mía. De hecho, somos casi como de la familia. Seguro que te ayudará a resolver tu problema. Dile que vas de mi parte".

"Hasta ahora nada habéis pedido en mi nombre; pedid, y recibiréis, para que vuestro gozo sea completo" (Juan 16:24).

De repente, usted se ve liberado de la carga y todo está en orden. Obtendrá la respuesta que necesita porque va a ver a esa persona importante en nombre de su amigo. Eso mismo sucede cuando oramos a Dios. Jesús nos invita a acercarnos confiadamente al Padre en su nombre con la certeza de que nos oirá porque él es como ese buen amigo del ejemplo.

"Cuando Jesús estuvo sobre la tierra, enseñó a sus discípulos a orar. Les enseñó a presentar a Dios sus necesidades diarias y a confiarle toda su solicitud. Y la seguridad que les dio de que sus oraciones serían oídas nos es dada también a nosotros" (*El camino a Cristo*, cap. 11, p. 93).

"Son pocos los que aprecian o aprovechan debidamente el precioso privilegio de la oración. Debemos ir a Jesús y explicarle todas nuestras necesidades. Podemos presentarles nuestras pequeñas cuitas y perplejidades, como también nuestras dificultades mayores. Debemos elevar al Señor en oración cualquier cosa que se suscite para perturbarnos o angustiarnos" (*La oración*, cap. 2, p. 27). ¡Cuánto poder hay en el nombre de Jesús!

Regatear con Dios

Basado en Lucas 18:1-8

UNA DE LAS PRIMERAS COSAS que hay que aprender cuando se entra en contacto con ciertas culturas es el arte del regateo. Mientras que en los países occidentales para la mayoría de las cosas se ha establecido un "precio fijo", en otras regiones del mundo, el precio que se paga depende de las propias habilidades en el regateo.

Definitivamente, el regateo es todo un arte. Es frecuente que un comerciante doble el precio de un bien en particular y no se es descortés si se contraoferta con la mitad del precio de salida. Si bien el comprador puede quedar exhausto tanto desde el punto de vista físico como psíquico, no deja de ser satisfactorio y una buena fuente de diversión.

Pero el regateo puede hacer que una persona se sienta un poco culpable, en especial si el vendedor es alguien pobre que vende un recuerdo cuyo precio de venta es ya bajo En ese caso, el vendedor se considera afortunado si consigue un beneficio de unos pocos centavos al día.

A veces, en nuestras oraciones intentamos hacer tratos con Dios o, dicho de otro modo, negociar una respuesta que sea de nuestro agrado. ¿Me equivoco o le ha pasado alguna vez? ¿Se supone que nuestra comunicación con Dios tiene que incluir el regateo, la negociación, el halago e, incluso, la amenaza?

> "Pues si vosotros, siendo malos, sabéis dar buenas cosas a vuestros hijos, ¿cuánto más vuestro Padre que está en los cielos dará buenas cosas a los que le pidan?" (Mateo 7:11).

La mayoría de la gente tendría que admitir que sus oraciones tienden a ir cargadas de promesas; cosas del estilo: "Señor, si haces esto por mí, yo haré aquello por ti". Quizá no estemos dispuestos a admitir que regateamos con el Señor, pero si, de vez en cuando, prestásemos atención a nuestras oraciones, quedaríamos francamente sorprendidos.

Sin embargo, el hecho es que no es preciso que lleguemos a intimidar, coaccionar, encandilar, halagar, engatusar ni hacer promesas. La manera más honrosa y que mayor éxito tiene a la hora de pedirle algo a alguien, en especial si ese alguien es una persona amada y sabemos que nos quiere, es, sencillamente, pedirlo.

Pedir, en lugar de exigir, es uno de los métodos de comunicación que más éxito tienen, porque deja las manos libres al que recibe la petición. En este punto, tiene libertad para aceptar, declinar, añadir o desentenderse de la petición. El hecho de pedir sin más brinda al otro la posibilidad de mostrarse compasivo y favorable.

Basta con que pida humildemente al Señor creyendo que él responderá.

Pídele a Dios primero

Basado en Lucas 18:1-8

A MENUDO, LA ORACIÓN no es más que un plan alternativo, una segunda posibilidad. Quizá oremos por alguna necesidad, pero tenemos a punto un plan B. La oración no tendría que ser el último recurso, como si se tratara de algo así como: "Cuando todo lo demás falla, ora".

Hace varios años, a un pariente nuestro le diagnosticaron un cáncer que, por fortuna, era operable. Aunque el resultado parecía posiblemente bueno, a nadie le gusta escuchar un diagnóstico así. Mi corazón está con cualquier familia que se enfrenta a una crisis parecida. Entiéndaseme bien, no criticaré ni elogiaré la vía que escojan para enfrentarse a ese enemigo. Sin embargo, permítame que le explique la opción que tomó mi familia.

Dos semanas antes de la operación, la familia se reunió en el salón y se arrodilló alrededor del enfermo. Se elevaron varias oraciones y cuando su frente fue ungida con el aceite, todos extendimos la mano hasta tocarlo, encomendando el resultado al Gran Médico.

> "Pedid, y se os dará, buscad, y hallaréis; llamad, y se os abrirá" (Mateo 7:7).

Esto es una unción y se suele pedir cuando ya han fracasado todos los demás remedios. Algunos lo ven como una especie de rito final. Nuestra familia lo veía de manera distinta. Entendimos que teníamos que llevar el problema a Jesús antes que considerarlo como un último recurso. Damos gracias a Dios porque esta persona se recuperó.

Permítame sugerirle que recuerde esto: Cuando le pedimos a Jesús que haga algo y él responde nuestras oraciones, antes que dar las gracias al médico o atribuir los méritos a algún medicamento milagroso, deberíamos darle las gracias a Dios.

En su sentido más elevado, pedir es un acto de fe. Pedir es tener fe en Dios. Por supuesto, solo podremos pedir a alguien a quien amamos y en quien confiamos, porque le transferimos la elección a la persona a quien pedimos. Cuando adquirimos el hábito del regateo, de la negociación, de la manipulación o de la exigencia, pensamos que tenemos el control de la situación.

Después de que se haya dado el último estudio bíblico y se haya predicado el último sermón, recibiremos la salvación por medio de la oración, la petición, porque Jesús viene al corazón en respuesta a la misma. Por más que para nosotros la salvación que Jesús adquirió en la cruz sea gratuita, si no la pedimos, no será nuestra.

Pídale a Dios en primer lugar.

Vuestro Padre sabe

Basado en Lucas 18:1-8

RECUERDO CUANDO, de regreso del hospital, trajimos a casa a nuestro primer bebé. En aquella época, la madre y el bebé permanecían ingresados aproximadamente durante una semana. Para la madre era un descanso agradable, pero para el padre la espera era interminable. En la actualidad, es común que madre e hijo vayan a casa al día siguiente del parto.

Una vez que el bebé estuvo en casa, comenzó el juego de adivinanzas. ¿Qué hay que hacer? ¿Qué necesita? ¿Por qué llora? ¿Le duele algo? ¿Qué significa esta erupción? ¿El bebé comió lo suficiente? ¿Acaso comió demasiado? ¿Hay que acudir corriendo cada vez que el bebé llora? ¿Tiene que comer cada tres horas o según demanda? ¿No hay problema en que el bebé se chupe el dedo? ¿A qué edad tiene que empezar a comer cereales? ¡Demasiadas preguntas!

Tratamos de hacerlo lo mejor que pudimos y darle al bebé todo lo que necesitaba aunque no queríamos consentirla. Al cabo de un tiempo, empezó a bastarnos el tono del llanto o su aspecto para reconocer qué necesitaba la niña. Cuando acertábamos, todo iba de maravilla (y sin llantos). Pero cuando nos equivocábamos, todo el edificio se enteraba.

Si Dios, que es nuestro Padre celestial, sabe lo que necesitamos, ¿por qué tenemos que pedírselo? ¿No es eso una señal de falta de fe por nuestra parte? Al contrario. En realidad, no orar indica una enorme falta de interés; peor aún, es rayano a la presunción.

> "Dios, tú conoces mi insensatez, y mis pecados no te son ocultos" (Salmo 69:5).

La oración es comunicación con Dios. Tanto si estamos agradecidos por algo como si estamos preocupados, no expresarle nuestros sentimientos y nuestras necesidades indica que no valoramos la amistad de Dios. Es imposible mantener una relación con alguien con quien no nos comunicamos.

Adoptar un punto de vista fatalista y pensar que sucederá lo que tenga que suceder nos expulsa de la ecuación, de manera que no tendremos posibilidad de influir en el resultado.

Santiago 1:5, 6 dice: "Si alguno de vosotros tiene falta de sabiduría, pida con fe, no dudando nada, porque el que duda es semejante a la onda del mar, que es arrastrada por el viento y echada de una parte a otra". Pedir con fe significa que creemos que Dios responderá nuestra oración en sus términos y en su momento. A fin de cuentas, esa es la respuesta que queremos...

Pedir, buscar, llamar

Basado en Lucas 18:1-8

EN MATEO 7:11 Jesús hizo una pregunta retórica. Después de haber recordado a sus oyentes que, aunque eran padres imperfectos, sabían dar cosas buenas a sus hijos, les dijo: "¿Cuánto más vuestro Padre que está en los cielos dará buenas cosas a los que le pidan?". Dos palabras a tener en cuenta en este texto son "buenas cosas"

En esta vida, nuestros padres y nuestras madres nos han dado regalos. Nos encanta dar regalos a nuestros hijos y nietos, pero a veces tales regalos no son buenos. En cambio, los regalos de nuestro Padre celestial siempre son buenos. En Santiago 1:17 se dice: "Toda buena dádiva y todo don perfecto desciende de lo alto, del Padre de las luces, en el cual no hay mudanza ni sombra de variación".

Nuestra satisfacción y nuestro agradecimiento serían más completos si recordásemos que nuestro Padre celestial solo nos da buenas dádivas.

Además de hacer que el sol brille sobre justos e injustos, Dios es el responsable de que el corazón humano lata 2,500 millones de veces a lo largo de la vida, bombeando casi un millón de litros de sangre que circula por una red de vasos sanguíneos de más de 160,000 km de longitud. Él es quien hace que, de una diminuta semilla, nazca una planta que luego dará una zanahoria, la cual, tras el proceso de digestión, se transformará en compuestos químicos que dan sustento a la vida. Son cosas que no es preciso que hagamos, pero por las cuales debemos estar agradecidos.

> "Porque todo aquel que pide, recibe; y el que busca, halla; y al que llama, se le abrirá" (Mateo 7:8).

Por tanto, sabiendo que nuestro Padre Dios solo tiene interés en darnos buenas dádivas, a nosotros nos corresponde apartar nuestras oraciones de aquello que pensamos que es bueno para nosotros y centrarlas en lo que Dios sabe que nos conviene. Aunque no siempre podremos saber los detalles concretos, es posible descubrir su voluntad mediante el estudio de su Palabra. La Biblia nos dice que su voluntad es que seamos como Jesús y que él nos ayudará a lograr ese objetivo. ¿Qué mejor regalo se puede pedir?

La conclusión es que la oración no es decirle a Dios algo que él ya sabe, sino que él nos pide que oremos para que podamos ser capaces de recibir lo que él quiere darnos. A medida que la vida espiritual crezca y se desarrolle, nuestras perspectivas madurarán y serán cada vez más parecidas a las de nuestro Padre celestial; hasta el punto de que su deseo y el nuestro serán idénticos.

El protocolo de la oración

Basado en Lucas 18:1-8

TRABAJÉ CON ADRA (Agencia Adventista para el Desarrollo y Recursos Asistenciales) durante doce años. ADRA trabaja en estrecha colaboración con los gobiernos locales con el fin de aliviar el sufrimiento de sus poblaciones más vulnerables y para desarrollar programas a largo plazo que mejoren su salud y bienestar general. Durante esos años tuve la oportunidad de viajar a muchos países del mundo y de relacionarme con líderes gubernamentales y personas con capacidad de decisión.

En varias ocasiones he declarado ante comités de la Cámara de Representantes de los Estados Unidos a favor de la labor realizada por las agencias internacionales de voluntariado. En las ocasiones importantes es raro que quien habla lo haga de manera espontánea. Se tiende a leer una declaración previamente escrita. Me despertó el interés descubrir que, de hecho, si todavía no se ha incorporado a las actas definitivas de las sesiones, está permitido modificar una declaración ya presentada ante los miembros del comité.

Para trabajar en las altas esferas de gobierno es preciso seguir un cierto protocolo. Un protocolo es una ceremonia o una formalidad preestablecida que es preciso seguir en una situación específica.

¿Qué tiene esto que ver con la oración? Hay quienes, por una razón u otra, han llegado a creer que para orar es preciso seguir un determinado protocolo; y no solo eso, sino también usar un lenguaje específico acompañado de un tono de voz concreto. No es raro que algunos se dirijan a Dios de una manera que podría ser definida como lenguaje religioso diplomático.

> "¡Sean gratos los dichos de mi boca y la meditación de mi corazón delante de ti, Jehová, roca mía y redentor mío!" (Salmo 19:14).

Cuando oran, además de cambiar su lenguaje, modifican la voz y los gestos. Cuando hablan con sus amigos se muestran distendidos y relajados; pero cuando oran se muestran rígidos, incluso nerviosos y en guardia con respecto a lo que dicen y cómo lo dicen.

Si bien el protocolo y la diplomacia son importantes en las relaciones entre las naciones, para hablar con Dios la corrección política forzada es innecesaria. Los Salmos de David (en realidad, sus oraciones) proceden del corazón. Al leerlos, uno no tiene que llamar al departamento jurídico para entender lo que quería decir. David era un poeta y sus oraciones reflejan su don; sin embargo, en la poesía se escuchan los sentimientos de su corazón.

Dios también lee su corazón.

"Vanas repeticiones"

Basado en Lucas 18:1-8

CUANDO LEO las oraciones de David, dos cosas me impresionan: (1) que expresa los sentimientos de su corazón, fueran los que fueran en aquel momento, y (2), aunque a veces sentía amargura y estaba enfadado con sus enemigos, no veía a Dios como parte de su problema, sino como parte de su solución. Sabía quién era su enemigo y que este no era Dios.

En ocasiones expresaba su frustración y su impaciencia: "¿Por qué estás lejos, Jehová, y te escondes en el tiempo de la tribulación?" (Sal. 10:1). A veces expresa la desesperación: "Dios mío, Dios mío, ¿por qué me has desamparado? ¿Por qué estás tan lejos de mi salvación y de las palabras de mi clamor?" (Sal. 22:1). O esta: "¿Hasta cuándo, Jehová? ¿Me olvidarás para siempre? ¿Hasta cuándo esconderás tu rostro de mí? ¿Hasta cuándo tendré conflictos en mi alma, con angustias en mi corazón cada día? ¿Hasta cuándo será enaltecido mi enemigo sobre mí? Mira, respóndeme, Jehová, Dios mío; alumbra mis ojos, para que no duerma de muerte" (Sal. 13:1-3).

> "Y al orar no uséis vanas repeticiones, como los gentiles, que piensan que por su palabrería serán oídos. No os hagáis, pues, semejantes a ellos, porque vuestro Padre sabe de qué cosas tenéis necesidad antes que vosotros le pidáis" (Mateo 6:7, 8).

Cuando hablamos a Dios desde el corazón, no es necesario que la oración sea algo organizado, claramente expresado ni coherente. Podemos expresarle libremente nuestros deseos y necesidades más íntimos. Podemos compartir nuestros pensamientos más profundos, incluso si son intolerables o inadmisibles.

Sería bueno que empezáramos las oraciones con agradecimiento y alabanza a Dios. En la vida puede llegar un momento en que el dolor y el pesar son tan grandes que se pierdan las ganas de orar. Es posible que el corazón esté tan quebrantado que las oraciones, al menos a corto plazo, no parezcan traer consuelo. Empezar a orar recordando y enumerando las maneras en que en el pasado Dios estuvo con nosotros a menudo puede aliviar esa sensación. El apóstol Pedro nos dice que debemos echar toda nuestra ansiedad sobre él (ver 1 Ped. 5:7). El versículo 22 del Salmo 55 nos exhorta a depositar nuestra carga en el Señor y promete que, al hacerlo, él nos sostendrá.

A Dios podemos decirle cómo nos sentimos exactamente. A diferencia de nosotros, él no se enoja, no se amarga ni se desalienta. Es el mismo ayer, hoy y siempre (ver Heb. 13:8).

Un día a la vez

Basado en Lucas 18:1-8

HAY QUIENES sugieren que sufrimos porque nos falta fe. La vida me enseña que la fe en Dios no hace que mis problemas o mi sufrimiento desaparezcan, sino que me ayuda a vencerlos. Las Escrituras enseñan que no hay que vivir más que un día a la vez (ver Mat. 6:34). Si pensáramos que todos los días iban a ser iguales, nos desesperaríamos.

Mientras dirigía unas charlas en una reunión campestre, visité un cementerio cercano del siglo XVII. Yendo de una tumba a otra, me conmoví profundamente. Fue impresionante observar que, aunque algunos de los que ahí yacían habían muerto a una edad muy avanzada, la muerte había sorprendido a la mayoría en su juventud. Muchos de ellos habían sido sepultados a los treinta, los cuarenta o, como mucho, los cincuenta años de edad. Asimismo, también pude ver que había muchos niños. Una inscripción sobre la tumba de un niño de 12 años de edad decía que había muerto mientras nadaba en el río. Apenas pude imaginar el dolor de sus padres.

> "Así que no os angustiéis por el día de mañana, porque el día de mañana traerá su propia preocupación. Basta a cada día su propio mal" (Mateo 6:34).

Esta vida es sufrimiento y, finalmente, muerte. Si eso fuera todo, la vida no sería más que una macabra burla. Sin embargo, al abrir el corazón a Dios en oración, aunque el presente parezca sombrío (como en el caso de Jesús en Getsemaní), podemos mirar a un más allá espléndido y, con el apóstol Pablo, decir: "Tengo por cierto que las aflicciones del tiempo presente no son comparables con la gloria venidera que en nosotros ha de manifestarse" (Rom. 8:18). Más que someternos a la voluntad de Dios, estaremos de acuerdo con él porque "fiel es el que prometió" (Heb. 10:23).

Es una lástima que, al hablar de calamidades, las achaquemos a la voluntad de Dios. La oración debería hacernos crecer hasta que veamos la voluntad de Dios como una victoria y no como una derrota. Una vez me hablaron de una mujer que estaba encantada de que Dios no respondiera a sus oraciones de la manera que ella quería porque entonces estaba segura de que se hacía la voluntad de Dios y no la suya.

Sus caminos no son nuestros caminos; son mejores.

Cuando "no" quiere decir "sí"

Basado en Lucas 18:1-8

UN DÍA Joni Eareckson decidió ir a nadar. Saltó de cabeza desde un embarcadero y se dio un fuerte golpe contra el fondo de la bahía. De pronto, dejó de sentir los pies. De hecho, no podía sentir nada. A partir de ese momento, su vida cambió. Pero no solo cambió la vida de Joni, sino también la de muchos otros, porque Dios respondió a sus oraciones de una manera que ella jamás imaginó.

Joni, su familia y sus amigos oraron pidiendo un milagro. Pidieron que, de algún modo, se recuperara y pudiera dar un testimonio por el Señor que alcanzase a otros. En aquel momento, la respuesta pareció ser negativa; pero ahora, volviendo la vista atrás, se dan cuenta de que en realidad la respuesta fue: "Sí". Joni atestigua que gracias a su tetraplejia ha influido en más vidas que si hubiera recuperado la movilidad.

"De cierto, de cierto os digo que todo cuanto pidáis al Padre en mi nombre, os lo dará" (Juan 16:23).

La manera en que llevamos nuestras peticiones más urgentes a Dios no deja de ser algo curioso. A menudo nos acercamos a él de una forma que jamás consideraríamos si se tratara del médico de cabecera o del mecánico. Pero cuando se trata de los problemas de la vida, los pobres mortales tendemos a autodiagnosticarnos y automedicarnos. Tratamos de manejar los asuntos por nosotros mismos y, si eso no funciona, se los llevamos a Dios en oración. Luego tenemos el descaro de pretender convencerlo de que nuestra solución es la adecuada y de que él tiene que hacer lo que le proponemos.

Pero, ¿no podría ser que nuestro autodiagnóstico previo está equivocado? Y si no es así, quizá sea que el remedio que nos hemos prescrito no era el más conveniente. No nos sorprendamos; Romanos 8:26 nos dice que no sabemos pedir como conviene. A menudo, si bien puede parecer que Dios ha rechazado nuestras oraciones, puede ser que solo haya rechazado la forma en que insistimos en que nos respondiera...

¿Cuál es la mejor manera? Antes de sospechar que Dios no ha respondido a nuestras oraciones, es preciso que comprobemos si, de hecho, movido por su bondad, no nos ha dado más de lo que le pedíamos.

Jamás se dé por vencido

Basado en Lucas 18:1-8

HAY MUCHOS casos en los que, al parecer, Dios dijo "no" a las peticiones de los hombres y mujeres piadosos. Y, sin embargo, pasados los años, al mirar atrás, descubrimos que la respuesta, en lugar de un "no" a nuestra pequeña oración, fue un "sí" a los verdaderos deseos del corazón.

Uno de los ejemplos más evidentes recogido en las Escrituras es la oración de Moisés antes de entrar a la tierra prometida. Sin embargo, Dios tenía preparada para Moisés una respuesta que iba más allá de sus sueños más descabellados. Le permitió entrar en la verdadera tierra de promisión, la Canaán celestial; y no solo eso, sino que, alentando a Jesús, participó en la mayor manifestación de la gloria de Dios en el Monte de la Transfiguración.

Más tarde, otro gigante de la fe, el apóstol Pablo, oró pidiendo a Dios que lo sanara. La respuesta aparente a su oración fue un "no", pero el tiempo puso de manifiesto que la oración contestada fue la del corazón de Pablo (ver 2 Cor. 12:7-9).

En mi vida ha habido varios períodos en los que, desesperado, me he vuelto a Dios. Aunque a veces respondiera con un "no" a la letra de mis oraciones, está claro que sí respondió a su espíritu.

Dios contesta las oraciones de diferentes maneras. A veces, sencillamente dice "sí". Cuando esto sucede, de inmediato nuestra fe se fortalece y nos sentimos mejor. Otras veces, aunque la respuesta sea afirmativa, quizá venga con retraso o de un modo que no esperamos.

Y, seamos sinceros, hay ocasiones en que parece responder con un "no". Pero luego, mirando atrás, vemos que en realidad era un "sí".

En cierta ocasión, mientras dirigía un seminario en una reunión campestre, un matrimonio del público captó mi atención. Parecía que, mientras yo predicaba, el esposo sorbía todas y cada una de mis palabras. Tenía una sonrisa permanente en el rostro. Al cabo de uno o dos días, la esposa me explicó que su esposo se había bautizado hacía poco tiempo... ¡después de que ella orara por él durante 52 años! Lo que había parecido un rotundo "no" a las oraciones de la esposa, con el tiempo, devino en un glorioso "sí".

> "Velad, pues, orando en todo tiempo que seáis tenidos por dignos de escapar de todas estas cosas que vendrán, y de estar en pie delante del Hijo del hombre" (Lucas 21:36).

283

Una pizca de prevención

Basado en Lucas 18:1-8

VALORO MI CASA porque es la mayor inversión que jamás he hecho. Por tanto, hemos protegido la instalación eléctrica con fusibles para que se fundan si se produce un cortocircuito en algún punto de la misma. Por la misma razón, también tenemos contratado un servicio de control y exterminio de termitas.

Probablemente usted piense lo mismo de su casa. Algunos han instalado sensores de humo que detectan cuándo hay un incendio; otros aseguran la puerta con cerraduras de seguridad y candados y protegen las ventanas con rejas. Algunos propietarios instalan complejos sistemas de seguridad que disparan una alarma cuando se abre una puerta o una ventana o cuando detectan movimiento en una habitación.

> "Velad y orad para que no entréis en tentación; el espíritu a la verdad está dispuesto, pero la carne es débil"
> (Mateo 26:41).

Los bancos tienen barreras a prueba de balas entre el cajero y los clientes, mientras que, de vez en cuando, la policía estaciona sus vehículos delante de la oficina. Aunque en las instalaciones no haya ningún empleado, el vehículo policial es una buena medida disuasoria para los posibles ladrones.

Los aviones militares llevan a bordo equipos de alta tecnología que detectan cuándo el aparato está siendo "copiado" por un rayo de radar que sirve de guía a un misil. Parece que, en nombre de la prevención, la humanidad ha emprendido un camino sin fin hacia extremas y costosas medidas de seguridad.

La vida cristiana está llena de peligros. Desde aquellos lejanos tiempos de la era no tecnológica, el escritor bíblico nos exhorta a mantenernos en guardia: "Sed sobrios y velad, porque vuestro adversario el diablo, como león rugiente, anda alrededor buscando a quien devorar" (1 Ped. 5:8).

Quizá para nosotros esa ilustración no tenga demasiado sentido. Personalmente, nunca he sido amenazado por un león que ande suelto. Sin embargo, por desgracia, todos entendemos la palabra "terrorista". Si el apóstol Pedro escribiera hoy, quizá dijera: "No bajen la guardia porque su enemigo, el diablo, es un terrorista que...".

Esta promesa es para usted: "Cristo dará fuerza a todos los que se la pidan. Nadie, sin su propio consentimiento, puede ser vencido por Satanás. El tentador no tiene el poder de gobernar la voluntad o de obligar al alma a pecar. Puede angustiar, pero no contaminar. Puede causar agonía, pero no corrupción. El hecho de que Cristo venció debería inspirar valor a sus discípulos para sostener denodadamente la lucha contra el pecado y Satanás" (*El conflicto de los siglos*, cap. 31, p. 500).

Victoria sobre la tentación

Basado en Lucas 18:1-8

NO HAY VICTORIA sobre el pecado sin victoria sobre la tentación, que empieza cuando suplicamos a nuestro Padre celestial que no permita que nos expongamos innecesariamente al mal en cualquiera de sus muchas y variadas formas.

En este preciso instante la experiencia ya debería habernos enseñado que Satanás puede tomarnos por sorpresa. En el preciso instante en que nos ponemos en guardia contra un ataque por la derecha, él nos embiste por la izquierda. La tentación es una realidad. Si Jesús tuvo que enfrentarse a la tentación, ¿por qué no íbamos nosotros, que somos infinitamente más débiles, a tener que hacerlo? Cuando no ponemos cuidado en evitar aquello que, unido a nuestra debilidad, pueda contribuir a nuestra caída, incrementamos sobremanera nuestros sufrimientos.

En la vida, el cristiano se tendrá que enfrentar a muchas cosas que, aun siendo lícitas en ellas mismas, no son convenientes. Para Eva, acercarse al árbol de la ciencia del bien y del mal no era ilícito, pero sí inconveniente. ¿Qué padre no ha tenido que recordar a sus hijos que no deben jugar en la calle? ¿Acaso jugar en la calle es peligroso? En sentido estricto, no. Jugar en la calle no es más peligroso que jugar en la zona recreativa. El peligro procede de los automóviles que circulan por las calles.

"Jehová, oye mi oración, escucha mis ruegos. ¡Respóndeme por tu verdad, por tu justicia!" (Salmo 143:1).

En el peregrinaje del cristiano, los viajeros experimentados conocen los peligros. Son conscientes de sus propias debilidades y ponen cuidado en evitar los riesgos innecesarios que pueden traer dolor y remordimientos. Con la oración nos mantenemos alerta ante la posibilidad de ser tentados y pecar.

¿Podría ser que, a pesar de que afirmemos que oramos para vencer la tentación, a menudo lo hagamos demasiado tarde? ¿Ora por la mañana? La oración de la mañana es la del vencedor, porque en ella nos ponemos de todo corazón al lado del Señor.

Si todavía no tiene esa costumbre, procure que entregar el corazón a Jesús sea lo primero que haga por la mañana. Eso lo dirigirá y le marcará un objetivo para todo el día. Pero recuerde: Jesús nos dice que, además de orar, tenemos que vigilar. Más tarde, a lo largo del día, si aparece una tentación imprevista en nuestro camino, distinguiremos mejor el peligro y, al pedir a Dios que nos libre, experimentaremos el gozo del vencedor.

Las palabras adecuadas

Basado en Lucas 18:1-8

¿ACASO DIOS, para respondernos, espera que recitemos una determinada oración de un modo específico?

Cuando iba a la escuela, solía jugar a un juego que se llama "Mamá, ¿puedo?". Lo primero que hacíamos los niños era elegir a una "madre" y, luego, el resto se alineaba junto a la salida. El objetivo era ver quién podía llegar el primero a la "madre". La "madre", por turnos, le decía a cada uno cuántos pasos y de qué tipo podía dar en su dirección; por ejemplo: "Puedes dar cinco pasos de mariposa" o "tres pasitos de bebé" o "dos pasos de gigante". Pero el requisito para dar cualquier paso era que el jugador tenía que hacer la pregunta: "Mamá, ¿puedo?". Si un jugador se olvidaba de esa pregunta, era enviado de vuelta al punto de partida.

> "No escondas de mí tu rostro en el día de mi angustia; inclina a mí tu oído; apresúrate a responderme el día que te invoque" (Salmo 102:2).

Al orar, ¿se ha preguntado alguna vez si existe un equivalente a la frase: "Mamá, ¿puedo?", o cualquier otra expresión infantil por el estilo que tengamos que decir para que Dios nos responda? Últimamente, se ha tendido a convertir la oración en una técnica. Si uno quiere obtener los mejores resultados, tiene que pronunciar ciertas palabras, de un modo determinado y en un lugar preciso.

Muchas veces, durante nuestro ministerio en el sur de Asia, vimos que, desde lo alto de las colinas, ondeaban banderas de oración. Las oraciones estaban escritas en pedazos de tela que, como si de banderas se tratase, habían enarbolado en un palo o atado a una cuerda. Los lugareños creen que, cuando el viento sopla y hace ondear las banderas, lleva las oraciones al cielo. Otro método de oración empleado en aquella zona es escribirlas en una tira de papel que se enrolla en un cilindro que se hace girar una y otra vez, siendo cada vuelta una repetición de la oración.

Hace unos años se publicó un libro sobre oración del que se vendieron millones de ejemplares. En el libro el autor incluía una oración poco conocida de la Biblia que, según él, era preciso repetir palabra por palabra. Afirmaba que hacerlo había revolucionado su vida y su ministerio.

Una oración "modelo" no es lo mismo que una oración "representativa". Jesús nos dio una oración modelo. Dijo: "Sean sus oraciones parecidas a esta". No dijo: "Reciten esta oración". Dios quiere escuchar nuestras oraciones, no las oraciones de otras personas memorizadas.

Una vez; y otra; y otra...

Basado en Lucas 18:1-8

LA REPETICIÓN, o el acto de repetir, es común y puede ser utilizado para conseguir un buen efecto. Principalmente, es un método de aprendizaje. Cuando estábamos en las misiones, todos mis hijos tomaron clases de piano. El método docente de sus profesores era un tanto distinto del que yo había aprendido; no obstante, era eficaz.

En lugar de practicar tres canciones cada semana, el profesor les asignaba una sola que tendrían que repetir hasta dominarla. De hecho, podían estar aprendiendo la misma canción durante dos o cuatro semanas, hasta que el profesor estaba satisfecho con la ejecución. Comprenderá que, con cuatro hijos repitiendo una y otra vez la misma canción asignada a cada uno durante cuatro semanas, yo me sintiera aliviado cuando, al fin, pasaban a otra página. Pero creo que la repetición hizo más por ellos que solo enseñarles a tocar el piano. También les enseñó a ser pacientes y a controlarse.

Sin embargo, en ningún lugar de las Escrituras se dice nada en favor de las oraciones repetitivas. En ningún lugar se nos ordena que recitemos la oración de otra persona. Hay quienes afirman que la iglesia cristiana primitiva usó oraciones repetitivas, pero no hay evidencias de que fuera una práctica generalizada hasta que, siglos más tarde, la iglesia se romanizara.

"Dios, oye mi oración; escucha las razones de mi boca" (Salmo 54:2).

Repetir la misma oración una y otra vez puede provocar que la mente empiece a divagar. Lo que se hace con cierta frecuencia acaba por hacerse sin pensar. Tomemos, por ejemplo, el arte de hacer tejido de punto. Muchas mujeres, vayan donde vayan, llevan consigo una bolsa con hilo y unas agujas, de manera que pueden aprovechar el tiempo mientras esperan en la cola, en la parada del autobús o vigilando a sus hijos en el parque. Son tan expertas que no prestan atención a lo que hacen. Su ritmo es tal que, a medida que el hilo se va entretejiendo, las agujas van tan deprisa que casi echan chispas.

Pero la oración cristiana no debe ser confundida con la magia, que es un intento de manipular una fuente de energía para fines personales. El Dios verdadero no puede ser ni manipulado ni controlado. La creencia de que la mera repetición de una oración hace que sea más eficaz tiene más en común con la magia que con la fe bíblica.

Las fórmulas de oración nunca podrán igualar una conversación de corazón a corazón con Dios. Dios no quiere que oremos como robots. Ábrale a Dios el corazón.

La hora de la oración

Basado en Lucas 18:1-8

AL IGUAL QUE podemos creer que hay una serie de palabras ideales para usar cuando oramos, también es posible que pensemos que conmovemos a Dios si nos pasamos toda la noche de rodillas. Si bien Jesús solía orar toda la noche y muchos grandes hombres y mujeres de Dios hicieron lo mismo, para que Dios nos preste atención, ¿es realmente necesario un maratón nocturno de oración?

Personalmente, no he sido capaz de encontrar ningún texto que enseñe que tenemos que orar durante un tiempo determinado ni a una hora específica del día para que Dios responda a nuestras oraciones. ¿Acaso Dios es más propicio a las oraciones elevadas a las tres de la madrugada que a aquellas que se pronuncian a las cinco de la tarde?

No cabe duda de que las reuniones de oración que duran toda una noche pueden traer grandes bendiciones. Jesús prometió estar presente cuando nos reunamos en su nombre, fuere cual fuere la hora. Sin embargo, Dios no trabaja de nueve de la mañana a cinco de la tarde ni tampoco es más asequible a media noche. La ventanilla de las oraciones está abierta veinticuatro horas al día, siete días a la semana. Dios escucha cada vez que se lo busca de corazón.

> "Claman los justos, y Jehová oye y los libra de todas sus angustias" (Salmo 34:17).

El mayor derramamiento del Espíritu Santo se produjo durante la preparación del día de Pentecostés. El Espíritu Santo se derramó, no porque los creyentes celebrasen un maratón nocturno de oración, sino porque cada uno de ellos buscó personalmente al Señor y preparó su corazón. "Después de la ascensión de Cristo, los discípulos se reunieron en un lugar para suplicar humildemente a Dios. Y después de escudriñar el corazón y de realizar un examen personal durante diez días, quedó preparado el camino para que el Espíritu Santo entrara en los templos del alma limpios y consagrados. Cada corazón quedó lleno con el Espíritu como si Dios quisiera mostrar a su pueblo que era su prerrogativa bendecirlos con la más escogida de las bendiciones celestiales" (*El evangelismo*, cap. 20, p. 506).

"Orad sin cesar" (1 Tes. 5:17) no significa que debemos estar continuamente mascullando y salmodiando. Al contrario, significa que, si la respuesta no es inmediata, no tenemos que abandonar la oración y desanimarnos. "También les refirió Jesús una parábola sobre la necesidad de orar siempre y no desmayar" (Luc. 18:1). La oración es a la vez una actitud y una actividad.

Tan simple como el ABC

Basado en Lucas 18:1-8

A VECES no sabemos qué decir al orar. Esto es comprensible. Usted quiere hablar con el Señor y busca tiempo y un lugar para ello. Inclina la cabeza y... no encuentra las palabras. La mente se le queda en blanco. Las manos empiezan a sudar y el pensamiento divaga. ¿Acaso piensa que es el único? En absoluto; esto nos sucede a todos de vez en cuando.

Al fin y al cabo, entramos en la sala del trono del Dios todopoderoso, Creador del universo. Después de leer las bellas oraciones de David y de Moisés y escuchar las conmovedoras oraciones del pastor y los ancianos, ¿qué podemos decir que sea digno de captar la atención y el tiempo del Señor?

Algunos pueden pensar que Dios es más propicio a las oraciones de unos que a las de otros. Vuelva a leer la lista de los dones del Espíritu: "A uno es dada por el Espíritu palabra de sabiduría; a otro, palabra de conocimiento según el mismo Espíritu; a otro, fe por el mismo Espíritu; y a otro, dones de sanidades por el mismo Espíritu. A otro, el hacer milagros; a otro, profecía; a otro, discernimiento de espíritus; a otro, diversos géneros de lenguas, y a otro, interpretación de lenguas. [...] Y a unos puso Dios en la iglesia, primeramente apóstoles, luego profetas, lo tercero maestros, luego los que hacen milagros, después los que sanan, los que ayudan, los que administran, los que tienen don de lenguas" (1 Cor. 12:8-28).

"Oye, Jehová, una causa justa; atiende a mi clamor. Escucha mi oración hecha de labios sin engaño" (Salmo 17:1).

¿Se ha dado cuenta de que la oración no está en la lista? Eso es porque la oración no es un don, sino una actividad. Todos estamos llamados a orar. Existe el peligro de que la oración acabe convirtiéndose en un "departamento" más de la iglesia o sea percibida como algo para unos pocos privilegiados.

La oración no tiene nada que ver con el tiempo, aunque para orar se necesite tiempo. Tampoco tiene que ver con las palabras, por más que expresemos nuestros pensamientos con ellas. La oración es, ante todo, el acto de abrir nuestro corazón a Dios. Su corazón ya está abierto para nosotros. Dios nos llama a todos a orar. Si somos capaces de pensar, podemos orar.

¿Hay que esperar un milagro?

Basado en Lucas 18:1-8

AL QUE ESTÁ ENFERMO y pide ser sanado, si su oración es respondida afirmativamente, le es fácil tener fe. Pero si, habiéndolo pedido, no es sanado, es probable que le resulte difícil tener fe en el poder de la oración. Más de uno ha admitido: "He dejado de orar porque es evidente que Dios no me escucha".

El novelista y dramaturgo W. Somerset Maugham llegó a esa conclusión cuando, de niño, tartamudeaba. Su tío metodista solía hablarle del poder de la oración, por lo que el joven decidió orar pidiendo ser sanado. Una noche antes de acostarse, Maugham pidió a Dios que lo liberara de lo que para él era una humillación vergonzosa. Mientras oraba, imaginó lo estupendo que sería, por la mañana, mostrar a sus compañeros de clase que era capaz de hablar con toda normalidad como ellos. Se durmió lleno de esperanza. A la mañana siguiente, se vistió rápidamente, bajó corriendo las escaleras y, entrando en la cocina saludó a sus padres, que estaban desayunando, con un sonoro: "Bu... bu... buenos d... dí...as". En ese preciso instante algo dentro del alma de Somerset Maugham se quebrantó y dejó de orar.

> "Jehová, Dios mío, a ti clamé y me sanaste"
> (Salmo 30:2).

Sin duda alguna, en las Escrituras encontramos extraordinarios ejemplos de milagros que sucedieron en respuesta a una oración. La oración abrió el Mar Rojo. La oración hizo que la roca diera agua y lloviera pan del cielo. La oración consiguió que el sol se detuviera en su camino hacia la puesta. Hizo descender fuego del cielo sobre el sacrificio de Elías. Protegió a Daniel en el foso de los leones y, en el horno incandescente, impidió que las llamas alcanzaran a los tres hebreos.

Los Evangelios y el libro de los Hechos están llenos de historias de milagros realizados por Cristo y sus discípulos. Con todo, los milagros no se detuvieron con los apóstoles. A lo largo de los años ha habido milagros innegables.

Las Escrituras indican que los milagros desempeñarán un papel importante en los acontecimientos del tiempo del fin. Asimismo, advierten que los demonios también obrarán milagros. "Son espíritus de demonios, que hacen señales y van a los reyes de la tierra en todo el mundo para reunirlos para la batalla de aquel gran día del Dios Todopoderoso" (Apoc. 16:14).

Un famoso autor de un éxito de librería sobre la oración sugiere que, si orásemos correctamente, tendríamos la posibilidad de obrar un milagro cada día. De ser cierto, nos encontraríamos ante un problema, porque, si los milagros se convirtieran en algo común, dejarían de ser milagros.

¿Hace falta un milagro para creer en Jesús?

¿Orar para enriquecerse?

Basado en Lucas 18:1-8

NUESTRAS ORACIONES reflejan qué nos importa realmente. Si tenemos objetivos materialistas, se reflejarán en nuestras oraciones. En Mateo 6 Jesús nos dice que no tenemos que hacer de los asuntos materiales nuestra principal preocupación. En su lugar, nos exhorta a buscar primero el reino de Dios y su justicia. (Examine sus últimas diez oraciones. Si usted es como muchas personas, probablemente, en la mayoría de los casos tengan que ver con aquello por lo que Jesús nos dijo que no teníamos que preocuparnos).

Si en esta vida los hijos de Dios hubieran recibido la promesa de prosperidad, nuestras oraciones serían una broma de mal gusto. Según ese razonamiento, puesto que la mayoría de las personas de este planeta son pobres, tendríamos que concluir que, o no son hijos de Dios, o él no escucha sus oraciones.

Jesús no tenía nada contra los ricos. Creía que el trabajo duro tiene que ser recompensado. No enseñó que las riquezas sean malas, sino que recordó a quienes lo escuchaban que el exceso de riqueza es peligroso. Jesús advierte que no podemos servir a dos señores. El camino no es buscar el equilibrio de lo material con lo espiritual, sino que es preciso poner las cosas espirituales en primer lugar. "No os hagáis tesoros en la tierra, donde la polilla y el moho destruyen, y donde ladrones entran y hurtan; sino haceos tesoros en el cielo, donde ni la polilla ni el moho destruyen, y donde ladrones no entran ni hurtan, porque donde esté vuestro tesoro, allí estará también vuestro corazón" (Mat. 6:19-21).

> "Otra vez os digo que es más fácil pasar un camello por el ojo de una aguja, que entrar un rico en el reino de Dios" (Mateo 19:24).

El dinero se puede transferir de un banco a otro, pero no al cielo. Cuando Jesús nos dice que nos hagamos tesoros en el cielo no nos pide tanto que demos dinero para obras de caridad como que nuestra perspectiva de la vida sea espiritual en lugar de material.

Debemos tener cuidado de no medir las bendiciones de Dios con un criterio material. Algunas personas religiosas poseen automóviles lujosos, visten ropa de diseño y viven en casas lujosas y afirman que Dios les dio todo eso en respuesta a sus oraciones. Ven la fe y la oración como medios de sacar provecho de una "información privilegiada" sobre Dios. Quienes así actúan se encontrarían entre los que Jesús expulsó del templo cuando dijo: "Mi casa es casa de oración, pero vosotros la habéis hecho cueva de ladrones" (Luc. 19:46).

¿Por qué ora usted, por sus necesidades o por sus deseos?

Bendiciones de Dios

Basado en Lucas 18:1-8

LA ORACIÓN MODELO nos lleva de vuelta a lo básico. Se refiere de manera sencilla a nuestras necesidades materiales: "El pan nuestro de cada día, dánoslo hoy" (Mat. 6:11). Esta perspectiva no entra en conflicto con el mandamiento de Jesús, según el cual tenemos que buscar primero el reino de los cielos y su justicia.

Si bien podemos orar por lo que es necesario para nuestro sustento, la oración del corazón tendría que pedir las verdaderas riquezas que se encuentran en el Señor Jesucristo. "¡Profundidad de las riquezas, de la sabiduría y del conocimiento de Dios! ¡Cuán insondables son sus juicios e inescrutables sus caminos!" (Rom. 11:33).

Nos enfrentamos al tiempo en que las riquezas de este mundo no serán nada.

"Para mostrar en los siglos venideros las abundantes riquezas de su gracia en su bondad para con nosotros en Cristo Jesús"
(Efesios 2:7).

"'¡Ay, ay de la gran ciudad, que estaba vestida de lino fino, púrpura y escarlata, y estaba adornada de oro, piedras preciosas y perlas!, porque en una sola hora han sido consumidas tantas riquezas'. Todo piloto y todos los que viajan en naves, los marineros y todos los que trabajan en el mar, se pusieron lejos, y viendo el humo de su incendio dieron voces, diciendo: '¿Qué ciudad era semejante a esta gran ciudad?' Y echaron polvo sobre sus cabezas y dieron voces, llorando y lamentando, diciendo: '¡Ay, ay de la gran ciudad, en la cual todos los que tenían naves en el mar se habían enriquecido de sus riquezas! ¡En una sola hora ha sido desolada!'" (Apoc. 18:17-19).

Probablemente desconozcamos el papel exacto que desempeñará cada uno de los actores que intervienen en el texto anterior, pero el mensaje es claro: Si ponemos nuestra confianza en el dinero y las cosas materiales, podemos perderlos en un instante.

Ahora no es momento de orar: "Señor, dame riquezas", sino que es tiempo de negarnos a nosotros mismos, de cargar nuestra cruz y seguir a Aquel que lo dio todo por nosotros. Somos extranjeros y peregrinos. Esta tierra no es nuestra casa, estamos de paso. Nuestros tesoros se establecen en algún lugar más allá de las nubes.

Tanto si los bienes de este mundo nos escasean como si nos sobran, pertenezcamos a la clase social que pertenezcamos, como cristianos, el centro de nuestras oraciones tendría que ser el de Moisés, quien tuvo "por mayores riquezas el oprobio de Cristo que los tesoros de los egipcios, porque tenía puesta la mirada en la recompensa" (Heb. 11:26).

No mida las bendiciones que Dios le da según el saldo de su cuenta bancaria. Somos hijos del Rey. Nuestra herencia está en el cielo.

Ore con alguien

Basado en Lucas 18:1-8

NO HAY DUDA de que, cuando de la oración se trata, en el número está la fuerza. ¿Pero hace falta mucha gente orando para convencer a Dios de que haga lo correcto? Además de ser útil para desarrollar una relación personal y única con Dios, la oración también fue instituida para fomentar la vida comunitaria.

En última instancia, la oración pública tiene como fin llevarnos a la unidad. Antes de llevar a sus discípulos al Getsemaní, Jesús oró "para que todos sean uno; como tú, Padre, en mí y yo en ti, que también ellos sean uno en nosotros, para que el mundo crea que tú me enviaste. Yo les he dado la gloria que me diste, para que sean uno, así como nosotros somos uno. Yo en ellos y tú en mí, para que sean perfectos en unidad" (Juan 17:21-23).

Vivimos en una sociedad centrada en el yo. Por supuesto que todos somos individuos únicos, pero parece que hemos escogido proteger y enfatizar las diferencias antes que aquello que tenemos en común. Desde el principio, el argumento de Satanás ha sido que la unidad del cielo inhibe el crecimiento personal y la autorrealización y que seguir la propia conveniencia es mucho más provechoso que trabajar para el bien común.

> "Porque donde están dos o tres congregados en mi nombre, allí estoy yo en medio de ellos" (Mateo 18:20).

Hoy en día, incluso en la iglesia, se pone el énfasis en la diversidad. Aunque el intento de unirnos en la diferencia es una medida bien intencionada, el resultado es que en unos aspectos parece que está abriendo una brecha entre generaciones, sexos, razas y culturas.

Por supuesto que somos diferentes. Sin embargo, como las piezas de un rompecabezas encajan entre sí para formar un cuadro mayor, es preciso que nos veamos a nosotros mismos no como lo único que importa, sino como parte de una realidad mayor: la familia de Dios. Aunque nunca llegaremos a vernos cara a cara en todos los aspectos, es preciso que lleguemos a la unidad a pesar de nuestras diferencias. Eso se consigue mediante la oración.

En el acto de reconocer una necesidad que usted o la iglesia pueda tener, y orar por ella, yo me uno a usted. "Nadie ora como es debido si solamente pide bendiciones para sí mismo" (*El discurso maestro de Jesucristo*, cap. 2, p. 90).

Orar juntos

Basado en Lucas 18:1-8

LA ORACIÓN EN COMÚN traerá la unidad y esta se expresará en las palabras empleadas. Un ejemplo negativo lo encontramos en las letras de muchos de los himnos que, semana tras semana, cantamos en la iglesia. Los pronombres que se suelen utilizar son "tú", referido a Dios, y "yo", referido a cada uno de nosotros mismos. Parece como si en la adoración solo intervinieran dos personas. Haga la prueba: Sugiera al director de canto congregacional que, cada vez que aparezca la primera persona del singular la cambie por su equivalente en plural. Estoy convencido de que el resultado será sorprendente.

Verá, cuando nos reunimos para adorar al Señor, antes de cruzar la puerta somos "yo" pero, una vez dentro, dejamos de ser un "yo" en singular y pasamos a ser "nosotros". ¿Cómo es posible que quinientas personas canten alabanzas a Dios al mismo tiempo y en el mismo lugar y usen la primera persona del singular? No es coherente.

Este concepto es aún más importante cuando se trata de la oración. Cuando oramos juntos debemos utilizar el pronombre "nosotros" en lugar de "yo". Tenga en cuenta que cuando Jesús nos enseñó a orar, nos enseñó a decir: "Padre nuestro".

> "Así que, lejos de mí pecar contra Jehová dejando de rogar por vosotros; antes os instruiré en el camino bueno y recto" (1 Samuel 12:23).

¿Por qué no: "Padre mío"? El uso de la palabra "nuestro" descarta cualquier pensamiento de egoísmo o exclusividad. En la oración a solas es "Padre mío", pero en la oración en común tiene que ser "Padre nuestro".

"Cuando os toque orar en la congregación, recordad que habláis con Dios y que él desea que habléis de forma tal que todos los presentes puedan unir sus súplicas a las vuestras. Una oración expresada en forma tan apresurada que las palabras se confunden no honra a Dios y no beneficia a los oyentes. Es necesario que los ministros y todos los que elevan oraciones en público aprendan a orar de tal manera que Dios sea glorificado y que sean bendecidos los que escuchan. Es necesario que hablen despacio y en forma precisa; en un tono lo suficientemente alto para ser escuchado por todos, de manera que puedan unirse para decir: 'Amén'" (*Testimonios para la iglesia*, tomo 6, sec. 6, p. 383).

Elija un compañero de oración y oren juntos tan a menudo como sea posible.

La oración en público

Basado en Lucas 18:1-8

HABLEMOS UN INSTANTE de la oración en público: algo que es difícil para muchos. Sin embargo, con los ojos cerrados y con los pensamientos puestos en el Señor, es posible dejar a un lado el lenguaje florido y los requiebros retóricos a la vez que se habla desde el corazón. Martín Lutero dijo: "Cuantas menos palabras tenga, mejor es la oración".

A veces, cuando oramos en grupo, descubrimos que no estamos prestando atención porque nuestra mente está planeando qué decir cuando nos llegue el turno de orar. Suena ridículo, pero quizá estemos pensando en cómo empezar la oración con palabras edificantes. Nos preguntamos cómo usar palabras grandilocuentes y que suenen espirituales. Queremos que nuestra oración sea distinta de la de quienes han orado antes que nosotros y que parezca más importante e interesante. Nuestra cabeza bulle con todo eso mientras la otra persona está orando. No se avergüence, todos somos culpables de lo mismo. Con todo, volviéndonos hacia nuestro interior y haciéndonos conscientes de nosotros mismos nos perdemos una bendición. Tendríamos que escuchar la oración de esa otra persona y unir nuestros pensamientos a los suyos. Luego, cuando llegue nuestro turno, podremos hablar con Dios como con un amigo.

La oración en grupo incluye tanto las que se elevan en grupos reducidos de dos o tres personas como aquellas que se pronuncian una tras otra en grandes reuniones o pidiendo un voluntario. En los últimos años se ha popularizado la llamada "oración en conversación". En este tipo de oración, el director empieza una conversación con Dios y, luego, algunos voluntarios la continúan. Una característica interesante de este tipo de oración en grupo es que la persona que ora no dice "amén" cuando termina, sino que otro toma el relevo y continúa la "conversación". Todos los miembros del grupo pueden participar y orar con la frecuencia que deseen. El director suele ser quien cierra la oración y pronuncia el "amén" final.

Si se llevan a cabo correctamente, las sesiones de oración en común pueden ser una experiencia inolvidable y una ocasión en la que se refuerza nuestra relación con Dios y con nuestros semejantes.

Hasta es posible orar por teléfono con el compañero de oración.

"Por esta razón también oramos siempre por vosotros, para que nuestro Dios os tenga por dignos de su llamamiento y cumpla todo propósito de bondad y toda obra de fe con su poder" (2 Tesalonicenses 1:11).

Por pocos o por muchos

Basado en Lucas 18:1-8

EN UNO DE MIS VIAJES en avión, junto a mí viajaba un piloto que estaba fuera de servicio. Como era de esperar, acabamos hablando de aviones. En el transcurso de la conversación me explicó que un avión de pasajeros está compuesto de aproximadamente dos millones de piezas que se mantienen en vuelo en formación cerrada. ¡Vaya una imagen tan elocuente!

Cuanto más pensaba en ello, más cuenta me daba de que, por así decirlo, la iglesia está compuesta por piezas y que, al volar hacia nuestro destino celestial, nosotros también tenemos que mantenernos en formación cerrada. Entender la importancia y el verdadero significado de la oración hará que esto sea posible.

¿Cuanta más gente, más fuerza? La respuesta es sí... y no. No, en el sentido de que en Dios se encuentran nuestra fuerza y nuestra madurez. Y sí, porque Dios manifiesta su fuerza a través de la iglesia, su cuerpo en la tierra. A pesar de nuestras diferencias, por medio de la oración nos unimos a él y unos con otros. Cuanto más nos acerquemos usted y yo a Dios en oración, más nos acercaremos uno a otro.

> "Pero no ruego solamente por estos, sino también por los que han de creer en mí por la palabra de ellos" (Juan 17:20).

El Señor escucha y contesta las oraciones de uno o dos: "Quizá haga algo Jehová por nosotros, pues no es difícil para Jehová dar la victoria, sea con muchos o con pocos" (1 Sam. 14:6). "En el corazón de Jonatán, un hombre justo, y en el de su escudero, puso el impulso de lanzarse sobre la guarnición de los filisteos. Jonatán creía que Dios podía ayudarlos y salvarlos, ya fueran muchos o fueran pocos. La presunción no lo empujó a correr. Pidió consejo a Dios y luego, con corazón valeroso y confiando solo en él, avanzó. Por medio de aquellos dos hombres el Señor cumplió su obra de sometimiento de los filisteos. Envió a sus ángeles para que protegieran a Jonatán y a su escudero de los instrumentos de muerte que sostenían las manos de sus enemigos" (*Spirit of Prophecy*, tomo 1, p. 358).

Asimismo, el señor escucha y responde las oraciones de muchos. "Así que Pedro estaba custodiado en la cárcel, pero la iglesia hacía sin cesar oración a Dios por él" (Hech. 12:5).

Dios responde a las oraciones de muchos como a las de pocos, incluso a las de uno.

¿Qué puedo hacer para ayudar?

Basado en Lucas 18:1-8

¿CREE USTED que si hoy dejara de orar eso afectaría a su vida? ¿Qué importancia tiene la oración en su existencia cotidiana? Quizá me responda que se trata de preguntas ridículas porque no podría vivir sin orar. Permítame otra pregunta: ¿Cuál es el motivo de sus oraciones?

La razón de mis preguntas es que la oración puede convertirse fácilmente en una rutina a la que se le presta escasa o nula atención, casi como la respuesta a una tarjeta postal que nos promete algún premio. Si tenemos suerte, cosa que sabemos que no sucederá, ganaremos; si no, no sucederá nada y seguiremos tal como estábamos.

Esto nos lleva a otra pregunta: ¿Es posible orar sin involucrarse personalmente en colaborar para que Dios responda a nuestras oraciones? ¿Es la oración un proceso en el que nos limitamos a enviar nuestras peticiones al cielo para luego dedicarnos a nuestros asuntos? ¿Acaso esperamos que Dios responda a nuestras oraciones usando una varita mágica mientras nosotros nos quedamos de brazos cruzados?

"Rogad, pues, al Señor de la mies, que envíe obreros a su mies" (Mateo 9:38).

La vida es algo real; por lo tanto, nuestras oraciones tienen que ser también reales. En la vida real hacemos planes y luego los llevamos a cabo. De la misma manera, cuando le pedimos a Dios que haga algo, es razonable que, por nuestra parte, hagamos planes para participar en su respuesta a nuestras peticiones.

En una ocasión Jesús planteó a sus oyentes una pregunta sobre la construcción. "¿Quién de vosotros, queriendo edificar una torre, no se sienta primero y calcula los gastos, a ver si tiene lo que necesita para acabarla?" (Luc. 14:28). El Señor era un artesano carpintero. Si un cliente le pedía que construyese algo, Jesús sabía qué material, qué herramientas y qué diseño se necesitaban para cumplir sus expectativas.

Nosotros, al orar, también deberíamos calcular los costos. Tendríamos que pensar en qué es necesario de nuestra parte para que el Señor responda a nuestras peticiones. A veces nuestras oraciones son vagas y carecen de sentido. Tendemos a orar hablando en términos generales y, con frecuencia, sin reflexionar sobre aquellas pequeñas cosas a las que Dios recurre para hacer su voluntad.

Me gusta el refrán que dice que la fe es la oración arremangada. Si le pedimos a Dios que haga algo por nosotros, será bueno que estemos preparados para colaborar.

"Heme aquí"

Basado en Lucas 18:1-8

LA PRÓXIMA VEZ que le pidamos a Dios que bendiga algo o a alguien, ya sea la familia, la iglesia o un campo de misión lejano, será bueno que pensemos cómo lo hará. Un día, Jesús dijo a sus discípulos: "La mies a la verdad es mucha, pero los obreros pocos; por tanto, rogad al Señor de la mies que envíe obreros a su mies" (Luc. 10:2). A menos que estemos dispuestos a ser uno de los obreros, no tiene sentido que oremos pidiendo algo así. Aunque Dios obra de manera misteriosa, su forma de obrar suele incluir a las personas, es decir, a usted y a mí.

Cierto día escuché una entrevista radiofónica a Joni Earickson-Tada y su esposo. En ella explicaban cómo, antes de visitar a los amigos, oraban para que Dios les inspirase palabras de aliento para los demás.

"Después oí la voz del Señor, que decía: '¿A quién enviaré y quién irá por nosotros?' Entonces respondí yo: 'Heme aquí, envíame a mí'"
(Isaías 6:8).

Al escucharlos, me conmoví. Suelo orar antes de hacer una visita personal o antes de ir a dar un estudio bíblico, pero no había pensado en orar antes de ir a visitar a los amigos. Me pregunto qué pasaría si, antes de precipitarnos en el automóvil para ir a visitarlos, oráramos para que Dios nos ayudara a conseguir que nuestra actitud y nuestras palabras fueran un consuelo y un aliento espiritual para la familia.

En cierta ocasión, Francisco de Asís invitó a un joven fraile para que lo acompañara por las calles de la ciudad. Honrado por haber recibido tal invitación, el fraile aceptó sin poner inconvenientes; de manera que él y Francisco pasaron el día deambulando por las calles, los callejones, las avenidas e incluso los suburbios. Se toparon con cientos de personas. Al anochecer, los dos regresaron a casa. Francisco no había hablado ni una sola vez a la multitud y tampoco le había hablado a nadie del evangelio. Profundamente decepcionado, su joven compañero dijo:

—Pensé que íbamos a la ciudad para predicar.

Francisco respondió:

—Hijo mío, hemos predicado. Predicábamos mientras caminábamos. Muchos nos vieron y observaron de cerca nuestro comportamiento. Si no predicamos por todas partes mientras andamos, ¡no tiene sentido ir a ningún lado a predicar!

La oración es una forma de vida

Basado en Lucas 18:1-8

LA ORACIÓN es más que el tiempo que pasamos a solas con Dios; es más que las palabras que le decimos a Dios. La oración es una forma de vida, una comunión constante con nuestro Padre celestial.

Sin embargo, sería erróneo concluir que, por tanto, no es necesario que pasemos un tiempo específico con Dios. Mi esposa y yo hablamos todo el día: mientras desayunamos, mientras damos el paseo matutino, incluso cuando estamos en casa haciendo nuestras tareas diarias. Pero si esas fueran las únicas ocasiones en las que habláramos, ¿cuándo podríamos compartir nuestros sentimientos más profundos? ¿Cuándo podría yo mirarla a los ojos y saber que tengo toda su atención? Un momento especial a solas con Dios en la devoción personal es absolutamente esencial para mantener una relación vibrante con él.

El mejor momento para estar con Dios es a primera hora de la mañana. Si bien puede ser inspirador, no es menos cierto que escuchar que alguien se levanta a las cuatro de la madrugada para pasar dos horas en oración puede llegar a intimidar. Puede dar la sensación de que, para ser alguien en sentido espiritual es preciso levantarse antes del alba y que quien no lo hace así es un enclenque espiritual. El alarde de nuestras prácticas religiosas puede convertirse en causa de desaliento para los demás. Con parábolas y ejemplos, Jesús mostró que el tiempo de adoración tiene que ser privado y secreto; no tiene que ser exhibido ante los demás como una señal espiritual de valor.

"Orad sin cesar"
(1 Tesalonicenses 5:17).

Para aquellos que no son especialmente madrugadores —que son bastantes— me atrevería a decir que si no se es capaz de levantarse a las cuatro de la madrugada y pasar un tiempo de calidad con Dios, lo más aconsejable es pasarlo nada más levantarse, sea a la hora que sea. Eso no es "ser vistos por los hombres" (Mat. 6:5) sino sobrevivir. Aunque ayer comí, bebí y respiré, mi bienestar físico, mi existencia, demanda que yo coma, beba y respire cada día. Con la vida espiritual sucede lo mismo. Recuerde que, en el desierto, los israelitas que habían guardado el maná de un día para otro descubrieron que estaba infestado de gusanos. Cada día tenemos que pedir a Dios nuestro pan diario.

John Bunyan escribió: "El que huye de Dios por la mañana, difícilmente lo encontrará el resto del día".

¿Tiene tiempo?

Basado en Lucas 18:1-8

EN NUESTRO AJETREADO MUNDO, encontrar tiempo para la oración y la adoración personal es un reto. Aparentemente, hace años disponíamos de más tiempo para meditar y reflexionar. Por la noche, tras la puesta de sol, poco se podía hacer si no ir a dormir. Ahora, con las comodidades modernas como la luz eléctrica, la radio, la televisión y las computadoras, es más que probable que pasemos las horas vespertinas viendo las noticias o entreteniéndonos ante una pantalla. La mayoría afirma que no dispone de tiempo para la adoración.

¿Piensa usted que los únicos que tienen ese problema son los que se sientan en los bancos de la iglesia y que el clero, en cierto modo, ha conseguido vencerlo? No lo crea. En una revista religiosa se dio el dato de que un pastor promedio dedicaba solo tres minutos al día a orar (*Christianity Today*, 6 de abril de 1979).

Hace poco, me entristeció saber que una de mis amistades había dejado de amar a su esposa. Al parecer, se había enamorado de otra mujer. No es que yo no supiera que esas cosas suceden, pero en este caso mi amigo era una persona aparentemente consagrada que tenía la costumbre de levantarse temprano para orar con otros antes de empezar las labores del día. Cuando me enteré de lo sucedido, me pregunté cómo es posible que una persona pueda levantarse temprano y pasar un tiempo con Dios a la vez que permite que su relación con su esposa se deteriore hasta la ruptura.

> "Nada hay oculto que no haya de ser manifestado, ni escondido que no haya de salir a luz" (Marcos 4:22).

Si algún momento hay en que es conveniente sacar a relucir los trapos sucios es, precisamente, mientras estamos con Dios; porque "el que oculta sus pecados no prosperará, pero el que los confiesa y se aparta de ellos alcanzará misericordia" (Prov. 28:13). Dios ya conoce el corazón. Por desgracia, es probable que mi amigo, o bien sintiera demasiada vergüenza de hablar de su problema al Señor o bien pensara que el tiempo que pasaba en oración era lo único que le importaba a Dios. Al orar también tenemos que ser sinceros con el Señor. "Nada hay oculto que no haya de ser manifestado, ni escondido que no haya de salir a luz" (Mar. 4:22).

Háblele con franqueza y abiertamente.

La oración cambia las cosas

Basado en Lucas 18:1-8

LA ORACIÓN jamás estuvo destinada a ser un fin en sí misma o un acontecimiento más en la vida diaria. La oración es un medio para un fin; nos ayuda a vivir en santidad.

Nicolás Herman de Lorena nació en la Francia del siglo XVII. En su juventud fue soldado, pero más tarde ingresó en un monasterio. Se lo recuerda como el hermano Laurent y su contribución a nuestra vida es que nos inspiró a "practicar la presencia de Dios". Para el hermano Laurent, las horas de oración no eran distintas de las demás. Comía a una hora determinada, trabajaba a una hora precisa, se bañaba a una hora concreta y oraba a una hora exacta. Para él la oración se convirtió en un estilo de vida, un hecho inamovible de su día a día.

Mi esposa y yo llevamos casados ya cincuenta años. Además de nuestra relación, el compromiso mutuo que Betty y yo tenemos también afecta a todo lo que hacemos. Aunque es evidente que los matrimonios en los que hay poca o ninguna comunicación están en peligro, tampoco es necesario que mi esposa y yo hablemos continuamente. Nuestra comunión es más que solo palabras, es un estilo de vida. Y lo mismo ocurre con nuestro compromiso con Jesús. Nuestra vida tiene que ir más allá de las oraciones y pasar a los actos. No basta con hablar con él, es preciso vivir para él.

> "En él vivimos, nos movemos y somos" (Hechos 17:28).

Se han realizado encuestas preguntando a la gente por qué ora. Los resultados son a la vez alentadores y decepcionantes. Si bien la mayoría de las personas entrevistadas dijeron que oran —la mayoría de ellos cada día— la oración parece tener poco efecto en la dirección que toma su vida.

Muchas personas han dividido su vida en dos compartimentos. Por un lado tienen lo que ven como vida espiritual y por otro, una vida secular. La vida espiritual está centrada en Dios y la vida secular gira en torno al mundo. El equilibrio es imposible. Somos una cosa o la otra, pero no las dos a la vez.

Una vida verdaderamente espiritual será aquella que, además de empezar el día con Dios, incluye andar con él todo el día. La verdadera vida religiosa del cristiano es una demostración práctica del texto que dice que "en él vivimos, nos movemos y somos" (Hech. 17:28).

Lleve a Dios consigo en todo lo que haga.

La oración nos cambia

Basado en Lucas 18:1-8

PARA LOS PADRES y los abuelos, la angustia por la salvación de sus seres queridos es una pesada carga. Inclúyame a mí. Cada día, a veces con lágrimas, en oración, los presentamos ante el Señor y le pedimos que los haga regresar a la iglesia, que los libere de influencias y hábitos dañinos; en pocas palabras, que los cambie.

No obstante, quizá la primera persona a quien debamos presentar ante el Señor seamos nosotros mismos. ¿Cómo? ¿Acaso no sería egoísta? Es cierto que no tenemos que centrar las oraciones en nosotros mismos, pero pedirle al Señor que lo cambie todo y a todo el mundo es incompatible con el espíritu de la oración.

Quizá piense: "Este hombre no entiende nada. Soy como soy por mi esposa. ¿Cómo puede el Señor cambiarme a mí si antes no la cambia a ella?".

"No os conforméis a este mundo, sino transformaos por medio de la renovación de vuestro entendimiento, para que comprobéis cuál es la buena voluntad de Dios, agradable y perfecta" (Romanos 12:2).

Orar para que alguien cambie me recuerda la historia de un jovencito al que lo habían enviado a su habitación porque se había portado mal. Al poco rato, salió y dijo a su madre:

—He estado pensando en lo que hice y he orado.

—Eso está bien —dijo ella—; si le pides a Dios que te haga ser bueno, te ayudará.

—Ah, no. No le he pedido que me ayude a ser bueno —respondió el muchacho—. ¡Le pedí que te ayude a soportarme!

Nuestra vida, la de usted y la mía, puede cambiar tanto si nuestros cónyuges o nuestros hijos cambian como si no. He visto muchos casos en los que las esposas y los esposos, antes de que se produjera un cambio, han tenido que orar por su cónyuge a veces durante años. Pero el cambio más importante de todos fue el cambio que el Señor obró en ellos durante esos años de oración.

Cuando nos cambia, el Señor no se limita a remodelarnos. La nueva vida en Cristo no se aplica sobre la antigua. "De modo que si alguno está en Cristo, nueva criatura es: las cosas viejas pasaron; todas son hechas nuevas" (2 Cor. 5:17).

No se limite a "repintar" su experiencia cristiana, vívala.

La Biblia es nuestro libro de texto

Basado en Lucas 18:1-8

ESTOY CONVENCIDO de que el aspecto más importante de nuestra vida de oración personal es el arrepentimiento. Jesús prometió que enviaría el Espíritu Santo y lo primero que sentiríamos cuando viniese es que seríamos convencidos de pecado.

De hecho, hay bendiciones que vienen por el ayuno, otras por orar toda la noche y otras por dedicar cada mañana dos horas a la oración. Pero es posible que alguien sea capaz de hacer todas estas cosas y, sin embargo, no poner el corazón en ello. Las Escrituras advierten que es posible mantener una piedad formal y, a la vez, negar el poder que hay en ella (ver 2 Tim. 3:5). La prueba final de la oración efectiva es una vida cambiada. Jesús lo expresa de otra manera: "Así que por sus frutos los conoceréis" (Mat. 7:20).

Es posible que, en gran parte, la oración acabe por convertirse en un hábito según el cual oramos pidiendo cosas equivocadas o pedimos cosas correctas pero con un motivo equivocado. "Pues qué hemos de pedir como conviene, no lo sabemos" (Rom. 8:26). Por esa razón es preciso que, constantemente, recurramos a la Palabra de Dios para establecer los términos de referencia de nuestras oraciones. Si bien el Espíritu Santo llama a la puerta del corazón y nos llama a la oración, la Biblia siempre tiene que ser el libro de texto que nos enseñe qué tenemos que pedir en oración.

"Mi escondedero y mi escudo eres tú. En tu palabra he esperado" (Salmo 119:114).

En cierta ocasión, una joven me dijo que salía con una persona que profesaba otra fe. Cuando sus amigos se lo desaconsejaron, ella respondió que no había nada malo porque estaba orando al respecto. ¿Sus oraciones estaban de acuerdo con la Palabra de Dios?

"La oración es rendición: rendición a la voluntad de Dios y cooperación con esa voluntad. Si arrojo un ancla por la borda y, aferrándome a ella, tiro, ¿se acercará la orilla hacia mí o yo me acercaré a la orilla? La oración no es llevar a Dios a mi terreno, sino alinear mi voluntad con la de Dios" (E. Stanley Jones, *Liberating Ministry From The Success Syndrome* [Liberando el ministerio del síndrome del éxito]; Tyndale: K. Hughes [1988], p. 73).

¿Son sus oraciones conformes a la voluntad de Dios revelada en su Palabra?

Alegría en lugar de tristeza

Basado en Lucas 18:1-8

ALGUNAS PERSONAS saben atrapar monos sin hacerles daño. Introducen un maní en una jarra de cerámica. En poco tiempo, un mono llega y lo huele. Luego mirará dentro de la jarra y verá el maní en el fondo. Como quiere comerlo, el mono introduce la mano en la jarra y, cerrando el puño, lo agarra. Pero el puño es demasiado grande para que pueda pasar por el cuello de la jarra y el mono es demasiado avaro como para soltar el maní. Así, el mono queda atrapado; y todo porque no quiso soltar un mísero maní.

Podemos liberarnos de todas nuestras cargas y penas; basta con que las soltemos y se las demos a Jesús. Él tomará nuestro dolor y lo convertirá en alegría que nadie nos podrá quitar.

"También vosotros ahora tenéis tristeza, pero os volveré a ver y se gozará vuestro corazón, y nadie os quitará vuestro gozo" (Juan 16:22).

La oración sincera suele ser el resultado de un corazón quebrantado. El corazón que busca al Señor con toda su fuerza es el corazón contrito; por lo que el corazón permanentemente contrito es condición indispensable para la oración sincera. "Cercano está Jehová a los quebrantados de corazón y salva a los contritos de espíritu" (Sal. 34:18). "Los sacrificios de Dios son el espíritu quebrantado; al corazón contrito y humillado no despreciarás tú, oh Dios" (Sal. 51:17). "Porque así dijo el Alto y Sublime, el que habita la eternidad y cuyo nombre es el Santo: 'Yo habito en la altura y la santidad, pero habito también con el quebrantado y humilde de espíritu, para reavivar el espíritu de los humildes y para vivificar el corazón de los quebrantados'" (Isa. 57:15).

En cierta ocasión hablaba con una persona que había perdido el celo por andar con el Señor. Le pregunté por su vida de oración. Me respondió que había dejado de orar porque sabía que, si lo hacía, en su vida se producirían cambios y eso le daba miedo.

La oración sincera ablanda el corazón más duro. Por lo tanto, el mayor error que podemos cometer es el error de dejar de orar.

El Señor quiere cambiar su sufrimiento por gozo. Si tal es su deseo, deje que él lo haga.

Libérese de sus cargas

Basado en Lucas 18:1-8

LOS CRISTIANOS TENEMOS el privilegio de echar nuestras preocupaciones sobre el Señor (ver 1 Ped. 5:7), porque nuestro Padre celestial conoce y entiende nuestras necesidades. Echar no es poner con cuidado o suavemente. Significa arrojar con fuerza, levantar, lanzar, como un niño que se deshace de su mochila después de la escuela o un jardinero que tira un saco de malas hierbas a la basura. Esto no es lo mismo que invitarnos a mostrarnos irrespetuosos con Dios, sino que implica que podemos aliviarnos de un peso que hemos estado cargando.

Cuando yo era niño, no era raro que los agricultores utilizaran bestias de tiro para arar y cultivar los campos. Cierto día observaba a un joven mientras trabajaba con su caballo. Mi vecina dijo:

—¿Ves ese joven? Es muy nervioso. A veces, cuando tiene un ataque toma un palo y golpea al caballo.

Quedé horrorizado. Le pregunté a mi vecina qué hacía el caballo cuando el joven lo golpeaba. La vecina respondió:

—La bestia entiende que algo va mal con el dueño y, sencillamente, se queda quieta y espera.

Nuestro Dios es "fuerte, misericordioso y piadoso" (Éxo. 34:6). Aunque experimentemos un ataque de ira somos libres de contarle cómo nos sentimos. Él nos escuchará. No nos regañará ni nos despreciará. Para los que le buscan con todo su corazón, tendrá misericordia y será "amplio en perdonar" (Isa. 55:7).

> "Los gentiles se angustian por todas estas cosas, pero vuestro Padre celestial sabe que tenéis necesidad de todas ellas" (Mateo 6:32).

He descubierto que, a veces, cuando me guardo mis sentimientos y no sé orar, leer un pasaje de los Salmos me puede ayudar a expresarme. Nadie puede expresarlo mejor que David cuando exclamó: "Te glorificaré, Jehová, porque me has exaltado y no has permitido que mis enemigos se alegren de mí. Jehová, Dios mío, a ti clamé y me sanaste. Jehová, hiciste subir mi alma del seol. Me diste vida, para que no descendiera a la sepultura. ¡Cantad a Jehová, vosotros sus santos, y celebrad la memoria de su santidad!, porque por un momento será su ira, pero su favor dura toda la vida. Por la noche durará el lloro y a la mañana vendrá la alegría" (Sal. 30:1-5).

Participe

Basado en Lucas 10:1-8

HACE UNOS AÑOS escribí un libro titulado *Lord Keep Your Mansions – Just Save My Children* [Señor, quédate con tus mansiones, pero salva a mis hijos]. En él hablo de algunos de los desafíos a los que, con el transcurso de los años, mi esposa Betty y yo hemos tenido que enfrentarnos para educar a nuestros cuatro hijos. Tanto en los buenos momentos como en los malos, se nos hizo evidente que, si Dios tenía que responder a nuestras oraciones por nuestros hijos, solo sería con nuestra cooperación y, en ocasiones, nuestra participación directa.

Nos dimos cuenta de que hay momentos en los que, además de no poder resolver un problema en particular, se corre el riesgo de empeorarlo. A veces, la mejor manera de cooperar es no hacer ni decir nada en absoluto. "Señor, bendice mi familia" es una noble oración, pero si el Señor tiene que bendecir nuestra familia, también tendremos que considerar cómo podemos colaborar con él para que eso sea posible.

A veces, cuando en la familia, en la iglesia o en el trabajo hay un problema, queremos llevarlo ante el Señor tomándolo con la punta de los dedos, el brazo bien estirado y tapándonos la nariz con la otra mano. En otras palabras, de tanto que apesta el problema, no queremos implicarnos personalmente.

"Cuando Job hubo orado por sus amigos, Jehová le quitó la aflicción" (Job 42:10).

Canturreamos el estribillo: "Lleva tus cargas al Señor y déjalas", le endosamos el problema al Señor y echamos a correr tan rápido y tan lejos como podemos; cuanto más deprisa y más lejos mejor.

Luego evitamos a la persona con la que tenemos el problema como si de un infectado se tratara. Si la vemos en el supermercado, cambiamos de pasillo; si sospechamos que quien está llamando al teléfono es esa persona, no atendemos; y, si alguien menciona su nombre, desviamos el tema de conversación.

¿Cómo esperamos que el Señor alcance a esa persona si no a través de quienes la conocen? ¿Qué piensa usted de quien abandona a su familia cuando el dinero se acaba? ¿Acaso seremos distintos si abandonamos a un amigo o a un familiar cuando las cosas van mal en su vida?

Tenemos el privilegio de llevar a nuestros familiares y amigos ante el Señor. Cuando lo haga, inclúyase usted mismo en la oración. Pídale al Señor que lo use del modo que él crea más conveniente para responderle.

¿Orgulloso o humilde?

Basado en Lucas 18:9-14

CUANDO MI ESPOSA y yo damos un paseo por el vecindario, pasamos junto a un mandarinero. Las mandarinas tienen un aspecto muy tentador: son redondas, de color naranja brillante y abundantes. En varias ocasiones he alargado la mano y he tomado una mandarina con la esperanza de que fuera dulce y jugosa. Sin embargo, cada vez la recompensa es un sabor amargo y ácido. El árbol, que obviamente es viejo, ha vuelto al estado silvestre y sus frutos son incomestibles. Más de una vez he caído en la tentación de tomar una mandarina; pero, indefectiblemente, acabo arrojándola con desagrado. Las cosas no siempre son lo que parecen.

Tenga en cuenta la historia que Jesús contó de los dos adoradores: un fariseo y un publicano. Los fariseos pertenecían a una secta estricta del judaísmo y los publicanos eran recaudadores de impuestos menospreciados por todos, judíos que cooperaban con los romanos para obtener un beneficio personal. A simple vista, nos encontramos ante el principio de una historia de un hombre bueno contra otro malo, de un justo contra un pecador. ¿Pero quién es quién? Recuerde, las cosas no siempre son lo que parecen.

> "Humillaos, pues, bajo la poderosa mano de Dios, para que él os exalte a su debido tiempo" (1 Pedro 5:6).

Jesús dijo que ambos adoradores subieron a la colina del templo para orar. El fariseo fue al templo para que la gente lo viera orar, el publicano fue con la esperanza de que nadie se apercibiera de su presencia entre la multitud; el fariseo fue para guardar las apariencias, el publicano fue para hacer una petición.

Los destinatarios de esta parábola de Jesús eran una clase determinada de personas. A esas personas les gustaba la santurronería y estaban orgullosas de ello. Se dio cuenta de cómo trataban a quienes consideraban que pertenecían a una clase inferior. Vio su arrogancia incluso cuando pretendían adorar. Sabía que hacían gala de ello para impresionar a Dios y a los hombres.

Dios es el Dios de los encumbrados y de los humildes. "Porque así dijo el Alto y Sublime, el que habita la eternidad y cuyo nombre es el Santo: 'Yo habito en la altura y la santidad, pero habito también con el quebrantado y humilde de espíritu, para reavivar el espíritu de los humildes y para vivificar el corazón de los quebrantados'" (Isa. 57:15).

Ser humilde no significa pensar menos en uno mismo que en los demás y tampoco tiene nada que ver con tener una baja opinión de los propios dones. Es la libertad de pensar en uno mismo del modo que sea.

¿Amargo o dulce?

Basado en Lucas 18:9-14

DOS ADORADORES están de pie: un fariseo y un publicano. Ambos saben de la presencia del otro, por lo que el fariseo se pavonea. Se pone en pie y ora para sí. Aunque el fariseo se dirige a Dios, la suya no podría llamarse oración. Es un inventario de todas sus supuestas buenas obras. Está totalmente centrado en sí mismo, no contempla nada que no sea su yo y su propia alabanza, no la gloria de Dios.

Dice muchas cosas buenas de sí mismo que, suponemos, pueden ser ciertas. No es un ladrón, ni injusto o adúltero; tampoco es como ese miserable publicano que se ha quedado en una esquina. Ayuna dos veces por semana y da el diezmo de todo lo que tiene. ¿Qué más podría querer el Señor de él? Cuando termina su recital, se envuelve con su manto para protegerse de la turba y cruza majestuosamente la multitud. Es como una de esas mandarinas: de aspecto agradable, pero de interior amargo y repulsivo.

El publicano, en cambio, se mantiene a distancia, consciente de su indignidad para acercarse a Dios. Expresa su arrepentimiento y su humildad. Apenas osa levantar los ojos al cielo y no se atreve a levantar las manos, como sería habitual en la oración. En su lugar, se golpea el pecho y dice: "Dios, sé propicio a mí, pecador".

"El que piensa estar firme, mire que no caiga" (1 Corintios 10:12).

Jesús dijo: "Os digo que este descendió a su casa justificado antes que el otro". Jesús sabe qué mandarina es la dulce.

"El fariseo y el publicano representan las dos grandes clases en que se dividen los que adoran a Dios. Sus dos primeros representantes son los dos primeros niños que nacieron en el mundo. Caín se creía justo y solo presentó a Dios una ofrenda de agradecimiento. No hizo ninguna confesión de pecado y no reconoció ninguna necesidad de misericordia. Abel, en cambio, se presentó con la sangre que simbolizaba al Cordero de Dios. Lo hizo en calidad de pecador, confesando que estaba perdido; su única esperanza era el amor inmerecido de Dios. [...] La sensación de la necesidad, el reconocimiento de nuestra pobreza y pecado, es la primera condición para que Dios nos acepte" (*Palabras de vida del gran Maestro*, cap. 13, pp. 117, 118).

Señor, haz de mí una dulce bendición para los demás.

El gobernante acongojado

Basado en Lucas 18:18-23

EL JOVEN RICO había estado observando cómo Jesús bendecía a los niños y su corazón fue tocado. Tenía una alta opinión de sí mismo; sin embargo, sentía que algo le faltaba. A lo mejor, si Jesús ponía también sus manos sobre él y lo bendecía... Arrodillado a sus pies, le planteó la gran pregunta que tendría que preocuparnos a todos y cada uno de nosotros: "¿Qué me falta para ganar el cielo?". Le hizo la pregunta a la persona correcta. Solo hay una manera de llegar al cielo y es a través de Cristo.

Jesús le dijo al joven que, si quería la vida eterna, era necesaria la obediencia a los mandamientos de Dios; a lo cual, el dignatario le respondió que eso ya lo hacía desde su niñez. Si el dignatario hubiese entendido el alcance y la naturaleza espiritual de la ley y las obras de su corazón, habría dicho: "Todo eso lo he quebrantado desde mi juventud con el pensamiento, con las palabras y con los actos".

Si el dignatario hubiera amado de verdad a Jesús lo habría abandonado todo y lo habría seguido, costase lo que costase. Si realmente hubiera amado a sus hermanos, habría distribuido sus riquezas entre los pobres. Si hubiera abandonado el mundo realmente, no habría dudado en vender sus posesiones. Si realmente hubiera querido ir al cielo, no habría buscado otra cosa que hacerse un tesoro en él.

"Y cualquiera que haya dejado casas, o hermanos, o hermanas, o padre, o madre, o mujer, o hijos, o tierras, por mi nombre, recibirá cien veces más, y heredará la vida eterna" (Mateo 19:29).

Hay mucha buena gente a la que un solo pecado le impedirá acceder a la salvación. Muchos que jamás dejarían a Jesús, de hecho, ya lo están dejando. Después de largo tiempo debatiéndose entre sus convicciones y sus corrupciones, estas últimas acaban por ganar la batalla. Los entristece sobremanera no poder servir a la vez a Dios y al dinero. En el camino al cielo, las riquezas son para muchos un gran obstáculo. Si el dignatario no hubiese sido tan rico, lo habría dejado todo y habría seguido a Cristo.

Quienes han renunciado a una herencia y a la familia por causa del reino de Dios gozarán del consuelo del Espíritu Santo, del placer de la comunión con Dios y una conciencia tranquila; ventajas que pagan con creces la pérdida. Sin embargo, eso no es todo; en el mundo venidero recibirán la vida eterna.

Un hospital para pecadores

Basado en Lucas 19:1-10

PROBABLEMENTE USTED haya escuchado la expresión: "La iglesia no es una casa de reposo para santos, sino un hospital para pecadores". Durante años, yo no entendía lo que eso significaba. Entendía, sí, que la iglesia no es una casa de reposo. Los que queremos ser santos no tenemos que pensar en la iglesia como en un lugar al que ir, sentarse en una mecedora y dejar que los demás se ocupen de uno. Nunca tenemos que abandonar el servicio cristiano. Pero no tenía claro por qué la iglesia es un hospital para pecadores. Pensaba que significaba que si alguien quiere pecar tiene que ir a la iglesia.

Pero no se trata de eso. Quien está enfermo va al hospital para que lo cuiden y lo curen mientras está ingresado y luego vuelve a hacer vida normal. La gente no se retira a descansar en los hospitales. Un hospital no es una residencia. Todos somos pecadores y la iglesia es donde vamos a curarnos por la gracia de Jesús.

> "Id, pues, y aprended lo que significa: 'Misericordia quiero y no sacrificios', porque no he venido a llamar a justos, sino a pecadores al arrepentimiento" (Mateo 9:13).

Si bien la iglesia no es una casa de reposo para santos, tampoco es un asilo para pecadores. Una de las funciones de los asilos es acoger a enfermos terminales para que pasen sus últimos días. Pero la iglesia no es un lugar donde los pecadores vienen a quedarse tal como están hasta que mueren. El evangelio de Jesús no nos salva *con* nuestros pecados, o *a pesar* de nuestros pecados, sino *de* nuestros pecados (Mat. 1:21).

Cuando nos convencemos de pecado, nos damos cuenta de que no podemos continuar tal como estamos. También sabemos que Dios no excusa nuestros pecados como si no pasara nada. Dios sería débil o injusto si permitiera que persistamos en nuestros pecados. Que, al perdonar nuestros pecados, Dios nos dé una vida nueva y santa es algo magnífico. El apóstol Pablo escribió: "¿Qué, pues, diremos? ¿Perseveraremos en el pecado para que la gracia abunde? ¡De ninguna manera! Porque los que hemos muerto al pecado, ¿cómo viviremos aún en él?" (Rom. 6:1-2).

Al fin y al cabo, tanto los que se pierden como los salvados tienen algo en común: todos son pecadores. La diferencia fundamental será que los salvados querían salir del pecado y Jesús los salvó. Los perdidos disfrutaban con el pecado y rechazaron la cura que, misericordiosamente, les ofreció Jesús.

Ven conmigo a casa, Jesús

Basado en Lucas 19:1-10

ZAQUEO ERA UN JUDÍO que recaudaba impuestos para el gobierno romano. Sus propios paisanos lo odiaban porque se había enriquecido con los impuestos que les cobraba de manera fraudulenta.

Cierto día, Zaqueo, sabiendo que Jesús pasaría por Jericó, su ciudad, quiso ver qué aspecto tenía. Su corta estatura no le permitía ver por encima de las cabezas de los que lo rodeaban. Aunque debió sentir vergüenza, trepó a un árbol para poder tener buena visión de lo que sucedía. Con todo, imagine cómo debió sentirse cuando Jesús, deteniéndose debajo del árbol, dijo: "Zaqueo, baja que quiero ir a tu casa". En aquel mismo lugar y preciso instante el odiado publicano le entregó su corazón.

Inmediatamente, Zaqueo anunció que repararía el daño que había causado a quienes había ofendido. Entonces nadie podría decir: "Aunque ese individuo parezca una buena persona jamás olvidaré el día en que me estafó". Jesús dijo que, aquel mismo día, la salvación había entrado en casa de Zaqueo.

La salvación es inmediata. Por las palabras de Jesús sabemos que basta un instante para que la salvación entre en el corazón de una persona. Por más que la santificación sea obra de toda una vida, la salvación se declara en un instante. En un instante el alma puede pasar de la más absoluta oscuridad a la luz. Al principio, la luz no es tan intensa como al mediodía. ¿Quién de nosotros puede decir que hemos llegado a ese punto? Sin embargo, en el momento en que nos alejamos del pecado y miramos a Jesús, la luz empieza a alcanzar todos los rincones.

"¡Ojalá siempre tuvieran tal corazón, que me temieran y guardaran todos los días todos mis mandamientos, para que a ellos y a sus hijos les fuera bien para siempre!" (Deuteronomio 5:29).

La salvación es visible. Jesús la vio en Zaqueo y este la vio en sí mismo. Aquel día, todos los que estaban alrededor del árbol vieron el cambio que se había operado en él. Nadie puede ser salvo sin que todo el mundo vea el cambio que se produce en su interior.

Usted y yo no tenemos que subir a un árbol para ver a Jesús. Podemos verlo cada día en su Palabra.

Jesús, gracias por aceptar vivir en mi corazón. No quiero solamente que te quedes en mi corazón, sino que vivas en casa, conmigo. Quiero que la salvación venga a mi casa y a mi familia.

Ha llegado la salvación

Basado en Lucas 19:1-10

¿CÓMO PUEDE alguien decir que es salvo? ¿Qué significa: "Soy salvo, me salva, seré salvo"? Lo primero alude al momento en que le entregamos el corazón a Jesús, lo segundo sucede mientras el Espíritu Santo nos da el fruto del Espíritu y lo tercero tiene que ver con el momento en que Jesús vendrá en las nubes para llevarnos con él al cielo.

¿Qué quiso decir Jesús cuando declaró que la salvación había llegado a casa de Zaqueo? ¿Significa esto que Zaqueo era perfecto? Sí, en aquel momento era perfecto. Decir que no era perfecto sería lo mismo que decir que Jesús no lo había perdonado por completo. Zaqueo era perfecto, porque Jesús lo había perdonado perfectamente. Cuando nos arrepentimos y lamentamos haber pecado, Jesús nos perdona completamente. De hecho, por fe, creemos que así lo hace. Se echa nuestros pecados a la espalda y no los recuerda más. Luego dice que estamos delante de él como si nunca hubiésemos pecado (ver *Nuestra elevada vocación*, p. 50). Si hemos seguido esos pasos, entonces, la salvación también es nuestra porque nuestros pies marchan por el camino al cielo. En caso de que nos desviemos del camino y caigamos en el pecado, el Espíritu Santo nos convencerá de nuestro error. Finalmente, si nos arrepentimos, Jesús nos perdonará y nos devolverá al camino, de manera que volvamos a dirigirnos hacia el cielo. Esta operación se llama salvación.

> "Si confiesas con tu boca que Jesús es el Señor y crees en tu corazón que Dios lo levantó de entre los muertos, serás salvo" (Romanos 10:9).

¿Volvió Zaqueo a pecar al día siguiente y al otro? Posiblemente; pero sus pies andaban por el camino adecuado e iba en la dirección correcta. Para él no había vuelta atrás. Mientras llevaba su antigua vida de pecado, el Espíritu Santo lo llamaba desde fuera; pero desde que Zaqueo se convirtió, el Espíritu Santo lo llamó desde su interior, porque ser salvo significa que Jesús vive en el corazón. De igual modo, la ayuda de ese mismo Espíritu Santo está a nuestra disposición; basta con que la pidamos.

Señor, te doy gracias por la salvación que me has dado. Te agradezco la salvación que me das en este mismo momento en que vivo por ti. Finalmente, Señor, ansío esa salvación que me darás cuando vengas.

¿Hechizados o convencidos?

Basado en Lucas 19:1-10

"CUANDO CRISTO es recibido como Salvador personal, la salvación viene al alma" (*El Deseado de todas las gentes*, cap. 61, p. 523). Sin embargo, el propósito del diablo es engañarnos para que creamos (1) que la salvación es demasiado complicada e imposible de alcanzar en esta vida o (2) que la salvación es tan fácil de conseguir que basta con desearla. Algunos no creen ninguna de estas ideas, aunque esperan que Dios obre un milagro en su vida, de manera que, sin mediar esfuerzo por su parte, los vuelva alérgicos al pecado y, por tanto, inmunes a la tentación. Entienden que el derramamiento del Espíritu Santo hará que el pecador se convierta en santo.

El Espíritu Santo no se sirve de una varita mágica para hechizarnos, sino que nos convence de pecado para cambiarnos. "La justicia de Cristo no es un manto para cubrir los pecados que no han sido confesados ni abandonados; es un principio de vida que transforma el carácter y rige la conducta. La santidad es integridad para con Dios: es la entrega total del corazón y la vida para que revelen los principios del cielo" (*El Deseado de todas las gentes*, cap. 61, p. 52).

Zaqueo aprendió que hacer de Jesús el Señor de su vida tenía un elevado precio. Sus recursos terrenales se desvanecieron. Perdió a sus amigos. Pero ganó para sí y para toda su familia el maravilloso regalo de la salvación. Ahora tenía un tesoro en el cielo.

> "Deje el impío su camino y el hombre inicuo sus pensamientos, y vuélvase a Jehová, el cual tendrá de él misericordia, al Dios nuestro, el cual será amplio en perdonar" (Isaías 55:7).

Zaqueo recibió en su casa a Jesús, no solo como huésped, sino como su Salvador que viviría para siempre en su corazón y su hogar. Los escribas y los fariseos lo consideraban un pecador y criticaron a Jesús por ir a su casa. Pero el Señor le dijo a Zaqueo que ahora formaba parte de la familia de Dios. Porque "los que tienen fe, estos son hijos de Abraham" (Gál. 3:7).

Amado Jesús, gracias por hacer de mí un miembro de tu familia. Quiero invitarte para que vengas a mi casa; no para venir de visita y luego marcharte, sino para quedarte.

¿Qué clase de vino?

Basado en Juan 2:1-11

JESÚS y sus discípulos habían acudido a una fiesta de bodas; su madre lo había informado de que se había acabado el vino. Esto le dio la oportunidad de iniciar su ministerio con un milagro agradable y festivo: proporcionaría la bebida.

Se han planteado muchas preguntas respecto a qué clase de vino hizo Jesús en tal circunstancia. La Biblia lo llama vino, y estoy seguro de que era de muy buena calidad porque todo lo que hacía Jesús tenía que ser lo mejor. Esto es, precisamente, lo que Elena G. de White escribe en *El Deseado de todas las gentes*: "El vino que Jesús proveyó para la fiesta, y que dio a los discípulos como símbolo de su propia sangre, fue el jugo puro de uva. [...] Fue Cristo quien dio en el Antiguo Testamento la advertencia a Israel: 'El vino es escarnecedor, la cerveza alborotadora; y cualquiera que por ello errare, no será sabio' (Prov. 20:1). Y él mismo no proveyó bebida tal. [...] El vino sin fermentar que él proveyó a los huéspedes de la boda era una bebida sana y refrigerante. Su efecto consistía en poner al gusto en armonía con el apetito sano" (cap. 15, p. 128).

"El vino es escarnecedor, la sidra alborotadora; ninguno que por su causa yerre es sabio" (Proverbios 20:1).

Cuando vivíamos en el sur de Asia y necesitábamos mosto para el rito de comunión fuera de la época de la vendimia, poníamos pasas a remojo y luego las prensábamos hasta sacarles el jugo. Otra posibilidad era hervir el mosto y reducirlo hasta conseguir un concentrado espeso que se conservaba durante algún tiempo. Quizás una bebida similar era la que se servía en las grandes celebraciones. La bebida que Jesús proveyó era deliciosa y, para regocijo del maestro de ceremonias, probablemente sabía a uva recién prensada.

¿Cuánto vino hizo Jesús? No lo sabemos a ciencia cierta, pero se estima que, en aquel tiempo, las tinajas de agua contenían del orden de 75 a 115 litros cada una. Teniendo en cuenta que había seis, es posible que la cantidad ascendiera a unos setecientos litros. ¿Por qué tanto vino? Porque no era una boda como las que nosotros conocemos. En Oriente, todos los habitantes del pueblo acuden a las celebraciones de boda que, en ocasiones, pueden durar una semana o más. Es preciso alimentar a cientos de personas y no se le cierra el paso a nadie. En consecuencia, se necesita una gran cantidad de comida y bebida.

Jesús suplió las necesidades de la boda y también suplirá las nuestras.

Sencillamente, agua

Basado en Juan 2:1-11

MOISÉS COMENZÓ la liberación de los hijos de Israel convirtiendo agua en sangre. Jesús comenzó su ministerio terrenal transformando agua en vino. Además de suplir nuestras necesidades, Jesús nos da más de lo que necesitamos. Lo mismo sucede con el reino de su gracia. Además de darla suficientemente a los pecadores para que se salven, la da en sobreabundancia. El vino es símbolo de su gracia y su gran cantidad ilustra las bendiciones y el perdón que ha puesto a disposición de cada uno de sus hijos.

El primer milagro de Jesús fue sencillo y corriente. Sería de esperar que cuando el Creador del universo viniera a la tierra adoptando forma humana empezara su milagrosa carrera reuniendo, al menos, a los escribas y a los fariseos, cuando no a los reyes y a los príncipes de la tierra, para obrar ante ellos algún milagro, como en su momento hicieran Moisés y Aarón ante el Faraón, con el fin de que se convencieran de que él era el Mesías. Pero no fue así. Acudió a una sencilla boda de gente humilde y, con toda naturalidad, mostró su gloria. Cuando convirtió el agua en vino, no llamó al maestro de ceremonias, al novio ni a ningún invitado para decirle: "Ya sabes que se ha acabado el vino. Pues bien, estoy a punto de hacer un milagro; convertiré el agua en vino". No, lo hizo discretamente, con los criados. Les dijo que llenaran las tinajas de agua. No pidió que fueran nuevas, usó lo que tenía a su alcance y sin hacer bullicio ni ostentación. Usó agua clara, de la que tenían en abundancia, y obró el milagro con el más natural de los estilos.

> "Lo necio del mundo escogió Dios para avergonzar a los sabios; y lo débil del mundo escogió Dios para avergonzar a lo fuerte" (1 Corintios 1:27).

No llamó a ningún desconocido que lo ayudara, sino que hizo que los criados de la casa trajeran agua, solo agua. Luego, cuando sacaban el agua, o lo que les parecía que era agua, los criados se dieron cuenta de que se había transformado en vino. Imagine su sorpresa. A veces, las personas más humildes y sencillas son las primeras que ven la obra de Dios. Lamentablemente, hay otros que nunca lo consiguen.

Señor, cambia mi vida corriente en una extraordinaria bendición para los demás.

Detectar el problema

Basado en Juan 3:3-7

EN LONDRES, INGLATERRA, un brote de cólera declarado en 1854 segó en pocos días la vida de 578 personas. En aquel entonces, ni los científicos ni los médicos habían oído hablar de las bacterias. El origen de la enfermedad era un misterio. Lo intentaron todo para curar a los enfermos, pero ninguno de ellos sobrevivió.

John Snow se contaba entre aquellos médicos. Desesperadamente, intentaba contener el brote, por lo que decidió atajar el problema desde un nuevo enfoque. Sobre un plano de la ciudad, marcó las muertes por cólera. Marcó con un punto el domicilio de cada una de las víctimas. Cuando terminó, disponía de una imagen del alcance de la enfermedad. Los puntos parecían agruparse en el centro de la ciudad. La causa de la enfermedad parecía tener su origen en Broad Street, en el distrito del Soho.

Aunque la comunidad médica del momento no lo aceptó, el Dr. Snow estaba convencido de que las enfermedades como el cólera eran transmitidas por el agua potable. Con esta idea en mente, en el plano dibujó una marca para cada fuente del distrito. El resultado fue justo lo que esperaba. Los puntos que representaban las víctimas se agolpaban alrededor de una única fuente, la situada en Broad Street.

"Gracias sean dadas a Dios, que nos da la victoria por medio de nuestro Señor Jesucristo" (1 Corintios 15:57).

Cuando el médico mostró a los responsables municipales su hallazgo, inhabilitaron la fuente de Broad Street. Eliminado el origen de la epidemia, los nuevos casos se detuvieron en seco.

Cuesta creer que una solución tan sencilla fuese tan difícil de encontrar. El tratamiento sintomático de la enfermedad no era efectivo; era preciso atajar las causas.

Permítame un ejemplo. Supongamos que alguien llega a la conclusión de que está comiendo demasiado, cosa que es síntoma de falta de dominio propio. Ese alguien decide orar y rogar a Dios que lo ayude a no comer tanto. ¿No sería más eficaz orar: "Señor, dame el don del dominio propio"? Su oración será más eficaz si le pide a Dios que le muestre las causas de sus problemas y él le dará la gracia para vencerlas.

El agua es esencial

Basado en Juan 4:5-26

LA HISTORIA de este mundo comenzó con el agua. La Biblia nos dice que, en el principio, el mundo estaba oscuro, vacío y cubierto de agua.

Cuando creó la tierra seca, Dios todavía dejó una gran cantidad de agua porque es necesaria para sostener la vida. ¿Sabía que su cuerpo es agua en un 75%?

La Biblia nos dice que una vez hubo una inundación que cubrió todo el mundo. Aun después de que las aguas de aquella gran inundación se retiraran, dos tercios de la superficie terrestre todavía estaban cubiertas de agua. Puede verlo en cualquier mapamundi. El color azul representa el agua que nunca se secó.

Pero, ¿sabía usted que solo el 5% del agua del mundo es potable? Cerca del 2.5% está congelada en los glaciares y los casquetes polares y el 93% restante es el agua salada del mar. Por lo tanto, el 5% potable es muy precioso y raro. Sin ella, moriríamos. ¡Quizá por eso las botellas de agua sean tan caras! Seguro que tiene sed nada más de pensar en ello.

La Biblia habla mucho sobre el agua. Si desea una interesante actividad de sábado por la tarde, busque una buena concordancia (servirá la que está en las últimas páginas de su Biblia) y busque la palabra "agua". Descubrirá algunos textos e historias interesantes relacionados con ella.

> "El que beba del agua que yo le daré no tendrá sed jamás, sino que el agua que yo le daré será en él una fuente de agua que salte para vida eterna" (Juan 4:14).

En los tiempos bíblicos, la gente se peleaba por el agua (Lot y Abraham, por ejemplo). Aun hoy en día el agua es motivo de disputas entre la gente. En el desierto, el agua fue una preocupación constante para los hijos de Israel. Asimismo, recuerde que Moisés perdió los estribos por un asunto relacionado con el líquido elemento. En la actualidad, algunas culturas todavía adoran el agua.

Jesús quiere darnos agua viva. "Cualquiera que beba de esta agua [del pozo] volverá a tener sed; pero el que beba del agua que yo le daré no tendrá sed jamás, sino que el agua que yo le daré será en él una fuente de agua que salte para vida eterna" (Juan 4:13, 14).

Señor, estamos sedientos; danos tu agua viva.

El agua de la vida

Basado en Juan 4:5-26

JUNTO AL POZO, Jesús le dijo a la mujer que él le daría agua viva. ¿Qué quiso decir? ¿Qué es el agua viva? El agua viva son las palabras de Jesús. Elena G. de White explica: "Llena tu corazón con las palabras de Dios. Son el agua viva que apaga la sed del alma" (*El camino a Cristo*, cap. 10, p. 130). Las palabras de Jesús para nosotros son agua viva para nuestra alma sedienta.

El agua viva es pura porque Dios siempre ha demandado pureza.

¿Quién irá al cielo? "El limpio de manos y puro de corazón" (Sal. 24:3, 4).

Toda palabra de Dios es limpia (Prov. 30:5).

Bienaventurados los limpios de corazón (Mat.5:8).

El agua viva es capaz de reflejar como un espejo.

Jesús dijo: "El que me ha visto a mí ha visto al Padre" (Juan 14:9). Él reflejaba a su Padre y quiere que nosotros lo reflejemos a él, lo que quiere decir que nosotros también tenemos que ser puros.

El agua viva es limpieza.

"El Espíritu y la Esposa dicen: '¡Ven!' El que oye, diga: '¡Ven!' Y el que tiene sed, venga. El que quiera, tome gratuitamente del agua de la vida" (Apocalipsis 22:17).

De todos los líquidos conocidos, el agua es el que mejor limpia. David dijo: "Purifícame con hisopo y seré limpio; lávame y seré más blanco que la nieve" (Sal. 51:7).

Jesús nos dice: "De gracia recibisteis, dad de gracia" (Mat. 10:8). "Cada verdadero discípulo nace en el reino de Dios como misionero. El que bebe del agua viva llega a ser una fuente de vida.

El que recibe llega a ser un dador. La gracia de Cristo en el alma es como un manantial en el desierto cuyas aguas surgen para refrescar a todos y da a quienes están por perecer ávidos de beber el agua de la vida" (*El Deseado de todas las gentes*, cap. 19, p. 171).

Jesús pronto dirá: "Hecho está. Yo soy el Alfa y la Omega, el principio y el fin. Al que tiene sed, le daré gratuitamente de la fuente del agua de vida" (Apoc. 21:6).

Señales y prodigios

Basado en Juan 4:46-53

EL MINISTERIO DE JESÚS incluyó muchos milagros. ¿Habrá milagros también en nuestro tiempo? La respuesta es que sí. Si ese es el caso, ¿debemos esperar milagros cuando oramos? Aquí es preciso que seamos prudentes. Jesús nunca obró un milagro "según demanda". Siempre intervenía un propósito mayor.

La historia de la curación del hijo del noble revela los verdaderos motivos del hombre. Al parecer, este decidió que pondría a prueba a Jesús y, si Jesús la superaba, creería en él. Así que pidió a Jesús que viniera y curara a su hijo. Leyendo sus pensamientos, Jesús le dijo: "Si no veis señales y prodigios, no creeréis" (Juan 4:48).

"Como un fulgor de luz, las palabras que dirigió el Salvador al noble desnudaron su corazón. Vio que eran egoístas los motivos que le habían impulsado a buscar a Jesús. Vio el verdadero carácter de su fe vacilante. Con profunda angustia comprendió que su duda podría costar la vida de su hijo. Sabía que se hallaba en presencia de un Ser que podía leer los pensamientos, para quien todo era posible, y con verdadera agonía suplicó: 'Señor, desciende antes que mi hijo muera'. Su fe se aferró a Cristo como Jacob trabó del ángel cuando luchaba con él y exclamó: 'No te dejaré, si no me bendices'" (*El Deseado de todas las gentes*, cap. 20, p. 175).

"No te dejaré, si no me bendices" (Génesis 32:26).

La persona que se obstina en pedir un milagro abre la puerta al diablo para que la engañe. En la hora final, al pueblo fiel de Dios se le promete un derramamiento especial del Espíritu Santo; pero no será para que los demás queden fascinados con nosotros, sino para confirmar el poder de un Dios que obra milagros. Todo lo que haga su pueblo será en su nombre y por su causa, según su voluntad y no la nuestra.

Es importante recordarlo, porque: "Es inminente el día cuando Satanás [...] presentará numerosos milagros para confirmar la fe de todos aquellos que están buscando esta clase de evidencia. ¡Cuán terrible será la situación de los que cierran sus ojos a la luz de la verdad y piden milagros para ser confirmados en el engaño!" (*El evangelismo*, p. 594).

Dios sabe qué nos conviene

Basado en Juan 4:48

EL LIBRO de los Hechos de los Apóstoles cuenta la historia de un hombre llamado Simón (Hech. 8:9-13). Antes de convertirse al cristianismo había servido al diablo. La gente no lo sabía y pensaba que su poder venía de Dios. Cierto día que Simón vio a los discípulos obrando milagros quedó impresionado y ofreció dinero para que le diesen ese mismo poder.

Algunos sienten una fuerte atracción por los milagros y los poderes sobrenaturales. Fíjese en el número cada vez mayor de películas en las que proliferan brujas, vampiros, extraterrestres y otros personajes dotados de poderes sobrehumanos. Quienes participan de esos espectáculos pueden ser presa fácil de un engaño que los lleve a seguir al enemigo de las almas.

"He aquí que no se ha acortado la mano de Jehová para salvar, ni se ha endurecido su oído para oír" (Isaías 59:1).

Por lo general, no creo que sea apropiado que pidamos a Dios que obre milagros o que nos dé alguna señal. Esto puede equivaler a decir: "Señor, si tú no haces nada por mí, yo tampoco haré nada por ti".

Luego están aquellos que, como Simón, ven un futuro económico brillante para sí mismos. Hace poco, en Internet, vi a un predicador. Básicamente, venía a decir que sus espectadores quedarían sanados si ponían las manos en la pantalla. Desde luego, también pedía a la gente que le enviara dinero.

Hace años vi a un predicador de televisión desgarrando la camisa que llevaba puesta en pedazos pequeños. Dijo a los espectadores que, si le enviaban una ofrenda, él les enviaría un pedazo de la camisa y, como resultado, sus vidas estarían llenas de milagros.

A menudo, quienes están enfermos o tienen algún problema buscan ayuda en cualquier parte. Hay muchos que, como Simón, serían capaces de sacar provecho personal haciendo negocio con el sufrimiento o los problemas ajenos. Suelen vivir en mansiones y conducen automóviles de lujo.

¿En alguna parte de la Biblia se nos dice que Jesús pidiera dinero a alguien a cambio de sanarlo? ¡En absoluto! Si alguien le promete obrar un milagro, alguna señal o cualquier acto sobrenatural, recuerde la historia de Simón el mago. Otra cosa que no tenemos que olvidar es que, pidamos lo que le pidamos a nuestro Padre celestial, siempre tiene que ir acompañado por las palabras: "Hágase tu voluntad".

¿Dónde está tu aguijón?

Basado en Juan 4:48

EL TIPO de milagro más solicitado tiene que ver con la curación de enfermedades físicas. Los curanderos populares suelen garantizar resultados basándose en el texto de Isaías 53:5: "Por sus llagas fuimos nosotros curados". Pero, en realidad, este versículo se refiere a nuestras transgresiones e iniquidades y predice el sacrificio de Jesús en la cruz por nuestros pecados. El éxito de los curanderos depende de si tienen carisma y son capaces de transmitir su confianza en sí mismos o no. Además, se apresuran a señalar que si la sanación no se produce es porque el sufriente no tiene la fe necesaria.

Con toda certeza, usted se preguntará qué pasa con Santiago 5:14, 15, donde se dice: "¿Está alguno enfermo entre vosotros? Llame a los ancianos de la iglesia para que oren por él, ungiéndolo con aceite en el nombre del Señor. Y la oración de fe salvará al enfermo, y el Señor lo levantará; y si ha cometido pecados, le serán perdonados". ¿Significa esto que, si los ancianos de la iglesia lo ungen, el enfermo sanará?

Tal vez usted sepa de alguien que haya sido sanado. Pero bien sabemos que en muchos casos los enfermos no han sido sanados en ese mismo momento e, incluso, han muerto. Esto no tiene por qué significar que las Escrituras nos engañen o que la fe no fue suficiente. No alcanzamos a comprender qué sabe Dios, pero podemos estar seguros de que, a su hora, levantará a los enfermos; si bien no inmediatamente, sí será definitivo cuando suene la trompeta y los muertos en Cristo resuciten primero.

> "Todo lo que te venga a mano para hacer, hazlo según tus fuerzas, porque en el seol, adonde vas, no hay obra, ni trabajo ni ciencia ni sabiduría"
> (Eclesiastés 9:10).

Nuestro mayor consuelo está en la frase: "Si ha cometido pecados, le serán perdonados". Jesús murió para salvarnos eternamente de nuestros pecados, no para curar nuestras enfermedades temporales. La promesa, garantizada, es que cuando un enfermo se compromete con el Señor sus pecados le son perdonados. Por tanto, aunque vaya al reposo, se le promete que en el último día será resucitado.

Nuestro Padre celestial es misericordioso. No quiere que nadie perezca. Lo maravilloso en todo esto es saber que, si lo buscamos de todo corazón, aun en el último aliento de nuestra vida, él estará ahí para responder y nos resucitará para vida eterna.

Sanación espiritual

Basado en Juan 4:48

POR LA BIBLIA sabemos que, a menos que estemos vivos cuando Jesús venga, tarde o temprano descenderemos a la tumba (ver Heb. 9:27). Nadie puede esperar vivir para siempre. A veces, Dios usa milagros para proteger y hacer que su verdad avance, pero son la excepción que confirma la regla. No hay nada que garantice que un cristiano comprometido vaya a vivir más tiempo que otros. Si Dios obrara milagros "a petición", acabaríamos queriendo explotar su poder en beneficio propio.

Luego, ¿debemos o no debemos esperar un milagro? Si por milagro entendemos al mayor de todos —un corazón nuevo—, la respuesta es sí. Dios obrará el milagro para nosotros tan a menudo como se lo pidamos. Pero, en lo que respecta a la curación física, él sabe qué nos conviene. Es preciso recordar que la carne y la sangre no heredarán el reino de los cielos (ver 1 Cor. 15:50). También es preciso recordar que mientras estemos en este mundo, tendremos que sufrir y que, por más que oremos o tengamos fe, no podremos evitarlo. Sin embargo, tenemos la promesa de que "fiel es Dios, que no os dejará ser probados más de lo que podéis resistir, sino que dará también juntamente con la prueba la salida, para que podáis soportarla" (1 Cor. 10:13).

> "Me ha dicho: 'Bástate mi gracia, porque mi poder se perfecciona en la debilidad'. Por tanto, de buena gana me gloriaré más bien en mis debilidades, para que repose sobre mí el poder de Cristo" (2 Corintios 12:9).

La sanación que más necesitamos es la espiritual. Cuando nos enfrentemos a la enfermedad, Dios siempre estará cerca; unas veces alejándola y otras dándonos la fuerza necesaria para soportarla. Si se elevan con fe y proceden del corazón, Dios siempre responde a las oraciones por la sanación; pero lo hace a su manera y en su momento. Dios quiere responder a nuestras oraciones salvando nuestra alma y sanando nuestras emociones, a pesar de que a veces no nos libere de la enfermedad física durante un tiempo. Sin embargo, sabemos que todavía no ha terminado su obra en nosotros. Él ha ido a preparar un lugar para nosotros y, mediante el Espíritu Santo, nos está preparando para que podamos vivir con él.

Que seamos sanados o no nada tiene que ver con encontrar favor a la vista de Dios. Él sabe cuándo un milagro es necesario para que su reino avance; por eso él escoge el momento y el lugar.

"Ellas son las que dan testimonio de mí"

Basado en Juan 5:39

A MI ESPOSA le encantan los mapas, sobre todo los atlas. Los estudia y descubre las semejanzas entre unos países y otros. ¿Cuáles son las principales ciudades? ¿Cuáles son los accidentes geográficos, los ríos, las montañas y las costas? ¿Cómo es el clima? ¿Las ciudades son, principalmente rurales o industriales? Aunque un mapa puede informar sobre un destino, no puede llevarnos a él.

Los hijos de Dios se preparan para emprender un viaje. Nuestro destino está muy lejos, pero tenemos un mapa que nos habla de cómo es el país. Nos habla de su capital, de sus accidentes geográficos, de sus ríos, de sus árboles, de sus animales, de sus mansiones, de un mar, de un templo y de un trono. El mapa nos habla de quién vive allí y de la gente que, a lo largo de todos los tiempos, espera llegar a él. Pero, aunque es un mapa excelente, no puede llevarnos al destino.

Este mapa es la Santa Biblia. Está a la disposición de casi todo el mundo y nos dice todo lo que necesitamos saber de nuestro destino: el cielo. Algunos piensan que basta con tener uno de esos mapas para llegar. Pero el solo hecho de escudriñar las Escrituras no es suficiente para asegurarnos la vida eterna. Tenemos que seguir a nuestro guía, Jesucristo, hacia nuestro destino. El mapa nos dice qué podemos hacer para que Jesús sea nuestro guía.

> "Escudriñad las Escrituras, porque a vosotros os parece que en ellas tenéis la vida eterna, y ellas son las que dan testimonio de mí" (Juan 5:39).

Desde el comienzo hasta el fin de su vida, Jesús vivió por la Palabra de Dios. "Escrito está" fue la espada del Espíritu con la que conquistó a Satanás (ver Mat. 4:4, 7, 10). "El Espíritu del Señor está sobre mí" (Luc. 4:18). Abrió su ministerio evangélico citando este versículo del libro de Isaías. Explicó su sufrimiento y muerte con las palabras: "Para que la Escritura se cumpliera" (Juan 17:12). Después de la resurrección, explicó a los discípulos "en todas las Escrituras lo que de él decían" (Luc. 24:27).

La Biblia nos enseña a ser como Jesús. Había una vez un hombre que afirmaba no haber recibido inspiración de la Biblia a pesar de "haberla examinado de principio a fin". Su amigo le respondió: "Deja que ella te examine a ti 'de principio a fin' y tu historia será otra".

Corazones ardientes

Basado en Juan 5:39

DOS HOMBRES iban, apresurados, de Jerusalén a Emaús, donde vivían. Habían ido a Jerusalén para saber de primera mano qué le sucedería al maestro al que habían aprendido a amar y seguir. Algunos decían que iba a ser coronado rey de los judíos y otros que iba a ser condenado a muerte. Las peores expectativas se habían cumplido, por lo que andaban aturdidos y desencantados, al tiempo que la decepción les partía el corazón. Repasaban una y otra vez los detalles de los últimos días. ¿Cómo había podido suceder?

Iban tan sumidos en su dolor que apenas se dieron cuenta del viajero que se les había unido. Estaba anocheciendo y los hombres se quitaron los turbantes. El desconocido preguntó con tono amistoso:

—¿De qué discutían con tanta intensidad cuando me uní a ustedes?

—Si no lo sabes es que eres extranjero —respondieron.

Y le hablaron brevemente de la crucifixión. El desconocido asintió con la cabeza y luego comenzó a explicar qué significaba todo aquello, empezando con las profecías del Antiguo Testamento hasta el presente. A medida que les revelaba la historia, los pasos iban cayendo uno tras otro. En poco tiempo llegaron a su casa.

"Y se decían el uno al otro:' ¿No ardía nuestro corazón en nosotros, mientras nos hablaba en el camino y cuando nos abría las Escrituras?'" (Lucas 24:32).

Invitaron al extranjero a que se quedara a cenar. "Y aconteció que, estando sentado con ellos a la mesa, tomó el pan, lo bendijo, lo partió y les dio. Entonces les fueron abiertos los ojos y lo reconocieron; pero él desapareció de su vista. Y se decían el uno al otro: '¿No ardía nuestro corazón en nosotros, mientras nos hablaba en el camino y cuando nos abría las Escrituras?'" (Luc. 24:30-23).

¿Qué hicieron entonces los dos hombres? Regresaron a Jerusalén para contar a los demás discípulos lo que habían visto y oído. Ahora entendían la Biblia porque el propio Jesús se la había explicado.

Antes de regresar al cielo, Jesús dijo a los discípulos que enviaría al Espíritu Santo, quien aún les explicaría más cosas. Pero la Biblia no nos hará ningún bien si la dejamos en el estante o en la mesa. Tómala en las manos. Léala, ámela y obedézcala.

"¡Cuánto amo yo tu ley!"

Basado en Juan 5:39

¿TIENE UNA BIBLIA? Quizá sea mejor preguntarle: ¿Cuántas Biblias tiene? En casa tengo muchas porque soy pastor y la Biblia es mi libro de texto. Pero, si no se las abre, poseer una, dos, cinco, diez, o las que sean, no tiene mérito.

Leer que Jesús citaba tantas veces el Antiguo Testamento me inspira. Él nunca asistió a la escuela de los profetas y, sin embargo, conocía bien las Escrituras y las citaba correctamente una y otra vez. Sin duda alguna, su madre le dio las primeras lecciones. Ya me imagino a Jesús repitiéndole un versículo tras otro mientras trabajaban en casa. Sin duda, pasaba horas en la sinagoga, leyendo los rollos. Poco a poco, leyendo las sagradas páginas, fue aprendiendo cuál era su propio destino.

Jesús citó las Escrituras al diablo cuando lo tentó y muchas veces, cuando predicaba al pueblo, se refirió a ellas. ¡Ojalá todos conociéramos las Escrituras como las conocía Jesús!

Un hombre resultó gravemente herido en una explosión. Como resultado, quedó desfigurado, perdió la vista y le fueron amputadas las dos manos. Hacía poco había abrazado la fe cristiana y su mayor preocupación era que ya no podría leer la Biblia. Entonces se enteró de que en Inglaterra una mujer leía Braille con los labios. Con la esperanza de hacer lo mismo, pidió que le enviaran algunos de los libros de la Biblia en Braille. Para su pesar, descubrió que las terminaciones nerviosas de sus labios habían quedado destruidas con la explosión. Un día, al acercar una de las páginas en Braille a los labios, por accidente, la lengua tocó algunos de los caracteres en relieve y pudo distinguirlo. Al instante pensó: "Puedo leer la Biblia con la lengua". Al poco tiempo, el hombre había "leído" toda la Biblia de principio a fin varias veces.

"¡Cuánto amo yo tu ley! ¡Todo el día es ella mi meditación!" (Salmo 119:97).

Otra vez le pregunto: ¿Tiene una Biblia? ¿La lee con regularidad? ¿Últimamente ha memorizado algún versículo? ¿Sabe encontrar los libros de la Biblia con rapidez? ¿Podría explicar una doctrina importante usando solo la Biblia? La Biblia es la Palabra de Dios para usted. Asegúrese de que su Biblia no es tan solo un adorno en el estante.

Cinco panes y dos peces

Basado en Juan 6:1-71

MUCHAS IGLESIAS celebran una comida de confraternidad después del servicio de culto del sábado por la mañana. Las señoras preparan un plato: una verdura, un plato proteínico o un postre. Cuando se junta toda la comida, parece un comedor adventista. A continuación, los miembros, pero en especial los visitantes, están invitados a quedarse a comer juntos. Normalmente hay mucha comida, pero varias veces he visto que los alimentos se agotan, circunstancia un tanto embarazosa.

Un día Jesús estaba predicando a más de cinco mil personas. Me cuesta imaginar que tanta gente se reuniera al aire libre y que todos pudieran escuchar lo que decía. Habían estado con él todo el día, por lo que Jesús sabía que tenían hambre. Así que preguntó a Felipe dónde podrían comprar alimentos. Dudo que en los mercados de la zona hubiera comida para alimentar a tanta gente. Felipe respondió que, aunque hubiera algún lugar, se necesitaría mucho más dinero del que disponían, a pesar incluso de que cada uno de los presentes comiera tan solo un bocado. Andrés, el hermano de Pedro, comentó: "Aquí hay un muchacho que tiene cinco panes de cebada y dos pescados; pero ¿qué es esto para tantos?" (Juan 6:9).

> "Entonces te deleitarás en Jehová. Yo te haré subir sobre las alturas de la tierra y te daré a comer la heredad de tu padre Jacob. La boca de Jehová lo ha hablado" (Isaías 58:14).

Imagínese la sorpresa de los discípulos cuando Jesús les dijo que pidieran a la multitud que se sentara. En algún lugar encontraron doce canastos vacíos. Jesús tomó el frugal almuerzo y, según su costumbre, dio gracias. Luego, partió la comida y llenó los canastos. Los discípulos distribuyeron la comida hasta que todos se saciaron y todavía sobró para llenar doce canastos más.

Jesús es el Señor de lo imposible. Por imposible que algo sea, él lo hace. "Multitud", "la mayoría", "lo más probable" son expresiones que para él carecen de sentido. Hay millones de personas que todavía están hambrientas por escuchar el evangelio. ¿Quién las alimentará? Es imposible. Nuestra iglesia es demasiado pequeña. Pero Jesús, quien murió y resucitó, ahora tiene mucho más poder que cuando alimentó a cinco mil. Todo cuanto pide es que le demos lo nuestro, por escaso que sea. Cuando lo bendice, siempre es suficiente. No podemos darle al Señor lo que no nos pertenece, pero quiere que le dediquemos cuanto poseemos. No tenemos ni idea de lo que Jesús puede hacer si nos entregamos por completo a él.

En busca de comida gratis

Basado en Juan 6:1-71

LOS JUDÍOS estaban exasperados del dominio romano. Trabajaban duro para alimentar y vestir a sus familias; pero el gobierno romano los obligaba a pagar elevados impuestos. Anhelaban el día en que su prometido Mesías los liberara y pudieran volver a ser una nación independiente. ¿Se imagina las esperanzas que alimentaron al ver los prodigios que hacía Jesús? Ante sus propios ojos, sanaba a los enfermos y acababa de alimentar a miles de personas con tan solo partir unos pocos alimentos. ¿Por qué no coronarlo rey inmediatamente? Con un rey así, se habrían acabado sus problemas. Jesús conocía los pensamientos de la multitud y por eso, una vez que hubieron acabado de comer, los envió a todos de vuelta a sus casas.

Pero la gente insistía. Estaban decididos a conseguir que Jesús fuese su rey y, en barca, lo buscaron. Cuando lo encontraron en Capernaúm le preguntaron cómo había llegado. Jesús sabía por qué lo habían seguido y respondió: "De cierto, de cierto os digo que me buscáis, no porque habéis visto las señales, sino porque comisteis el pan y os saciasteis" (Juan 6:26).

> "Trabajad, no por la comida que perece, sino por la comida que permanece para vida eterna" (Juan 6:27).

Amar a Jesús y orar a Dios está bien. ¿Pero es posible que lleguemos a pensar en él como si se tratara de una máquina expendedora celestial? ¿Podría ser que usted y yo estemos sintiendo atracción hacia Jesús por razones materiales? Jesús nos invita a llevarle todas nuestras necesidades; pero, ¿es esta la razón por la que decimos que somos cristianos?

¿Qué es más importante para nosotros, la vida material o la vida espiritual? Es una cuestión de prioridades. He oído que algunos telepredicadores actuales dicen que, si acudimos a Jesús, él nos hará ricos. Este es un motivo equivocado. No tendríamos que ver al Señor como una mera solución a nuestros problemas materiales. Si lo hacemos, cuando nuestras necesidades estén cubiertas, tenderemos a olvidarnos del Señor.

Oremos para que Dios no permita que quedemos tan atrapados en los asuntos materiales de la vida presente que nos olvidemos de mirar a Aquel que prometió darnos la vida eterna.

¿Cuáles son sus deseos?

Basado en Juan 6:26-58

CUANDO ERA NIÑO, de vez en cuando, padecía problemas estomacales, como todos los niños. Permanecía en cama, retorciéndome de dolor y sin ganas de moverme ni de hablar. Sabía que estaba bien cuando recuperaba el apetito. Una de las primeras cosas que me preparaba mi madre era lo que ella llamaba una "tostada con leche". Se trataba simplemente de una rebanada de pan tostado con varias cucharadas de leche caliente vertidas sobre ella; es decir, una comida suave, caliente, conocida y fácil de digerir. Si no me causaba el vómito, podía regresar paulatinamente a las comidas normales.

Por lo general, un apetito sano es señal de una persona sana. Aunque, por norma, el apetito es algo bueno, fue el primer cebo que el diablo usó para separar a nuestros padres de su Creador. "Al ver la mujer que el árbol era bueno para comer, agradable a los ojos [...], tomó de su fruto y comió" (Gén. 3:6). Desde ese día, el apetito incontrolado ha impedido la relación de los humanos con Dios.

> "Yo soy el pan vivo que descendió del cielo; si alguien come de este pan, vivirá para siempre; y el pan que yo daré es mi carne, la cual yo daré por la vida del mundo" (Juan 6:51).

Esaú vendió su primogenitura por un plato de lentejas. Dos veces los hijos de Israel se rebelaron contra Dios porque añoraban las ollas de Egipto y aborrecían el maná del cielo (ver Éxo. 16:3; Núm. 21:5). Un exceso de lo bueno puede llegar a apartarnos del Señor. En parte, la caída de los habitantes de Sodoma se debió a que tenían "pan de sobra" (Eze. 16:49).

Jesús obtuvo la victoria sobre el apetito cuando venció la tentación de convertir las piedras en pan. Más adelante, recordaría a sus discípulos que los excesos en la comida y la bebida serían una característica del tiempo del fin (ver Mat. 24:38). Cuando la gente empiece a cansarse de esperar que Cristo venga, comenzará "a comer y a beber y a embriagarse" (Luc. 12:45).

"Encontramos personas intemperantes por doquiera. Las hallamos en los trenes, en los barcos, y por todas partes. Y debemos preguntarnos qué estamos haciendo para rescatar a las almas del lazo del tentador. Satanás se halla constantemente alerta para colocar por completo bajo su dominio a la raza humana. La forma más poderosa en que él hace presa del hombre es el apetito, que trata de estimular de toda manera posible" (*Consejos sobre el régimen alimenticio*, sec. 8, p. 177).

Reclame para sí la victoria de Cristo sobre el apetito.

La voluntad de Dios, no la mía

Basado en Juan 6:38

EN LA CREACIÓN el hombre recibió libre albedrío, de manera que tuviera la posibilidad de escoger por sí mismo vivir según la voluntad de Dios. Sin embargo, en el Edén, Adán y Eva decidieron que obrarían según su propia voluntad y no la del Creador. Al hacerlo, perdieron el libre albedrío. Esto es el pecado. "¿No sabéis que si os sometéis a alguien como esclavos para obedecerlo, sois esclavos de aquel a quien obedecéis, sea del pecado para muerte o sea de la obediencia para justicia?" (Rom. 6:16). Jesús vino a la tierra para devolver al ser humano su capacidad de elección. El gran objetivo de la redención es hacernos libres del poder del pecado para que podamos volver a hacer la voluntad de Dios.

Jesús siempre hizo la voluntad de su Padre. "No puedo yo hacer nada por mí mismo; según oigo, así juzgo, y mi juicio es justo, porque no busco mi voluntad, sino la voluntad del Padre, que me envió" (Juan 5:30). Para Cristo, sacrificarse voluntariamente no fue fácil. En Getsemaní el sacrificio de su voluntad alcanzó el punto máximo: "Padre, si quieres, pasa de mí esta copa; pero no se haga mi voluntad, sino la tuya" (Luc. 22:42).

El pecado, además de la divergencia entre la voluntad de la persona y la del Creador, es la elección de seguir la propia voluntad, aun a sabiendas de que es contraria a la de Dios. Podríamos decir que el pecado es la transgresión de la voluntad de Dios.

"He descendido del cielo, no para hacer mi voluntad, sino la voluntad del que me envió" (Juan 6:38).

Como hombre, Jesús tenía voluntad humana. Como hombre, no siempre sabía de antemano cuál era la voluntad de Dios. De vez en cuando, tenía que esperar para conocer la voluntad de su Padre. Sin embargo, cuando la voluntad de Dios le era revelada, siempre estaba dispuesto a renunciar a su voluntad humana y hacer la del Padre.

Tenemos ante nosotros decisiones que es preciso tomar. Oremos: "Padre, no sea mi voluntad, sino la tuya".

"Vete y no peques más"

Basado en Juan 8:1-11

AQUELLA MAÑANA Jesús enseñaba en el templo. Interrumpiéndolo, los escribas y los fariseos arrastraron a una mujer hasta el lugar donde él estaba. Allí, delante de todos, le explicaron que la habían sorprendido cometiendo pecado de adulterio. Insistían en que la ley exigía que fuera apedreada y preguntaron a Jesús qué pensaba él que era preciso hacer.

Jesús se agachó y comenzó a escribir en el polvo. Conocía los pecados de quienes la acusaban y los escribió poniéndolos a la vista de todos. Uno tras otro, los culpables dejaron caer la piedra que llevaban en la mano y desaparecieron. Pronto no quedó nadie para acusarla. Y entonces Jesús dijo las hermosas palabras: "Ni yo te condeno".

"Entonces Jesús le dijo: 'Ni yo te condeno; vete y no peques más'" (Juan 8:11).

"Esto fue para ella el principio de una nueva vida, una vida de pureza y paz, consagrada a Dios. Al levantar a esta alma caída, Jesús hizo un milagro mayor que al sanar la más grave enfermedad física. Curó la enfermedad espiritual que es para muerte eterna. Esa mujer penitente llegó a ser uno de sus discípulos más fervientes. [...] Jesús conoce las circunstancias particulares de cada alma. Cuanto más grave es la culpa del pecador, tanto más necesita del Salvador. Su corazón rebosante de simpatía y amor divinos se siente atraído ante todo hacia el que está más desesperadamente enredado en los lazos del enemigo. Con su propia sangre firmó Cristo los documentos de emancipación de la humanidad" (*El ministerio de curación*, cap. 5, p. 59).

A menudo, quienes han llevado una vida de pecado dicen que no pueden acudir a Jesús porque son pecadores. Aun así, Jesús los espera. Aquella mañana, al alejarse de Jesús, la mujer sabía por su propia experiencia que, por mucho que nos hayamos apartado de él, Jesús siempre está dispuesto a aceptarnos. Jesús hará por nosotros lo que hizo por aquella mujer. No importa qué pecado hayamos cometido; él nos dice: "Ni yo te condeno; vete y no peques más".

El Buen Pastor

Basado en Juan 10:6-18

SIEMPRE HE VIVIDO en una ciudad, por lo que no sé mucho de pastores y rebaños. Sin embargo, en los tiempos bíblicos, ver pastores y ovejas era algo habitual. En casi todas las colinas había uno o dos rebaños de ovejas que, apacibles, pastaban o, tendidas en el suelo, rumiaban moviendo las mandíbulas. El de pastor era un oficio respetable. Algunos pastores eran propietarios de sus propias ovejas, mientras que otros eran asalariados.

Jesús predicaba a menudo al aire libre y solía usar las cosas comunes del entorno para ilustrar la idea que quería enseñar. Por tanto, era natural que hablara de pastores y ovejas. Aquel día, los que lo escuchaban entendieron qué les decía porque todos conocían el oficio de pastor.

Cierto día, Jesús dijo que él es como un buen pastor; la gente asintió porque entendieron lo que quería decir. ¿Y usted?

¿Qué hace bueno a un pastor? Un buen pastor conoce a todas y cada una de sus ovejas. Conoce sus necesidades, sus gustos y sus distintas personalidades. El buen pastor no trata a todas las ovejas por igual. La que es vieja y coja necesita que la espoleen de vez en cuando. El cordero joven a veces necesita que lo lleven en hombros. Otras ovejas son juguetonas y traviesas, por lo que el pastor tiene que evitar que se separen del rebaño; si no, se perderían o se las comería un animal salvaje.

"Yo soy el Buen Pastor y conozco mis ovejas, y las mías me conocen" (Juan 10:14).

Un buen pastor llama a cada oveja por su nombre. Jesús contó una historia sobre un pastor que tenía cien ovejas. Son muchos nombres para recordar. Jesús dijo que sus ovejas oían su voz y que él las llamaba por su nombre (ver Juan 10:3).

El buen pastor antepone las necesidades de sus ovejas a las suyas propias. Las deja descansar cuando están cansadas y camina despacio cuando en el rebaño hay corderos. Encuentra refugio para ellas durante las tormentas y busca una sombra para protegerlas cuando el sol aprieta.

Una clase de jardín de infancia de la Escuela Sabática había estudiado el Salmo 23 y a una niña le preguntaron si podía recitar de memoria el primer versículo. Respondió que sí y, poniéndose en pie, dijo: "El Señor es mi pastor; no necesito nada más".

Eso es todo lo que necesitamos.

Su Pastor

Basado en Juan 10:6-18

¿QUÉ HACE un buen pastor? Un buen pastor conduce sus ovejas donde la hierba es verde y fresca. Allí donde hay pastos verdes también hay seguridad y constituyen un lugar agradable y fresco para echarse a descansar. Los pastizales verdes también son alimento para las ovejas. Pero lo primero que tiene que hacer el pastor es arrancar las hierbas venenosas o urticantes. Asimismo, con la vara golpea la hierba para ahuyentar a las serpientes. "Aunque ande en valle de sombra de muerte, no temeré mal alguno, porque tú estarás conmigo; tu vara y tu cayado me infundirán aliento" (Sal. 23:4).

Un buen pastor se asegura de que sus ovejas comen bien todos los días. Si no ha encontrado suficiente pasto verde para comer en los pastizales, por la tarde, cuando regresan al redil, les da de comer heno. Procura que las ovejas coman primero, incluso antes que él mismo. "Aderezas mesa delante de mí, en presencia de mis angustiadores" (Sal. 23:5).

> "Como pastor apacentará su rebaño. En su brazo llevará los corderos, junto a su pecho los llevará; y pastoreará con ternura a las recién paridas" (Isaías 40:11).

Las ovejas no beben de aguas turbulentas. Por tanto, un buen pastor conduce a sus ovejas hacia aguas tranquilas, donde pueden beber sin temor a morir ahogadas. "Junto a aguas de reposo me pastoreará. Confortará mi alma" (Sal. 23:2, 3).

Por la noche, cuando regresan al redil, un buen pastor examina cada oveja con cuidado y vierte aceite en sus llagas. Por la mañana frota sus rostros con hierbas y ungüentos para que no las piquen los insectos. "Unges mi cabeza con aceite; mi copa está rebosando" (Sal. 23:5).

Un buen pastor jamás abandona a las ovejas a su suerte. "Pero el asalariado, que no es el pastor, de quien no son propias las ovejas, ve venir al lobo y deja las ovejas y huye, y el lobo arrebata las ovejas y las dispersa. Así que el asalariado huye porque es asalariado y no le importan las ovejas" (Juan 10:12, 13). Sin embargo, Jesús dice: "No te desampararé ni te dejaré" (Heb. 13:5).

¿Qué hace un buen pastor? "Yo soy el Buen Pastor; el Buen Pastor da su vida por las ovejas" (Juan 10:11).

Nuestra seguridad

Basado en Juan 10:7-9

JAMÁS SE NOS PASARÍA por la cabeza vivir en una casa o en un apartamento que no tuviera una buena puerta de entrada. Imagino que, además de una o dos cerraduras, la puerta de su casa dispondrá de un cerrojo y, probablemente, una cadena. Algunas puertas pueden tener instalado un sistema de alarma. Es que todo tiene que ver con la seguridad.

¿Qué quiere decir que Jesús es como una puerta? Bueno, él es la seguridad de nuestra alma. Una buena puerta impide que pasen las cosas que podrían ponernos en peligro. Pero incluso una puerta cerrada no es segura del todo. Cada día hay ladrones que las revientan. El noventa y nueve por ciento de las veces que un ladrón entra en una casa para robar lo hace por la puerta o por una ventana. ¿Por qué? Porque por más cerraduras que tengan, la puerta y las ventanas son la parte más débil de la casa. Por lo general, los ladrones no abren un agujero en las paredes de una casa. Cuando Jesús es la puerta del corazón, lo que era la parte más débil de nuestra vida se convierte en la más fuerte y el diablo no puede forzarla.

"Yo soy la puerta: el que por mí entre será salvo; entrará y saldrá, y hallará pastos" (Juan 10:9).

Los ladrones no son los únicos a los que queremos impedir la entrada en casa. Si no tuviera puertas, tendríamos problemas con la lluvia, con el viento, con los insectos o con los animales. Cuando Jesús es la puerta del corazón, mantiene fuera de nuestra vida todo lo que podría debilitar nuestro crecimiento y nuestra salud espirituales, como por ejemplo: el egoísmo, la mundanalidad, la amargura, la crítica, y el orgullo. Jesús es la seguridad en la que podemos confiar.

Un grupo de botánicos fue de expedición a un lugar de difícil acceso en los Alpes con el fin de encontrar nuevas variedades de flores. Un día, uno de los científicos, mirando a través de los prismáticos, vio una bella y rara especie que crecía en el fondo de un barranco. Para llegar hasta ella, alguien tendría que descolgarse con una cuerda por el precipicio. Viendo a un joven montañés que estaba cerca, le preguntó si los ayudaría a alcanzar la flor. El joven miró, pensativo, hacia el abismo.

—Esperen —dijo—, ahora vuelvo. Y se fue corriendo. Cuando regresó, lo acompañaba un hombre mayor.

—Ahora bajaré por el acantilado y les traeré la flor porque este hombre sostendrá la cuerda. Es mi padre.

Padre, por fe, te invito a ser la puerta de mi corazón.

Nuestro Salvador

Basado en Juan 10:7-9

EN PALESTINA, donde vivió Jesús, los pastores solían tener dos apriscos: uno en la ciudad y otro en el campo. El que estaba en la ciudad solía tener una puerta que permitía cerrarlo. El que estaba en el campo, en lugar de puerta, solo tenía una abertura en el muro. El propio pastor hacía las veces de puerta porque dormía delante de la entrada. Si algo entraba o salía, él se enteraba porque nada podía pasar sin que lo viera.

Donde quiera que estén, el Buen Pastor protege a las ovejas de Dios. Cuando salen no son tratadas como extraños, sino que tienen libertad para volver a entrar. Cuando están dentro tampoco se las encierra como intrusos, sino que pueden volver a salir libremente. Salen al campo por la mañana, por la noche regresan al redil y, durante el día, el Pastor las conduce, las alimenta y las protege.

"Encamíname en tu verdad y enséñame, porque tú eres el Dios de mi salvación; en ti he esperado todo el día" (Salmo 25:5).

Un guía turístico me contó que, en cierta ocasión, acompañaba, medio dormido, a un grupo de turistas que iban de Jerusalén a Jericó. Había hecho ese mismo viaje muchas, muchas veces. De repente, el autobús frenó bruscamente y lo despertó. Un pastor estaba de pie en medio de la carretera. Verá, si yo viera un autobús con 48 turistas que se me echa encima, no me quedaría tan tranquilo en medio de la carretera; pero ahí estaba él... Y las ovejas comenzaron a cruzar. No todas a la vez, sino de dos en dos o de tres en tres. No obstante, el pastor no las espantó ni las obligó a correr; sencillamente, se quedó hasta que la última oveja se encontró a salvo fuera de la calzada. Luego, siguiéndolas, se abrió paso a través del rebaño y se puso de nuevo a la cabeza, abriendo la marcha.

Así hacen los pastores. Protegen a sus ovejas. Jesús quiere ser su protector. Quiere ser la puerta de su corazón. Desde el principio, todos sus hijos han entrado por esa puerta. A través de él somos introducidos en el redil de su gracia. Muchos han tratado de entrar en el redil con ceremonias, métodos y tradiciones humanos con la esperanza de que les trajeran la justificación y la paz para con Dios. Pero la única puerta del redil es Cristo.

Buen Pastor, tuyo es mi corazón.

Un día especial
de acción de gracias

Basado en Juan 6:11

EN ESTADOS UNIDOS, cada cuarto jueves de noviembre, se celebra un día nacional de acción de gracias ("*Thanksgiving Day*", en inglés). En 1621, los padres peregrinos celebraron la cosecha de otoño con un banquete de acción de gracias.

Cuando llega el Día de Acción de Gracias, los que son de habla inglesa dicen a los amigos y familiares: "*Happy Thanksgiving!*". Los de habla hispana se felicitan diciendo: "Feliz Día de Acción de Gracias".

Las personas de habla francesa que viven en Norteamérica se desean mutuamente: "*Bonne Action de Grâce*" o "*Joyeux Thanksgiving*". Para los canadienses franceses, el Día de Acción de Gracias es "*Le Jour de l'Action de Grâce*", y en Francia se conoce como "*Le Jour de Merci Donnant*".

Con motivo del Día de Acción de Gracias, la iglesia a la que asistimos mi esposa y yo prepara cestas con comida que se reparten entre los pobres. En mi familia, cuando nos sentamos a la mesa de Acción de Gracias, antes de la oración para pedir la bendición de los alimentos, se le pide a cada miembro que diga por qué está agradecido.

"Entrad por sus puertas con acción de gracias, por sus atrios con alabanza. ¡Alabadlo, bendecid su nombre!"
(Salmo 100:4).

¿Qué diría usted si alguien le preguntara por qué está agradecido? La pregunta será fácil de responder si los miembros de la familia gozan de buena salud, si se dispone de suficiente comida y se tiene un lugar donde vivir. Si uno de los esposos no tiene trabajo o si hay algún enfermo, la pregunta resulta un tanto más difícil de responder. Y la respuesta es aún más difícil si ha fallecido un ser querido.

¿Siempre hay algo, sea lo que sea, por lo que estar agradecido? En cierta ocasión me encontraba haciendo visitas a domicilio en Miami, Florida. El pastor al que yo acompañaba preguntó por "Johnny". Su madre le contestó que se estaba preparando para los exámenes de la universidad. Cuando conocí a Johnny, vi que estaba paralizado de cintura para abajo. Nunca olvidaré sus palabras:

—Me apena ver a otros que son menos afortunados que yo.

Mi madre solía decir: "Dejé de quejarme porque no tenía zapatos cuando vi a uno que no tenía pies". Como hijos e hijas de Dios, pase lo que pase, podemos recordar que Jesús ha ido a preparar un lugar para nosotros y un día hará nuevas todas las cosas.

Señor, enséñame a ser agradecido todos los días.

"Yo soy la resurrección"

Basado en Juan 11:1-44

LÁZARO VIVÍA con sus dos hermanas Marta y María en la pequeña ciudad de Betania, cerca de Jerusalén. Muchas veces, cuando Jesús estaba cansado y necesitaba alejarse del bullicio de la gente que siempre le seguía, se escapaba a la casa de Lázaro para disfrutar de buena comida y una conversación tranquila.

Un día Lázaro enfermó de repente y como no respondía al tratamiento, las hermanas estaban alarmadas y enviaron un mensaje a Jesús, el cual estaba enseñando en otra ciudad. Por eso enviaron a decirle: "Señor, el que amas está enfermo" (Juan 11:3).

Jesús tardó tres días en ir a Betania. Antes de llegar a la casa, recibió la noticia de que Lázaro había muerto. Cuando Marta supo que Jesús estaba a las afueras de su ciudad, dejó a las plañideras y corrió a su encuentro. Después de reunirse y llorar juntos, Jesús le dijo: "Tu hermano resucitará" (Juan 11:23). Marta respondió: "Yo sé que resucitará en la resurrección, en el día final" (vers. 24).

> "Le dijo Jesús: 'Yo soy la resurrección y la vida; el que cree en mí, aunque esté muerto, vivirá'" (Juan 11:25).

Marta es ejemplo de un creyente ansioso. Creen, pero no confían lo suficiente como para no preocuparse. No desconfían del Señor ni cuestionan la veracidad de lo que dice, sino que se preguntan: "¿Cómo será?". Por lo tanto, no reciben todo el consuelo que la Palabra del Señor podría traer a su corazón si la creyeran plenamente. El cómo y el por qué son del Señor, quien responde según su voluntad. Es mucho mejor sentarnos con María a los pies del Señor, creyendo sus promesas, que salir corriendo con Marta, mientras preguntamos: "¿Cómo puede ser esto posible?".

Marta tenía fe en lo que podía ver. Pero, como muchos de nosotros, sus ojos estaban tan cegados por las lágrimas que no podía ver más allá de ese momento. Me pregunto qué nos perdemos usted y yo, a qué bendiciones damos la espalda, ante qué milagros cerramos los ojos porque carecemos de una fe que sea capaz de mirar más allá del presente.

Martín Lutero escribió: "Nuestro Padre Dios hizo que todo dependiera de la fe para que quien tenga fe lo tenga todo y quien no tenga fe no tenga nada".

Las palabras de Dios son vida

Basado en Juan 11:1-44

JESÚS LE DIJO a Marta algo que parecía demasiado bueno para ser verdad. Con toda claridad, declaró: "Tu hermano resucitará". De tener suficiente fe, ella podría haber dicho: "Señor, gracias por la promesa. Estoy segura de que en cualquier momento lo veremos sentado a la mesa, comiendo con nosotros". Pero no, ella solo pensaba en una posibilidad futura y respondió: "Yo sé que resucitará en la resurrección, en el día final" (Juan 11:24).

Muchas son las preciosas verdades que han sido puestas a un lado como reliquias del pasado. Decimos: "Sí, creemos esa promesa. Es una verdad extraordinaria". Y, acto seguido, nos apresuramos a archivarla cuidadosamente. Creer una verdad de manera que se la pone en cama y se la hace reposar sobre una mullida almohada de olvido es lo mismo que no creerla en absoluto.

A menudo, hacemos con las promesas de Jesús como aquella pareja de ancianos hizo con un precioso documento que habría solucionado su futuro si hubieran estado conscientes de su valor real. Al entrar en casa de una pareja pobre, un caballero vio que de la pared colgaba un marco con un billete de mil francos franceses. Preguntó a los ancianos: "¿Cómo lo consiguieron?". Le contaron que habían acogido a un pobre soldado francés y lo habían cuidado hasta su muerte. Él les había dado esa retrato suyo como recuerdo. Pensaron que quedaría bonito

"Las palabras que yo os he hablado son espíritu y son vida" (Juan 6:63).

si lo enmarcaban y por eso estaba colgado de la pared de la granja. Al enterarse de que, si lo cambiaban por dinero, podía valer una pequeña fortuna, quedaron estupefactos.

¿No hacemos nosotros algo similar con cosas infinitamente más preciosas? ¿Acaso no leemos algunas de las promesas de Jesús y decimos: "Son preciosas", para luego no reclamarlas cuando las necesitamos? Nosotros hacemos lo mismo que Marta cuando tomó las palabras: "Tu hermano resucitará" y las puso en el extraordinario marco de "la resurrección, en el día final". Ojalá tuviéramos fe para transformar los lingotes de oro de las promesas de Dios en monedas cotidianas y las usáramos como dinero de bolsillo.

Señor, reclamo tus preciosas promesas.

La promesa es para usted

Basado en Juan 11:1-44

DE LAS HERMANAS de Lázaro, Marta era la práctica. Ella era quien se quedaba en casa y se hacía cargo de las tareas domésticas. Mientras María malgastaba los años con inquietudes y extravíos, ella limpiaba, cocinaba y tenía cuidado de Lázaro. Sin duda alguna, Marta pensaba: "María es insensata. Se enamora de cualquiera que le preste un poco de atención. Además, no sabe nada de cuidar la casa". Por su parte, es probable que María pensara de Marta: "Es tan aburrida y sosa... Para la edad que tiene está muy mayor y ajada. Tendría que aprender a relajarse de vez en cuando y pasarla bien".

En aquella hora tan dolorosa, parecía que a Marta le costaba creer que Jesús le estuviera hablando. "Tu hermano resucitará." De haber creído, esa promesa habría sido un gran consuelo. "Sí, resucitará en el día postrero. Sin duda que, cuando miles de millones salgan de su tumba, Lázaro también estará con ellos".

> "Pero yo sé que mi Redentor vive, y que al fin se levantará sobre el polvo" (Job 19:25).

Nosotros solemos hacer lo mismo. Tomamos las promesas de Dios y decimos: "Es verdad para todos los hijos de Dios... algún día". Pero nos olvidamos del hecho de que son personales, para nosotros, hoy. Dios ha dado una gran bendición a su pueblo escogido. Sí, eso significa que a usted también. Pero sacudimos la cabeza como si la cosa no tuviera que ver con nosotros. Es una fiesta estupenda, pero seguimos hambrientos; es un río caudaloso, pero continuamos sedientos.

¿Por qué?

De alguna manera interpretamos la promesa en términos tan generales que echamos de menos el consuelo que viene cuando las aplicamos personalmente. Que seamos pobres y miserables es responsabilidad nuestra, porque bastaría con que ejercitáramos un poco la fe para que poseyéramos una herencia ilimitada.

Si usted es hijo de Dios, todas sus promesas le pertenecen y son suyas ahora mismo. Si este banquete no lo sacia es porque no tiene suficiente fe. Si, estando a orillas de este río, continúa sediento es porque no se agacha y bebe. Alégrese y esté contento; crea que las promesas del Señor son personales y para usted.

Consuelo con paciencia

Basado en Juan 11:1-44

A JESÚS SE LE PARTÍA EL CORAZÓN, no porque su amigo Lázaro hubiera muerto, sino por la tristeza y la incredulidad de Marta, la hermana de su amigo. Ella creía en el Señor, en teoría, pero su corazón seguía desconsolado.

El Señor trató a Marta con gran sabiduría. En primer lugar, no se enojó con ella. En su voz no había rastro alguno de irritación. No le dijo: "Marta, me avergüenzo de que me tengas en tan poca consideración". Ella pensó que honraba a Jesús al decir: "Sé que, incluso ahora, cualquier cosa que le pidas a Dios, él te la dará". Pensaba que Jesús era un gran profeta que podía pedirle a Dios cualquier cosa y que recibía respuesta a todas sus oraciones.

No consiguió darse cuenta del poder personal de Jesús para dar y sostener la vida. Pero el Salvador no la regañó. No creo que el pueblo de Dios aprenda mucho de los regaños. Si alguna vez encuentra a un hijo del Señor que no logra alcanzar el ideal, no lo amenace ni lo reprenda. Sea amable con los demás, así como el Señor ha sido amable con usted. Que los siervos pierdan la paciencia es inapropiado, sobre todo cuando el Maestro ha mostrado tanta.

Con espíritu compasivo y amable, Jesús comenzó a enseñarle más cosas referidas a sí mismo. Qué reconfortantes debieron sonar a sus oídos estas palabras: "Yo soy la resurrección y la vida". No es que dijera: "Puedo conseguir la resurrección con mis oraciones"; sino: "Yo, y ningún otro, soy la resurrección".

> "Respondió Jesús y les dijo: 'Esta es la obra de Dios, que creáis en aquel que él ha enviado'" (Juan 6:29).

Al decir: "Yo soy la resurrección y la vida", el Señor le indicó a Marta que la resurrección y la vida no son bendiciones que él tuviera que pedir a Dios, ni siquiera dones que tuviera que crear; sino que él mismo es la resurrección y la vida. Esto es así, allí donde esté. Él es el Autor, el Dador y el Sustentador de la vida; él mismo es la Vida. El Señor quería que Marta supiera que él era lo que ella pedía para su hermano.

Si tiene el corazón dolorido por el fallecimiento de alguien a quien amaba, las palabras del Salvador también son para usted.

"Alentaos los unos a los otros"

Basado en Juan 11:1-44

JESÚS y sus discípulos habían pasado algún tiempo de visita en un lugar que les era conocido, junto al Jordán, allí donde Juan el Bautista solía predicar. Es muy probable que en aquel tiempo, recordando a su fiel primo, Jesús sintiera una gran melancolía. Sin embargo, centró su atención en la mucha gente que había acudido a escucharlo.

Mientras estaban allí, un mensajero corrió al encuentro de Jesús con la noticia de que su amigo Lázaro estaba muy enfermo. Sus palabras exactas fueron: "Señor, el que amas está enfermo" (Juan 11:3).

Tras escuchar el mensaje, Jesús aseguró a sus discípulos: "Esta enfermedad no es para muerte, sino para la gloria de Dios, para que el Hijo de Dios sea glorificado por ella" (vers. 4). Dicho esto, sin dar más explicaciones, se entretuvo en el lugar durante dos días, después de los cuales dijo a los discípulos: "Vamos de nuevo a Judea" (vers. 7).

> "El Señor mismo, con voz de mando, con voz de arcángel y con trompeta de Dios, descenderá del cielo. Entonces, los muertos en Cristo resucitarán primero" (1 Tesalonicenses 4:16).

Tras un breve debate sobre el peligro de volver a Judea, Jesús dijo: "'Nuestro amigo Lázaro duerme, pero voy a despertarlo'. Dijeron entonces sus discípulos: 'Señor, si duerme, sanará'. Jesús decía esto de la muerte de Lázaro, pero ellos pensaron que hablaba del reposar del sueño. Entonces Jesús les dijo claramente: 'Lázaro ha muerto, y me alegro por vosotros de no haber estado allí, para que creáis; pero vamos a él'" (vers. 11-15).

A la muerte de un creyente Jesús la llama "sueño". La muerte de Lázaro, como la de la hija de Jairo, era, definitivamente, un sueño porque pronto serían resucitados. Por tanto, si estamos seguros de que al fin resucitaremos, ¿por qué habría de ser diferente para nosotros? Cuando muere, el cristiano, sencillamente, duerme. Descansa de los afanes de esta vida y espera la mañana de la resurrección. "Perece el justo, pero no hay quien piense en ello. Los piadosos mueren, pero no hay quien comprenda que por la maldad es quitado el justo; pero él entrará en la paz. Descansarán en sus lechos todos los que andan delante de Dios" (Isa. 57:12, 2; ver también 1 Tes. 4:14-16).

"Por tanto, alentaos los unos a los otros con estas palabras" (1 Tes. 4:18).

La Luz del mundo

Basado en Juan 12:46

UNO DE LOS objetos más brillantes del cielo nocturno es Venus. Se ve como una estrella brillante, pero en realidad es un planeta. Puesto que es lo bastante brillante como para poder ser visto a simple vista, ha sido objeto de adoración desde los tiempos prehistóricos. En griego, el nombre de Venus es Afrodita y el nombre babilonio es Istar. Se dice de Venus que es nuestro planeta hermano porque tiene, aproximadamente, el mismo diámetro que la Tierra.

Venus alcanza su máximo brillo poco antes del amanecer, por lo que a menudo se lo llama el lucero de la mañana. Un dato interesante sobre el planeta Venus: Está cubierto por una capa de nubes de más de 56 kilómetros de espesor (en la Tierra, las nubes más altas no superan los 16 kilómetros).

No hace mucho, un científico escribiendo para la revista *National Geographic* declaró lo siguiente: "En teoría, si se pudiera estar en Venus, sería posible disfrutar de una de las más extrañas experiencias de la vida. A causa de que las nubes reflejan como un espejo, se especula que sería posible ver todo el perímetro del planeta". Eso se llama "reflexión al punto de partida". ¿Cómo funciona? Seguro que ha estado en algún vestuario en el que hay espejos en todas las paredes, por lo que le es posible verse desde todos los ángulos. Pues bien, en lugar de espejos, la capa de nubes de Venus actuaría como un gigantesco espejo que lo reflejaría desde todos los lados, de manera que usted podría ver toda la superficie del planeta desde un solo punto y sin moverse de él.

> "Yo, la luz, he venido al mundo, para que todo aquel que cree en mí no permanezca en tinieblas" (Juan 12:46).

¿Por qué es tan interesante? ¿Se ha preguntado cómo es posible que, cuando Jesús venga, todos los ojos lo vean viniendo en las nubes? ¿Cree que a Jesús le resultaría difícil cubrir toda la tierra con una capa de nubes que reflejase su venida como un espejo gigantesco, de manera que todos los habitantes de la tierra pudieran verlo al mismo tiempo?

Pero el lucero de la mañana tiene más que decirnos. Antes de que Jesús viniera, nuestro mundo estaba en tinieblas. El profeta Isaías escribió: "Porque he aquí que tinieblas cubrirán la tierra y oscuridad las naciones" (Isa. 60:2). Pero entonces vino Jesús. "En él estaba la vida, y la vida era la luz de los hombres. [...] La luz verdadera que alumbra a todo hombre venía a este mundo" (Juan 1:4, 9).

Invite a Jesús para que sea la luz de su vida.

Luz de vida

Basado en Juan 12:46

CUANDO EL SOL se levanta por el oeste no tiene el brillo ardiente del mediodía, sino que se asoma por el horizonte con una luz mortecina que aumenta paulatinamente. Así vino Jesús: primero, en Belén, discretamente; pero aumentando día tras día.

Cuando sale el Sol los pajarillos cantan con alegría. Dios hizo que esa gran bola de fuego se levantara con tanta suavidad que no asustara a ningún gorrión. Tampoco se asustan las flores del campo porque el gran sol vaya a inundar el cielo. Todas ellas abren sus cálices para beber la luz dorada y, así, recuperar la lozanía.

Lo mismo sucede cuando Jesús brilla en el corazón. Es así de sencillo y discreto. Que Jesús habite el corazón significa que ya no hay oscuridad. Cuando Jesús entra en el corazón, expulsa la oscuridad de la ignorancia, la tristeza, el miedo y la desesperación. "Porque Dios, que mandó que de las tinieblas resplandeciera la luz, es el que resplandeció en nuestros corazones, para iluminación del conocimiento de la gloria de Dios en la faz de Jesucristo" (2 Cor. 4:6).

"Yo soy la raíz y el linaje de David, la estrella resplandeciente de la mañana" (Apocalipsis 22:16).

"Es privilegio y deber de todo cristiano tener grande y bendita experiencia de las cosas de Dios. 'Yo soy la luz del mundo', dice Jesús, 'el que me sigue no andará en tinieblas, mas tendrá la lumbre de la vida' (Juan 8:12). 'La senda de los justos es como la luz de la aurora, que va en aumento hasta que el día es perfecto' (Prov. 4:18). Cada paso que se da en fe y obediencia pone al alma en relación más íntima con la luz del mundo, en quien 'no hay ningunas tinieblas'. Los rayos luminosos del Sol de Justicia brillan sobre los siervos de Dios, y estos deben reflejarlos. Así como las estrellas nos hablan de una gran luz en el cielo, con cuya gloria resplandece, así también los cristianos deben mostrar que hay en el trono del universo un Dios cuyo carácter es digno de alabanza e imitación" (*El conflicto de los siglos*, cap. 28, p. 468).

En este mundo quizá tengamos que andar por el valle de sombra de muerte. Pero en el Padre de las luces, "no hay mudanza, ni sombra de variación" (Sant. 1:17).

Lleve con usted la luz de Jesús.

Cómo empeorar las cosas

Basado en Juan 13:15

CUANDO nuestro hijo menor era adolescente, su idea de una habitación ordenada no era precisamente la mía. Rara vez se hacía la cama y tenía toda la ropa esparcida por el suelo. En cierta ocasión, le había estado instando a que limpiara su cuarto y prometió que lo haría. Pero no lo hizo.

Seguí recordándoselo, pero no sirvió de nada. De hecho, parecía que cuanto más se lo mencionaba, peor se lo tomaba. Además, mi insistencia llegó a afectar nuestra relación. Mi hijo empezaba a molestarse. Me di cuenta de que el problema ya no era la habitación desordenada, sino que se había transformado en una lucha por el poder.

Era preciso cambiar de estrategia. Era preciso decidir algo. Si seguía insistiendo en el tema de la manera que lo había hecho, además de una habitación desordenada, tendría un hijo que me habría perdido el respeto. Entendí que la única manera posible de conseguir una habitación limpia y una buena relación con mi hijo pasaba por intentar algo inusual e inesperado. Algunos dirán que me dejé acobardar y me rendí como cabeza de familia. Pero, gracias a Dios, la cosa no terminó así.

> "Porque el Hijo del hombre no vino para ser servido, sino para servir y para dar su vida en rescate por todos" (Marcos 10:45).

Después de que mi hijo se fuera a trabajar, comencé mi nueva táctica. Fui a su habitación, hice la cama, colgué la ropa y la ordené. Esa noche, cuando regresó a casa, ninguno de los dos dijo nada al respecto.

Al día siguiente volví a ordenar su habitación, pero esta vez no fue tan difícil porque ya la había limpiado el día anterior. Cuando volvió a casa, de nuevo ninguno de los dos dijo nada al respecto.

No creerá lo que sucedió luego. Al día siguiente fui a su habitación y descubrí que él mismo la había ordenado y limpiado. Y eso fue todo. Ahora que ya es adulto, mantiene su casa limpia y en orden.

Es cierto: las acciones hablan con más fuerza que las palabras. Lo invito a recordar las palabras de Jesús: "Porque ejemplo os he dado para que, como yo os he hecho, vosotros también hagáis" (Juan 13:15).

Podríamos ser una bendición extraordinaria

Basado en Juan 13:15

CUANTO MÁS nos parezcamos a Cristo, más nos esforzaremos por servir a los que nos rodean. Un siervo es aquel que se preocupa por los actos y los intereses de su amo. Siempre está dispuesto a mostrarle a su amo que solo quiere hacer lo que le complace y le es de provecho. Jesús vivió para agradar a su Padre, por lo que nosotros tenemos que vivir para agradar a Jesús.

¿Qué obra quiere Cristo que hagamos? La forma de servirlo, nos dice él, es convertirnos en siervos de nuestros hermanos y hermanas en la fe y estar dispuestos a hacer cualquier cosa, por costosa, aburrida o humilde que sea, para ayudarlos. Tal como mostró en la última cena, cuando tomó el lugar del siervo y lavó los pies de los discípulos, nos enseñó qué es realmente amar.

Ser como Jesús implica que querremos vivir para bendecir a los demás. La razón por la que a menudo no somos una bendición para los demás estriba en que pensamos que, gracias a los dones que Dios nos otorgó, somos superiores a ellos o, cuando menos, sus iguales. Si del Señor aprendiésemos a ayudar a los demás con el espíritu de un siervo, podríamos ser una gran bendición.

> "Hallándose en la condición de hombre, se humilló a sí mismo, haciéndose obediente hasta la muerte, y muerte de cruz"
> (Filipenses 2:8).

Al lavar los pies de sus discípulos, Jesús hacía dos cosas: (1) ministraba físicamente, lavando y refrescando sus pies y (2) ministraba espiritualmente, dándoles un ejemplo. Cuando las iglesias socorren las necesidades físicas de los demás, la gente suele abrir el corazón y está dispuesta a escuchar el evangelio.

Así trabajaba Jesús. "Mientras él pasaba por los pueblos y las ciudades, era como una corriente vital que difundía vida y gozo por dondequiera que fuese. Los seguidores de Cristo han de trabajar como él obró. Hemos de alimentar a los hambrientos, vestir a los desnudos y consolar a los dolientes y afligidos. Hemos de ministrar a los que desesperan e inspirar confianza a los descorazonados" (*El Deseado de todas las gentes*, cap. 37, p. 323).

"Si nos humilláramos delante de Dios, si fuéramos bondadosos, corteses, compasivos y piadosos, habría cien conversiones a la verdad donde ahora hay una sola" (*Testimonios para la iglesia*, t. 9, p. 152).

Nuestros ojos no han visto

Basado en Juan 14:1-10

¿LE GUSTA imaginarse cómo será el cielo? En una semana de oración que dirigía en una universidad adventista, el sermón había versado sobre la venida de Jesús. Durante el mismo, se me había ocurrido mencionar que en el cielo, la relación marido-mujer no será como la hemos conocido en la tierra. Más tarde, una joven se me acercó y expresó su decepción al respecto. En otro momento, un hermano me comentó que, si él y su esposa no podían tener intimidad en el cielo, no quería ir.

Un día, un saduceo se acercó a Jesús y le planteó una situación imaginaria en la que una mujer, viuda de siete maridos, había muerto. Luego le preguntó a Jesús cuál de los siete sería su esposo en el cielo. La respuesta de Jesús fue: "Los que son tenidos por dignos de alcanzar aquel siglo y la re-surrección de entre los muertos, ni se casan ni se dan en casamiento, porque ya no pueden morir, pues son iguales a los ángeles, y son hijos de Dios al ser hijos de la resurrección" (Luc. 20:35, 36).

Me encontraba comiendo en un restaurante cuando vi a una pareja que estaba sentada en uno de los reservados. Junto a ellos, en un coche-cito de bebé, dormía una niña de unos seis años de edad. Después de observarla con más deteni-miento, noté que algo no andaba bien. Cuando, después de comer, salíamos del restaurante, vi que los padres daban de comer a la niña y enton-ces me di cuenta de que padecía una discapaci-

> "Y si me voy y os preparo lugar, vendré otra vez y os tomaré a mí mismo, para que donde yo esté, vosotros también estéis" (Juan 14:3).

dad. Aunque, como es de suponer, no los conocía, puse la mano en el hombro de la madre y dije: "Cuando Jesús venga, sanará a su hija".

Es muy difícil imaginar cómo será vivir en la tierra nueva. Pero una cosa sí sabemos: "Ya no habrá más muerte, ni habrá más llanto ni clamor ni dolor, por-que las primeras cosas ya pasaron" (Apoc. 21:4). No habrá niñas discapacitadas, ciegas ni cojas. "Antes bien, como está escrito: 'Cosas que ojo no vio ni oído oyó ni han subido al corazón del hombre, son las que Dios ha preparado para los que lo aman'" (1 Cor. 2:9).

Más de lo que imaginamos

Basado en Juan 14:1-3

UNA DE LAS COSAS que un joven espera con más interés es poder obtener el permiso de conducción. Recuerdo el día que presenté el examen teórico en la oficina de permisos. Me concedieron un permiso provisional, lo que significaba que un conductor con permiso definitivo tenía que acompañarme cada vez que yo me ponía al volante. ¿Imagina quién condujo de vuelta a casa? Durante los meses que siguieron a la obtención del permiso, aprovechaba cualquier oportunidad para conducir.

¡Cómo han cambiado las cosas! Ahora, cuando vamos en automóvil, prefiero que conduzca mi esposa. Digámoslo sin rodeos: si antes no quería hacer otra cosa que conducir, ahora me parece una actividad extremadamente aburrida. Conducir me interesaba más antes de obtener el permiso que después.

¡Qué emocionante será cuando Jesús venga y nos lleve a casa con él! Lo ha hecho todo nuevo para nosotros. Será tan extraordinario que no podremos explicarlo. Pero, ¿se imagina cómo será cuando llevemos viviendo diez mil millones de años? ¿Nos parecerá tan excitante y extraordinario como el primer día? Sé que la respuesta es "sí". Dios es tan extraordinario que necesitaríamos más de una eternidad para conocerlo y amarlo cada vez más. Aunque siempre estará fuera de nuestro alcance, cada vez nos pareceremos más a él.

> "Allí no habrá más noche; y no tienen necesidad de luz de lámpara ni de luz del sol, porque Dios el Señor los iluminará y reinarán por los siglos de los siglos" (Apocalipsis 22:5).

"A medida que los años de la eternidad transcurran, traerán consigo revelaciones más ricas y aún más gloriosas respecto de Dios y de Cristo. Así como el conocimiento es progresivo, así también el amor, la reverencia y la dicha irán en aumento. Cuanto más sepan los hombres acerca de Dios, más admirarán su carácter. A medida que Jesús les descubra la riqueza de la redención y los hechos asombrosos del gran conflicto con Satanás, los corazones de los redimidos se estremecerán con gratitud siempre más ferviente, y con arrebatadora alegría tocarán sus arpas de oro; y miríadas de miríadas y millares de millares de voces se unirán para engrosar el potente coro de alabanza" (*El conflicto de los siglos*, cap. 43, p. 657).

Si se siente solo y abatido, acuérdese de qué nos prepara Jesús. ¡Allí nos veremos!

"Yo soy el camino"

Basado en Juan 14:1-16

PROBABLEMENTE alguna vez haya oído a alguien decir: "Cree lo que quieras, lo importante es que creas". Piénselo. ¿Es verdad? ¿Conducen todos los caminos a Roma? ¿Cómo puede alguien decir que da igual lo que crea, siempre y cuando crea? ¿Acaso no se ha perdido gente que creía estar en el camino correcto?

Por otra parte, ¿qué pasa con los mecánicos que reparan los automóviles? ¿Puede alguien decir que da lo mismo lo que el mecánico crea al reparar el motor siempre que sea sincero? Y podríamos alargar tanto como quisiésemos esta ilustración.

A través de los años, los seres humanos se han inventado cualquier excusa para justificar que no es necesario creer en el Dios verdadero. Todo comenzó en el cielo cuando Lucifer dijo: "Sobre las alturas de las nubes subiré y seré semejante al Altísimo" (Isa. 14:14). Los seres humanos se han creado sus propios dioses, como Buda, Krishna o Confucio, para sustituir al Dios verdadero. Asimismo, también ha habido falsos profetas como Joseph Smith y Mahoma.

> "Jesús le dijo: 'Yo soy el camino, la verdad y la vida; nadie viene al Padre sino por mí'" (Juan 14:6).

Todos esos dioses son, en su origen, invenciones de los seres humanos, que han escogido rechazar al Dios verdadero y crearse sus propios dioses. Para algunos, el mayor de los dioses del hombre es el hombre mismo. Así piensan los seguidores de la Nueva Era, que creen que no necesitamos ningún Dios porque nosotros mismos ya somos dioses. Es bastante obvio que, aunque el ser humano fue creado a imagen y semejanza de Dios, la humanidad no es en absoluto Dios.

Mi esposa y yo servimos durante años en el sur de Asia. Allí pude ver "vacas sagradas", "monos sagrados" y "árboles sagrados". Inspirado por el Espíritu Santo, el apóstol Pablo escribió sobre "los que cambiaron la verdad de Dios por la mentira, honrando y dando culto a las criaturas antes que al Creador, el cual es bendito por los siglos. Amén" (Rom. 1:25).

No, todos los caminos no conducen a Roma. En otras palabras, no todos los que hablan del cielo entrarán en él. Isaías 45:22 afirma claramente: "¡Mirad a mí y sed salvos, todos los términos de la tierra, porque yo soy Dios, y no hay otro!".

Obedezca por amor

Basado en Juan 14:15

SI RESPETAMOS la limitación de velocidad o nos detenemos cuando el semáforo está en rojo, nadie nos acusa de legalismo. Cuando nuestro jefe nos dice que debemos respetar las normas de la empresa, no lo tildamos de legalista. Sin embargo, cuando se habla de la obediencia a los Diez Mandamientos, parece que siempre habrá quien nos cuelgue el sambenito del legalismo.

En todos los aspectos de la vida la obediencia es necesaria, por lo que el cristianismo no iba a ser ninguna excepción. Creer que se puede ser seguidor de Jesús y, a la vez, desobedecer su Palabra es una contradicción. Nada podría estar más alejado de la verdad. El pecado es desobediencia. La obediencia es ser fiel a la voluntad de Dios en la vida cotidiana.

> "Todo aquel que comete pecado, infringe también la ley, pues el pecado es infracción de la ley" (1 Juan 3:4).

Oír que quien quiere hacer la voluntad de Dios es legalista, fariseo o murmurador me desconcierta. Si el propósito de su vida es obedecer la voluntad de Dios y alguien dice que usted es todas esas lindezas, no se deje intimidar. Jesús mismo dijo: "Si me amáis, guardad mis mandamientos" (Juan 14:15).

Si alguien no está convencido de querer hacer la voluntad de Dios u obedece solo cuando le conviene, no permita que eso afecte a su compromiso con el Señor. Las Escrituras describen a los que se salvarán: "Aquí está la perseverancia de los santos, los que guardan los mandamientos de Dios y la fe de Jesús" (Apoc. 14:12).

En mi opinión, no hay mayor alegría que hacer la voluntad de Dios y guardar sus mandamientos. Guardar sus mandamientos no es una carga tal que al despertarme por la mañana me resulta penoso pensar que tengo que hacer la voluntad de Dios. Me comprometí a hacer la voluntad de Dios en mi vida sin omitir ni un solo detalle. Eso no me convierte en legalista, porque el legalismo es intentar obedecer la ley de Dios con el propósito de parecer bueno. Sé que si Jesús no gobierna mi vida, desobedeceré. Sé que seré capaz de hacer lo que él me pide únicamente por el poder del Espíritu Santo. Escoja obedecer por amor.

Lecciones de un árbol

Basado en Juan 15:1, 2

HACE ALGUNOS AÑOS, mi esposa y yo compramos un toronjero. Sabíamos cómo cuidar de un huerto, pero no teníamos experiencia con los árboles frutales. El pequeño árbol estaba cubierto de flores. Nos alegró ver que ya en el primer año iba a dar mucho fruto.

El hombre que nos lo vendió nos recomendó que elimináramos las flores. Cuando le preguntamos por qué, nos explicó que el árbol tenía que crecer y que todavía no era lo bastante maduro para dar buenos frutos. Definitivamente, era distinto de las judías verdes. Para obtener una cosecha de legumbres basta con sembrarlas en la estación correcta y, después de algunos meses, ya se pueden cosechar. Pero un árbol frutal tarda años en desarrollarse.

Nuestro pequeño árbol crecía sano. Al segundo año, brotaron tantas ramas que era imposible ver a través de la copa. Sabía que era preciso podarlo, por lo que busqué la palabra "poda" en Internet y descubrí algunas cosas interesantes.

La poda de los árboles es una técnica que usan los hortelanos y jardineros para controlar el crecimiento, quitar la madera muerta o enferma o estimular la formación de flores y frutos. Descubrí que la mejor época para podar es al principio de la temporada, cuando las yemas empiezan a brotar y es posible eliminar los brotes usando tan solo los dedos. El artículo señalaba que muchos hortelanos aficionados caen en el error de plantar el árbol y dejarlo a su suerte hasta que empieza a dar fruto. Sin embargo, la atención cuidadosa y la vigilancia de los árboles jóvenes determinarán su productividad y su longevidad.

> "Todo pámpano que en mí no lleva fruto, lo quitará; y todo aquel que lleva fruto, lo limpiará, para que lleve más fruto" (Juan 15:2).

Nuestro árbol había echado tantas ramas que la luz del sol era incapaz de pasar a través de él. Así que lo podé de tal manera que el sol pudiera iluminar las ramas interiores y el árbol pudiera ventilarse correctamente; de lo contrario, enfermaría.

El proceso de poda me ayuda a entender lo que Jesús tiene que hacer con nosotros. Si queremos llevar fruto, en la vida hay muchas cosas que es preciso eliminar. Jesús usó las lecciones de la naturaleza para enseñar verdades espirituales. ¿Se le ocurre alguna más?

"La vid verdadera"

Basado en Juan 15:1-6

CUANDO YO ERA NIÑO, mi padre siempre cuidó de un huerto. Cada primavera plantábamos maíz, tomates, judías verdes, espinacas y cebollas. Estoy seguro de que también plantábamos otras verduras. Con los tomates y las judías verdes, mi madre hacía conservas para el invierno. Éramos cuatro hermanos y mis padres tenían que ahorrar todo lo que podían. Mi madre también hacía conservas con los melocotones que comprábamos a los agricultores. Aunque cultivábamos hortalizas, nunca tuvimos árboles frutales.

Durante cinco años vivimos en Chile. El principal producto agrícola de ese país es la uva, de la cual se obtiene el vino. No sabíamos que hubiera tantas variedades de uva. A veces, de vuelta del mercado, llevábamos a casa hasta seis variedades distintas y todas ellas eran deliciosas. Cada una tenía su propio sabor. Las uvas también se dan en el clima del Próximo Oriente. Al igual que en los días de Jesús, la uva todavía es un producto importante en el Israel moderno.

Jesús usó la vid como ejemplo para enseñar una de las lecciones más importantes de nuestra relación con él, así como su voluntad para nuestra vida. Dijo: "Yo soy la vid verdadera y mi Padre es el labrador" (Juan 15:1).

> "Yo soy la vid verdadera y mi Padre es el labrador" (Juan 15:1).

Una vid necesita que alguien la cuide. Por eso Jesús dice que, aunque él es la vid verdadera, su Padre se hará cargo de él. Mientras vivió en la tierra, Jesús habló de su Padre celestial. Dijo: "No puede el Hijo hacer nada por sí mismo" (Juan 5:19). Dependía tanto de su Padre como una vid depende del agricultor para que la plante, la fertilice y la cuide. Para obtener la sabiduría y la fuerza que le permitirían hacer cada día la voluntad de su Padre, Cristo dependía enteramente de él. Jesús dijo: "Las palabras que yo os hablo, no las hablo por mi propia cuenta, sino que el Padre, que vive en mí, él hace las obras" (Juan 14:10).

Así como Jesús dependía cada día de su Padre para decir las palabras que decía y hacer las cosas que hacía, nosotros también dependemos de él en todo cuanto somos y podemos llegar a ser. "En él vivimos, nos movemos y somos" (Hech. 17:28). Esto lo incluye todo, ¿no?

Eliminar lo que carece de valor

Basado en Juan 15:1-6

A MI ESPOSA y a mí nos gusta salir a dar un paseo cada día. Dicen que caminar es el mejor ejercicio. Donde vivimos hay kilómetros de acera pavimentada, por lo que caminar resulta una actividad agradable.

Una mañana, mientras andábamos, vimos que un mandarinero extendía sus ramas por encima de la cerca. Estaba repleto de mandarinas; así que tomé un par para comerlas durante el paseo. Pelé una y me llevé un gajo a la boca. Era terriblemente amarga. Más tarde leímos sobre cómo cuidar los árboles de cítricos. El artículo decía que, si no se podan a menudo, vuelven a su estado salvaje. Esto respondió a mi pregunta de por qué la fruta que quise comer por la mañana sabía tan amarga. Era obvio; el árbol nunca había sido podado.

Cuando me enteré de ello, fui donde tenemos plantado el toronjero y, con unas tijeras de podar, corté todos los brotes que crecían fuera de la copa. Nunca darían fruto y, sin embargo, debilitarían al árbol e impedirían que la luz del sol alcanzase el tronco.

Cuando entendí la importancia de podar mi toronjero, comprendí lo que Jesús quiso decir al declarar: "Todo pámpano que en mí no lleva fruto, lo quitará; y todo aquel que lleva fruto, lo limpiará, para que lleve más fruto" (Juan 15:2).

La poda hace que el árbol frutal crezca sano y, como resultado, dé más fruto. Eliminar los brotes estériles no hace daño al árbol. Así como es preciso podar los árboles para que no vuelvan a su estado salvaje y no den frutos amargos, Dios conoce qué hay en nuestra vida que nos impide crecer espiritualmente o puede hacernos volver al mundo. A diferencia de mi toronjero, que Dios nos "pode" puede ser doloroso. Sin embargo, "sabemos, además, que a los que aman a Dios, todas las cosas los ayudan a bien, esto es, a los que conforme a su propósito son llamados" (Rom. 8:28).

> "Hijo mío, no menosprecies la disciplina del Señor ni desmayes cuando eres reprendido por él, porque el Señor al que ama, disciplina, y azota a todo el que recibe por hijo"
> (Hebreos 12:5, 6).

No le pidas peras al olmo

Basado en Juan 15:4

RECIENTEMENTE, aprendí algunas lecciones espirituales observando un peral. He aquí una: Para dar peras, la rama del peral tiene que estar unida al tronco. Otra: Las peras no crecen en el tronco, si no en las ramas.

Desde el punto de vista espiritual, de aquí he aprendido que, si queremos ser como Cristo, tenemos que estar unidos a él. Sin embargo, con eso no basta. "El que dice que permanece en él, debe andar como él anduvo" (1 Juan 2:6). Hay quienes quieren permanecer en Cristo, pero no andar como él anduvo. También hay quienes quieren andar como él anduvo, pero no permanecen en él. El meollo del asunto es que quien permanece en Cristo andará como él anduvo; asimismo, quien anda como él solo podrá hacerlo si permanece en él.

Un peral no decide que será un peral, eso está determinado en la semilla de la pera. Tampoco las ramas del peral deciden si dan peras o castañas. El peral es lo que es porque Dios decidió que así fuera. No tiene elección. Sin embargo, permanecer en Cristo y llevar fruto (el fruto del Espíritu) no es algo que hagamos sin pensar. Permanecer en Cristo y vivir como él vivió es consecuencia de una decisión deliberada.

> "El que dice que permanece en él, debe andar como él anduvo" (1 Juan 2:6).

Pero aun cuando tomamos la decisión de permanecer en Cristo y vivir como él, no podemos lograr este ideal por nosotros mismos. Pero no se preocupe, él no nos ha dejado solos para que nos defendamos como podamos. Algunos quizá digan: "He tratado de vivir como Cristo, pero no puedo". El problema es que no permanecen en Cristo. Permanecer en Cristo es hablar con él en oración y leer su Palabra. Pero hay más; no podemos permanecer en Cristo a menos que vivamos en él. Como ve, todo está relacionado. Vivir es permanecer y permanecer es vivir. Decídase a vivir (permanecer) en Jesús. Ante cada desafío, pregúntese: "¿Qué haría él?".

Esponjas y espejos

Basado en Juan 15:4

EN MUCHAS IGLESIAS, el servicio de culto incluye una historia para los niños. Un fin de semana en que yo era el orador invitado, los hermanos me pidieron que me encargara de la historia infantil. Aunque no suelo hacerlo, esa vez accedí. Por fortuna, disponía de un día para prepararla.

Me resulta difícil saber qué decir a los niños, pero recordé una ilustración que había usado años antes, cuando todavía era nuevo en las lides del ministerio. Para la ilustración necesitaba dos objetos: un espejo y una esponja. El espejo y la esponja explican cómo funciona la vida cristiana.

Quizá le interese tomar alguna nota y así poder contar esta historia en su iglesia. La esponja representa la vida. Las esponjas absorben los líquidos. Si derramamos agua en el suelo, usamos una para absorberla. La vida también es como un espejo. Para arreglarnos el cabello nos ponemos delante de un espejo porque, si no, no podríamos ver lo que hacemos.

Aquí viene la relación de la esponja y el espejo con la vida cristiana. Nosotros somos como una esponja y absorbemos todo lo que nos rodea, tanto si es bueno como malo. En la medida en que nuestra cultura tenga más aspectos malos que buenos, tenemos que poner cuidado en no llenarnos con las cosas del mundo. Muchos cristianos no entienden por qué es tan difícil vivir una vida como la de Cristo. La razón es que ellos mismos se impregnan de las cosas del mundo en lugar de las de Cristo.

"Por tanto, nosotros todos, mirando con el rostro descubierto y reflejando como en un espejo la gloria del Señor, somos transformados de gloria en gloria en su misma imagen, por la acción del Espíritu del Señor" (2 Corintios 3:18).

Del mismo modo, como el espejo, nosotros reflejamos lo que tenemos alrededor. Cuando nuestra vida se inclina hacia las cosas del mundo y no hacia las de Dios, ¿qué ven los demás? Verán que nos parecemos más al mundo que a Jesús.

Lo invito a hacer algo práctico. Ponga un espejo y una esponja en un lugar donde pueda verlos durante todo el día. Luego, cuando pase por delante, recuerde el mensaje que transmiten.

La obediencia no es legalismo

Basado en Juan 15:10

PARA QUE una vida sea cristiana tiene que ser de obediencia; no solo en los aspectos en que estamos de acuerdo, sino en todos. Aunque no practico ningún deporte, sé que los jugadores se toman muy en serio lo que les dice el entrenador. Los medallistas olímpicos tienen entrenadores que les dicen qué tienen que hacer.

Muchos opinan que en el terreno de la fe y la moral todo vale mientras se haga con sinceridad. Sin embargo, los medallistas olímpicos, además de sinceros, son disciplinados y están comprometidos. Sorprende que, en la vida cristiana, tengamos problemas con una palabra que nos haría vencedores. Ya sea en una campaña militar o en la fase eliminatoria de una competencia deportiva, la palabra ganadora es "obediencia".

Hace algunos años, a mi esposa y a mí nos invitaron a hablar en un centro para militares adventistas ubicado en Frankfurt, Alemania. El fin de semana fue muy agradable y me sorprendió el compromiso de nuestros jóvenes con Dios y con su país.

"Vosotros sois mis amigos si hacéis lo que yo os mando" (Juan 15:14).

Un joven soldado me dijo que el ejército no hace excepciones en lo que a la obediencia se refiere. Me comentó que los oficiales disciplinan a cualquier soldado que pise el césped cuando un cartel lo prohíbe. Le pregunté por qué pensaba que los oficiales eran tan estrictos. Me explicó que, en el campo de batalla, la propia vida y la de los demás dependen de si se obedecen o no las órdenes. Por tanto, la formación de un soldado, además del aprendizaje de ciertas habilidades, incluye la obediencia; cosa harto importante.

Una de las principales razones por las que la gente no consigue vencer en la vida cristiana es que, de un modo u otro, es hostil a la idea de obedecer. Imagine la situación ridícula de una formación militar en la que el sargento dice a los soldados que es absolutamente necesario que obedezcan las órdenes que se les dan y un recluta, levantando la mano, le replica: "Señor, eso es legalismo". Al momento se encontraría aprendiendo cómo se hacen cien flexiones.

Jesús dijo: "Si guardáis mis mandamientos, permaneceréis en mi amor; así como yo he guardado los mandamientos de mi Padre y permanezco en su amor" (Juan 15:10).

Obediencia en las cosas pequeñas

Basado en Juan 15:14

UN HOMBRE RICO pidió a sus hijos que construyeran una casa en el campo con un gallinero. El padre dijo a los jóvenes que quería que siguieran sus instrucciones al pie de la letra y que no hicieran excepciones. Les dijo que, si seguían sus instrucciones, les regalaría la propiedad. Luego se fue de viaje.

Los jóvenes pusieron manos a la obra. Buscaron un arquitecto, establecieron las condiciones y, pronto, el proyecto de construcción marchaba viento en popa. Todo iba a pedir de boca y apenas había problemas. Por último, la casa estaba casi terminada y empezaron a construir el gallinero.

Sin embargo, aquel gallinero era un problema. Su construcción no presentaba dificultad alguna pero... ¿dónde lo ponían? El padre había dejado dicho que lo quería en un lugar preciso, pero cuando los jóvenes discutieron la ubicación, pensaron que el lugar escogido no era el más adecuado porque estaba a pleno sol, sobre todo cuando el sol está en su cenit. De modo que acordaron su construcción en otro lugar. Poco después de que el proyecto se terminara, el padre volvió a casa. Estaba ansioso por ver la finca y los jóvenes por mostrársela.

> "El que es fiel en lo muy poco, también en lo más es fiel; y el que en lo muy poco es injusto, también en lo más es injusto" (Lucas 16:10).

Después de inspeccionar la mansión, vieron que los miraba con expresión interrogante. Finalmente, dijo:

—Muchachos, ¿dónde está el gallinero? Se suponía que iba a estar allí...

—Ah, no te preocupes, papá —dijo uno de ellos—. Está al otro lado de ese bosquecillo.

El padre respondió:

—Pero yo les dije que lo quería aquí. Cuando me fui les pedí que siguieran mis instrucciones al pie de la letra. No hicieron lo que les pedí.

—Pero, padre, nosotros hemos obedecido. Hicimos todo lo que nos dijiste que hiciéramos... excepto el gallinero, claro.

—No —dijo el padre—, no hicieron lo que les pedí. Hicieron lo que quisieron. Solo me obedecieron en lo que estaban de acuerdo conmigo; pero cuando no creyeron que yo tenía razón, hicieron lo que les apeteció.

Jesús dijo: "Vosotros sois mis amigos si hacéis lo que yo os mando" (Juan 15:14).

No se deje engañar

Basado en Juan 16:7-11

¿ALGUNA VEZ alguien le ha preguntado si el Espíritu Santo está en usted? A mí, sí. Por lo general, quieren saber si usted tiene el don de lenguas. Si dice que no, replican: "Bueno... si no tiene el don de lenguas, el Espíritu Santo no está en usted".

Hace varios años, surgió un fenómeno que se llamó "La bendición de Toronto". Algunos de los testigos explican que quienes, supuestamente, recibían el Espíritu Santo, caían al suelo retorciéndose a carcajadas. En otras ocasiones, cuando recibían el Espíritu Santo, empezaban a ladrar como perros.

Un conocido curandero tenía su sede nacional en la ciudad donde vivo. Cada día, yendo de camino a la oficina, pasaba por delante de su iglesia. Un día vi un letrero anunciando que habría un servicio de sanación a las diez de la mañana. Me decidí a investigar.

Hubo una oración especial pidiendo la curación tras la cual se indicó a los que sentían que habían sido sanados que se adelantaran hacia el estrado. El pastor les hizo algunas preguntas y, de repente, los golpeó en el centro de la frente con la palma de la mano. Inmediatamente cayeron al suelo, mientras la congregación cantaba el himno "Desciende, Espíritu de amor". Era todo un espectáculo.

> "Y cuando él venga, convencerá al mundo de pecado, de justicia y de juicio" (Juan 16:8).

Un amigo mío estaba hablando con un joven que insistía en que una persona debe ser capaz de hablar en lenguas como señal de que el Espíritu Santo está en ella. Mi amigo le preguntó:

—Cuando Jesús fue bautizado en el Jordán, el Espíritu Santo vino a él con la forma de una paloma, ¿verdad?

—Sí —respondió el joven—, es verdad.

Entonces mi amigo preguntó:

—¿Empezó Jesús a hablar en lenguas?

El joven dijo que no y comenzó a llorar.

—Todos estos años —añadió— he estado fingiendo.

Jesús prometió que cuando regresara al cielo enviaría al Espíritu. Vea cuál sería el primer resultado: "Y cuando él venga, convencerá al mundo de pecado, de justicia y de juicio" (Juan 16:8).

Este texto me recuerda que cuando el Espíritu Santo me llama al arrepentimiento, es más probable que llore a que caiga al suelo. No se deje engañar por un espectáculo.

Un solo cuerpo

Basado en Juan 16:7-11

EL CUERPO ESTÁ compuesto de unos cien mil millones de células: óseas, musculares, sanguíneas, nerviosas, etcétera. Todos estos tipos de células se renuevan constantemente, a excepción de las neuronas, que forman los nervios y el cerebro. Sin embargo, parece como si el cuerpo conociera cada una de ellas por su nombre. El cuerpo reconoce inmediatamente cada célula, como propia o extraña, tanto si es una neurona como una célula sanguínea recién creada.

Cuando una célula, o un grupo de ellas, procede del exterior, como en el caso de un corazón trasplantado; a pesar de que, en todos los aspectos sea idéntico a las del propio corazón original; y a pesar de que el nuevo corazón late al ritmo correcto, el cuerpo rechaza las células importadas y se moviliza para destruirlas.

Aunque cada una de los cien mil millones de células del cuerpo es, en cierto sentido, un organismo vivo separado, de hecho, su existencia continuada depende totalmente de las relaciones que mantienen las unas con las otras y todas con el cuerpo entero. El secreto de su unidad es una molécula en forma de escalera llamada ADN.

El ADN se replica a sí mismo, de manera que cada nueva célula dispone de una copia exacta e idéntica. Aunque, con el tiempo, las células se especializan, cada una de ellas atesora un libro de instrucciones compuesto por cien mil genes. Todas poseen un código genético completo, por lo que bastaría con la información almacenada en una sola célula para reconstruir el cuerpo entero.

"Hasta que todos lleguemos a la unidad de la fe y del conocimiento del Hijo de Dios, al hombre perfecto, a la medida de la estatura de la plenitud de Cristo" (Efesios 4:13).

Hay otro cuerpo que no es físico, sino espiritual. Es la iglesia. Así como el cuerpo físico es uno, Jesús oró para que la iglesia fuera una. "Yo les he dado la gloria que me diste, para que sean uno, así como nosotros somos uno. Yo en ellos y tú en mí, para que sean perfectos en unidad, para que el mundo conozca que tú me enviaste, y que los has amado a ellos como también a mí me has amado" (Juan 17:22, 23).

Esta unidad nos alcanza en la medida en que permitimos al Espíritu Santo que nos selle con lo que podríamos llamar el ADN espiritual. Entonces, con Cristo como cabeza, somos uno. Siendo uno en Cristo, trabajaremos para su gloria y por el bien de los demás.

No mire atrás

Basado en Juan 16:33

ME HE DADO CUENTA de que, cuando manejo, tiendo a girar el volante hacia la dirección en la que miro. Esto significa que si me fijo en un automóvil estacionado en el margen de la vía es probable que gire peligrosamente en su dirección.

En la vida cristiana también vamos en la dirección hacia la que miramos. A veces dedicamos más tiempo a pensar en el pecado que en lo que hacemos para convertirnos en cristianos victoriosos. Muchos conocen mejor la historia de David y Betsabé que la de José y la esposa de Potifar. Han olvidado que Jesús, además de estar dispuesto a perdonarnos, quiere ayudarnos a vencer la tentación.

Cierta noche, un hombre importante llamado Nicodemo, un príncipe de los judíos, se acercó a Jesús. Este le dijo que para vivir una vida cristiana victoriosa era preciso nacer de nuevo. Esto significa que tenemos que dejar atrás la antigua vida y volver a empezar. Un bebé recién nacido apenas está en el inicio de su vida; por tanto, cuando nacemos de nuevo por el Espíritu Santo, es como si volviéramos a empezar a vivir. El apóstol Pablo dijo: "Las cosas viejas pasaron; todas son hechas nuevas" (2 Cor. 5:17). Sospecho que la razón por la que muchos tienen problemas en la vida cristiana es que, cuando acudieron a Jesús, antes de nacer de nuevo, parece como si partieran desde el mismo punto donde se encontraban.

> "En el mundo tendréis aflicción, pero confiad, yo he vencido al mundo" (Juan 16:33).

Empezar de nuevo no implica que, desde ese momento, vayamos a librarnos de todos los problemas. La realidad es que, no solo tendremos problemas, sino que es probable que tengamos aún más problemas que antes. Jesús dijo: "En el mundo tendréis aflicción" (Juan 16:33).

Sin embargo, en lugar de fracasar, aprenderemos a crecer en la gracia y a salir victoriosos. Cuando crezcamos en la gracia el Señor nos hará victoriosos. Me gusta el texto que dice: "No os ha sobrevenido ninguna prueba que no sea humana; pero fiel es Dios, que no os dejará ser probados más de lo que podéis resistir, sino que dará también juntamente con la prueba la salida, para que podáis soportarla" (1 Cor. 10:13).

Con la ayuda de Jesús usted puede ser vencedor.

"No toquéis lo impuro"

Basado en Juan 17:13-15

EN OHIO, el estado donde crecí, hay una planta cuyas hojas contienen un aceite venenoso. Se trata de la hiedra venenosa. Como crece por todas partes, era inevitable que, jugando, tocara las hojas y, en consecuencia, el aceite entrara en contacto con mi piel. El aceite venenoso causa una terrible urticaria y picazón. Que yo sepa, no hay cura. Lavar con agua y jabón la zona afectada puede ayudar; pero, a veces, lo único que se consigue es esparcir más el aceite y afectar otras partes del cuerpo. Hay pomadas que ayudan a reducir la picazón, pero el veneno tiene que seguir su curso.

El aceite es tan penetrante que una persona se puede contaminar con tan solo estar expuesta al humo de la planta quemada. Un amigo mío arrancó un poco de hiedra venenosa de su propiedad y la quemó. Por desgracia, el humo lo rodeó y la erupción fue tal que tuvo que ir al hospital. He llegado a oír historias de personas que se han contaminado por acariciar animales que tenían aceite venenoso en el pelaje.

Por suerte, hace años que en casa ya no hay hiedra venenosa; aunque estoy seguro de que todavía me produciría alergia. La razón por la que, a estas alturas de la vida, no me contamino es que sé qué aspecto tiene y me aparto de ella. Entonces, ¿cuál es el secreto para no sufrir los efectos de la hiedra venenosa? ¡El secreto es mantenerse alejado de ella!

"Por lo cual, 'salid de en medio de ellos y apartaos', dice el Señor, 'y no toquéis lo impuro; y yo os recibiré'" (2 Corintios 6:17).

La vida responde a la ley de la causa y el efecto. Si no sabemos qué causa ciertas cosas, pasaremos por la vida sufriendo sus efectos. A veces nos gastamos verdaderas fortunas tratando los efectos, mientras prestamos poca atención a las causas. Otras, aun sabiendo la causa, cuando se nos pasa la picazón, volvemos a aquello que nos causó el sufrimiento.

Si queremos obtener la victoria sobre el pecado, tenemos que permanecer alejados de los lugares donde sabemos que está el pecado. "Por lo cual, 'salid de en medio de ellos y apartaos', dice el Señor, 'y no toquéis lo impuro; y yo os recibiré'" (2 Cor. 6:17).

Mentalidad de gladiador

Basado en Juan 17:14, 15

LOS HIJOS DE DIOS tienen que tomarse en serio lo que las Escrituras dicen en 1 Timoteo 2:9, 10: "En cuanto a las mujeres, quiero que ellas se vistan decorosamente, con modestia y recato, sin peinados ostentosos, ni oro, ni perlas ni vestidos costosos. Que se adornen más bien con buenas obras, como corresponde a mujeres que profesan servir a Dios" (NVI).

Los apóstoles no reforzaban las normas culturales de su tiempo. De hecho, hacían justo lo contrario. Cuando Pablo escribió estas palabras, las mujeres romanas utilizaban, virtualmente, todos los tratamientos de belleza que usan las mujeres de hoy en día.

Las mujeres romanas empezaban el día arreglándose el cabello y maquillándose. Se pintaban los labios, se ponían sombra de ojos y pestañas postizas, se cubrían el cutis con polvos blancos y en las mejillas se ponían colorete. Sus peinados eran elaborados y se componían de rizos, flequillos y trenzas; hasta tal punto que algunas llevaban peluca.

> "Ahora, pues, dad gloria a Jehová, Dios de vuestros padres, haced su voluntad y apartaos de los pueblos de las tierras y de las mujeres extranjeras" (Esdras 10:11).

Las mujeres romanas adornaban el resto de su cuerpo tanto como sus rostros. Cuando salían, solían lucir joyas y, a menudo, llevaban uno o varios costosos anillos en todos los dedos de las manos.

Además de ser extravagantes en el vestido, los romanos de clase alta disfrutaban de mucho tiempo libre. Llenaban las tardes y los días de fiesta con opíparos banquetes que podían durar hasta diez horas, funciones de teatro y acontecimientos deportivos.

El teatro romano seguía el modelo del griego. Las escenas preferidas del público se basaban en los crímenes, el adulterio y la inmoralidad. Lactancio, un cristiano del siglo III, escribió: "Efectivamente, las comedias hablan de estupros de doncellas o de amoríos de meretrices [...]. De igual forma, las tragedias meten por los ojos parricidios e incestos de reyes malvados" (Lucio Celio Firmiano Lactancio, *Instituciones divinas* VI, 20, 27-28; Trad. E. Sánchez Salor, Madrid: Gredos, 1990).

Los juegos del circo y el anfiteatro estaban diseñados para saciar la eterna sed de violencia, brutalidad y sangre de los romanos. Las brutales carreras de cuadrigas eran su pasatiempo favorito. Durante las carreras era inevitable que los carros chocaran y que los aurigas fueran arrastrados hasta morir o atropellados por sus contrincantes.

En la actualidad, la televisión muestra juegos de computadora que simulan la violencia de los juegos de la Roma antigua. La televisión que ve un cristiano medio es incompatible con una vida cristiana. Hágase el propósito de no ver nada en televisión que no honre y glorifique a Dios.

¿Qué aspecto tiene?

Basado en Juan 17:14, 15

ANTES DE casarnos, mi esposa y yo tuvimos varios novios cada uno. Sin embargo, al casarnos nos prometimos fidelidad mutua. Eso significaba, por así decirlo, que teníamos que dejar el resto del mundo, las otras mujeres y los otros hombres, y unirnos uno al otro. Nuestro compromiso de fidelidad mutua tuvo un efecto inmediato sobre nuestra vida.

Cuando una persona entrega su vida a Jesús, vivirá de manera distinta a quienes no lo han hecho. Por eso la Biblia dice que los hijos de Dios comen, beben y lo hacen todo para gloria de Dios (1 Cor. 10:31).

Durante algunos años, Betty y yo enseñamos en una escuela y seminario cerca de Lahore, en Pakistán. En aquella región del mundo es frecuente que alguien le explique a otra persona cómo vive, a qué tribu o grupo lingüístico pertenece e incluso qué religión practica por la manera como se viste. Por ejemplo, es fácil reconocer a los encantadores de serpientes, porque siempre llevan un turbante de color naranja y un cesto con una serpiente dentro.

Si los pederastas y los violadores llevaran una corbata naranja, la gente se lo pensaría dos veces a la hora de comprarse una. Quienes son sinceros consigo mismos reconocerán que muchos de los estilos de vestir, modos de hablar y expresiones faciales actuales siguen el modelo de gente cuyo estilo de vida es incompatible con el de un seguidor de Cristo. La forma en que una persona se viste es una declaración de quién es o desea ser. Dios nos dio instrucciones precisas para que los que buscan la santidad se distingan de los que no la buscan.

> "¿De qué le aprovechará al hombre ganar todo el mundo, si pierde su alma?"
> (Marcos 8:36).

En gran medida, el Antiguo Testamento es la historia de lo que les sucedió a los hijos de Israel cuando empezaron a vivir como las naciones vecinas. La historia bíblica enseña que cuando los cristianos empezaron a vivir y vestirse como sus contemporáneos pronto dejaron de amar a Dios. En la Biblia se nos dice: "No améis al mundo ni las cosas que están en el mundo. Si alguno ama al mundo, el amor del Padre no está en él" (1 Juan 2:15).

¿Puede la gente decir que usted es cristiano por su aspecto?

No salga del camino

Basado en Juan 17:14-17

EN 1996 ME compré un Chevrolet Lumina nuevo. Algunos podrían decir que la compra de un automóvil nuevo no es una buena idea. Pero es que el último ya tenía más de diez años al momento de comprarlo. Mi mujer lo condujo durante catorce años y estaba satisfecha. Por tanto, puede ver que a mí, los automóviles me duran mucho.

Un día, en Nueva York, iba en uno de los cientos, si no miles, de taxis de color amarillo canario que circulan por sus calles. Me interesó saber cuántos kilómetros esperaba hacer el taxista con su vehículo. Cuando le pregunté, respondió: "Tengo la intención de que me dure 400,000 kilómetros". No pude resistir preguntarle cómo llegaría a hacerlos. Me comentó que procura que el motor esté siempre refrigerado y bien lubricado. Entendí lo que quería decir. Mantener el motor refrigerado y cambiar el aceite es esencial para evitar problemas.

Cuando compré el Lumina, venía con un manual del propietario. El manual explica lo que hay que hacer para mantener el coche en buenas condiciones. Además, estoy seguro de que hay un manual de reparaciones para explicar al mecánico qué tiene que hacer para reparar una avería.

"Puestos los ojos en Jesús, el autor y consumador de la fe" (Hebreos 12:2).

Todo esto ilustra algunos aspectos importantes de la vida cristiana. Por ejemplo, la Biblia es nuestro manual de reparaciones, así como de mantenimiento. Lamentablemente, muchos cristianos prestan más atención a cómo reparar la vida cristiana que a cómo mantenerla. Algunos de nosotros prestamos más atención a cómo *salir* de un mal paso que a cómo *mantenernos* apartados de los problemas. Algunos parecen estar más centrados en qué hacer cuando se han salido de la carretera que a cómo hacer para que la vida cristiana no se salga de ella.

Gran parte de lo que nos pasa en la vida cristiana es el resultado de una mala conservación. Con frecuencia, no prestamos mucha atención a lo que sucede en nuestra vida espiritual y por eso nos preguntamos por qué nos alcanzó tal desgracia.

En la vida cristiana, si miramos a lado y lado, a las cosas del mundo, nos saldremos de la carretera. La persona que mira a las cosas del mundo pronto entrará en el mundo. Sin embargo, si miramos a Jesús, nos quedaremos en la carretera.

Usted es un embajador

Basado en Juan 20:21

JESÚS nos envió para que seamos sus representantes ante el mundo que nos rodea. Somos sus embajadores. Busqué la descripción del cargo de embajador, o representante, de una Cámara de Comercio. Me gustaría que usted la lea cuidadosamente. Mientras la lee, trate de pensar en las similitudes que presentan con lo que Jesús nos pidió que hagamos como sus embajadores. Verá que he incluido algunas sugerencias.

Empleo de embajador, descripción y declaración de misión:

Tres prioridades

1. *Una actitud correcta*
   a. Los embajadores actúan en nombre de la Cámara [del Reino de Dios]. No se refieren a sus asuntos personales, sino a la Cámara y el modo en que puede colaborar en las relaciones entre los distintos miembros ["enseñar a todas las naciones"].
   b. Los embajadores son positivos y amables, a la vez que se preocupan por los miembros.
   c. Su profesionalidad es probada.
2. *Disponibilidad*
   A lo largo del año, los embajadores asisten a tantos acontecimientos y actos de la Cámara como pueden, incluidas las reuniones mensuales de embajadores [asistencia a la iglesia cada sábado].

> "'Vosotros sois mis testigos', dice Jehová, 'y mi siervo que yo escogí, para que me conozcáis y creáis y entendáis que yo mismo soy; antes de mí no fue formado dios ni lo será después de mí'" (Isaías 43:10).

3. *Compromiso*
   a. Cuando un embajador se compromete a asistir a un acontecimiento, la gente cuenta con él.
   b. Cuando se compromete a hacer contactos, a entregar información o a servir como representante de la Cámara, la gente cuenta con él.

Funciones y responsabilidades

1. *Estrella*
   a. Un embajador es como un actor de reparto, cuyo trabajo es hacer que la otra persona se convierta en "la estrella" [una pista: esta persona sería Jesús].
   b. Un embajador brilla con entusiasmo, con actitud mental positiva e ilumina los distintos acontecimientos y actividades en los que participa.
2. *Apoyo*
   a. Un embajador apoya a otros miembros.
   b. Un embajador apoya a la Cámara representándola, comunicando sus mensajes más relevantes a los miembros y a la comunidad.
   c. Apoya a otros embajadores fomentando las energías positivas.

Ser embajador de Jesús es un gran privilegio.

El Rey doliente

Basado en Isaías 53:1-12

NOS ENCONTRAMOS en el preludio de una serie de grandes celebraciones. Los niños sueñan con recibir el mejor regalo del año. Los comerciantes decoran las vitrinas de la manera más atractiva. Los hombres adornan las casas con luces de colores. Las mujeres hornean galletas y dulces. Por todas partes se oyen villancicos y canciones navideñas. Todo está impregnado de una atmósfera festiva. ¿Qué tiene que ver todo esto con el nacimiento de Jesús?

Los antiguos patriarcas esperaban la venida de un Mesías, pero no se imaginaban que vendría con la forma de un bebé. La opinión de la gente estaba dividida. Algunos decían que, según la profecía, vendría como un rey conquistador y quebrantaría el yugo de los opresores romanos. Esta era probablemente la creencia más popular. Se sentaría en el trono de David y gobernaría con mano de hierro. Su reino no tendría fin. Esas personas veían el futuro con mucho optimismo.

> "Verá el fruto de la aflicción de su alma y quedará satisfecho; por su conocimiento justificará mi siervo justo a muchos, y llevará sobre sí las iniquidades de ellos" (Isaías 53:11).

Había otros que también leían las profecías y sospechaban que el futuro sería incierto y tenebroso. Estudiando Isaías 53 llegaron a la conclusión de que el Mesías no vendría como un rey conquistador, sino como un rey doliente. Obviamente, este punto de vista no era muy popular.

A lo largo de los siglos, la mayoría de los judíos se había creado una imagen del Mesías y no estaban dispuestos a aceptar a nadie que no encajara en ella. Aunque fueran un pueblo oprimido y en el exilio, eran un pueblo orgulloso. Tenían una herencia brillante y creían que el Mesías los restauraría a su grandeza.

Pero Dios tenía otros planes. Amaba a su pueblo escogido y estaba dispuesto a trabajar junto a ellos para restaurar su propia imagen, no la grandeza de ellos. Definitivamente, sus caminos no son nuestros caminos. ¿Quién podía adivinar sus planes?

Poco sabían ellos —poco sabemos nosotros— que la salvación solo se cumple a la manera de Dios. El rey tenía que morir sufriendo por nuestros pecados y, al hacerlo, justificaría a muchos porque cargaría con sus iniquidades. Esta es la verdadera historia de la Navidad. Fue el mejor regalo que el mundo jamás recibirá.

Nochebuena

Basado en Lucas 2:1-20

NOCHEBUENA DE 2012

Por fin hemos terminado las compras. ¡Cuánto ajetreo! Había tanta gente, que apenas podíamos movernos. Este año hemos tenido que comprar docenas de regalos porque vienen a casa mi cuñada y su familia. Parece como si cada año gastásemos más dinero. Nos habría gustado contribuir con una buena cantidad al fondo de beneficencia para los pobres de la iglesia, pero no nos ha sobrado ni un centavo.

Eso sí, los regalos están estupendamente envueltos y lucen preciosos al pie del árbol de Navidad. No tendríamos que haber comprado un árbol tan grande; cuesta mucho decorarlo. Pero los niños lo querían así y no podíamos defraudarlos.

Las velas y el popurrí esparcen un perfume muy agradable por la casa. Me parece que la cena ya está casi lista y que tiene el aspecto de un gran banquete. ¡Ah! Sentado en mi sillón favorito con los pies levantados, escuchando un CD de villancicos, es la manera perfecta de celebrar la Navidad.

Nochebuena en Belén, hacia el 4 a.C.

Estoy muy cansado y sé que María también está extenuada. Hemos viajado durante semanas para venir a Belén e inscribirnos en el censo. Es el momento más inoportuno. ¡Ojalá hubiera podido encontrar una habitación acogedora para pasar la noche! No puedo creer que estemos durmiendo en un establo. ¿Qué pensarían los padres de María? Y ella, la pobre, con el embarazo tan adelantado.

> "De tal manera amó Dios al mundo, que ha dado a su Hijo unigénito, para que todo aquel que en él cree no se pierda, sino que tenga vida eterna" (Juan 3:16).

¿Qué sucede, María? ¿Ha llegado el momento? ¿Aquí, en el establo? ¿Y ahora qué hacemos? Iré a la posada, a ver si encuentro una comadrona.

Sin cama, solo paja; no hay sol, solo sombras oscuras. Y no tenemos mantas, solo harapos. Ni hablar de popurrí, aquí solo se huele el hedor del ganado. Ni siquiera se oye un canto, solo las bestias rumiando. En lugar de un festín caliente, solo disponemos de un mendrugo de pan que sobró de la mañana. ¿Qué decir de la familia? Nadie, solo extraños curiosos. Los regalos costosos brillan por su ausencia, solo hay un bebé recostado en la paja.

Así fue la primera Navidad. Pero en toda la historia del mundo, nunca hubo un regalo más precioso o caro que este. El trono que se yergue junto al Padre está vacío. "De tal manera amó Dios al mundo, que ha dado a su Hijo unigénito, para que todo aquel que en él cree no se pierda, sino que tenga vida eterna" (Juan 3:16).

Navidad

Basado en Lucas 2:1-20

NAVIDAD DE 2012

Oigo a los niños abriendo los regalos. La sala está llena de risas y alegría. Una está probándose el vestido nuevo, otro está armando un juguete y otro prueba el videojuego. Por el olor adivino un desayuno especial. Me pregunto cuántas cestas de alimentos para los pobres habrá repartido este año la iglesia. Me habría gustado haber hecho más para ayudar.

Creo que debería ayudar a recoger todos estos envoltorios y cintas de regalos que los niños han esparcido por el suelo. Es una lástima que unos envoltorios tan caros se destruyan con tanta rapidez.

Hijo, ¿por qué lloras? ¿Qué dices, que el juguete nuevo se ha roto? Me sabe mal, porque era muy caro. Dicen que nada dura para siempre. Quizá te regalen otro el día de tu cumpleaños. Oigo que llaman a la puerta. Ah, quizás son tus tíos y tus primos pequeños. Ve y ábreles. Por lo menos tendrás a alguien con quien jugar. ¿Qué sería de la Navidad sin la familia?

"Porque un niño nos ha nacido, hijo nos ha sido dado, y el principado sobre su hombro. Se llamará su nombre 'Admirable consejero', 'Dios fuerte', 'Padre eterno', 'Príncipe de paz'" (Isaías 9:6).

Navidad en Belén, hacia el 4 a.C.

El bebé está llorando. Quizá tenga frío. O puede que hambre... Creo que esta mañana, cuando salieron de la cuadra, lo despertaron los animales. A la ro, ro... Deja que te envuelva en mi manto. El sol pronto calentará la tierra y entonces ya no tendrás tanto frío. Mamá todavía duerme. Para ella la noche ha sido agotadora.

Pequeñín, ni te diste cuenta de unos pastores que vinieron anoche. Algún día te hablaré de ellos. Fue extraño. Llegaron poco después de que tú nacieras. Estábamos tan ocupados cuidando de ti que al principio ni los vi. Se asomaron a la entrada del establo. Luego, cuando te vieron, juntaron las manos como si oraran y se arrodillaron en la paja.

Les pregunté cómo sabían que aquí había un bebé y me dijeron que los ángeles se lo habían contado. ¿Te lo imaginas? Nadie más sabe de ti, solo los ángeles.

(Y José se inclinó y besó el rostro de Dios.)

Segundo día de Navidad

Basado en Lucas 2:1-20

SEGUNDO DÍA DE NAVIDAD DE 2012

No soporto ver las luces de Navidad en todas partes. El árbol se cae a pedazos y entorpece el paso. Tengo el estómago revuelto. Creo que comí demasiados dulces. Estoy harto de escuchar a los niños que gritan y ríen y, al minuto, discuten y lloran. Todo el mundo parece inquieto y aburrido y yo estoy cansado de tener que compartir el baño con los invitados. Muchos de los juguetes nuevos o están rotos o han ido a parar al baúl de los juguetes. Incluso me molestan los villancicos y las canciones navideñas. ¡Ojalá pudiera quitar estos horribles adornos!

Segundo día de Navidad en Belén, hacia el 4 a.C.

Los animales han salido y estarán en el campo todo el día; al irse, levantaron una buena polvareda y armaron un buen alboroto con tanto balido. Empezamos a establecer una rutina: despertar, comer, limpiar, dormir, despertar, comer, limpiar, dormir... Este establo es tan poco adecuado... Me pregunto cuándo podremos volver a casa. Hoy fui a la ventanilla del censador para inscribirnos. Aunque llegamos dos, registré a tres. Sí, claro: aunque es un bebé, también es una personita. Nuestros nombres ya están en la lista: José, María y Jesús.

"Dará a luz un hijo, y le pondrás por nombre Jesús, porque él salvará a su pueblo de sus pecados" (Mateo 1:21).

No sé cómo sucede, pero el bebé hace que el establo se llene de amor. Es un bebé muy bueno y sin defectos. Llora cuando tiene hambre, cuando está cansado o cuando tiene frío. Con todo, es bueno, muy bueno.

Apenas he tenido tiempo de pensar en lo que ha sucedido estos últimos días. El ángel que se me apareció aquella noche dijo que María alumbraría a un bebé y que eso formaba parte de los designios de Dios. No entiendo nada, pero sé que hay algo sobrenatural en este niño.

Miro a María mientras mece al bebé en sus brazos. Parece como si supiera qué hacer desde el nacimiento. Sin embargo, yo tengo un sentimiento extraño. Es mi Hijo y, a la vez, no lo es. El ángel me dijo incluso cuál tenía que ser su nombre. Me dijo que lo llamáramos Jesús, porque salvará a su pueblo de sus pecados.

Señor, ayúdame a ser el padre terrenal que Jesús necesita.

Ayúdame a criarlo y formarlo para la obra que vino a hacer.

No se enoje

Basado en Apocalipsis 3:19

TENGO UN NIETO de once años. Los últimos años ha desarrollado una afición. Le gusta hacer fuegos artificiales. Esto significa que tiene que manejar productos químicos explosivos. Aunque es joven, ha aprendido mucho de química. Pero eso conlleva peligros. El otro día, mi hijo y yo hablábamos al respecto. Nos preocupa que algún día se queme o se lesione los ojos. Tiene poca experiencia con los explosivos y, a su edad, los niños no siempre son prudentes.

Pues bien, ¿qué puede hacer su padre (mi hijo) ante ese problema? Una posibilidad es ignorarlo y dejar que haga lo que quiera. Otra posibilidad es prohibirle totalmente que haga fuegos artificiales. Todavía hay otra posibilidad: dejar que siga, pero bajo estricta vigilancia.

"Si soportáis la disciplina, Dios os trata como a hijos; porque ¿qué hijo es aquel a quien el padre no disciplina?" (Hebreos 12:7).

Por supuesto, a nuestro nieto le gustaría que su papá lo dejara hacer lo que quisiera. Pero, puesto que mi hijo ama a su niño, lo disciplinará. Es decir, que hará todo lo que pueda para impedir que su hijo se ponga en peligro. Y no lo hará por sí mismo, sino por el bien de su hijo, porque lo ama.

A veces, los cristianos hacemos cosas o vamos en una dirección que tarde o temprano acabará por dañar nuestra vida espiritual. Por supuesto, Jesús podría no hacer nada y dejar que suceda. Pero, de actuar así, no sería nuestro amoroso Salvador. Puesto que somos sus hijos, está especialmente interesado en nosotros: no quiere que nos extraviemos de camino al cielo.

Unas veces permite que suframos las consecuencias de las decisiones que tomamos. Otras, permite que en la vida se nos tuerzan las cosas con el fin de que volvamos al camino correcto.

Cuando sienta la tentación de preguntar "¿por qué?", piense en el versículo de hoy. Aquí tiene otro: "Yo reprendo y castigo a todos los que amo; sé, pues, celoso y arrepiéntete" (Apoc. 3:19).

Señor de señores

Basado en Lucas 19:29-44

AL CUMPLIR LAS ESCRITURAS con su entrada triunfal en Jerusalén, Jesús también mostró lo que sucederá en el futuro. Nuestro Señor no siempre será rechazado. En el futuro habrá días de triunfo. "La piedra que desecharon los edificadores ha venido a ser la cabeza del ángulo" (Sal. 118:22). Espero el día en que los reinos de este mundo se convertirán en los reinos de nuestro Señor y de su Cristo. Y mire, ¡yo estaré allí!

Él se sentará en el trono de David, su padre, y su reino no tendrá fin. El Señor reinará por los siglos de los siglos. ¡Aleluya! ¿Acaso no le dijo Dios el Padre: "Pídeme, y te daré por herencia las naciones y como posesión tuya los confines de la tierra" (Sal. 2:8)? En ese día, el que fue rechazado de los hombres será la gloria de su pueblo.

Imagine la alegre procesión, subiendo por la colina hasta el trono de su Padre. Tras él iremos los que, en él, vinimos desde los confines de la tierra. Los patriarcas se unirán a los apóstoles y los profetas andarán junto a los mártires. Usted y yo también caminaremos junto a ellos. Todos a una voz entonarán el mismo cántico: "¡Hosana al hijo de David! ¡Bendito el que viene en el nombre del Señor!" (Mat. 21:9). Por tanto, en la entrada del Señor por las calles de la antigua Jerusalén, tenemos una visión de las glorias extraordinarias que le esperan en la Nueva Jerusalén, donde se sentará en el trono y sus enemigos serán su escabel (Mat. 22:44).

"El séptimo ángel tocó la trompeta, y hubo grandes voces en el cielo, que decían: 'Los reinos del mundo han venido a ser de nuestro Señor y de su Cristo; y él reinará por los siglos de los siglos'" (Apocalipsis 11:15).

Apreciado lector, no podemos permitir que nada nos distraiga de este magno acontecimiento. El día que entró en la Jerusalén terrenal, Jesús tenía enemigos; en la tierra, nosotros también los tendremos. Pero vendrá un día mejor. Por su gracia estaremos allí y uniremos nuestra voz al coro de los redimidos. Oro para que, además de nosotros, también estén nuestras familias y nuestros hijos.

Alguien está a la puerta

Basado en Apocalipsis 3:20

CUANDO TIENE VACACIONES en la universidad y está en casa, Kristie, una de nuestras nietas, trabaja a tiempo parcial en una tienda de alimentos naturales. El otro día, cuando Betty y yo fuimos a su tienda para comprar algunas cosas, me di cuenta de que, cuando nos acercamos a la puerta, se abrió automáticamente. Esto no es nada sorprendente, porque en casi todas las tiendas a las que vamos a comprar hay puertas automáticas, si no para entrar, al menos para salir. Las puertas automáticas, las escaleras mecánicas, los ascensores y los automóviles son tecnología que elimina cualquier oportunidad de hacer ejercicio. Pero esa es otra historia. Ahora solo hablamos de puertas automáticas.

Una cosa es segura: En casa no hay puertas automáticas. Nuestra puerta está siempre cerrada, día y noche. Pero tenemos timbre. Quien venga a vernos tiene que golpear la puerta o hacer sonar el timbre. Si no esperamos visitas, miramos por el cristal de la puerta para ver quién es. A veces, abro la puerta pero, si no veo quién es, no la abro del todo. Hay ocasiones en que uno de nuestros hijos dice: "Soy yo" y abrimos la puerta de par en par.

> "Yo estoy a la puerta y llamo; si alguno oye mi voz y abre la puerta, entraré a él y cenaré con él y él conmigo" (Apocalipsis 3:20).

Jesús dice que está a la puerta y llama. Por supuesto, se refiere a la puerta de nuestra vida. Si vemos que es él y le abrimos el corazón, entrará como nuestro invitado.

Cuando Jesús viene a nuestra casa no hay una puerta automática que se abre. Entregar la vida a Jesús no es cosa que se haga de forma automática. Algunas puertas se abren tecleando un código o pasando una tarjeta. Pero Jesús no marca un código ni usa una tarjeta. Solo entrará si nosotros mismos le abrimos la puerta y lo invitamos.

Hay quien hace como si no estuviera en casa cuando quien llama es alguien que no le cae simpático. Con Jesús eso no funciona. Él sabe que estamos y llama.

Jesús, oigo que llamas. Gracias por tener tanta paciencia. Entra, eres bienvenido.

Su amor es como el oro

Basado en Apocalipsis 3:14-18

HACE ALGUNOS AÑOS, mi esposa y yo visitamos Sudáfrica, el mayor productor mundial de oro. Uno de nuestros amigos nos preguntó si nos gustaría visitar una mina de oro abierta recientemente. Nos encantó la idea.

Entramos en un ascensor y bajamos al fondo de la mina. La mina ya tenía 1,600 m de profundidad y se esperaba profundizar otros 1,600 m más. La roca aurífera es arrancada y transportada a la superficie donde se reduce a polvo. Uno de los métodos empleados para obtener el oro es calentando ese polvo en un horno que está a una temperatura muy elevada.

Un viejo refrán dice: "No es oro todo lo que reluce". Por ejemplo, el mineral pirita tiene un brillo parecido al del oro y un color amarillo metálico. A menudo se confunde con el oro y, por lo tanto, se la llama el "oro de los tontos".

A algunos cristianos se los podría llamar "cristianos tontos". Son tontos, no porque engañen a nadie, sino porque se engañan a sí mismos. Definitivamente, no engañan a Jesús, porque él afirma: "Tú dices: 'Yo soy rico, me he enriquecido y de nada tengo necesidad'. Pero no sabes que eres desventurado, miserable, pobre, ciego y estás desnudo. Por tanto, yo te aconsejo que compres de mí oro refinado en el fuego para que seas rico" (Apoc. 3:17, 18). El oro representa el amor, el fundamento del gobierno de Dios.

"'Mía es la plata y mío es el oro', dice Jehová de los ejércitos" (Hageo 2:8).

Jesús se refería específicamente a los laodicenses. La palabra "laodicenses" significa "personas que deciden por sí mismas". Pueden ser lo que les apetezca en el momento que crean oportuno sin necesitar la ayuda de Dios ni de nadie. A ellos Jesús les dice: "Piensan que son oro y no son más que pirita, el oro de los tontos. Les ruego que vengan a mí y compren oro auténtico, probado en fuego y puro al 100%. No del de Sudáfrica, sino del mío".

El consejo de Jesús no es para una iglesia, es para nosotros, usted y yo.

Él tiene las llaves

Basado en Apocalipsis 1:17, 18

MEDÍA DOS METROS. Su cabello era oscuro y sus ojos azules. Nació en 1915, tenía cinco hermanos y fue educado en el adventismo. Se casó a los 24 y, al cabo de un año, vine yo. Mi padre era ministro del evangelio y su primer destino fue como director de los Ministerios de Iglesia de la Asociación de Kentucky-Tennessee, con sede en Nashville, la capital de Tennessee.

Recuerdo que solía sentarme en su rodilla y me hacía saltar como si fuera montado en un caballo. Yo me agarraba con fuerza mientras él imitaba el galope de un vaquero a lomos de su caballo.

Papá solía contarme las historias que se inventaba de un conejo que siempre se las apañaba para escaparse del zorro que lo perseguía. Mi padre me inspiró para que lo siguiera en el ministerio.

Pasaron los años. El cabello de papá empezó a volverse gris cuando todavía estaba en mitad de la treintena, cosa que le daba un aspecto distinguido. Ganar almas era su pasión. Así como algunos hombres tienen aficiones, la de papá, y también su trabajo, era ganar almas para Jesús.

> "Yo soy el primero y el último, el que vive. Estuve muerto, pero vivo por los siglos de los siglos, amén. Y tengo las llaves de la muerte y del Hades" (Apocalipsis 1:17, 18).

Y pasaron más años. Ya tenía bisnietos. Y luego vino la enfermedad de Parkinson. Doy gracias porque mi hermana menor se hizo cargo de él hasta su último día. Lo echo de menos. También echo de menos a mi madre. Por eso, el versículo para memorizar de hoy significa tanto para mí: "Yo soy el primero y el último, el que vive. Estuve muerto, pero vivo por los siglos de los siglos, amén. Y tengo las llaves de la muerte y del Hades" (Apoc. 1:17, 18).

Job dijo: "El hombre que muere, ¿volverá a vivir? Todos los días de mi vida esperaré, hasta que llegue mi liberación" (Job 14:14). Sí, volveremos a vivir. Mi padre y mi madre volverán a vivir. Sus seres queridos volverán a vivir. Estamos a punto de comenzar un nuevo año. No sabemos qué nos deparará. Pero, sea lo que sea, sabemos que un día tendremos ante nosotros, no un año nuevo, sino un cielo nuevo y una tierra nueva porque Jesús tiene las llaves.

¡Maranata!

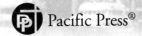

"La mayor y más urgente de todas nuestras necesidades es la de un reavivamiento de la verdadera piedad en nuestro medio" (Mensajes selectos, t. 1, p. 141).

No hay nada que la Iglesia Adventista del Séptimo Día necesite más que un reavivamiento espiritual genuino. No hay nada más importante para los líderes y miembros de iglesia que buscar juntos este reavivamiento. En *Reavívanos otra vez*, el pastor Mark Finley lo invita a abrir su corazón y su mente por medio de la oración. Usted puede ser la persona que Dios use para traer el derramamiento del Espíritu Santo sobre su hogar, su iglesia y su mundo.

ISBN: 0816392897
128 páginas, tapa dura

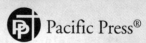 Pacific Press®

TRES LIBROS
PEQUEÑOS CON UN GRAN VALOR

En defensa del matrimonio

Para tener éxito en el matrimonio es importante identificar y eliminar los factores negativos de la relación, y añadir los factores positivos que endulzarán su vida de pareja. Usted puede defender su matrimonio y vivir el romance que siempre deseó. Tapa blanda, 64 páginas. ISBN: 0-8163-9286-2

Las ventajas del vegetarianismo

Aprenda cómo satisfacer sus necesidades nutricionales y cómo evitar los errores que cometen muchos vegetarianos neófitos. Adopte una dieta basada en plantas que lo ayudará a vivir más, con buena salud y una mejor disposición. Tapa blanda, 80 páginas. ISBN: 0-8163-9284-6

Clamor de libertad

Cada ser humano enfrenta tarde o temprano el dolor de la opresión. No se trata de la confinación física; hay presos libres y libres presos. Es la opresión de los sentimientos y las circunstancias, del temor, la angustia, el hambre, la inmoralidad, la guerra y la muerte. Aprenda a rebelarse contra sus cadenas, y a aceptar el don precioso que Dios le ofrece, la libertad. Tapa blanda, 128 páginas. ISBN: 0-8163-9383-8.

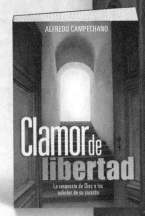

Consiga estos libros en www.libreriaadventista.com, o llame a 1-800-765-6955.

 Pacific Press®

©2011 • Pacific Press® Publishing Association

"Se me ha mostrado que un gran número de Estados se unirán a este Estado [Carolina del Sur], y habrá una guerra terrible..."

Cuando Elena G. de White habló estas palabras tres meses antes del comienzo de la Guerra Civil, la mayoría de los norteamericanos creía que no habría guerra. Ella recibió mensajes del Señor y escribió acerca de éste y otros eventos históricos. Ya sea que escribiera sobre la guerra, la segregación, el espiritismo, la vida saludable o el gran conflicto, la mensajera del Señor habló con valentía verdades impopulares a quienes las necesitaban. Herbert E. Douglass ha reunido una variedad de ejemplos cautivantes de mensajes que fueron criticados en el momento de ser compartidos, pero que luego fueron confirmados por la historia.

Este libro avivará su fe en el espíritu de profecía y lo animará a considerar cuidadosamente las predicciones que aún no se han cumplido.

Tapa blanda, 192 páginas.
ISBN: 0-8163-9301-X

 Pacific Press®

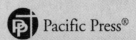

Guía para vivir la juventud con éxito

Cualquier cosa que hagas, la persona con quien te casas, lo que ves, lo que oyes, lo que dices, lo que comes y bebes, puede beneficiarte o arruinarte. Quizás ahora mismo reconoces que has cometido errores. ¿Qué puedes hacer al respecto?

Este libro pone las cartas sobre la mesa. Te invita a analizar los hechos y te ofrece el desafío de vivir una vida feliz y llena de significado. El autor, el pastor David López, presenta verdades de la vida cristiana que nuestra juventud necesita escuchar.

ISBN: 0-8163-9281-1
Tapa blanda, 128 páginas

GUÍA PARA EL AÑO BÍBLICO
EN ORDEN BÍBLICO

ENERO

- 1 Gén. 1-3
- 2 Gén. 4-7
- 3 Gén. 8-11
- 4 Gén. 12-16
- 5 Gén. 17-19
- 6 Gén. 20-23
- 7 Gén. 24-25
- 8 Gén. 26-28
- 9 Gén. 29-30
- 10 Gén. 31-33
- 11 Gén. 34-36
- 12 Gén. 37-39
- 13 Gén. 40-42
- 14 Gén. 43-45
- 15 Gén. 46-47
- 16 Gén. 48-50
- 17 Éxo. 1-4
- 18 Éxo. 5-7
- 19 Éxo. 8-10
- 20 Éxo. 11-13
- 21 Éxo. 14-16
- 22 Éxo. 17-20
- 23 Éxo. 21-23
- 24 Éxo. 24-27
- 25 Éxo. 28-30
- 26 Éxo. 31-34
- 27 Éxo. 35-37
- 28 Éxo. 38-40
- 29 Lev. 1-4
- 30 Lev. 5-7
- 31 Lev. 8-11

FEBRERO

- 1 Lev. 12-14
- 2 Lev. 15-17
- 3 Lev. 18-20
- 4 Lev. 21-23
- 5 Lev. 24-25
- 6 Lev. 26-27
- 7 Núm. 1-2
- 8 Núm. 3-4
- 9 Núm. 5-6
- 10 Núm. 7-8
- 11 Núm. 9-11
- 12 Núm. 12-14
- 13 Núm. 15-17
- 14 Núm. 18-20
- 15 Núm. 21-23
- 16 Núm. 24-26
- 17 Núm. 27-30
- 18 Núm. 31-33
- 19 Núm. 34-36
- 20 Deut. 1-2
- 21 Deut. 3-4
- 22 Deut. 5-7
- 23 Deut. 8-11
- 24 Deut. 12-15
- 25 Deut. 16-19
- 26 Deut. 20-23
- 27 Deut. 24-27
- 28 Deut. 28-29

GUÍA PARA EL AÑO BÍBLICO
EN ORDEN BÍBLICO

MARZO

- ❏ 1   Deut. 30-31
- ❏ 2   Deut. 32-34
- ❏ 3   Jos. 1-4
- ❏ 4   Jos. 5-7
- ❏ 5   Jos. 8-10
- ❏ 6   Jos. 11-14
- ❏ 7   Jos. 15-18
- ❏ 8   Jos. 19-21
- ❏ 9   Jos. 22-24
- ❏ 10   Juec. 1-3
- ❏ 11   Juec. 4-5
- ❏ 12   Juec. 6-8
- ❏ 13   Juec. 9-11
- ❏ 14   Juec. 12-15
- ❏ 15   Juec. 16-18
- ❏ 16   Juec. 19-21
- ❏ 17   Rut 1-4
- ❏ 18   1 Sam. 1-3
- ❏ 19   1 Sam. 4-7
- ❏ 20   1 Sam. 8-10
- ❏ 21   1 Sam. 11-13
- ❏ 22   1 Sam. 14-15
- ❏ 23   1 Sam. 16-17
- ❏ 24   1 Sam. 18-20
- ❏ 25   1 Sam. 21-24
- ❏ 26   1 Sam. 25-27
- ❏ 27   1 Sam. 28-31
- ❏ 28   2 Sam. 1-3
- ❏ 29   2 Sam. 4-7
- ❏ 30   2 Sam. 8-11
- ❏ 31   2 Sam. 12-13

ABRIL

- ❏ 1   2 Sam. 14-15
- ❏ 2   2 Sam. 16-18
- ❏ 3   2 Sam. 19-20
- ❏ 4   2 Sam. 21-22
- ❏ 5   2 Sam. 23-24
- ❏ 6   1 Rey. 1-2
- ❏ 7   1 Rey. 3-5
- ❏ 8   1 Rey. 6-7
- ❏ 9   1 Rey. 8-9
- ❏ 10   1 Rey. 10-12
- ❏ 11   1 Rey. 13-15
- ❏ 12   1 Rey. 16-18
- ❏ 13   1 Rey. 19-20
- ❏ 14   1 Rey. 21-22
- ❏ 15   2 Rey. 1-3
- ❏ 16   2 Rey. 4-5
- ❏ 17   2 Rey. 6-8
- ❏ 18   2 Rey. 9-11
- ❏ 19   2 Rey. 12-14
- ❏ 20   2 Rey. 15-17
- ❏ 21   2 Rey. 18-20
- ❏ 22   2 Rey. 21-23
- ❏ 23   2 Rey. 24-25
- ❏ 24   1 Crón. 1-2
- ❏ 25   1 Crón. 3-5
- ❏ 26   1 Crón. 6-7
- ❏ 27   1 Crón. 8-10
- ❏ 28   1 Crón. 11-13
- ❏ 29   1 Crón. 14-16
- ❏ 30   1 Crón. 17-20

GUÍA PARA EL AÑO BÍBLICO
EN ORDEN BÍBLICO

MAYO

- ❏ 1   1 Crón. 21-23
- ❏ 2   1 Crón. 24-26
- ❏ 3   1 Crón. 27-29
- ❏ 4   2 Crón. 1-4
- ❏ 5   2 Crón. 5-7
- ❏ 6   2 Crón. 8-11
- ❏ 7   2 Crón. 12-16
- ❏ 8   2 Crón. 17-19
- ❏ 9   2 Crón. 20-22
- ❏ 10   2 Crón. 23-25
- ❏ 11   2 Crón.26-29
- ❏ 12   2 Crón. 30-32
- ❏ 13   2 Crón. 33-34
- ❏ 14   2 Crón. 35-36
- ❏ 15   Esd. 1-4
- ❏ 16   Esd. 5-7
- ❏ 17   Esd. 8-10
- ❏ 18   Neh. 1-4
- ❏ 19   Neh. 5-7
- ❏ 20   Neh. 8-10
- ❏ 21   Neh. 11-13
- ❏ 22   Est. 1-4
- ❏ 23   Est. 5-10
- ❏ 24   Job 1-4
- ❏ 25   Job 5-8
- ❏ 26   Job 9-12
- ❏ 27   Job 13-17
- ❏ 28   Job 18-21
- ❏ 29   Job 22-26
- ❏ 30   Job 27-30
- ❏ 31   Job 31-34

JUNIO

- ❏ 1   Job 35-38
- ❏ 2   Job 39-42
- ❏ 3   Sal. 1-7
- ❏ 4   Sal. 8-14
- ❏ 5   Sal. 15-18
- ❏ 6   Sal. 19-24
- ❏ 7   Sal. 25-30
- ❏ 8   Sal. 31-34
- ❏ 9   Sal. 35-37
- ❏ 10   Sal. 38-42
- ❏ 11   Sal. 43-48
- ❏ 12   Sal. 49-54
- ❏ 13   Sal. 55-60
- ❏ 14   Sal. 61-67
- ❏ 15   Sal. 68-71
- ❏ 16   Sal. 72-75
- ❏ 17   Sal. 76-78
- ❏ 18   Sal. 79-84
- ❏ 19   Sal. 85-89
- ❏ 20   Sal. 90-95
- ❏ 21   Sal. 96-102
- ❏ 22   Sal. 103-105
- ❏ 23   Sal. 106-108
- ❏ 24   Sal. 109-115
- ❏ 25   Sal. 116-118
- ❏ 26   Sal. 119
- ❏ 27   Sal. 120-131
- ❏ 28   Sal. 132-138
- ❏ 29   Sal. 139-144
- ❏ 30   Sal. 145-150

GUÍA PARA EL AÑO BÍBLICO
EN ORDEN BÍBLICO

GUÍA PARA EL AÑO BÍBLICO
EN ORDEN BÍBLICO

SEPTIEMBRE

- ❏ 1 Eze. 20-21
- ❏ 2 Eze. 22-23
- ❏ 3 Eze. 24-26
- ❏ 4 Eze. 27-28
- ❏ 5 Eze. 29-31
- ❏ 6 Eze. 32-33
- ❏ 7 Eze. 34-36
- ❏ 8 Eze. 37-39
- ❏ 9 Eze. 40-42
- ❏ 10 Eze. 43-45
- ❏ 11 Eze. 46-48
- ❏ 12 Dan. 1-2
- ❏ 13 Dan. 3-4
- ❏ 14 Dan. 5-6
- ❏ 15 Dan. 7-9
- ❏ 16 Dan. 10-12
- ❏ 17 Ose. 1-4
- ❏ 18 Ose. 5-9
- ❏ 19 Ose. 10-14
- ❏ 20 Joel 1-3
- ❏ 21 Amós 1-3
- ❏ 22 Amós 4-6
- ❏ 23 Amós 7-9
- ❏ 24 Abdías y Jonás
- ❏ 25 Miq. 1-4
- ❏ 26 Miq. 5-7
- ❏ 27 Nah. 1-3
- ❏ 28 Hab. 1-3
- ❏ 29 Sof. 1-3
- ❏ 30 Hag. 1-2

OCTUBRE

- ❏ 1 Zac. 1-6
- ❏ 2 Zac. 7-10
- ❏ 3 Zac. 11-14
- ❏ 4 Mal. 1-4
- ❏ 5 Mat. 1-4
- ❏ 6 Mat. 5-7
- ❏ 7 Mat. 8-9
- ❏ 8 Mat. 10-12
- ❏ 9 Mat. 13-14
- ❏ 10 Mat. 15-17
- ❏ 11 Mat. 18-20
- ❏ 12 Mat. 21-22
- ❏ 13 Mat. 23-24
- ❏ 14 Mat. 25-26
- ❏ 15 Mat. 27-28
- ❏ 16 Mar. 1-3
- ❏ 17 Mar. 4-6
- ❏ 18 Mar. 7-9
- ❏ 19 Mar. 10-13
- ❏ 20 Mar. 14-16
- ❏ 21 Luc. 1
- ❏ 22 Luc. 2-3
- ❏ 23 Luc. 4-5
- ❏ 24 Luc. 6-7
- ❏ 25 Luc. 8-9
- ❏ 26 Luc. 10-11
- ❏ 27 Luc. 12-13
- ❏ 28 Luc. 14-16
- ❏ 29 Luc. 17-18
- ❏ 30 Luc. 19-20
- ❏ 31 Luc. 21-22

GUÍA PARA EL AÑO BÍBLICO
EN ORDEN BÍBLICO

NOVIEMBRE

- ❏ 1   Luc. 23-24
- ❏ 2   Juan 1-3
- ❏ 3   Juan 4-5
- ❏ 4   Juan 6-7
- ❏ 5   Juan 8-9
- ❏ 6   Juan 10-11
- ❏ 7   Juan 12-13
- ❏ 8   Juan 14-15
- ❏ 9   Juan 16-17
- ❏ 10   Juan 18-19
- ❏ 11   Juan 20-21
- ❏ 12   Hech. 1-2
- ❏ 13   Hech. 3-4
- ❏ 14   Hech. 5-6
- ❏ 15   Hech. 7-8
- ❏ 16   Hech. 9-12
- ❏ 17   Hech. 13-16
- ❏ 18   Hech. 17-19
- ❏ 19   Hech. 20-23
- ❏ 20   Hech. 24-28
- ❏ 21   Rom. 1-3
- ❏ 22   Rom. 4-7
- ❏ 23   Rom. 8-10
- ❏ 24   Rom. 11-13
- ❏ 25   Rom. 14-16
- ❏ 26   1 Cor. 1-4
- ❏ 27   1 Cor. 5-9
- ❏ 28   1 Cor. 10-13
- ❏ 29   1 Cor. 14-16
- ❏ 30   2 Cor. 1-4

DICIEMBRE

- ❏ 1   2 Cor. 5-7
- ❏ 2   2 Cor. 8-10
- ❏ 3   2 Cor. 11-13
- ❏ 4   Gal. 1-3
- ❏ 5   Gal. 4-6
- ❏ 6   Efe. 1-3
- ❏ 7   Efe. 4-6
- ❏ 8   Fil. 1-4
- ❏ 9   Col. 1-4
- ❏ 10   1 Tes. 1-3
- ❏ 11   1 Tes. 4-5
- ❏ 12   2 Tes. 1-3
- ❏ 13   1 Tim. 1-6
- ❏ 14   2 Tim. 1-4
- ❏ 15   Tito & Filemón
- ❏ 16   Heb. 1-4
- ❏ 17   Heb. 5-7
- ❏ 18   Heb. 8-10
- ❏ 19   Heb. 11-13
- ❏ 20   Sant. 1-5
- ❏ 21   1 Ped. 1-5
- ❏ 22   2 Ped. 1-3
- ❏ 23   1 Juan 1-5
- ❏ 24   2 Juan, 3 Juan & Judas
- ❏ 25   Apoc. 1-3
- ❏ 26   Apoc. 4-7
- ❏ 27   Apoc. 8-12
- ❏ 28   Apoc. 13-16
- ❏ 29   Apoc. 17-19
- ❏ 30   Apoc. 20-22
- ❏ 31   Repaso